感谢同济大学经济与管理学院一流学科建设经费支持

同济经管
TONGJI SEM

“双循环”新格局与中国经济高质量发展

周 翔　刘子涵　常宇星　等 著

同济大学出版社
TONGJI UNIVERSITY PRESS
·上海·

图书在版编目(CIP)数据

"双循环"新格局与中国经济高质量发展 / 周翔等著. —上海：同济大学出版社，2024.8
ISBN 978-7-5765-0694-5

Ⅰ.①双… Ⅱ.①周… Ⅲ.①中国经济—经济发展—研究 Ⅳ.①F124

中国国家版本馆CIP数据核字(2023)第018339号

"双循环"新格局与中国经济高质量发展

周　翔　刘子涵　常宇星　等　**著**

出品人 金英伟　**责任编辑** 熊磊丽　**责任校对** 徐春莲　**封面设计** 陈益平

出版发行 同济大学出版社　www.tongjipress.com.cn
（地址：上海市四平路1239号　邮编：200092　电话：021-65985622）
经　销 全国各地新华书店、网络书店
排版制作 南京展望文化发展有限公司
印　刷 苏州市古得堡数码印刷有限公司
开　本 710 mm×1000 mm　1/16
印　张 27.75
字　数 483 000
版　次 2024年8月第1版
印　次 2024年8月第1次印刷
书　号 ISBN 978-7-5765-0694-5

定　价 128.00元

前言 FOREWORD

随着中国特色社会主义进入新时代，我国经济发展已由高速增长阶段转向高质量发展阶段。构建"以国内大循环为主体、国内国际双循环相互促进"的新发展格局，是根据我国发展阶段、环境、条件变化提出的，是"当今世界正处于百年未有之大变局"新形势下的顶层战略定位。如何构建"双循环"新格局，推动中国经济高质量发展，成为一个具有理论和实践意义的重要议题。

本书以"'双循环'新格局与中国经济高质量发展"为主题，共收录了8篇同济大学经济与管理学院优秀硕士学位论文。内容上，既有聚焦自主技术创新等国内大循环相关问题的探讨，也有侧重"一带一路"倡议下的国内国际双循环问题的剖析；既有对传统制造产业升级相关问题的分析，也有对战略性新兴产业发展相关问题的讨论；既有基础设施投资等供给侧角度的研究，也有家庭消费等需求侧视角的思考。

第一篇由同济大学经济与管理学院国际贸易学专业的周翔撰写。文章基于全球价值链视角，运用定量方法测度了中国制造业服务化水平，同时构建了制造业服务化对碳排放影响的理论模型，使用静态面板回归方法和差分 GMM 方法检验了制造业采取服务化战略对于行业碳排放的影响，发现制造业服务化水平的提高有利于碳排放的减少。在此基础上，进一步研究了不同技术水平的服务投入形成的制造业服务化对碳排放影响的异质性。

第二篇由同济大学经济与管理学院财政学专业的刘子涵撰写。文章使用2008—2017年中国31个省份(不含港澳台)的面板数据,采用双重差分模型对“一带一路”倡议实施效果进行整体评价,在此基础上采用空间杜宾模型实证检验了“一带一路”倡议下交通类基础设施投资对中国区域经济增长的直接拉动力作用和空间溢出效应,对铁路、公路等不同类型的交通基础设施投资经济效益的异质性,以及交通基础设施投资经济效益的区域异质性也有进一步的分析。

第三篇由同济大学经济与管理学院产业经济学专业的常宇星撰写。文章运用自然实验方法,以2010年国务院发布的战略性新兴产业发展政策作为政策冲击变量,以属于战略性新兴产业的A股上市公司为样本,采用DID模型和PSM-DID模型,就我国战略性新兴产业发展政策对企业全要素生产率及分解项技术效率和技术进步的影响进行了实证检验,并在此基础上对七大战略性新兴细分产业的产业异质性和我国东、中、西部地区异质性进行了进一步分析。

第四篇由同济大学经济与管理学院国际贸易学专业的吴明杭撰写。文章聚焦各国政府为推动企业转型升级所普遍采取的“降成本”的政策手段,从企业和产品的微观视角切入,采用扩展后的产品空间理论模型,把政府降成本措施对企业减小转换成本的积极作用纳入考虑,论证了降低企业成本的政策性措施能够通过扩大企业正利润范围来增加产品转换升级成功的可能性。在此基础上,构建两个模型,运用36个国家的数据,就现有产品结构或生产能力禀赋对产业升级的影响以及降成本措施的产业升级效应分别进行了实证检验,取得了有价值的发现。

第五篇由同济大学经济与管理学院区域经济学专业的邱雨歆撰写。文章构建了高速铁路、城市网络中心性和技术创新能力的理论框架,深入分析三者之间的相互影响关系,并探讨其作用机理,进而以2006—2012年中国284个地级市及以上城市为研究样本,实证检验了高速铁路对技术创新能力的影响,并采用GaWC连锁城市网络模型测算了基于高级生产性服务业的城市网络中心性,量化评估了城市网络中心性在高铁和技术创新能力之间起到的中介机制作用。

第六篇由同济大学经济与管理学院产业经济学专业的王留瑜撰写。文章聚焦人口老龄化问题,梳理了人口老龄化对中国科技创新的影响机理,从理论上分析了人力资本效应和要素禀赋效应这两个中介效应以及人口老龄化对科技创新影响的空间溢出效应，进而使用2006—2016年省级面板数据进行了实证分析，分别验证了人口老龄化影响科技创新水平的直接效应、中介效应、空间溢出效应，并进行异质性分析和稳健性检验，得到了人口老龄化与我国的科技创新之间存在倒U形非线性关系等丰富的实证结果。

第七篇由同济大学经济与管理学院财政学专业的张仁杰撰写。文章将家庭杠杆变量引入研究消费的经典模型分析家庭杠杆对消费支出的影响，采用2010—2016年中国家庭追踪调查家庭微观面板数据，构建固定效应回归模型对家庭杠杆、杠杆结构和消费支出的关系进行验证，并就消费支出类型以及不同户主年龄的家庭分样本讨论。

第八篇由同济大学经济与管理学院国际贸易学专业的李伟撰写。文章从海外并购收购方的视角，考察国有企业的国有资产在国有企业党组织治理参与下是否实现了保值增值。在梳理党组织治理参与的制度背景，分析这一政治干预对国有资本保值增值的作用机制的基础上，通过考量2006—2016年间中国企业海外并购完成后的短、中、长期衡量指标所代表的国有资产保值增值的状况，探讨了企业党组织治理这一政治干预的有效性，并通过对比各衡量指标的差异，进一步剖析国有资产保值增值的差异性结果的原因，为进一步深化国有企业改革、促进国有资产保值增值提供经验论据。

以上研究都将理论与实证进行了结合，并且基于实证研究结果提出了一些有针对性的对策建议。这些作者都是初入研究殿堂的硕士研究生，虽然其研究功力尚显稚嫩，但无论选题还是研究本身，都反映了年轻作者身上具有的经国济民的情怀和孜孜以求的治学精神。在这些多视角的分析中，充满了鲜活的思想，不乏真知灼见，对于推动我国经济高质量发展，推动形成以国内大循环为主体、国内国际“双循环”相互促进的新发展格局具有一定的决策参考价值。

目录

CONTENTS

第一篇

制造业服务化水平对碳排放影响的异质性分析

——基于全球价值链视角

周　翔

第1章　绪　　论

1.1　研究背景和意义

1.1.1　研究背景

工业革命以来，人类经济社会迅速发展，科技和生活水平得到巨大提升。伴随着科技的进步，一系列由人类活动导致的环境问题也日益突出，其中很多都威胁到人类的生存安全。气候变化是当今人类社会面临的重大问题，控制温室气体排放迫在眉睫。温室气体的排放中，二氧化碳的排放占据着最主要的部分，因此一般用"碳排放"代表。来自《今日美国》(*USA Today*)的报道称，二氧化碳的排放在2018年达到了自工业革命以来的历史最高值。积极应对气候变化，走低碳发展道路，已成为国际社会的广泛共识。

目前，中国的碳排放高居全球首位。根据世界银行2020年公布的数据，碳排放前三名的中国、美国、欧盟的碳排放总量是最后一百名国家碳排放量之和的14倍。世界知名碳排放监察机构《碳简报》(*Carbon Brief*)通过核算中国投入产出表以及碳排放数据得到：2018年中国碳排放总量超过100亿吨，位居全球第一位，同比增长了3%，这是自2013年以来碳排放最高增速。其中煤炭消费排放为73亿吨，同比增长了1%；石油消费排放为15亿吨，同比增长了6.5%；水泥生产排放为7亿吨，同比下降5.3%；天然气排放5亿吨，同比增长17.7%。对一个经济体而言，碳排放结构的决定性因素来自经济体的能源结构，在产生相同热量的情况下，消耗不同种类的能源产生的碳排放差异很大；而一个经济体的能源结构又和这个经济体的资源禀赋息息相关。我国是一个煤炭资源十分丰富的国家，能源结构当中又以煤炭等化石能源为主。我国经济的高速发展以及世界范围内能源供给现状导致我国在短期内只能以煤炭资源作为主要的能源，与其他的以石油、天然气为主要能源的国家相比，我国的碳排放强度远远高于它们。

面对日益严重的碳排放问题，各国政府组织积极应对。《哥本哈根协议》《蒙特利尔议定书》《巴黎协定》等众多国际协议相继推出，国际社会同心协力一起应对碳排放问题。面对越来越严重的碳排放问题，各国政府也在积极寻求不同的路径以减少碳排放。西方发达国家经过几十年的发展，在其国内保留了众多高技术含量、高附加值、对环境友好的产业。西方国家不仅牢牢地把持着上游高附加值的产业，还通过技术封锁、人才封锁等手段遏制发展中国家向全球产业链上游的迁徙。另外，西方发达国家通过将低附加值、低技术含量、高碳排放、高能耗的产业转移至发展中国家和不发达国家，以降低国内的碳排放。中国是发展中经济体，改革开放以来，基于生存和发展的需要大量承接了发达经济体的产业转移。这些落后的产业在早期促进了中国经济的发展，然而这些落后产业所固有的低技术含量、高能耗、高污染、高碳排放的缺点却日益突出。跨入 21 世纪后，减少碳排放的形势更加严峻，改革已经迫在眉睫。一方面，作为世界工厂，中国在向全世界提供丰富低廉的工业产品时，碳排放总量长期占据世界第一位，来自国际社会的压力促使中国进行产业结构的改革，淘汰落后产能，实现技术换代革新降低碳排放；另一方面，传统的依赖人口红利并由高能耗、高碳排放、低附加值、低技术含量的产业推动的经济增长已经愈发疲软，中国的经济已经从过去10%的高速增长变为如今 6%以下的中高速增长。传统产业的发展已经到了瓶颈期，供给侧结构性改革已经迫在眉睫，制造业发展需要走入一条新的路径。从 2010 年以来，中国制造业虽然在规模上已经超过了美国位居世界第一位，但依然是高投入、高消耗、高排放的传统发展模式。

“中国制造 2025”明确指出，力争到中华人民共和国成立 100 周年时，我国制造业大国地位更加稳固，综合实力进入世界制造强国前列。从中国的“中国制造 2025”到德国的“工业 4.0”，再到美国的“工业互联网”，可以看到，不仅仅是中国，包括德国、美国在内的发达国家都将制造业服务化当作战略核心。生产性服务业是制造业提升在全球价值链上的重要支点，是产业链升级的关键。提升在全球价值链上的位置，实现全球价值链上的攀升，制造业服务化是关键。制造业服务化是将生产性服务业与制造业高度融合，是利用高端服务业反哺制造业，实现制造业升级和发展。制造业服务化要以产业链相关参与方的共赢为目标，以满足市场需求为导向。它为制造业创新能力以及制造业效率的提高提供了新动力。通过对生产组织形式的优化、运营管理方式的升级、商业发展模式的创新，制造业价值链也得到延伸和发展。一方面，制造业服务化可以规避传统制造业对资源依赖度大、环境污染高的缺点，更好地满足用户需求；另一方面，它也为科技创新营造了一个良好的生态环境，有效地推动了科学技术的发展。制造业服务化包括投入服务化和产出服务化，在生产阶段，大量的服务要素投入产品的生产过程中，不仅有利于产品的技术水平、附加值的提升，也能相应地减少高碳排放要素投入，从而减少碳排放。同时，技术水平得到提升，在一定程度上也能起到节能减排的作用。产出服务化是指产品中服务产品所占的比例大大提高。传统产品的生产过程往往依靠大量化石能源，碳排放巨大，而诸如售后服务、维修、升级等服务产品则摆脱了传统产品生产过程中的大量化石能源的消耗，降低了碳排放。同时制造业服务化也实现了在产业链上的升级，完成了供给侧结构性改革，起到了一箭双雕的作用。

1.1.2　研究意义

1. 理论意义

全球价值链视角下的制造业服务化对碳排放的影响不仅仅为减少碳排放提供了新的视角，同时也为我国制造业的质量发展和绿色发展两者之间的平衡提供了新的思路。

最早，学术界对碳排放的影响的研究主要集中在碳排放总量的核算、碳排放的影响因素、从时间序列角度观察碳排放的变动规律等方面。随着中国融入全球价值链，中国经济在取得巨大发展的同时，碳排放也跃居世界第一位。众多国内国外学者运用 SDA、LMDI、因素分解等方法对中国碳排放进行分解研究，从资源禀赋、能源强度、经济规模、产业结构等众多方面解读中国的碳排放。研究制造业与碳排放关系的最终目的是要实现经济的绿色发展、低碳发展。因此有众多学者从产业结构调整、全球价值链升级等角度寻求经济的低碳发展，但他们的研究本质上都属于产业结构调整的碳减排研究，关于产业结构调整的研究也集中在三产的比例调整、产业结构升级、产业结构内部复杂化等方面，忽视了全球价值链分工这一新型国际分工模式对产业升级的作用。制造业服务化本质上是制造业和服务业随着科学技术的发展在资源利用和利润创造之间的再分配，既有服务业融入制造业，又有制造业反哺服务业。本文所关注的全球价值链视角下的制造业服务化对碳排放的影响为现有的碳减排提供了新的视角，具有十分重要的意义。

2. 现实意义

本文谈到的制造业服务化不是消灭制造业只保留服务业，不是搞产业“空心化”“金融化”，而是在供给侧进行改革，是一个“强工业化”过程。这对我国制造业的转型发展具有十分重要的现实意义。

“微笑曲线”告诉我们，产业链中位于微笑曲线两端的设计和销售拥有最高的附加值；位于微笑曲线中间的制造是附加值最低的环节。制造业服务化就是生产过程向微笑曲线两端移动。从制造业投入服务化的角度来看，服务要素在生产要素中的比例越来越高，意味着企业越来越多地参与产品的设计制造业环节。投入服务化还有利于塑造产品的非对称优势，增加产品在市场中的差异化程度，提高市场竞争力，同时制造业服务化还可以提升产品的技术复杂度和产品质量。从产出服务化的角度来看，服务产品在销售的最终产品中占据越来越重要的位置，产品的附加值更多地体现在服务上，因其满足了随着时代的发展人们对于更高层次的无形的服务产品的需求。

首先，制造业服务化促进了知识型、技术型要素在产品方面的聚集，同时大大丰富了产品的种类，降低了产业链各环节之间的沟通协调成本，实现了多方共赢，对于产业部门从低端向高端的升级具有积极的推动作用。中国三大产业的发展极不平衡，和西方发达国家相比，我国的第二产业产值占比最高但是单位产值却很低，第三产业还不发达。同时由于我国第二产业大部分都落后于世界先进水平，单位产值的碳排放是西方发达国家平均值的 7 倍。制造业服务化推动的产业结构的升级，能够推动落后产业吸纳先进的服务要素、技术要素和管理经验，实现产业部门生产效率的提升，能耗降低，以及碳排放的减少。

其次，西方发达国家位于全球价值链的上游环节，这些上游环节大多是高附加值、知识密集型、技术密集型的环节。新兴经济体通过积极参与全球价值链上的分工可以学习西方国家的先进技术，提高自身的发展水平，推进专业化生产实现规模效应，提高产品的技术复杂度，从而实现制造业行业碳排放的减少。

1.2 研究思路与方法

1.2.1 研究思路

制造业实现在全球价值链上的攀升，需要通过制造业服务化在售前、售中、售后更多地融入服务要素。制造业服务化水平的提升能否促进制造业碳排放的减少？不同类型的服务要素投入带来的制造业服务化会对制造业行业碳排放产生怎样的影响？国外服务要素投入带来的服务化又会对制造业碳排放产生怎样的影响？上述问题的解决一方面可以帮我们更好地制定减排节能的政策，另一方面也能让我们深入思考中国制造业转型发展的未来之路。

1.2.2 研究方法

（1）投入产出分析法。里昂惕夫（Leontief）提出的投入产出法旨在通过建立经济活动中各部门产品和资源之间的供求平衡关系来反映经济体的经济活动。本文使用多区域投入产出分析法，从中国的行业层面研究了制造业服务化对碳排放的影响。

（2）面板数据分析法。面板数据具有时间和截面两个维度，面板数据分析法可以很好地分析具有这两个维度的数据；另外，针对一般数据分析方法可能存在的遗漏变量问题，面板数据分析法也能很好地克服。本文使用随机效应模型、固定效应模型研究了制造业服务化对碳排放的影响，同时为了解决存在的内生性问题，还使用差分 GMM 法进行了回归估计。

1.3 内容安排

第 1 章为绪论。主要介绍制造业服务化对碳排放影响的背景和意义，同时也介绍了文章的思路以及内容上的安排。

第 2 章为文献综述。首先对制造业服务化的内涵的演变和测度进行了介绍；其次从三个方面介绍了制造业服务化产生的原因并从宏微观论述了影响制造业服务化的因素，进而探讨了制造业服务化的经济效应和环境效应并分析了碳排放的减排机制；最后引出本文的研究方向和研究落脚点。

第 3 章为制造业服务化对碳排放影响的理论基础。首先介绍了影响碳排放的四大效应：碳排放系数效应、能源结构效应、能源强度效应、产业升级效应，并进行了理论推导；然后分别从技术进步和产业升级两个角度介绍了碳减排的机制；最后导入制造业服务化的碳减排理论模型为后续的实证研究奠定基础。

第 4 章为核心变量解释。基于 WIOD 公布的世界投入产出表与里昂惕夫逆矩阵用制造业对服务业的完全消耗系数来表示制造业服务化水平；然后结合图表比较了 2000—2014 年各主要制造业行业的制造业服务化水平；利用 IPCC 指南中提出的统计各国碳排放的方法计算了中国制造业行业 2000—2014 年的碳排放水平，并做了数据说明和分析。

第 5 章为实证检验。实证检验主要从三个方面着手。第一，利用固定效应模型和差分 GMM 法评估高技术服务化与低技术服务化对制造业服务化的作用。第二，从投入异质性的角度将服务业划分为中高技术服务业和低技术服务业，探究不同种类的服务业带来的服务化对碳排放的影响。第三，考虑了来自国外的服务所导致的制造业服务化对碳排放的推动作用。

第 6 章为结论与政策性建议，依据基础理论推导、数据描述性分析及实证检验得出研究结论，为我国“碳减排”相关政策措施提供研究支持，同时也为我国制造业的产业升级和发展提供政策性建议。

1.4 研究的创新与不足

1.4.1 研究的创新

(1) 以往的研究均从贸易增加值视角研究出口贸易产品的制造业服务化对出口贸易隐含碳的影响，缺乏国内视角下制造业服务化对行业碳排放的影响的实证研究。本文弥补了以往研究的不足。

(2) 制造业的碳排放不仅仅与服务行业贡献的中间投入有关，也和投入行业的异质性有着紧密的联系，本文从投入的异质性角度思考了不同性质的服务投入对行业碳排放的影响。

(3) 除了投入的异质性，本文还考虑了国外服务要素投入带来的制造业服务化对制造业碳排放的影响。

1.4.2 研究的不足

(1) 本文从中间要素的投入角度，运用完全消耗系数的方法对制造业服务化进行了测度，没有考虑制造业内部提供的服务以及制造业产品附加的服务，也会引起制造业服务化水平的提升，具有环境效应。这两种服务化的衡量涉及国内外制造业企业层面的产业和商业层面的数据，鉴于数据的完整性和可得性差，本文中并没有考虑这两种服务导致的服务化。

(2) 本文从行业层面研究了制造业服务化对行业碳排放的影响，并没有做跨国的比较，同时也没有深入研究制造业服务化对碳排放的减排机制。同时，本文在实证模型当中并没有充分考虑到现存的影响碳排放的要素，如环境规制等要素。

第2章　文献综述

2.1　制造业服务化概念和测度

在早期商品经济时代，物品与服务一直都是相互独立的概念。Vandermerwe和Rada于1988年第一次提出制造业服务化的概念，这也是第一次将物品和服务两个相互独立的概念联系起来形成“物品—服务包”的理念。在这个“包”里，既有物品，又有譬如升级、支持、知识等服务。物品和服务构成了一个有机的整体，服务占据着主导地位，也是增加值来源的主体。Reiskin等学者(1999)则从制造商在企业生产过程中担任的角色角度出发，将对制造商的理解从单一物品制造者转变为服务提供商，而将服务视为贯穿整个企业生产售后过程。服务化也导致企业和产品的边界变得模糊。Szalavetz(2003)分析了企业选择制造业服务化的原因：一方面，经济的高速发展使得用户需求不再局限于传统的商品，与商品相关的优质服务对顾客更有吸引力，同时也提供了更多的销量和利润；另一方面，企业为了在激烈的市场竞争中存活下来，内部服务效率的提升变得更加关键，甚至比传统的因素更加重要。制造业服务化的概念日益成熟，它包含两个层次：一是投入服务化，即服务要素在制造业全部投入中占据着越来越重要的位置；二是业务服务化，即服务产品在制造业全部产出中占据着越来越重要的地位。

学术界大多从投入服务化角度来衡量制造业服务化程度。常用的方法有直接依赖法和消耗系数法。例如，杨琳(2015)使用直接依赖法测度制造业服务化水平，结合投入产出表，将服务部门进行适当合并，利用制造业部门中来自服务部门的投入占总投入的比重表示制造业服务化水平。该指标没有考虑制造业部门对于其他部门服务要素的间接消耗。消耗系数法又分为直接消耗系数法和完全消耗系数法。顾乃华和夏杰长(2010)采用直接消耗系数法衡量制造业服务化水平。该方法来自里昂惕夫投入产出分析法，利用制造业中间服务投入占总产出的比例来表示制造业服务化水平。里昂惕夫投入产出表反映的是经济体内部错综复杂的关系，利用直接消耗系数仅仅反映了制造业部门对于服务要素的直接消耗，而在现代经济体中由于产业之间极强的关联，制造业部门对于其他部门服务要素的间接消耗也不容忽视。为此刘斌和王乃嘉(2016)利用完全消耗系数衡量制造业服务化程度，不仅考虑了制造业部门对于服务部门要素的直接消耗，也兼顾了由于产业关联制造业部门对于其他部门服务要素的间接消耗。这也是目前大多数人采用的方法。

从产出服务化角度利用贸易增加值(TIVA)方法考虑制造业服务化程度。Johnson 和 Noguera(2012)开启了利用 WIOD 数据库计算贸易增加值的先河。Koopman 等(2014)整理了相关文献中的各个指标，并将它们纳入同一个框架体系，将出口贸易增加值按照国家来源进行了分解，而不是从贸易增加值行业来源层面进行分析。程大中(2015)利用贸易增加值的方法衡量了中国参与全球价值链的程度。戴翔(2016)按照要素密集度对制造业行业进行了分类，分别计算了不同类型的制造业行业出口内涵增加值总量。王向进等(2018)从贸易增加值的视角结合戴翔的思路，将制造业服务化率定义为制造业出口内涵值的增加值中源于服务行业的比重，用来表示制造业出口服务化水平。但是基于增加值(TIVA)视角研究一国出口中从他国进口的中间投入品的比例的方法(HIY 方法)建立在两个十分严苛的假定基础上。第一，同比例假定。不管是一般贸易还是加工贸易，两种贸易所使用的进口品的比例相同。第二，一个国家出口的产品无论是中间品还是最终产品，全部都被国外的最终需求所消耗，换言之，就是假定进口是 100%来自外国。上述两个假定具有十分明显的局限性，当今世界加工贸易早已成为常态，尤其中国作为加工贸易第一大国的时候，前一个假定是不成立的，而当出口中间品的国家数量不止一个的时候，后一个假定也不成立。另外从产出服务化角度去测算制造业服务化需要对产出中的服务种类进行界定，这也给制造业服务化的测算带来不小的麻烦。

2.2 制造业服务化产生原因及因素研究

制造业服务化产生的原因可以归纳为三个方面。第一，差异化竞争的驱动。传统的生产厂商和消费者之间的关系比较单一，生产厂商生产产品出售给消费者，消费者支付并利用产品满足自身的效用。随着市场竞争的加剧，生产者如何在激烈的市场中脱颖而出就成了关键性问题。制造业服务化将更多的知识密集型、技术密集型的服务要素投入生产过程，以提高产品的技术含量，满足消费者差异化竞争的需求，同时服务在产品中也占据着重要的位置，增加了用户黏度，提高了制造业企业的市场竞争力（王思语、郑乐凯，2019；张恒梅、王曼莹，2017）。第二，利润的驱动。企业生产的最终目的是追求利润最大化，产品同质化的问题让制造业企业在激烈的市场竞争中步履维艰。一方面，投入服务化通过服务要素代替劳动密集型要素提高了产品的质量和技术含量，增加了附加值；另一方面，产出服务化则通过服务产品的提供延长了产品的生命周期，从而实现创收。因此从长远来看，厂商通过提供知识和附加服务可以提高自身的收益水平（Neely，2008；姜铸、李宁，2015）。第三，产业优势重塑。制造业服务化的过程实际上是企业和产业重新塑造自身比较优势的过程，通过不同维度提高自身产品的附加值和提供创新服务，企业打造了属于自己的独特的消费人群，实现企业在市场竞争中的比较优势（Kelle，2013；陈丽娴、沈鸿，2017）。

Lay 等（2010）利用欧洲制造业调查（EMS）数据对制造业企业服务化战略进行实证分析，研究发现：决定企业是否采取服务化战略的因素主要有三个，分别是企业在全球价值链中的位置、企业生产的产品类型、企业的战略规划。肖挺等（2014）则从微观层面考察了影响制造业企业服务创新的因素，研究发现信息技术、人力资本投资、客户群的维护虽然在作用程度上有显著差异，但是它们对提升制造业企业服务创新能力至关重要。刘斌、王乃嘉（2016）研究了企业投入服务化和企业出口"二元边际"之间的相关性，表明制造业企业投入服务化虽然提升了出口产品的价格，降低了出口产品的数量，但是同时增加了企业的利润，总效应是有利于制造业企业的，同时还从服务投入异质性角度分析了不同性质的服务化对企业的出口提升作用。

上述研究都是从微观层面研究影响制造业企业采取服务化战略的因素。有一部分学者则从宏观角度研究了影响制造业服务化的因素。Falk 等（2013）则关注制造业服务化的产出密度和生产性服务业两者之间的关系，在采用欧洲 18 个国家的投入产出表对制造业服务化的产出密度进行实证后发现，制造业服务化与生产性服务业的就业人数和占总劳动力的比例有着紧密的联系。黄群慧、霍景东（2014）利用世界投入产出表进行了跨国分析，研究发现，制造业服务化受到多种因素的影响，其中科研投入、贸易自由度等因素促进了制造业服务化水平的提高。

2.3　制造业服务化的经济效应和环境效应

从微观层面考察制造业服务化对企业产品质量、技术复杂度的作用。刘继国(2006)最早思考了制造业服务化对中国工业化进程的影响,发现制造业服务化有利于提高产品的技术复杂度、提高企业的市场竞争力、降低资源消耗、增加企业利润。李宏、刘玲琦(2019)利用 Kandelwal 等人计算产品质量的方法,研究发现国内制造业服务化对出口产品质量有抑制作用,国外制造业服务化对出口产品质量有提升作用,整体上来说,制造业服务化推动了出口产品质量的提升。马盈盈、盛斌(2018)从贸易增加值的角度分析了制造业服务化与出口技术复杂度之间的关系,研究发现,制造业服务化促进了出口产品技术复杂度的提升,并且制造业服务化对于国内制造业企业的技术水平也有一定的提升作用。Gervais(2015)认为制造业服务化有利于高质量产品公司的出口。Bas(2014)从服务投入异质化角度,分析印度的贸易数据研究发现,来自上游服务的投入更能促进产品质量的提升和出口。

从微观层面考察制造业服务化对企业的绩效效应的影响。一种观点认为,制造业服务化有利于企业绩效的提升。姜铸、李宁(2015)集合西安地区制造业企业的相关数据,构建制造业服务化对企业绩效的影响模型,研究发现,制造业服务化对企业绩效的提升有明显的推动作用。吕越等(2017)利用世界投入产出表和海关进出口数据、中国工业数据库研究发现,制造业服务化有利于提高企业的全要素生产率,电信投入服务化对提高企业全要素生产率的推动作用最大。另一种观点认为制造业服务化抑制了企业绩效的提升。Neely(2008)利用多元线性回归法对提供不同种类服务的制造业企业进行了截面分析,结果表明,和纯制造型企业相比,采取服务化战略的企业整体营利能力要更强,但是制造业服务化却抑制了企业绩效的提升。还有些学者对于制造业服务化与企业绩效之间的关系持怀疑态度。Kastalli 等(2013)研究发现,劳动密集型制造企业的服务化升级能够提升企业销售额,而且这种影响并非线性的。黄婷婷(2014)并没有沿用 Neely 的方法,而是用服务化强度替代服务种类进行了分析研究,结果发现企业绩效与服务化强度之间不存在倒 U 形关系。孙丽、张慧芳(2019)对比了中日两国制造业服务化对企业绩效的影响,发现中日两国制造业都会陷入“服务化困境”,随着服务要素的不断投入,企业绩效与之呈现倒 U 形关系,但降低人力资本提高制造业部门的技术水平等措施都能提高企业的绩效水平。

从宏观层面考察制造业服务化对产业结构的提升作用。简兆权、伍卓深(2011)针对不同的制造业企业不同的发展状况整合出了四条发展路径:一是下游产业链服务化,二是上游产业链服务化,三是上下游产业链服务化,四是完全去制造业化。周大鹏(2013)认为,制造业采取服务化战略可以促进知识型要素在产品中的聚集，提升产品附加值，帮助企业从低端制造业向高端制造业发展。但不同类型的制造业受到的服务化影响各不相同。

从宏观层面考察制造业服务化的全球价值链效应，这是目前制造业服务化研究的前沿热点方向。Miroudot 和 Cadestin(2017)认为，制造业出口服务化是实现全球价值链升级的关键，这也是多数人认可的结论。刘斌、王乃嘉(2016)探讨了制造业服务化的全球价值链效应，提出制造业服务化在提高我国企业价值链的参与程度的同时，提升了我国企业在全球价值链上的分工地位，不同行业的制造业服务化的价值链效用差异明显。陈文府(2015)基于全球价值链视角，结合世界投入产出表利用最终产品增加值的方法评估了中国制造业企业参与全球价值链增加值创造的竞争力，研究发现，中国未来提升制造业的国际竞争力，应将重点放在提高我国生产性服务业水平和向中高技术制造业转型上。吕越等(2017)考察了制造业服务化对嵌入全球价值链不同程度的企业的影响，研究发现，企业嵌入全球价值链程度越高，制造业服务化越有利于提高企业的全要素生产率。戴翔等(2019)将服务分为来源于国内的服务和来源于国外的服务两个大类。源于国外的服务投入增加导致的制造业服务化的提升对于在全球价值链上的攀升有明显的抑制作用，源于国内的服务投入增加导致的制造业服务化的提升对于在全球价值链上的攀升有明显的推动作用。总体上看，抑制作用和推动作用的效果相互抵消，总的制造业服务化对于全球价值链上的攀升没有显著的影响。因此，中国制造业应该努力降低对国外服务的依赖，增加源于国内的服务投入，这样才能向全球价值链的上游环节攀升。

国外在制造业服务化环境效应研究方面走在了前面。Spaargaren 和 Mol (1992)从产品的物质形态角度研究发现，随着科学技术的发展尤其是互联网技术的运用，传统的重工业和农业部门发展到了瓶颈期，与产品有关的知识密集型服务的出现改变了消费者的需求偏好，使得对环境友好的无物料服务得以发展，具有环境效应。White 和 Feng(1999)从制造业服务化产出化的角度切入，研究了制造业服务化和生产与产品相关的服务，在减少物质产品的污染同时，提升了自身附加值，从而减少了生产要素的投入、降低了环境污染。Weaver 等(2000)则从制造业企业采取制造业服务化的规模效应角度研究发现，企业制造业服务化程度越高，环境效应越明显。上述研究都认为企业采取制造业服务化是通过提升制造企业生产效率以及资源利用率来实现环境效应的。Mont(2002)认为，工业型经济在转向服务型或功能型经济的(Functional Economy)过程中，通过向消费者提供产品的功能和服务，可降低生产过程中的物质投入，取得更好的环境效益。功能型经济模式下，企业销售的是物品的功能（服务），物品只是载体，因此企业实施功能最优化生产而不是产出最优化的生产决策，如投入更多的研发设计以改善客户对产品功能的体验，给予更多的售后支持以延长产品功能的使用期，从而降低对资源的消耗。

Kang 和 Wimmer(2008)研究发现，采取服务化战略的制造业企业比纯制造型企业投入的能源少，产生的污染也较小，具有环境友好的特性。Agrawal 等(2011)认为，基于产品的共享服务有利于降低资源消耗、保护生态环境，原因在于共享公司通过优化组织流程提高了效率，降低了资源消耗，维持了产品质量，从而产生正的外部性。Hojnik 和 Ruzzier(2016)定性分析了投入服务化对于欧盟环境可持续发展的意义，认为政府机构在推动制造业企业采取服务化战略方面起着举足轻重的作用。

近些年来，国内学者也开始关注制造业服务化的环境效应。陈艳莹和叶良柱(2009)认为，服务要素作为先进的生产要素参与企业的生产过程，替代传统生产当中高碳排放、高能耗的生产要素，一方面可以节约资源，另一方面提升了技术水平，减少了污染，有利于保护生态环境。樊茂清等(2012)研究了技术进步、信息化对我国产业部门能源强度的影响，发现技术进步和信息化投资能明显降低我国的能源消耗强度，实现绿色发展。闵连星等(2016)考察了四种不同类型的服务化模式对环境的影响，研究发现，无论是哪一种服务化模式，只要使用服务要素代替传统的物质生产要素，都可以降低对环境的污染，减少负的外部性。饶畅(2013)认为，制造业服务化能够提高劳动生产率且能够降低负的外部性。虽然短期内制造业服务化会降低碳生产率，但是从长期来看，制造业服务化能够增加碳生产率，具有明显的生态效益。然而在测度时，沿用的是省级层面的数据，而且时间上不连续，检验结果或多或少存在一些局限性。王向进(2018)从全球价值链的视角，利用贸易增加值的手法，将制造业出口内涵值的增加值中源于服务行业的比重定义为制造业服务化率，检验了制造业出口服务化对行业贸易隐含碳排放的影响。这实际上是从产出角度衡量了制造业出口服务化对于出口贸易隐含碳排放的影响。然而上述研究多集中于理论分析，认为制造业服务化能够明显减轻制造业企业对于环境的负的外部性。

2.4 制造业碳减排机制研究

目前关于制造业碳减排的机制研究主要集中在两个方面：一方面是从影响碳减排的因素角度出发，探究哪些因素可以减少碳排放；另一方面是从产业结构升级的角度出发研究产业结构升级的碳减排效应。

从碳减排的影响因素来看，涂正革(2012)认为，技术进步是减少碳排放的主要驱动力，中国特殊的依赖煤炭为主要能源的能源结构导致短期内能源结构的调整并不能减少碳排放。但是长期来看，优化能源结构对于碳排放的减少有积极效果。孙宁(2011)使用LMDI法研究了影响制造业分行业碳排放的各种因素，结果发现，技术进步引起的制造业能源强度的降低是导致制造业分行业碳排放减少的最重要的因素。Kim等(2015)研究韩国7个主要城市的碳排放数据发现，技术进步和政府行政与监管措施对碳减排的影响最大。技术进步促进了制造业碳排放的减少是学术界公认的观点，但是不同技术路径对碳排放的影响不同。李天玉(2018)从技术进步的不同路径角度出发，研究了不同技术路径对工业制造业部门碳排放强度的影响。研究发现，用于技术创新的研发支出的增加可以减少碳排放，而工业部门技术转移和引进则会增加行业的碳排放强度。黄凌云等(2017)研究了不同技术路径与制造业出口贸易隐含碳排放之间的关系，得出中间品进口、自主研发、模仿创新显著降低了中国制造业出口隐含碳排放强度，而国外技术引进和外商直接投资(FDI)对中国制造业出口隐含碳排放强度的影响不显著。

张明志、余东华(2016)认为，产业结构的调整是降低碳排放的重要因素，制造业产业结构合理化能够降低碳排放。Liu等(2011)研究发现，工业比重过高是导致中国碳排放强度较高的主要原因。朱勤等(2009)应用因素分解法研究了1980—2007年我国的碳排放，发现产业结构的整体调整并没有减少碳排放，主要原因是中国的第二产业占比过高，第二产业规模的增长导致的碳排放增长抵消了由产业结构调整带来的碳排放的减少。涂正革(2012)认为，工业制造业对于碳排放的影响最大，工业制造业占比越高，碳排放量也越高。郭朝先(2012)对1996—2007年的碳排放进行了分解，在这段时间内产业结构的调整并没有减少碳排放；同时基于对高能耗产业结构未来变动的预测，长期来看，产业结构的变动会促进碳排放的减少。以上研究都是从国内视角出发。

Han和Chatterjee(1997)利用多国数据进行了跨国分析，研究发现，产业结构的升级促进了技术进步，带来了碳排放的减少。刘再起、陈春(2010)利用7个国家的面板数据研究不同国家三大产业的发展对碳排放的影响，发现以服务业为代表的第三产业单位产出的碳排放量增加最小。Liu等(2011)选取世界主要制造业国家的数据考察了各产业占比对碳排放的影响，研究发现，即便是同一个国家，在不同时期，各产业占比也不同，对碳排放的作用程度也会有显著的差异。上述研究都表明，碳排放受到产业结构的影响。

2.5 文献评述

整理以往的文献发现，关于制造业服务化的研究由来已久。大多数研究集中在制造业服务化的经济效应方面。微观角度研究了制造业服务化对企业的影响，主要是从制造业服务化提高了企业生产的产品质量、技术复杂度和企业绩效的角度出发。宏观角度考察制造业服务化的全球价值链效应是目前的热点方向，大致从以下三个角度出发：① 从投入异质性的角度区分服务的种类和国内国外不同的来源，研究不同性质的服务带来的服务化对某国（地区）向全球价值链上游攀升的影响；② 制造业服务化对某国（地区）嵌入全球价值链程度的影响；③ 制造业服务化对某国（地区）嵌入全球价值链程度和全球价值链地位的影响。制造业服务化的环境效应研究较少，大部分研究是从制造业服务化经济效应的外部性出发研究制造业服务化的环境效应的。同时制造业服务化与环境研究主要为定性研究，缺乏定量分析，而且大多从产出服务化角度去分析，缺乏投入视角。实际上制造业投入服务化，特别是知识密集型、技术密集型的生产性服务投入更能直接降低能源消耗，降低碳排放。因此本文将从制造业投入服务化角度去衡量制造业服务化，建立理论模型，研究制造业服务化对碳排放的直接影响，采用 WIOD 数据库弥补国内数据时间上的不连续性的缺陷，同时也将从投入异质性的角度出发，研究不同种类的服务带来的服务化和来自国外的服务带来的服务化对本国碳排放的影响。

第3章　制造业服务化碳减排机制分析和理论推导

3.1　碳减排理论基础

3.1.1　碳排放效应分解

碳排放的因素分解通常使用指数分解法。指数分解法最早源自拉式指数和帕式指数。后来又有学者应用算术平均的迪式指数分解法对碳排放进行因素分解。由于利用上述方法会导致分解残差项的遗留问题，目前大部分学者采用对数平均迪式分解法（LMDI）对碳排放进行因素分解，可以较好地解决分解残差项的遗留问题。因此本文也选择使用 LMDI 法对碳排放进行因素分解。

假设在一个经济体中，有 n 个工业制造业行业，使用 m 种一次性能源，各种能源的碳排放系数不同，用 EC 表示。C 表示工业全行业的二氧化碳排放，CI 表示工业全行业二氧化碳排放强度，Y 表示工业全行业工业增加值，E 表示能源消费，ES 表示能源消费的结构，EI 表示能源强度，S 表示工业产业结构，t 表示时间，i 表示第 i 个行业，j 表示第 j 种能源。根据上面的假设条件，该经济体工业制造业全行业的二氧化碳排放强度可以表示为：

$$
\begin{aligned}
CI &= \frac{C}{Y} = \frac{\sum_{i=1}^{n}\sum_{j=1}^{m} C_{ij}}{Y} = \sum\sum_{ij} \frac{C_{ij}}{E_{ij}} \times \frac{E_{ij}}{E_i} \times \frac{E_i}{Y_i} \times \frac{Y_i}{Y} \\
&= \sum\sum_{ij} EC_{ij} \times ES_{ij} \times EI_i \times S_i
\end{aligned}
\tag{3.1}
$$

其中，C_{ij} 表示第 i 个工业制造行业第 j 种能源的二氧化碳排放，其他变量含义类似。

依据 LMDI 分解方法，建立一个对称的对数权重方程，如下所示：

$$
a \neq b \text{ 时}, L(a, b) = \frac{a-b}{\ln a - \ln b}
$$

$$a=b \text{ 时}, L(a, b)=a \tag{3.2}$$

因此工业制造业碳排放(RCI)可以完全分解为以下的形式：

$$\begin{aligned} RCI &= CI^t/CI^{t-1} = RCI_{ec} \times RCI_{es} \times RCI_s \times RCI_{ei} \\ &= \exp\left[\sum\sum_{ij} \frac{L(CI_{ij}^t, CI_{ij}^{t-1})}{L(CI^t, CI^{t-1})} \ln\left(\frac{EC_{ij}^t}{EC_{ij}^{t-1}}\right)\right] \times \\ &\quad \exp\left[\sum\sum_{ij} \frac{L(CI_{ij}^t, CI_{ij}^{t-1})}{L(CI^t, CI^{t-1})} \ln\left(\frac{ES_{ij}^t}{ES_i^{t-1}}\right)\right] \times \\ &\quad \exp\left[\sum\sum_{ij} \frac{L(CI_{ij}^t, CI_{ij}^{t-1})}{L(CI^t, CI^{t-1})} \ln\left(\frac{S_i^t}{S_i^{t-1}}\right)\right] \times \\ &\quad \exp\left[\sum\sum_{ij} \frac{L(CI_{ij}^t, CI_{ij}^{t-1})}{L(CI^t, CI^{t-1})} \ln\left(\frac{EI_i^t}{EI_i^{t-1}}\right)\right] \end{aligned} \tag{3.3}$$

上面的等式最右边由四个部分组成，其中

$\exp\left[\sum\sum_{ij} \frac{L(CI_{ij}^t, CI_{ij}^{t-1})}{L(CI^t, CI^{t-1})} \ln\left(\frac{EC_{ij}^t}{EC_{ij}^{t-1}}\right)\right]$ 表示碳排放系数效应；

$\exp\left[\sum\sum_{ij} \frac{L(CI_{ij}^t, CI_{ij}^{t-1})}{L(CI^t, CI^{t-1})} \ln\left(\frac{ES_{ij}^t}{ES_i^{t-1}}\right)\right]$ 表示能源结构效应；

$\exp\left[\sum\sum_{ij} \frac{L(CI_{ij}^t, CI_{ij}^{t-1})}{L(CI^t, CI^{t-1})} \ln\left(\frac{S_i^t}{S_i^{t-1}}\right)\right]$ 表示产业结构效应；

$\exp\left[\sum\sum_{ij} \frac{L(CI_{ij}^t, CI_{ij}^{t-1})}{L(CI^t, CI^{t-1})} \ln\left(\frac{EI_i^t}{EI_i^{t-1}}\right)\right]$ 表示能源强度效应。

(1) 碳排放系数效应。能源种类不同，碳排放系数也不相同，世界上主要的化石能源有三大类，分别是煤、石油、天然气。煤的碳排放系数最大，天然气最小，石油介于两者中间。因此燃烧相同质量的煤、石油、天然气，煤产生的二氧化碳最多。

(2) 能源结构效应。一个经济体使用的能源种类必不相同，不同种类的能源构成了经济体能源消耗的基础。不同种类能源之间的比例关系反映的就是能源结构。一个国家的资源禀赋直接决定了该国的能源结构。中国多煤而少油气，煤炭为中国的经济发展提供了强大的动力，然而，煤炭作为化石能源中碳排放系数最高的化石燃料，燃煤产生了占据中国碳排放量主要部分的二氧化碳。减少高污染高碳排放能源的消耗，以更洁净的石油天然气资源代替煤炭资源，这也是未来改善我国能源结构的必经之路。但是决定能源结构的是一个国家的资源禀赋，短期来看，煤炭仍然是我国的主要一次性能源。

(3) 产业结构效应。一国的产业结构越合理，一国的经济发展才越有活力。

当产业结构不合理阻碍了经济发展的时候就需要产业结构调整。产业结构调整可以分为两个部分：产业结构高级化和产业结构合理化。产业结构高级化又可以叫作产业结构升级，产业结构升级的核心是产业附加值的提升，具体表现在产业向着全球价值链上游环节攀升，摆脱传统的劳动密集型行业，科学技术、创新成了发展的动力。产业结构合理化指的是生产要素在不同的产业之间重新流动配置达到一种动态平衡的状态，与原先相比，调整后的产业结构资源得到有效利用，落后产业被淘汰或者升级，新的产业获得发展。我国的三产发展极不平衡。以服务业为主的第三产业不仅体量落后，而且比例也十分不协调，第一产业和第二产业虽然占据主要部分，但是效益低、技术水平低。另外，我国的工业制造业部门具有高能耗、高污染、低附加值、低技术水平等特点。工业领域的碳排放占全国碳排放的八成以上。通过产业结构调整，促进生产要素从高投资、高污染、高能耗的工业制造业部门向具有发展前途的高科技产业和新兴产业流动。实现产业升级从而降低碳排放是未来我国经济转型的重要途径。

（4）能源强度效应。碳排放的本质是能源的消耗，这也是为什么以煤炭为主要能源的中国是世界最大碳排放国家。降低碳排放取决于能源强度的降低，本质上是要求提高能源的生产效率，提高碳生产率。从世界范围内来看，我国能耗强度不仅远远高于西方发达国家，和世界平均水平也有很大的差距。以 2016 年为例，我国单位 GDP 能耗为每一万美元消耗 3.7 吨标准煤，而同期世界平均水平是每一万美元 2.6 吨标准煤，西方发达国家平均水平则是每一万美元 1.8 吨标准煤。提高能源的使用效率，减少碳排放，我国还有很大的空间。

3.1.2　技术进步碳减排机制

第一，能源低碳化。技术进步对新能源的影响在以下三个方面体现得最为明显：首先，技术进步加快了对新能源的搜索和发现，增加了新能源的种类和储量。其次，技术进步为新能源的开发和利用提供了新的维度，鼓励了新能源向现有能源的过渡。同时，新能源开发和利用也改善了资源的开发和利用过程。最后，技术进步扩大了新能源的使用范围并增强了新能源的使用效率，技术进步同时也是推动新能源发展的关键因素。

第二，提高能源利用效率。一方面，技术进步可以直接提高化石能源利用效率。R&D 资本和人力资本增加可以提高能源利用效率。企业为了减少成本、增加收益，会加大科技研发的投入，相应地，生产设备、生产工艺、生产流程都得到革新发展，能源消耗进一步减少，碳生产率得到提升；同时伴随着人力资本的积累，生产要素的重新优化配置，能源将由粗放式利用向集约式利用转变，又进一步提高了能源利用效率。另一方面，技术可以通过影响其他的因素来间接提高能源效率。FDI 技术外溢提高了能源利用效率。我国企业通过技术转让、逆向工程、与跨国公司合资和共建研发中心等方式学习了西方发达国家先进的技术，提升了本国的技术水平，促进了能源低碳化。

第三，生产去碳化。去碳技术是技术进步促进低碳发展的重要领域，主要表现为碳捕捉和碳封存技术(CCS)。利用 CCS，高碳排放企业可以收集企业生产过程中排放的二氧化碳并且封存。这大大减少了大型制造业企业排放到大气中的二氧化碳，为降低碳排放提供了一条现实可行的道路。

3.1.3 产业升级碳减排机制

第一，产业低碳化。一方面，第三次产业革命的红利促进了一系列产业的发展，第四次工业革命出现，未来以新材料、新能源、新网络等为基础的产业将会相继诞生，这些以低能耗、低污染为特点的产业，将是现代产业的发展方向。从发展路径上看，低碳产业包括发展新兴绿色产业、发展现代服务业、加快传统产业的低碳化发展。另一方面，产业集群效应促使低碳技术效率高的产业在合适的区域迅速集聚，区域内的资源禀赋、经济发展、制度、文化等要素重新分配，使得产业布局更加合理进而产生规模效应，进一步降低碳排放。

第二，全球价值链地位的提升导致低碳化。产业升级本质上是产业在全球价值链上的攀升。随着全球价值链分工这种新型国际分工模式的出现，关于参加国际分工对东道国环境的影响，有两种观点：一种认为参与全球价值链分工给东道国带来了资本流入、技术支持与先进的管理经验，可通过“技术外溢效应”降低污染排放；另一种认为东道国参与全球价值链分工，基于比较优势，西方发达国家牢牢占据着全球价值链上游环节，而东道国由于处于下游环节，耗费了本国大量的能源与资源，加重了本国的环境污染。

Koopman 等(2014)根据全球价值链分工理论对总出口进行了分解，将价值增值分为国内和国外两个部分。由于国内的价值增值过程属于全球价值链的上游环节，通过国内的价值增值过程，本国可以掌握先进的制造技术并提升管理水平，从而降低资源的消耗，提升碳生产率。而与之相对的国外价值增值过程则属于全球价值链的下游环节，受到位于上游环节国家的压榨和剥削，碳生产率较低，也容易产生更多的污染。

衡量一个国家参与全球价值链的好坏，不仅要考虑一国参与全球价值链的程度，还要考虑一国在全球价值链的哪一环节。如果一个国家参与全球价值链的程度很高但是位于全球价值链的下游环节，则由于技术水平低下，附加值也较低，能耗高，碳生产率也不高。如果一个国家位于全球价值链上游环节同时参与度也很高，那么附加值也会较高，技术水平的提升也会导致碳生产率的提高。

3.2　制造业服务化的碳减排机理分析和理论推导

制造业服务化的碳减排机制主要有三条传导路径。

（1）制造业服务化用低碳服务要素代替了高碳生产要素。从投入服务化的角度来看，制造业服务化用技术密集型、知识密集型生产要素代替了传统的高碳生产要素，这些低碳服务要素的引入直接减少了企业生产过程中的碳排放。

（2）制造业服务化促进了技术进步。熊彼特的"破坏式创新"理论认为，创新是不断地从内部革新经济结构，创新同时是企业家对生产要素的新组合。制造业企业采取服务化战略，高端服务要素与传统的生产要素重新组合，对企业内部的沟通、协调、生产、售后等环节提出了巨大的挑战，同时也是破坏式创新的过程，而这种破坏式创新的过程推动了企业技术水平的提高。另一方面，制造业企业采取服务化战略后的技术溢出效应，间接促进了企业的技术创新。在制造业服务化过程当中，服务提供商在提供服务的同时伴随着技术转移和人员支持，而相关的技术与服务正好是制造业企业的短板，通过技术溢出效应，制造业企业克服了技术门槛，促进了技术进步。而技术进步是中国能源强度下降的最主要原因。

（3）制造业服务化促进了产业结构的升级。制造业服务化对制造业的产业升级作用主要表现在两个方面。一方面，投入服务化为生产增值环节带来了大量知识密集型、技术密集型要素，为产业带来了范围经济。产业发展的内在驱动力是能够获得更多的收益，服务要素投入增加了产品的技术复杂度和质量，提高了产品的附加值，而作为产品的服务提高了市场竞争力，增加了用户黏性，提高了产品的销量。制造业服务化的确带来了收益的增加，也自然驱动了产业的发展和升级。另一方面，从全球价值链的角度来看，制造业服务化促进了生产迂回度的增加，从而使价值链的宽度增加；制造业服务化促进了产品技术复杂度的提升，又促进了价值链深度的增加。现有的研究已经表明，第二产业相比于第一产业和第三产业，它对碳排放强度的影响最大。制造业服务化促进了产业结构的升级，生产要素从高投资、高污染、高能耗的工业制造业部门向低能耗、低污染、低排放的轻工业和高新行业流动，从而实现产业升级，降低碳排放。

基于上述理论，借鉴李斌等(2013)构建的全球价值链视角下的环境污染与供给模型，引入制造业服务化率指标，构造基于全球价值链的制造业服务化碳排放效应模型。该模型假设在一个经济体中：

——只生产两种最终产品 X 和 Y；X 商品为高碳排放商品，Y 为低碳排放商品；

——只使用资本 K 和劳动 L 两种生产要素；

——完全竞争市场并且规模报酬不变；

——$C_X(w, r)$ 为产品 X 潜在产出单位生产成本；

——开放经济体中，产品 X 参与全球价值链的分工，δ 代表 X 产品在生产中的服务化水平，δ 越高代表服务化水平越高；

——产品 X 的潜在产量为 $f(K_X, L_X)$，K_X 代表 X 产品生产过程中需要的资本，L_X 代表 X 产品生产过程中需要的劳动；

——产品 X 的碳排放量可以用下列函数表示：

$$C=\varphi(\theta)f(K_X, L_X) \tag{3.4}$$

其中，$\varphi(\theta)$ 是关于 θ 的碳排放函数，θ 表示潜在产出中有 θ 比例的部分被投入减少碳排放当中，则产品 X 的实际产量为：

$$X=(1-\theta)f(K_X, L_X) \tag{3.5}$$

$\varphi(\theta)$ 表示随着投入减少碳排放中的资源越多，碳排放水平则越低，将 $\varphi(\theta)$ 具体设置为：

$$\varphi(\theta)=\frac{1}{T}(1-\theta)^{\frac{1}{\alpha}} \tag{3.6}$$

其中，T 为产品 X 的技术水平，技术水平越高，越有利于碳减排，$0<\alpha<1$，$\varphi'(\theta)<0$，$\varphi''(\theta)>0$

将式(3.6)代入式(3.4)得到：

$$C=\frac{1}{T}(1-\theta)^{\frac{1}{\alpha}}f(K_X, L_X) \tag{3.7}$$

将式(3.7)代入式(3.5)得到：

$$X=(TC)^{\alpha}f(K_X, L_X) \tag{3.8}$$

进一步引入全球价值链分工模式，此时产品 X 的生产过程中的碳排放要考虑服务要素的投入，原因在于通常全球价值链高端环节较多采用知识、技术、金融等服务要素的投入，而这些可能导致碳排放强度的差异。用 $\pi(\delta)$ 表示全球价值链中投入服务化所引起的碳排放强度的差异性，考虑到制造业服务化水平的提高促进了技术水平的提升和产业升级，因此 $\pi'(\delta)<0$ 表示 X 产品服务化程度越高，碳排放水平则越低。

在全球价值链视角下 X 产品的碳排放水平：

$$C=\varphi(\theta)f(K_X,\ L_X)\pi(\delta)=\frac{1}{T}(1-\theta)^{\frac{1}{\alpha}}f(K_X,\ L_X)\pi(\delta) \tag{3.9}$$

产品 X 的产量：

$$X=(TC)^{\alpha}f(K_X,\ L_X)^{1-\alpha}\pi(\delta)^{-\alpha} \tag{3.10}$$

假设政府征收的碳税为 $\Gamma=\varepsilon TC$，其中 TC 为考虑技术水平后的碳排放水平，ε 为征税的税率。从企业生产成本最小化角度考虑，企业应当选择在生产单位产品时生产成本最低点处生产，据此构造如下的函数表达式：

$$\begin{cases}\min[\varepsilon TC+C_X(w,\ r)f(K_X,\ L_X)]\\ S.T.(TC)^{\alpha}f(K_X,\ L_X)^{1-\alpha}\pi(\delta)^{-\alpha}=1\end{cases} \tag{3.11}$$

一阶条件为：

$$\begin{cases}\varepsilon T=-\lambda\alpha T^{\alpha}C^{\alpha-1}f^{1-\alpha}\pi^{-\alpha}\\ C_X=-\lambda(1-\alpha)T^{\alpha}C^{\alpha}f^{-\alpha}\pi^{-\alpha}\end{cases} \tag{3.12}$$

其中，λ 为拉格朗日乘数，将式(3.12)中两式相除得到：

$$\frac{C_X}{\varepsilon}=\frac{(1-\alpha)CT}{\alpha f} \tag{3.13}$$

完全竞争市场时候，X 产品的利润为 0，即：

$$P_XX-C_Xf-\varepsilon TC=0 \tag{3.14}$$

得到：

$$X=\frac{\varepsilon CT}{\alpha P_X} \tag{3.15}$$

则产品 X 单位产出碳排放量为：

$$\varphi(\theta)=\frac{C}{X}=\frac{\alpha P_X}{\varepsilon T} \tag{3.16}$$

将式(3.9)改写为：

$$C=S\cdot G_X\cdot\varphi(\theta)\cdot\pi(\delta) \tag{3.17}$$

其中，S 为 X 和 Y 的总产量：$S=P_XX+P_YY$

G_X 为产品 X 的产量在总产量中所占的比例：

$$G_X=\frac{P_XX}{P_XX+P_YY}$$

将式(3.16)代入式(3.17)得到：

$$C=S\cdot G_X\cdot\frac{\alpha P_X}{\varepsilon T}\cdot\pi(\delta) \tag{3.18}$$

式(3.18)两边取对数得到：

$$\ln C=\ln S+\ln G_X+\ln(\alpha P_X)-\ln\varepsilon-\ln T+\ln\pi$$

其中，$\ln(\alpha P_X)$ 为常数，产品 X 的碳排放水平由规模效应、结构效应、技术水平、税率大小，以及制造业服务化水平共同决定。考虑到碳税的数据获取十分困难以及在实际生产中应用较少，本文后续的研究将不会考虑碳税。

第 4 章　制造业服务化指标构建与分部门碳排放估算

4.1　制造业服务化指标构建

制造业服务化程度主要从两个角度来衡量：一个是从产出服务化角度，一个是从投入服务化角度。前者需要对制造业企业的业务范围有清晰的界定，可操作性差；而从投入服务化角度衡量制造业服务化则是比较常见的方法。因此本文将从投入服务化的角度衡量制造业服务化。学术界比较常用的方法是结合投入产出表使用直接消耗系数和完全消耗系数反映某产业单位产值对其他行业投入品的依赖程度。

(1) 直接消耗系数法。直接消耗系数又叫作投入系数，计算方法为：用 j 产品或者产业部门的总投入 x_j 去除该产品部门或产业生产经营中所直接消耗的第 i 产品部门的货物或服务的价值量 x_{ij}，可以用 $a_{ij}=\dfrac{x_{ij}}{x_j}(i,\ j=1,\ 2,\ 3,\ \cdots,\ n)$ 表示。使用直接消耗系数的方法，只能计算制造业总投入中来自直接服务要素的投入强度。在现实的国民经济循环体系之中，由于产业关联制造业企业还会对其他部门的服务要素产生间接消耗，因此直接消耗系数法具有一定的局限性。

(2) 完全消耗系数法。完全消耗系数指的是每个制造业行业 j 生产一个单位最终产品，对 i 部门的直接消耗和间接消耗之和，表示如下：

$$Service_{ij}=a_{ij}+\sum_{k=1}^{n}a_{ik}a_{kj}+\sum_{l=1}^{n}\sum_{k=1}^{n}a_{is}a_{sk}a_{kj}+\cdots \tag{4.1}$$

式(4.1)等号右边第一项表示 j 服务业对 i 服务部门的直接消耗，第二项为 j 行业通过 k 部门对 i 服务部门的第一轮间接消耗，第三项为第二轮的间接消耗。由于完全消耗系数法既考虑了制造业部门对于服务业部门的直接消耗，又兼顾了由于产业关联制造业部门对其他部门的服务要素产生间接消耗，因此可以较好地测度制造业服务化水平。

具体计算的时候，首先把投入产出表中的各个中间需求 x_{ij} 换成相应的 a_{ij} 后得到的数表称为直接消耗系数表，并且称 n 阶矩阵 $\boldsymbol{A}=(a_{ij})$ 为直接消耗系数矩阵。

完全消耗系数矩阵可以在直接消耗系数矩阵的基础上计算得到，利用直接消耗系数矩阵计算完全消耗系数矩阵的公式为：

$$\boldsymbol{B}=(\boldsymbol{I}-\boldsymbol{A})^{-1}-\boldsymbol{I} \tag{4.2}$$

上式中，$\boldsymbol{A}$ 为直接消耗系数矩阵，$\boldsymbol{I}$ 为单位矩阵，$\boldsymbol{B}$ 为完全消耗系数矩阵。具体含义就是里昂惕夫（$\boldsymbol{I}-\boldsymbol{A}$）的逆矩阵减去单位矩阵 $\boldsymbol{I}$。

根据世界投入产出表数据库（WIOD）2000—2014 年的投入产出数据，最新版 WIOD 执行 ISIC Rev.4 行业划分标准，共分 56 个行业。在这 56 个行业当中，制造业中 C33 对应机械设备的修理和安装，服务业中 T 对应家庭作为雇主的活动，U 对应的域外组织机构活动，这 3 个行业由于在 WIOD 表中未做统计所以进行剔除处理。在剩下的 53 个行业当中，制造业有 23 个，为了方便和国内行业进行对比，例如将制造业中的 C29 和 C30 合并，将 C31、C32、C33 合并，合并之后的行业分类详见附录 A。服务业有 28 个（详见附录 B），为了计算制造业服务化程度，将这 28 个服务业合并，分行业的制造业服务化率计算结果详见附录 C。

4.2 中国分部门碳排放估算

国际能源署（IEA）、美国能源信息管理局（USEIA）以及美国橡树岭国家实验室二氧化碳信息分析中心（CDIAC）都会统计和公布中国的碳排放数据，但是这些数据库公布的数据都有一个共同的缺点：都是总量层面的数据，缺少详细的分部门的碳排放数据。世界资源研究所（WRI）分部门公布了世界各国的碳排放数据，但是部门分类较粗，只分成了农业、制造业、能源工业、交通等部门，并没有适用于本文的数据。为了更好地研究各行业部门制造业服务化对碳排放的影响，有必要估算分部门的碳排放量。在估算分部门的碳排放量时，可以借鉴国际上相关机构在估算中国碳排放总量时的一些经验。首先考虑到数据的可获取性和可靠性，国际上的相关机构在估算中国碳排放时一般仅仅计算能源活动以及工业生产过程中的碳排放，因为这两类活动的碳排放占到中国碳排放总量的 95%以上。

笔者借鉴了这种做法，仅仅考虑以下两类生产活动中产生的碳排放：一类是能源活动的碳排放，即各部门化石燃料在燃烧过程当中产生的二氧化碳；另一类是工业生产过程中的碳排放，包括水泥、黑色金属、有色金属、合成氨、碳化钙及碳酸钠等的生产排放。

IPCC 指南提出了两类核算化石燃料碳排放的方法。第一种是自上而下的参考方法，仅仅需要收集各类化石燃料的燃烧量，并不需要各部门级燃料的消耗数据。该参考方法最早提出是为了对化石燃料燃烧产生的碳排放总量进行粗略的估算，由于该参考方法得到的数据不够精确，往往只用于验证和交叉检查。第二种是自下而上的部门方法，需要各部门的化石燃料燃烧量和排放系数。第二种方法具体又可以分为三类，这三类方法的主要区别在于选取的排放系数的不同(表 4－1)。

表 4－1　三类方法比较

	化石燃料燃烧量数据	排放系数	优缺点
方法一	各部门化石燃料燃烧量	使用 IPCC 缺省排放系数，各部门系数相同	复杂度低但精确度较差
方法二	各部门化石燃料燃烧量	使用特定国家排放系数，系数具有部门特点	复杂度适中精确度适中
方法三	各部门化石燃料燃烧量	使用工厂级别系数	复杂度高，工厂级系数获取困难，精确度高

考虑到数据的可得性以及数据处理上的难易程度，本文将采取方法二。碳排放估算要用到两类数据。一类是活动水平数据，即化石燃料的消耗量和工业产品的产量，另一类是碳排放系数数据，即单位化石燃料燃烧的碳排放量和单位工业产品产量的碳排放量。活动水平数据可以从各类统计年鉴中获取。能源消耗数据取自历年《中国能源统计年鉴》。这里需要注意一点，《中国能源统计年鉴2005》对 1999—2003 年的能源数据重新做了修订，而在之后的《中国能源统计年鉴 2009》中又对 1996—2007 年的能源数据重新做了修订。考虑到数据的统一性，本文将采用最新修订的数据。各类工业品产量数据来自历年《中国工业经济统计年鉴》。在碳排放系数数据的获取上，由于 IPCC 的碳排放系数不够完整而且没有考虑到国家之间的特殊性，因此本文将采用分部门的中国化系数进行计

算。该系数考虑了我国国情的特殊性，最后的计算结果也比较贴近中国的实际情况。计算碳排放系数需要两类数据，一类是燃料含碳量，另一类是碳氧化率，两者的乘积就是碳排放系数。

(1) 各部门燃料燃烧碳排放 $\boldsymbol{B}$ 可以通过下面的式子估算。

$$\boldsymbol{B}=\boldsymbol{C}\times(\boldsymbol{HZ}) \tag{4.3}$$

式(4.3)中，矩阵 $\boldsymbol{Z}$ 为 $s\times n$(s 为化石燃料的类型数，n 为能源统计年鉴中的各部门数)矩阵表示各部门直接消耗的各类化石燃料的实物量。矩阵 $\boldsymbol{H}$ 为 $s\times s$ 矩阵，是 $1\times s$ 向量 $\boldsymbol{H}$ 的对角矩阵。其元素为各类化石燃料的热值(平均低位发热量)。$s\times n$ 矩阵 $\boldsymbol{C}$ 为各部门各类燃料的碳排放系数。运算符“$\times$”为元素乘积，表示两个相同维度的矩阵对应元素的乘积(下同)。

(2) 各部门工业生产过程中的直接碳排放 B_{pross} 通过下面的式子估算。

$$B_{pross}=\boldsymbol{O}\times\boldsymbol{P} \tag{4.4}$$

式(4.4)中，向量 $\boldsymbol{P}$ 是 $1\times n$ 向量表示各工业产品的产量，向量 $\boldsymbol{O}$ 是 $1\times n$ 向量为各部门的工业生产过程中碳排放系数(不包括化石燃料燃烧产生的碳排放)，分部门碳排放计算结果详见附录 D。

4.3 数据说明和分析

我国制造业服务化水平在经历了 2000 年到 2004 年小幅度下降之后总体上呈现上升趋势。各制造业行业碳排放水平也呈现出显著变化。以 C20、C23、C24(具体行业名称详见附录 A)为例，这三个行业的碳排放占到制造业总碳排放的七成左右。具体来看，C24 行业的碳排放在 2000 年到 2005 年期间有一个猛烈的增长，尤其是 2002 年到 2005 年期间，碳排放水平增加了不止一倍，而在这期间 C24 行业的制造业服务化水平也出现了明显的降低。从 2004 年开始，C24 行业的制造业服务化水平在波动中稳定上升，2014 年的制造业服务化水平比 2004 年的制造业服务化水平高 10 个百分点，而 C24 行业在 2004 年到 2014 年间的碳排放水平增速明显放缓，尤其是与 2002 年到 2005 年间相比，增速放缓更加明显。这也说明制造业服务化水平的提高有利于碳排放的减少。

2000—2014 年，制造业行业中制造业服务化水平提升最快的行业是 C26 行业，制造业服务化率由 2000 年的 0.467 0 上升到 2014 年的 0.600 7，14 年间增长了接近 14 个百分点。而 C26 行业的碳排放在 2008 年达到峰值之后出现了下降的趋势并趋于稳定。一方面由于该行业的规模较小，碳排放与其他行业相比较少，另外一方面也说明在该行业中制造业服务化的碳减排效果显著。具有相同效果的行业还有 C31—C33 行业。随着制造业服务化水平的提升，其行业碳排放总体上呈现下降的趋势。

总的来看，对于碳排放规模较小的行业，如 C16、C18、C26、C31—C33 这些行业，随着制造业服务化水平的提升，行业碳排放出现停滞甚至是下降的趋势。而对于碳排放规模较大的行业，如 C20、C23、C24 这些行业，虽然碳排放在上升，但随着制造业服务化水平的提升，这些行业的碳排放增速正在逐渐下降。

制造业服务化水平的提升对于行业碳排放究竟有什么影响，会在后续的研究中通过实证分析进行检验。

第5章 制造业服务化对碳排放影响的实证研究

5.1 模型设计与数据选择

制造业服务化的提升对碳排放的减少有显著影响。为了验证这一结论，构建如下的模型：

$$Carbon_{it} = \beta_0 + \beta_1 Service_{it} + \beta_2 GM_{it} + \beta_3 JG_{it} + \beta_4 JS_{it} + \beta_5 FDI_{it} + \varepsilon_{it} \tag{5.1}$$

式(5.1)中，i 表示行业，t 表示年份。$Carbon_{it}$ 是被解释变量，它表示的是行业 i 在 t 年的碳排放水平，用行业碳排放表示，行业碳排放的数据计算过程见4.2节，计算结果详见附录D；$Service_{it}$ 作为解释变量，表示行业 i 在 t 年的制造业服务化水平，用制造业投入服务化率表示，制造业服务化指标构建及计算过程见4.1节，计算结果详见附录C。β_1 表示制造业服务化对碳排放的影响程度。$\beta_1 < 0$ 表示制造业服务化的提升能推动碳排放的减少；反之则意味着制造业服务化的提升不能减少碳排放。

GM_{it} 作为控制变量，表示行业 i 的规模效应，用行业的工业总产值表示，数据来源为CEIC数据库，随着行业规模的提升，碳排放会增加；JG_{it} 作为控制变量，表示行业 i 的结构效应，用行业人均固定资产表示，数据来源为CEIC数据库和中国工业统计年鉴，行业人均固定资产越高表示行业的资本越密集，该行业碳排放会减少；JS_{it} 作为控制变量，表示行业 i 的技术效应，用行业 i 的 $R\&D$ 人员全时当量占行业 i 的全部就业人数比值表示，数据来源为中国工业统计年鉴和中国科技统计年鉴，技术水平越高，碳排放越少。

现有的文献表明，外商直接投资通过三种效应影响生产性服务业：① 资本效应，外资的进入能够为服务业内部结构的升级和加速成长创造条件，进一步提升国内服务业的规模和水平；② 技术溢出效应，技术进步是产业升级最重要的动力，而外资进入带来的先进技术、管理经验和知识进步能够促进国内的技术进步；③ 关联效应，某一产业投入产出的变化会波及和影响其他产业的投入和产出。当外资投入对第二产业产生资本效应、技术溢出效应和关联效应，从而带动第二产业的飞速发展时，作为制造业中分离出的生产性服务业，由于和制造业密切联系，会间接地得到大幅度提升。而生产性服务业又直接影响制造业服务化水平，考虑到外商直接投资对于制造业服务化水平的影响。加入 FDI_{it} 作为控制变量，表示外商直接投资对于行业碳排放的影响，由于在相关统计年鉴和 CEIC 中国经济数据库上并没有分行业的外商投资数据，考虑到数据的可得性，用年度 FDI 额度表示，数据来源为 CEIC 数据库。β_0、β_1、β_2、β_3、β_4、β_5 为待估计系数；ε_{it} 表示随机干扰项。上述数据都已做对数化处理以减轻异方差性。

5.2　制造业服务化对碳排放影响的检验

5.2.1　面板数据平稳性检验

利用面板回归模型研究制造业服务化对行业碳排放影响。面板数据有时间序列和截面两个维度。从时间序列的角度看，面板数据有可能具有平稳性，也有可能不具有平稳性，而在本文中使用的面板回归模型属于平稳数据建模技术，如果面板数据不满足平稳性假定，在建立回归模型时，有可能出现“伪回归”的问题。因此在建立面板数据回归模型时需要对所有的面板数据进行单位根检验，只有在保证平稳性的前提下才可以进一步统计分析。

我们使用 LLC 检验法和 IPS 检验法进行单位根检验，面板数据的单位根检验的结果详见表 5 - 1。

表 5 - 1　变量单位根检验

变　量	LLC 检验	IPS 检验
$\ln Carbon$	-9.1392^{***} (0.000 0)	-1.9365^{**} (0.021 4)
$\ln Service$	-6.9051^{***} (0.000 1)	-2.3973^{***} (0.001 3)

续 表

变　量	LLC 检验	IPS 检验
ln*JG*	−6.000 7*** (0.000 2)	−1.635 5* (0.051 0)
ln*JS*	−10.226 3*** (0.000 0)	−2.716 8*** (0.000 0)
ln*GM*	−7.535 2*** (0.000 0)	−4.887 1*** (0.000 0)
ln*FDI*	−6.979 6*** (0.000 0)	−2.952 6*** (0.000 0)

注：括号内给出的是 *P* 值 *** $P<0.01$，** $P<0.05$，* $P<0.1$。

根据 LLC 检验的结果，以上 6 个变量都在 1%的水平下通过了显著性检验；根据 IPS 检验的结果，制造业服务化程度（ln *Service*）、规模效应（ln*GM*）、技术效应（ln*JS*）、FDI 效应（ln*FDI*）在 1%的水平下通过了显著性检验，碳排放（ln*Carbon*）在 5%的水平下通过了显著性检验，而结构效应（ln*JG*）在 10%的水平下通过了显著性检验。综合上述两种检验的结果，可以认为这 6 个变量是平稳的，接下来本文将利用这些数据建立面板回归模型，研究制造业服务化对于行业碳排放的影响。

5.2.2　静态面板回归模型估计效果

在使用静态面板回归模型时通常有两种方法：一种是固定效应估计方法（FE）；另外一种是随机效应估计方法（RE）。通常根据 Hausman 检验结果来判断使用哪种方法，当 Hausman 检验结果 P 值小于 0.05 时，则使用固定效应估计方法。在本文中，由于 Hausman 检验结果小于 0.05，因此使用固定效应模型（FE）。本文中所有的计量过程都由 STATA15.1 完成。具体结果见表 5 - 2。

表 5 - 2　制造业服务化对行业碳排放的影响

变　量	系数估计值	标准差	t 值	*P* 值
ln*JS*	−0.243	0.029 1	−8.36	0.000
ln*GM*	0.270	0.043 9	6.15	0.000

续　表

变　量	系数估计值	标准差	t 值	*P* 值
ln*Service*	−0.469	0.112	−4.19	0.000
ln*JG*	0.163	0.062 0	2.62	0.009
ln*FDI*	−0.492	0.130	−3.78	0.000
_*Cons*	7.852	0.770	10.20	0.000

从表 5 - 2 可以看出，制造业服务化对于行业碳排放的减排效果较为显著。ln*Service* 的系数是−0.469，表示制造业服务化水平每提高一个百分点，行业碳排放就减少 0.469 个百分点，也证实了我们在文章开头的猜测：制造业服务化水平的提升可以降低行业碳排放。ln*JS* 的系数是−0.243，表示技术水平每提升一个百分点，行业碳排放就减少 0.243 个百分点。随着行业技术水平的提升，行业碳排放也在减少，但是相比于制造业服务化水平的提升引起的碳排放的减少，技术水平的提升引起的碳排放减少的效果较弱。ln*JG* 的系数是 0.163，表示产业结构的优化并没有促进行业的碳排放的减少，一个可能的原因是目前国内制造业在进行产业结构优化时，走的仍然是高能耗高污染的老路子，产业结构优化只是优化了人员配置，并没有从根本上改变传统的生产模式。从 ln*FDI* 的系数来看，外商直接投资可以降低制造业行业碳排放。可能的原因是国外资本在投资时会选择性地投资，优质的制造业企业通常是国外资本的首要目标，这些优质的制造业企业也有减排的动机和能力。同时，国外资本的流入有时候也会伴随着国外先进技术以及先进管理经验的流入，这些高端服务要素的流入提高了本国公司的生产和经营效率，有助于减少碳排放。从 ln*GM* 的系数来看，行业规模的提升会提高碳排放。

5.2.3　动态面板回归模型估计效果

需要注意的是，在静态面板回归模型当中，我们并没有考虑到之前的碳排放水平对当期碳排放水平的影响。同时，在如今的经济学研究当中尤其是实证研究当中，虽然固定效应估计模型和随机效应估计模型得到了广泛的运用，但固定效应估计模型和随机效应估计模型都有一个共同的弊端——无法解决内生性问题。

为了解决可能存在的内生性问题，同时考虑到之前的碳排放水平对当期碳排放水平的影响，我们在原来的静态面板回归模型的基础上引入被解释变量碳排放水平的滞后项，建立动态面板回归模型，并使用差分 GMM 估计方法对动态面板的回归模型的系数进行估计，建立回归模型如下：

$$Carbon_{it} = \beta_0 + \beta_1 Service_{it} + \beta_2 GM_{it} + \beta_3 JG_{it} + \beta_4 JS_{it} + \beta_5 FDI_{it} + \beta_6 Carbon_{it-1} + \varepsilon_{it} \tag{5.2}$$

式(5.2)中 $Carbon_{it-1}$ 表示行业碳排放的滞后项，β_6 表示系数，其他各主要变量和式(5.1)中的没有区别。差分 GMM 估计方法回归结果见表 5－3。

表 5－3　制造业服务化对碳排放的影响：差分 GMM 回归结果

变　量	差分 GMM
lagln*Carbon*	0.425*** (0.079)
ln*Service*	−0.196** (0.086)
ln*JS*	−0.047** (0.021)
ln*JG*	−0.107** (0.053)
ln*GM*	0.171*** (0.039)
ln*FDI*	−0.089 (0.097)
AR(1)	0.000
AR(2)	0.568
Sargan Test	0.264

从表 5－3 可以看出，差分 GMM 估计的结果相应的 *AR*(1) 的检验统计量拒绝了原假设，*AR*(2) 的统计量未拒绝原假设，这表明差分后的干扰项只存在一阶自相关 *AR*(1) 而不存在二阶自相关 *AR*(2)。同时，*Sargan* 检验的结果也

通过了过度识别检验，这也意味着差分 GMM 方法较好地解决了模型估计中存在的内生性问题。从结果可以看出，在核心变量解释上 ln*Service* 虽然发生了一些变化，但是系数符号并没有发生改变，而且通过了 5%的显著性检验，这说明制造业服务化水平的提升降低了行业碳排放的这种关系，是稳健可靠的。

5.2.4　实证结果稳健性检验

面板数据在完成模型回归后需要进行稳健性检验。稳健性检验则是为了验证实证结果的鲁棒性。稳健性检验通常有三种方法：① 对样本进行分割，再进行回归，看结果的鲁棒性；② 用不同模型进行回归，看结果是否依然具有鲁棒性；③ 替换变量，不断放入控制变量，冲击变量观察其系数是否显著并且稳定在某值。本文采取第一种方法，使用分位数回归，分别在 20%、40%、60%、80%分位进行分位数回归，观察结果相关系数的符号和显著性有没有发生改变。具体结果见表 5-4。

表 5-4　制造业服务化对行业碳排放影响的分位数回归结果

变　量	分位数回归(20%)	分位数回归(40%)	分位数回归(60%)	分位数回归(80%)
ln*Service*	-1.776^{***} (0.644)	-1.983^{***} (0.694)	-3.028^{***} (0.831)	-2.961^{***} (1.043)
ln*GM*	1.021^{***} (0.098)	0.817^{***} (0.106)	1.265^{***} (0.127)	1.253^{***} (0.159)
ln*JS*	-0.610^{***} (0.145)	-0.527^{***} (0.157)	-0.752^{***} (0.187)	-0.771^{***} (0.235)
ln*JG*	1.191^{***} (0.149)	1.108^{***} (0.160)	1.835^{***} (0.192)	1.905^{***} (0.241)
ln*FDI*	-4.019^{***} (0.466)	-3.495^{***} (0.502)	-5.901^{***} (4.171)	-6.718^{***} (0.755)
_*Cons*	24.667^{***} (3.232)	22.941^{***} (3.483)	36.238^{***} (4.171)	43.621^{***} (5.235)

从表 5-4 分位数回归结果上看，ln*Service* 在 20%分位、40%分位、60%分位、80%分位上系数符号为负，表示制造业服务化水平的提升对于行业碳排

放有负向推动作用；$\ln GM$ 在 20%分位、40%分位、60%分位、80%分位上系数符号为正，表示行业规模的扩大加大了行业碳排放；$\ln JS$ 在 20%分位、40%分位、60%分位、80%分位上系数符号为负，表示技术效应有利于碳排放的减少；$\ln JG$ 在 20%分位、40%分位、60%分位、80%分位上系数符号为正，表示结构效应并没有减少碳排放；$\ln FDI$ 在 20%分位、40%分位、60%分位、80%分位上系数符号为负，表示外商直接投资对于行业碳排放的减少有积极作用。以上各指标都在 1%的水平下通过了显著性检验。实证结果通过了稳健性检验。也进一步证实制造业服务化对于行业碳排放有负向推动作用。

5.3 实证模型扩展

分别使用制造业服务化程度与规模效应的交互项 $Service_{it} \times GM_{it}$、制造业服务化程度与结构效应的交互项 $Service_{it} \times JG_{it}$、制造业服务化程度与技术效应的交互项 $Service_{it} \times JS_{it}$、制造业服务化程度与 FDI 效应的交互项 $Service_{it} \times FDI_{it}$ 代替式(5.1)中的核心变量 $Service_{it}$，研究它们的交互作用对行业碳排放的影响。式(5.1)则变为：

$$Carbon_{it} = \beta_0 + \beta_1 Service_{it} \times Con_{it} + \beta_2 GM_{it} + \beta_3 JG_{it} + \beta_4 JS_{it} + \beta_5 FDI_{it} + \varepsilon_{it} \tag{5.3}$$

式(5.3)中，除核心指标 $Service_{it} \times Con_{it}$ 发生变化之外，其他各指标含义不变。

使用 LLC 检验和 IPS 检验来检验新指标的平稳性，检验结果见表 5-5。

表 5-5 制造业服务化与控制变量交互项平稳性检验结果

变　量	LLC 检验	IPS 检验
$\ln Service \ln JG$	−6.199 1*** (0.000 1)	−1.776 9* (0.037 8)
$\ln Service \ln JS$	−8.355 9** (0.012 9)	−2.018 1* (0.035 4)

续　表

变　量	LLC 检验	IPS 检验
$\ln ServicelnGM$	-9.3016^{***} (0.000 1)	-1.8857^{**} (0.026 5)
$\ln ServicelnFDI$	-6.5002^{***} (0.000 3)	-2.3874^{***} (0.001 3)

从表 5－5 中可以看出，在 LLC 检验中，$\ln ServicelnJG$、$\ln ServicelnGM$、$\ln ServicelnFDI$ 在 1%的水平下通过了显著性检验，$\ln Service\ln JS$ 在 5%的水平下通过了显著性检验。在 IPS 检验中，$\ln ServicelnFDI$ 在 1%的水平下通过了显著性检验，$\ln ServicelnGM$ 在 5%的水平下通过了显著性检验，$\ln Service\ln JG$、$\ln Service\ln JS$ 在 10%的水平下通过了显著性检验。综合上述两种检验结果，我们可以认为这四个变量是平稳的。在 Hausman 检验中，固定效用模型（FE）具有更好的解释结果，各交互变量对碳排放的实证检验结果如表 5－6 所示。

表 5－6　制造业服务化与控制变量交互作用对行业碳排放的影响

	模型 1	模型 2	模型 3	模型 4
变　量	FE	FE	FE	FE
$\ln JG$	0.166^{***} (0.062)	0.040 (0.058)	0.129^{*} (0.063)	0.152^{**} (0.062)
$\ln JS$	-0.125^{***} (0.414)	-0.246^{***} (0.030)	-0.246^{***} (0.030)	-0.244^{***} (0.029)
$\ln GM$	0.266^{***} (0.044)	0.273^{***} (0.045)	0.243^{***} (0.046)	0.271^{***} (0.044)
$\ln FDI$	-0.498^{***} (0.130)	-0.457^{***} (0.133)	-0.457^{***} (0.132)	-0.525^{***} (0.134)
$\ln Service\ln JS$	0.126^{***} (0.029)	—	—	—
$\ln Service\ln JG$	—	-0.099^{***} (0.036)	—	—

续 表

	模型 1	模型 2	模型 3	模型 4
变 量	FE	FE	FE	FE
ln*Service*ln*GM*	—	—	−0.033*** (0.011)	—
ln*Service*ln*FDI*	—	—	—	−0.049*** (0.013)
_*Cons*	8.356*** (0.784)	8.026*** (0.798)	8.029*** (0.796)	8.200*** (0.789)
Hausman Test	0.002 1	0.001 1	0.002 0	0.002 3

从表 5 - 6 中可以看出，ln*Service*ln*JS* 前面的系数是正数，表示制造业采取服务化战略在行业碳排放上的技术效应为正，一个可能的原因是制造业采取服务化战略导致制造业行业的技术进步并没有实施在减排节能上，相反，制造业采取服务化战略导致的制造业行业的技术进步可能催生行业内某些其他部门对能源的高需求，并导致碳排放的提升。ln*Service*ln*GM* 的系数是负数，表示制造业企业采取服务化战略引起的碳排放的规模效应是减少的，制造业企业采取制造业服务化战略引起了经济规模的提升。这种经济规模的扩张是在企业内部经营效率提升、技术水平提升、生产效率提高的基础上的有效扩张，它不同于传统的制造业企业简单的规模提升。简单的规模提升会导致碳排放的增加，而这种有效的扩张并没有导致碳排放水平的提高。ln*Service*ln*JG* 的系数为负数，表明制造业企业采取服务化战略对碳排放的结构效应也是减少的，制造业企业采取服务化战略引起了产业结构的升级，这种由服务化提升引起的产业结构升级促使企业将更多的资源向能提供高附加值的部门集中，传统的高耗能高污染低附加值的部门为了适应企业内部的协调发展不得不进行改革。这都促使了碳排放的减少。ln*Service*ln*FDI* 的系数为负数，表示制造业企业采取服务化战略对碳排放的 FDI 效应为负，外商直接投资通常投资于制造业行业内有发展潜力、具有竞争优势的企业。资本的流入，让这些具有行业内竞争优势的企业有资金有动力进行制造业服务化的升级，而行业内制造业服务化的升级可以减少碳排放。

5.4　中高技术服务化和低技术服务化对碳排放影响的检验

从投入角度来看，制造业服务化要求大量服务要素参与企业的生产过程。程大中(2008)指出工业化阶段，生产性服务业的服务对象主要集中在制造业领域。生产性服务业与传统服务业最大的不同在于，传统服务业面向终端消费者，而生产性服务业面向制造业企业，为制造业企业服务。生产性服务具有三个重要的特征：一是生产性服务参与制造业再生产过程可以促进产业结构的优化和调整；二是生产性服务作为中间服务投入企业再生产过程之中，不面向最终消费者；三是生产性服务促进了知识密集型资本和技术密集型资本流入企业的生产过程，是现代制造业发展的竞争力的主要源泉。

企业可以通过两种途径获得生产性服务。一种是企业内部设立专门的服务部门。企业内部提供生产性服务有助于企业优化组织流程和资源配置，由于生产性服务部门与生产部门的互动，企业的内部价值链也会得到升级。另一种是企业通过市场交易获得生产性服务。通过市场交易获得生产性服务有助于专业分工形成比较优势，进而降低价格和市场交易成本，促进市场繁荣。

由于一部分服务行业既面向终端消费者又面向企业，为了方便后文的实证检验，凡是参与制造业企业的生产过程的服务，都称之为生产性服务。2016 年版本的 WIOD 提供数据执行 ISIC Rev.4 行业划分标准，其中服务业有 28 个，按照技术层次根据计算服务业的技术复杂度将服务业分为两大类：J58 - M75 为中高技术服务业，G45 - H53 为低技术服务业。中高技术服务业主要包括信息通信服务业、科学技术服务业、金融服务业。低技术服务业主要包括物流运输服务业和批发零售服务业。

将中高技术服务业作为中间投入占总投入的比值定义为制造业服务高端化率，用 *UPSER* 表示，计算结果详见附录 E；将低技术服务业作为中间投入占总投入的比值定义为制造业服务低端化率，用 *DOSER* 表示，计算结果详见附录 F。

在 LLC 检验和 IPS 检验中，$\ln UPSER$ 和 $\ln DOSER$ 都在 1%的水平下通过了检验，说明 $\ln UPSER$ 和 $\ln DOSER$ 是平稳的。下面分别使用随机效应和固定效应模型运用式(5.1)进行回归实证，结果见表 5 - 7，表 5 - 8。

表 5-7 制造业服务高端化对行业碳排放的影响

	模型 5	模型 6
变　量	FE	RE
ln*UPSER*	0.134*** (0.042)	0.133*** (0.044)
ln*GM*	0.277*** (0.045)	0.290*** (0.046)
ln*JS*	−0.255*** (0.029)	−0.256*** (0.031)
ln*JG*	0.060 (0.058)	0.073 (0.060)
ln*FDI*	−0.421*** (0.130)	−0.485*** (0.136)
_*Cons*	8.276*** (0.806)	8.651*** (0.880)
Hausman Test	0.000 0	

表 5-8 制造业服务低端化对行业碳排放的影响

	模型 7	模型 8
变　量	FE	RE
ln*DOSER*	−0.137*** (0.034)	0.137*** (0.035)
ln*GM*	0.229*** (0.046)	0.240*** (0.047)
ln*JS*	−0.246*** (0.029)	−0.247*** (0.030)
ln*JG*	0.123** (0.059)	0.130** (0.061)
ln*FDI*	−0.387*** (0.129)	−0.435*** (0.132)

续 表

	模型 7	模型 8
变 量	FE	RE
_Cons	7.509*** (0.771)	7.795*** (0.840)
Hausman Test	0.000 5	

实证检验结果经过分位数回归法检验稳健性，实证结果具有鲁棒性，限于篇幅不再展开。

表 5－7 和表 5－8 中 Hausman 检验结果表明，模型 5 和模型 7 的固定效应模型具有更好的效果。ln*UPSER* 的系数是 0.134，表明中高技术服务化并没有降低行业碳排放，原因是目前我国制造业正处于发展的瓶颈期，在冲击全球价值链上游阶段遇到了阶段性难题，通过提高产品技术含量、降低产品能耗等降低碳排放的能力依然不足。另外，根据附录 E 显示的结果，我国中高技术服务投入严重不足，大多数制造业行业中高技术服务化率不到 5%，中高技术服务业碳减排效果不明显，同时高端服务的投入需要付出高额成本，制造业企业受限于成本无法扩大中高技术服务的投入。ln*DOSER* 的系数是－0.137，表明制造业低端服务化在一定程度上降低了行业的碳排放。根据附录 F 显示的结果，我国制造业低技术服务投入要比中高技术服务投入更高。某些行业的低技术服务化率达到了 15%。

低技术服务主要包括物流运输服务业和批发零售服务业，这些服务要素的投入加快了产品的流转，大大缩短了制造业生产厂商到终端消费者的距离，减少了不必要的资源浪费，这在一定程度上减少了碳排放。

5.5 国外服务投入带来的服务化对碳排放影响检验

制造业服务化从投入服务角度来看，制造业企业获取服务要素主要有两种途径：一种是利用现有的国内服务要素进行生产；另外一种是通过市场交易获得国外的服务要素进行生产。

在全球价值链当中，发展中国家和不发达国家往往处于下游环节；发达国家则处于上游环节。发达国家通过产业结构的调整保留了高附加值、高技术含量的行业，将低附加值、高污染、高能耗的行业转移到发展中国家。服务业特别是高端服务业属于知识密集型、技术密集型行业，中国作为世界工厂，对于高端服务业有着旺盛的需求，国内服务企业无法满足市场需求时则催生了国内制造业对国外服务的需求。

董也琳(2019)对服务投入按照来源国做了区分，发现欧盟地区一直以来是我国最主要的服务提供地区。近些年来，我国的国外服务投入来源也从东亚转移至北美地区和 BRIIAT 国家。在服务提供内容上，来自国外的服务也主要集中在中高技术服务方面。戴翔(2019)的实证研究发现，服务投入的国内外来源不同，所实现的制造业服务化发展水平的提升对制造业全球价值链分工地位的现实影响效应也不尽相同。依托国外投入实现的服务化对全球价值链攀升不仅没有促进作用，反而有抑制作用。

国内制造业企业基于企业生存发展的需要获得了国外服务要素。国外的服务要素投入本国制造业再生产过程当中，对于行业碳排放究竟有着什么样的影响？本节我们将对这个问题展开研究。

本文将来自国外服务投入带来的服务化定义为生产要素投入中来自国外服务部门的比例。那么制造业企业的国外服务化率可以定义为 $BService_i = \frac{\sum S_{ij}}{\sum K_{in}}$，其中 S_{ij} 表示 i 制造业中来自国外 j 服务行业的中间投入，K_{in} 表示 i 制造业中来 n 行业的投入。数据来源为 WIOD 世界投入产出表(限于篇幅，省略具体计算过程)。

在 LLC 检验和 IPS 检验中，$\ln BService$ 在 1%的水平下通过了检验，说明 $\ln BService$ 是平稳的。分别使用随机效应和固定效应模型结合式(5.1)进行回归，并且使用分位法进行稳健性检验，实证结果见表 5-9。

表 5-9 实证检验结果

变 量	模型 14	模型 15	分 位 数 回 归		
	RE	FE	25%分位	50%分位	75%分位
$\ln BService$	0.302*** (0.048)	0.295*** (0.047)	0.426** (0.214)	0.635** (0.283)	1.299*** (0.347)
$\ln JG$	0.105* (0.056)	0.097* (0.055)	1.067*** (0.147)	1.203*** (0.194)	1.783*** (0.238)

续　表

	模型 14	模型 15	分位数回归		
变　量	RE	FE	25%分位	50%分位	75%分位
ln*JS*	0.240*** (0.029)	0.240*** (0.028)	0.919*** (0.120)	0.988*** (0.159)	1.499*** (0.195)
ln*GM*	0.301*** (0.043)	0.292*** (0.042)	1.049*** (0.214)	0.921*** (0.123)	1.423*** (0.150)
ln*FDI*	−0.555*** (0.127)	0.514*** (0.124)	−4.285*** (0.437)	−4.037*** (0.578)	−7.003*** (0.709)
_*Cons*	10.245*** (0.890)	9.968*** (0.826)	29.928*** (3.006)	29.759*** (3.978)	51.296*** (4.879)
Hausman Test	0.002 6		—		

从模型 14 随机效应模型和模型 15 固定效应模型的 Hausman 的检验结果可以看出，固定效应模型有更好的检验结果。利用分位数回归法检验稳健性。分别在 25%、50%、75%分位上进行检验。无论在固定效应模型中还是在分位数回归模型当中，各变量的系数符号都呈现一致性。其中 ln*JG*、ln*JS*、ln*GM*、ln*FDI* 在分位数回归模型中都在 1%的水平下通过了显著性检验。在 25%分位回归中，ln*BService* 在 5%水平下通过了显著性检验；在 50%分位回归中，ln*BService* 在 5%水平下通过了显著性检验；在 75%分位回归中，ln*BService* 则在 1%水平下通过了显著性检验。以上数据表明，利用固定效应模型检验逆向服务外包对制造业碳排放的影响是具有鲁棒性的。

ln*BService* 系数是 0.302，表明来自国外的服务带来的服务化率每提高一个百分点，制造业行业碳排放就提高 0.302 个百分点。源于国外的服务带来的服务化率并没有减少本国制造业行业的碳排放，可能的原因一方面是，国外的服务业尤其是高端服务业有很高的壁垒，国外的服务要素进入本国制造业企业的生产中并没有带来本国企业的技术水平的提升，另一方面源于国外的服务投入占总服务的比值比较小，同时购买国外的先进生产要素往往也会花费高额的成本，企业为了降低总成本倾向选择其他低成本要素，这些低成本要素也会导致碳排放增加。

第6章 结论与政策

6.1 主要结论

1. 制造业服务化的碳排放效应

制造业服务化的趋势对于碳排放具有明显的减排效果，而且制造业服务化与结构效应、外商投资效应、规模效应相互作用，对碳排放的减少都有积极的作用。

低技术服务化对碳排放的减少有促进作用。低技术服务业有诸如批发零售、物流运输行业。随着互联网技术的运用和电子商务的兴起，大量资本涌入以批发零售和物流运输为代表的低技术服务业，促进了低技术服务业的发展，对碳排放的减少有一定的促进作用，这也符合我国的基本国情。中高技术服务化没有减少碳排放，主要原因在于中国目前处于金融、科技等中高技术服务行业全球价值链的下游环节，金融、科技等中高技术服务化投入严重不足，因此不具备减排效果。

2. 国外服务投入带来的服务化的碳排放效应

来自国外的服务投入实现的服务化对于碳排放并没有减排效应，产生这种现象的原因一方面是国外的服务业尤其是高端服务业有很强的壁垒性，导致国外服务要素的投入并没有引起技术外溢效应带动本国制造业企业技术水平的提升；另一方面，国外的服务投入占比较小，但要素支付价格一般较高，企业为了降低总成本在支付高昂价格获得国外服务要素之后，在其他要素选择上会倾向于低成本要素，这些低成本要素会导致碳排放增加。因此综合来看，来自国外的服务要素带来的服务化碳排放的减排效果不明显。

6.2 政策建议

本文的中心结论是制造业服务化有利于碳排放的减少，但是目前国内制造业服务化的产业结构升级和全球价值链上的攀升仍有很大的提升空间。为此本文提出以下三点建议。

（1）设立企业层面的碳减排目标，制定绿色环保和经济发展的综合评价体系，调动企业实施制造业服务化战略的能动性。制造业服务化碳减排的机理告诉我们，企业作为经济体构成的基本单位，采取服务化战略，资本密集型、技术密集型、知识密集型服务要素投入会通过技术外溢效应提升企业的技术水平起到碳减排的作用。同时国内的企业可以依托国内市场的旺盛需求，推动构建市场驱动型全球价值链；也可以积极开拓国外新兴市场，开发具有自主知识产权和品牌的产品，在促进本国经济发展的同时，推动中国制造业向全球价值链的上游环节攀升。因此要设立企业层面碳减排目标倒逼企业采取服务化战略，制定绿色环保和经济发展的综合评价体系，不再片面追求经济效应，而是要兼顾企业效益和环境保护。

（2）加快培育中高技术生产性服务业，促进中高技术服务要素和制造业的融合，积极发挥政府在市场体系中的引导作用。从第 5 章中高技术服务化对碳排放影响的检验可知，中高技术服务化碳减排效果不显著，主要原因是我国在包括金融服务业、科技服务业、信息通讯服务业在内的中高技术服务产业还十分不发达，导致中高技术服务投入严重不足，碳减排效果不显著。因此政府要积极发挥在市场体系中的引导作用，鼓励产学研的结合，扮演好参与者、服务者、引导者的角色。作为参与者，政府要积极参与关键性基础性技术的研发，要以重大科技项目为纽带，以产学研联盟为载体，力争突破一批共性技术和关键核心技术，促进产业结构转型升级。作为服务者，政府一方面要加强企业、高校和科研院所的知识产权保护意识，另一方面也要促进科技和金融的紧密结合，解决好产学研深度融合中的资金问题，促进科技成果的早日转化。作为引导者，政府要引导建立产学研深度融合的风险控制机制和利益分配机制。一方面，要充分考虑到成果转化风险、创新失败风险等风险，尽可能地降低各种风险。另一方面，要实现成果产业化后的利益的均衡分配，充分调动各利益方的积极性。

（3）推动国内生产性服务业集群化发展，优化产业组织基础，降低对国外服务要素的依存度。从第 5 章中国外服务投入带来的服务化对碳排放影响的检验可知，国外服务投入带来的服务化并没有带来碳减排的结果，原因在于国外服务投入并没有通过技术外溢效应引起我国技术水平的提升，同时国外服务要素支付价格高导致我国在其他生产要素选择上倾向于低成本要素，引起碳排放的增加。为解决这个问题，需要降低对国外要素的依存度，关键是要鼓励我国生产性服务业的发展，利用生产性服务业集群化的优势降低要素供给成本。一方面，我们要深化供给侧结构性改革，以制造业企业需求为导向，以先进技术服务为基础，构建高标准、高质量、高技术、低污染、低能耗的生产性服务业，推动产能优化调整。另一方面，西方发达国家的发展经验告诉我们，产业竞争的最终形态不是企业之间、产业之间的竞争，而是产业集群之间的竞争。先进的产业集群往往利用其独有的技术优势、管理优势、成本优势、组织优势牢牢地霸占全球价值链的上游环节。构建中国的先进制造业集群，首先要优化资源配置，加强产业之间的相互联系、相互沟通，共建互惠互利的生态系统；其次要鼓励科技创新，科学技术是第一生产力，技术水平的提升带来的是生产力的提升；最后要积极参与全球价值链的构建，竞争是企业发展的动力。依托国外服务投入所实现的制造业服务化水平提升不仅不能产生显著的推动作用，反而会显著地抑制制造业在全球价值链上的攀升。只有实现独立自主，实现对高端服务要素的国内供给，才能实现真正意义上的制造业服务化；实现在全球价值链上的攀升，才能实现低碳发展、绿色发展。

参 考 文 献

[1] AGRAWAL V, FERGUSON M, TOKTAY B, et al. Is leasing greener than selling? [J]. SSRN Electronic Journal, 2011, 58(3): 523 - 533.

[2] BAS M. Does services liberalization affect manufacturing firms' export performance? Evidence from India[J]. Journal of Comparative Economics, 2014, 42(3): 569 - 589.

[3] FALK M, PENG F. The increasing service intensity of European manufacturing[J]. The Service Industries Journal, 2013, 33(15 - 16): 1686 - 1706.

[4] GERVAIS A. Product quality and firm heterogeneity in international trade[J]. Canadian Journal of Economics, 2015, 48(3): 1152 - 1174.

[5] HAN X L, CHATTERJEE L. Impacts of growth and structural change on CO_2 emissions of developing countries[J]. World Development, 1997, 25(3): 395 - 407.

[6] HOJNIK J, RUZZIER M. The driving forces of process eco-innovation and its impact on performance: Insights from Slovenia[J]. Journal of cleaner production, 2016, 133(10): 812 - 825.

[7] JOHNSON R C, NOGUERA G. Accounting for intermediates: Production sharing and trade in value added[J]. Journal of International Economics, 2012, 86(2): 224 - 236.

[8] KANG M J, WIMMER R. Product service systems as advanced system solutions for sustainability[C]//EKC2008 Proceedings of the EU-Korea Conference on Science and Technology. Berlin, Heidelberg: Springer, 2008: 191 - 199.

[9] KASTALLI I V, VAN LOOY B, NEELY A. Steering manufacturing firms towards service business model innovation[J]. California Management Review, 2013, 56(1): 100 - 123.

[10] KELLE M. Crossing industry borders: German manufacturers as services exporters [J]. World Economy, 2013, 36(12): 1494 - 1515.

[11] KIM K H, SUL K H, SZULEJKO J E, et al. Progress in the reduction of carbon monoxide levels in major urban areas in Korea[J]. Environmental Pollution, 2015, 207: 420 - 428.

[12] KOOPMAN R, WANG Z, WEI S J. Tracing value-added and double counting in gross exports[J]. American Economic Review, 2014, 104(2): 459 - 494.

[13] LAY G, COPANI G, JÄGER A, et al. The relevance of service in European manufacturing industries[J]. Journal of Service Management, 2010, 21(5): 715 - 726.

[14] LIU C M, DUAN M S, ZHANG X L, et al. Empirical research on the contributions of industrial restructuring to low-carbon development[J]. Energy Procedia, 2011, 5: 834 - 838.
[15] MIROUDOT S, CADESTIN C. Services in global value chains: From inputs to value-creating activities[C]. Paris: OECD Publishing, 2017.
[16] MONT O. Drivers and barriers for shifting towards more service-oriented businesses: Analysis of the PSS field and contributions from Sweden[J]. The Journal of Sustainable Product Design, 2002, 2(3): 89 - 103.
[17] NEELY A. Exploring the financial consequences of the servitization of manufacturing [J]. Operations Management Research, 2008, 1(2): 103 - 118.
[18] REISKIN E D, WHITE A L, JOHNSON J K, et al. Servicizing the chemical supply chain[J]. Journal of Industrial Ecology, 1999, 3(2 - 3): 19 - 31.
[19] SPAARGAREN G, MOL A P J. Sociology, environment, and modernity: Ecological modernization as a theory of social change[J]. Society & Natural Resources, 1992, 5 (4): 323 - 344.
[20] SZALAVETZ A. "Tertiarization" of manufacturing industry in the new economy-experiences in Hungarian companies[J]. IWE Working Papers, 2003, No.40.
[21] VANDERMERWE S, RADA J. Servitization of business: Adding value by adding services[J]. European Management Journal, 1988, 6(4): 314 - 324.
[22] WEAVER P, JANSEN L, GROOTVELD G V, et al. Sustainable technology development[J]. International Journal of Sustainability in Higher Education, 2000(3): 749 - 771.
[23] WHITE A L, FENG L. Servicizing: The quiet transition to extended product responsibility[C]. Boston: Tellus Institute, 1999.
[24] 陈丽娴,沈鸿.制造业服务化如何影响企业绩效和要素结构：基于上市公司数据的PSM - DID实证分析[J].经济学动态,2017(5)：64 - 77.
[25] 陈诗一.中国碳排放强度的波动下降模式及经济解释[J].世界经济,2011,34(4)：124 - 143.
[26] 陈文府.中国制造业参与全球价值链的竞争力：基于世界投入产出表的国际比较研究[J].产业经济研究,2015(5)：1 - 11,51.
[27] 陈艳莹,叶良柱.制造业服务化的环境效应[J].商业研究,2009(8)：59 - 62.
[28] 程大中.中国参与全球价值链分工的程度及演变趋势：基于跨国投入-产出分析[J].经济研究,2015,50(9)：4 - 16,99.
[29] 戴翔,李洲,张雨.服务投入来源差异、制造业服务化与价值链攀升[J].财经研究,2019,45(5)：30 - 43.
[30] 戴翔.中国制造业出口内涵服务价值演进及因素决定[J].经济研究,2016,51(9)：44 - 57,174.
[31] 董也琳.制造业服务化对提升我国制造业嵌入全球价值链位置的影响：基于增加值贸易视角[J].中共南京市委党校学报,2019(4)：98 - 105.

[32] 樊茂清，郑海涛，孙琳琳，等.能源价格、技术变化和信息化投资对部门能源张度的影响[J].世界经济，2012，35(5)：22－45.
[33] 顾乃华，夏杰长.对外贸易与制造业投入服务化的经济效应：基于2007年投入产出表的实证研究[J].社会科学研究，2010(5)：17－21.
[34] 郭朝先.产业结构变动对中国碳排放的影响[J].中国人口·资源与环境，2012，22(7)：15－20.
[35] 黄凌云，谢会强，刘冬冬.技术进步路径选择与中国制造业出口隐含碳排放强度[J].中国人口·资源与环境，2017，27(10)：94－102.
[36] 黄群慧，霍景东.全球制造业服务化水平及其影响因素：基于国际投入产出数据的实证分析[J].经济管理，2014，36(1)：1－11.
[37] 黄婷婷.制造业服务化的经济效应与作用机制研究[D].济南：山东大学，2014.
[38] 黄玉霞，谢建国.制造业投入服务化与碳排放强度：基于WIOD跨国面板的实证分析[J].财贸经济，2019，40(8)：100－115.
[39] 简兆权，伍卓深.制造业服务化的路径选择研究：基于微笑曲线理论的观点[J].科学学与科学技术管理，2011，32(12)：137－143.
[40] 姜铸，李宁.服务创新、制造业服务化对企业绩效的影响[J].科研管理，2015，36(5)：29－37.
[41] 李斌，彭星，欧阳铭珂.环境规制、绿色全要素生产率与中国工业发展方式转变：基于36个工业行业数据的实证研究[J].中国工业经济，2013(4)：56－68.
[42] 李宏，刘玲琦.制造业服务化促进出口产品质量升级机制研究[J].山西大学学报(哲学社会科学版)，2019，42(6)：103－114.
[43] 李天玉.中国工业部门技术进步的碳减排效应研究[D].大连：东北财经大学，2018.
[44] 刘斌，王乃嘉.制造业投入服务化与企业出口的二元边际：基于中国微观企业数据的经验研究[J].中国工业经济，2016(9)：59－74.
[45] 刘继国.制造业服务化带动新型工业化的机理与对策[J].经济问题探索，2006(6)：120－124.
[46] 刘再起，陈春.低碳经济与产业结构调整研究[J].国外社会科学，2010(3)：21－27.
[47] 吕越，李小萌，吕云龙.全球价值链中的制造业服务化与企业全要素生产率[J].南开经济研究，2017(3)：88－110.
[48] 马盈盈，盛斌.制造业服务化与出口技术复杂度：基于贸易增加值视角的研究[J].产业经济研究，2018(4)：1－13，87.
[49] 闵连星，罗茜，林明辉.制造企业服务化的生态效应、驱动因素和发展对策研究[J].生态经济，2016(2)：74－77.
[50] 饶畅.制造业投入服务化对碳生产率影响的理论建模和实证检验：以珠三角为例[J].经济与管理，2013，27(6)：81－86.
[51] 孙丽，张慧芳.制造业服务化对中日制造业行业绩效影响的实证分析[J].日本文论，2019(2)：129－149.
[52] 孙宁.依靠技术进步实行制造业碳减排：基于制造业30个分行业碳排放的分解分析[J].中国科技论坛，2011(4)：44－48.

[53] 涂正革.中国的碳减排路径与战略选择：基于八大行业部门碳排放量的指数分解分析[J].中国社会科学,2012(3)：78-94.
[54] 王思语,郑乐凯.制造业服务化是否促进了出口产品升级：基于出口产品质量和出口技术复杂度双重视角[J].国际贸易问题,2019(11)：45-60.
[55] 王向进,杨来科,钱志权.制造业服务化、高端化升级与碳减排[J].国际经贸探索,2018,34(7)：35-48.
[56] 肖挺,刘华,叶芃.制造业企业服务创新的影响因素研究[J].管理学报,2014,11(4)：591-598.
[57] 杨玲.生产性服务进口贸易促进制造业服务化效应研究[J].数量经济技术经济研究,2015,32(5)：37-53.
[58] 原嫄,李国平,孙铁山.全球尺度下的碳排放完全分解及其规律：基于LMDI修正模型的实证研究[J].重庆理工大学学报(社会科学版),2016,30(4)：24-34.
[59] 张恒梅,王曼莹.中国制造业以服务化转型构建新竞争优势研究[J].经济纵横,2017(11)：72-77.
[60] 张明志,余东华.制造业低碳化导向的供给侧改革研究[J].财经科学,2016(4)：58-68.
[61] 周大鹏.制造业服务化对产业转型升级的影响[J].世界经济研究,2013(9)：17-22,48.
[62] 朱勤,彭希哲,陆志明,等.中国能源消费碳排放变化的因素分解及实证分析[J].资源科学,2009,31(12)：2072-2079.

附录A 《国际标准行业分类》(ISIC Rev. 4)与《国民经济标准行业分类》(GB/T 4754—2002)制造业合并

《国际标准行业分类》

(ISIC Rev.4)

《国民经济标准行业分类》

(GB/T 4754—2002)

分类代码

类别名称

大类代码

类别名称

C10 - C12

Manufacture of food products，beverages and tobacco products

13

14

15

16

农副食品加工业

食品加工业

饮料制造业

烟草制品业

C13 - C15

Manufacture of textiles，wearing apparel and leather products

17

18

19

纺织业
纺织服装　鞋　帽制造业
皮革　毛皮　羽绒及其制造业

C16

Manufacture of wood and of products of wood and
Cork, except furniture; manufacture of articles of straw and plaiting materials

20

木材加工及竹　藤　棕　草制品业

C17

Manufacture of paper and paper products

22

造纸及纸制品业

C18

Printing and reproduction of recorded media

23

印刷业,记录媒介的复制

C19

Manufacture of coke and refined petroleum products

25

石油加工　炼焦及核燃料加工业

C20

Manufacture of chemicals and chemical products

26

28

化学原料及化学品制造业
化学纤维制造业

C21

Manufacture of basic pharmaceutical products and pharmaceutical preparations

27

医药制品业

C22

Manufacture of rubber and plastic products

29

30

橡胶制品业

塑料制品业

C23

Manufacture of other non-metallic mineral products

31

非金属制品业

C24

Manufacture of basic metals

32

33

黑色金属冶炼及压延加工

有色金属冶炼及压延加工业

C25

Manufacture of fabricated metal products，except machinery and equipment

34

金属制品业

C26

Manufacture of computer，electronic and optical products

40

41

通信设备　计算机以及其他电子设备制造

仪器仪表　文化办公用机械制造业

C27

Manufacture of electrical equipment

39

电气机械及器材制造业

C28

Manufacture of machinery and equipment n.e.c.

35

36

通用设备制造业

专用设备制造业

C29

C30

Manufacture of transport equipment

Manufacture of motor vehicles, trailers and semi-trailers

Manufacture of other transport equipment

37

交通运输设备制造业

C31

C32

C33

Other Manufacturing

Manufacture of furniture; other Manufacturing

Repair and installation of machinery and equipment

21

24

42

家具制造业

文教体育用品制造业

工艺品及其他制品业

附录 B 《国际标准行业分类》(ISIC Rev. 4)服务行业

编号	ISIC 分类	行 业 名 称	行 业 描 述
1	F	Construction	Construction
2	G45	Wholesale	Wholesale and retail trade and repair of motor vehicles and motorcycles
3	G46	Wholesale	Wholesale trade, except of motor vehicles and motorcycles
4	G47	Retail	Retail trade, except of motor vehicles and motorcycles
5	H49	Land transport	Land transport and transport via pipelines
6	H50	Water transport	Water transport
7	H51	Air transport	Air transport
8	H52	Warehousing, post	Warehousing and support activities for transportation
9	H53	Postal and courier	Postal and courier activities
10	I	Hotel and restaurants	Accommodation and food service activities
11	J58	Publishing	Publishing activities
12	J59 - J60	Media	Motion picture, video and television programme production, sound recording and music publishing activities; programming and broadcasting activities
13	J61	Telecoms	Telecommunications
14	J62 - J63	Information	Computer programming, consultancy and related activities; information service activities

续 表

编号	ISIC 分类	行 业 名 称	行 业 描 述
15	K64	Financial	Financial service activities, except insurance and pension funding
16	K65	Insurance	Insurance, reinsurance and pension funding, except compulsory social security
17	K66	Activities auxiliary	Activities auxiliary to financial services and insurance activities
18	L68	Real estate	Real estate activities
19	M69－M70	Legal and accounting	Legal and accounting activities; activities of head offices; management consultancy activities
20	M71	Architectural and engineering	Architectural and engineering activities; technical testing and analysis
21	M72	R&D	Scientific research and development
22	M73	Advertising and marketing	Advertising and market research
23	M74－M75	Other professional activity	Other professional, scientific and technical activities; veterinary activities
24	N	Administrative and support	Administrative and support service activities
25	O84	Public admin	Public administration and defence; compulsory social security
26	P85	Education	Education
27	Q	Healthy	Human health and social work activities
28	R_S	Other service	Other service activities
29	T	Private households	Activities of households as employers; undifferentiated goods- and services-producing activities of households for own use
30	U	Extraterritorial Activities	Activities of extraterritorial organizations and bodies

附录C 中国17个制造业2000—2014年度制造业服务化率表

年份＼行业	C10—C12	C13—C15	C16	C17	C18	C19	C20	C21	C22
2000	0.323 3	0.385 1	0.414 5	0.471 5	0.417 8	0.354 3	0.458 1	0.409 8	0.436 9
2001	0.328 3	0.400 7	0.411 7	0.462 1	0.399 9	0.387 7	0.454 1	0.400 3	0.427 7
2002	0.329 9	0.413 4	0.406 1	0.446 1	0.375 8	0.411 5	0.437 5	0.382 3	0.409 4
2003	0.311 3	0.384 2	0.367 3	0.409 8	0.358 2	0.368 1	0.403 3	0.383 1	0.382 0
2004	0.283 1	0.357 7	0.328 1	0.387 3	0.346 5	0.352 0	0.389 2	0.389 8	0.368 9
2005	0.302 0	0.374 9	0.357 4	0.418 0	0.390 1	0.354 8	0.411 0	0.452 3	0.395 7
2006	0.303 1	0.367 6	0.354 0	0.399 3	0.372 8	0.349 9	0.405 1	0.445 3	0.393 9
2007	0.303 4	0.363 1	0.353 7	0.391 9	0.365 5	0.355 5	0.407 3	0.438 9	0.398 2
2008	0.304 7	0.361 7	0.346 9	0.389 7	0.369 2	0.327 7	0.395 8	0.433 0	0.401 0
2009	0.315 0	0.374 5	0.359 9	0.411 4	0.392 7	0.373 5	0.436 5	0.450 8	0.441 7
2010	0.315 1	0.384 2	0.352 4	0.405 9	0.393 5	0.351 9	0.415 3	0.442 4	0.434 1
2011	0.318 7	0.387 2	0.340 0	0.405 0	0.389 6	0.363 5	0.412 6	0.449 3	0.433 3
2012	0.324 9	0.395 4	0.353 3	0.428 7	0.418 1	0.395 8	0.453 5	0.458 1	0.462 8
2013	0.353 8	0.433 5	0.379 6	0.458 0	0.456 3	0.408 0	0.482 7	0.486 0	0.492 5
2014	0.368 6	0.451 9	0.398 7	0.478 5	0.478 6	0.425 1	0.506 3	0.508 1	0.516 9

续 表

年份\行业	C23	C24	C25	C26	C27	C28	C29 C30	C31— C33
2000	0.477 2	0.470 0	0.489 0	0.467 0	0.497 4	0.451 5	0.468 2	0.354 5
2001	0.474 4	0.454 1	0.475 2	0.466 4	0.483 1	0.447 5	0.451 7	0.347 7
2002	0.464 2	0.434 0	0.460 8	0.462 1	0.466 4	0.442 5	0.433 3	0.338 8
2003	0.419 5	0.389 0	0.416 5	0.442 2	0.428 4	0.409 2	0.408 0	0.306 6
2004	0.401 0	0.376 4	0.397 7	0.440 3	0.420 1	0.400 5	0.411 0	0.282 8
2005	0.421 3	0.387 3	0.404 9	0.492 2	0.439 3	0.425 0	0.440 3	0.285 7
2006	0.406 5	0.383 0	0.399 0	0.482 3	0.442 5	0.418 7	0.436 0	0.283 8
2007	0.405 7	0.391 0	0.403 6	0.484 1	0.454 8	0.422 6	0.439 8	0.287 4
2008	0.389 8	0.366 9	0.398 8	0.494 2	0.444 9	0.422 9	0.446 9	0.288 2
2009	0.426 1	0.410 5	0.445 4	0.539 6	0.491 0	0.467 4	0.484 7	0.306 2
2010	0.412 9	0.389 9	0.438 9	0.517 4	0.478 2	0.460 3	0.473 5	0.308 8
2011	0.399 5	0.376 2	0.431 4	0.519 4	0.473 1	0.453 5	0.474 8	0.306 3
2012	0.436 2	0.419 7	0.467 0	0.544 5	0.504 1	0.488 6	0.508 8	0.321 9
2013	0.461 7	0.452 2	0.498 1	0.569 0	0.536 0	0.516 2	0.525 1	0.358 5
2014	0.483 9	0.473 8	0.524 6	0.600 7	0.565 7	0.544 5	0.552 7	0.375 6

附录 D　中国分部门碳排放估算结果（2000—2014 年）

（单位：万吨）

年份＼行业	C10—C12	C13—C15	C16	C17	C18	C19	C20	C21	C22
2000	5 191.40	3 589.41	463.440	2 689.40	175.01	6 731.22	18 777.86	1 027.93	1 012.54
2001	5 218.53	3 620.96	486.52	2 679.89	183.02	6 731.67	18 488.77	1 044.93	1 041.99
2002	5 283.89	3 731.54	494.98	2 910.72	190.29	7 089.23	20 261.53	1 084.33	1 032.50
2003	4 969.90	3 909.30	586.52	2 831.31	197.66	8 258.79	22 003.45	1 100.40	1 085.82
2004	5 438.91	4 590.67	776.94	3 691.90	133.34	10 369.40	24 018.64	1 047.90	1 333.57
2005	5 508.15	4 505.79	784.76	3 660.11	132.78	10 537.80	26 571.83	1 046.35	1 298.44
2006	5 696.02	4 686.02	816.65	3 794.17	139.55	10 739.60	30 012.07	1 086.92	1 351.73
2007	5 880.11	4 908.86	808.09	3 724.07	138.02	11 384.70	32 748.59	1 081.97	1 333.54
2008	5 972.00	4 493.15	805.97	4 095.42	170.99	11 343.20	32 420.92	1 168.43	1 437.80
2009	5 891.61	4 246.60	802.30	4 091.22	158.35	12 552.50	31 632.42	1 107.55	1 376.53
2010	5 900.04	3 989.00	795.99	3 999.24	162.13	14 781.00	32 489.80	1 184.26	1 478.79
2011	5 867.96	3 742.08	805.80	3 940.82	153.81	17 010.70	31 860.76	1 125.82	1 395.68
2012	5 902.34	3 589.73	800.75	3 970.15	156.66	18 340.30	32 230.50	1 133.61	1 404.47
2013	5 906.791	3 465.24	785.64	4 019.37	160.38	18 963.20	32 126.88	1 143.93	1 418.65
2014	5 893.749	3 497.63	780.91	4 004.16	158.26	21 343.00	32 068.07	1 139.03	1 414.83

续 表

年份\行业	C23	C24	C25	C26	C27	C28	C29 C30	C31— C33
2000	51 277.89	39 492.73	1 100.20	527.64	604.41	2 542.60	1 401.92	1 248.70
2001	52 121.34	42 271.99	1 185.62	557.81	570.86	2 589.16	1 453.35	1 197.38
2002	51 580.15	44 461.54	1 248.18	654.39	600.23	2 603.06	1 579.12	1 175.04
2003	61 202.17	56 691.62	1 124.89	694.64	608.70	2 820.53	1 372.38	1 109.43
2004	74 900.75	69 295.80	1 084.95	668.20	667.06	3 108.82	1 781.12	902.20
2005	79 635.68	91 475.54	1 090.20	681.08	668.56	3 620.25	1 905.42	842.20
2006	87 850.14	101 014.40	1 149.20	709.42	704.57	3 923.75	2 017.56	869.22
2007	93 302.70	107 874.40	1 189.51	730.01	719.62	4 219.68	2 066.51	865.36
2008	99 291.69	112 807.10	1 305.63	914.23	840.32	4 137.99	2 292.45	968.38
2009	109 923.10	122 548.00	1 317.12	863.10	852.86	4 818.17	2 350.78	866.74
2010	118 601.23	130 468.85	1 224.71	863.80	918.99	4 983.53	2 525.95	794.40
2011	124 867.65	137 569.36	1 237.23	816.11	975.63	5 103.65	2 635.36	786.36
2012	134 156.24	145 326.88	1 254.84	837.45	984.32	5 243.36	2 758.45	752.19
2013	139 786.58	150 321.20	1 267.91	858.94	1 023.64	5 321.04	2 826.75	764.98
2014	145 614.31	157 231.41	1 260.36	847.88	1 050.78	5 346.12	2 995.36	723.68

注：结果保留两位小数

附录 E　中高技术服务化率（2000—2014 年）

年份＼行业	C10—C12	C13—C15	C16	C17	C18	C19	C20	C21	C22
2000	0.029	0.028	0.025	0.034	0.028	0.019	0.028	0.061	0.027
2001	0.035	0.033	0.027	0.037	0.030	0.022	0.032	0.071	0.031
2002	0.041	0.040	0.031	0.042	0.034	0.025	0.036	0.080	0.034
2003	0.042	0.040	0.029	0.039	0.032	0.025	0.038	0.101	0.031
2004	0.042	0.041	0.026	0.039	0.031	0.026	0.041	0.123	0.030
2005	0.051	0.047	0.029	0.043	0.035	0.026	0.047	0.162	0.033
2006	0.047	0.042	0.026	0.040	0.032	0.025	0.044	0.152	0.030
2007	0.042	0.038	0.024	0.038	0.030	0.026	0.043	0.141	0.027
2008	0.036	0.030	0.024	0.038	0.033	0.019	0.041	0.127	0.028
2009	0.033	0.026	0.025	0.040	0.036	0.023	0.044	0.123	0.032
2010	0.031	0.024	0.026	0.041	0.038	0.020	0.041	0.115	0.032
2011	0.029	0.022	0.024	0.041	0.039	0.018	0.038	0.109	0.031
2012	0.028	0.020	0.025	0.044	0.043	0.020	0.040	0.109	0.033
2013	0.030	0.021	0.026	0.047	0.046	0.023	0.043	0.113	0.035
2014	0.031	0.022	0.028	0.050	0.049	0.024	0.046	0.120	0.038

续　表

年份＼行业	C23	C24	C25	C26	C27	C28	C29 C30	C31— C33
2000	0.054	0.020	0.037	0.034	0.040	0.039	0.028	0.032
2001	0.062	0.022	0.042	0.039	0.047	0.044	0.030	0.037
2002	0.072	0.025	0.050	0.046	0.055	0.051	0.034	0.043
2003	0.060	0.030	0.041	0.052	0.052	0.045	0.038	0.043
2004	0.054	0.035	0.038	0.057	0.056	0.045	0.036	0.044
2005	0.052	0.038	0.036	0.068	0.064	0.050	0.040	0.050
2006	0.049	0.038	0.030	0.065	0.058	0.044	0.035	0.045
2007	0.049	0.040	0.025	0.065	0.053	0.041	0.034	0.041
2008	0.046	0.037	0.030	0.065	0.048	0.045	0.048	0.040
2009	0.050	0.045	0.037	0.068	0.051	0.051	0.063	0.041
2010	0.049	0.043	0.040	0.058	0.047	0.052	0.070	0.042
2011	0.046	0.040	0.040	0.055	0.043	0.051	0.070	0.040
2012	0.049	0.044	0.044	0.057	0.045	0.056	0.075	0.043
2013	0.051	0.046	0.045	0.058	0.046	0.057	0.075	0.044
2014	0.054	0.049	0.049	0.064	0.050	0.061	0.075	0.047

注：结果保留三位小数

附录 F　低技术服务化率（2000—2014 年）

年份\行业	C10—C12	C13—C15	C16	C17	C18	C19	C20	C21	C22
2000	0.121	0.096	0.129	0.160	0.177	0.110	0.116	0.128	0.095
2001	0.121	0.097	0.126	0.156	0.168	0.116	0.115	0.125	0.094
2002	0.117	0.097	0.123	0.149	0.156	0.115	0.109	0.118	0.090
2003	0.100	0.081	0.101	0.120	0.128	0.092	0.089	0.101	0.075
2004	0.082	0.067	0.078	0.097	0.103	0.080	0.077	0.088	0.065
2005	0.073	0.058	0.069	0.082	0.085	0.064	0.066	0.082	0.057
2006	0.073	0.055	0.064	0.074	0.076	0.064	0.064	0.079	0.054
2007	0.073	0.051	0.058	0.069	0.070	0.064	0.062	0.077	0.053
2008	0.085	0.064	0.059	0.070	0.076	0.056	0.064	0.088	0.061
2009	0.091	0.070	0.056	0.069	0.077	0.057	0.068	0.095	0.069
2010	0.098	0.084	0.059	0.071	0.084	0.053	0.066	0.102	0.075
2011	0.104	0.093	0.057	0.071	0.086	0.051	0.065	0.106	0.078
2012	0.105	0.096	0.057	0.074	0.091	0.055	0.068	0.108	0.084
2013	0.110	0.101	0.058	0.077	0.096	0.053	0.071	0.110	0.087
2014	0.114	0.104	0.061	0.080	0.101	0.054	0.074	0.114	0.091

续　表

行业/年份	C23	C24	C25	C26	C27	C28	C29 C30	C31—C33
2000	0.160	0.121	0.098	0.091	0.105	0.108	0.080	0.128
2001	0.165	0.120	0.097	0.090	0.104	0.106	0.072	0.126
2002	0.165	0.119	0.096	0.088	0.102	0.104	0.070	0.124
2003	0.135	0.089	0.081	0.077	0.083	0.090	0.070	0.101
2004	0.118	0.075	0.070	0.067	0.072	0.081	0.055	0.083
2005	0.102	0.060	0.060	0.058	0.062	0.073	0.045	0.071
2006	0.098	0.058	0.059	0.060	0.063	0.072	0.046	0.067
2007	0.097	0.058	0.060	0.067	0.065	0.074	0.052	0.065
2008	0.093	0.052	0.063	0.073	0.067	0.075	0.085	0.073
2009	0.093	0.052	0.069	0.078	0.074	0.080	0.116	0.076
2010	0.093	0.049	0.074	0.071	0.075	0.080	0.142	0.086
2011	0.089	0.046	0.074	0.072	0.074	0.080	0.152	0.089
2012	0.093	0.047	0.077	0.076	0.078	0.084	0.164	0.093
2013	0.093	0.047	0.078	0.078	0.079	0.085	0.164	0.096
2014	0.097	0.049	0.083	0.084	0.085	0.090	0.160	0.100

注：结果保留三位小数

第二篇

“一带一路”倡议下交通类基础设施投资的经济效应及战略实施效果评价研究

刘子涵

第1章　绪　　论

1.1　研究背景

2013年9月，习近平主席在哈萨克斯坦访问时提出“丝绸之路经济带”；同年10月，习近平主席在访问东盟国家时又相继提出了共建“21世纪海上丝绸之路”构想。两大战略构想合称“一带一路”倡议(the Belt and Road)。“一带一路”倡议秉持着共商、共享、共建的原则，沿用了中国古代丝绸之路的历史名称，积极与其他国家和地区开展各项经贸合作，实现各地区共同进步，互利共赢。该重大构想的提出在国内外引起了广泛关注。

2015年3月28日，国家发展改革委、外交部、商务部联合发布《推动共建丝绸之路经济带和21世纪海上丝绸之路的愿景与行动》(以下简称《愿景与行动》)。《愿景与行动》圈定了“一带一路”建设所涵盖的18个中国国内区域的重点省市，广泛分布在中国东、中、西部区域，包含经济发展迅速的东部沿海省市上海、广东和福建等，以及经济发展相对缓慢的东北和西部地区，比如黑龙江、吉林、辽宁、广西和甘肃等。《愿景与行动》中提到，未来“一带一路”倡议建设的合作重点之一在于“抓住交通基础设施的关键通道、关键节点和重点工程，优先打通缺失路段，畅通瓶颈路段，配套完善道路安全防护设施和交通管理设施设备，提升道路通达水平”，为了更加高效便捷地开展国内、国外区域间的合作，有必要进一步完善各地基础设施建设，提升不同区域之间的互联互通水平，从而更好地发挥国内不同区域的比较优势，并有效推动“一带一路”建设。

在“一带一路”倡议下，为了实现各区域之间互联互通，与交通运输网络建设相关的配套政策相继出台。2016年，国家发展改革委、交通运输部、中国铁路总公司印发《中长期铁路网规划(2016—2030)》，在国内“四纵四横”的高速铁路网络基本形成后，再次提出建设以“八横八纵”为主干，城际铁路为补充的高速铁路网。之后《交通基础设施重大工程建设三年行动计划》和《“十三五”现代综合交通运输体系发展规划》也陆续出台，纷纷将完善交通运输网络视为“一带一路”建设的核心之一。“十三五”期间，国家重点推进十大高速铁路通道建设，十大高铁建成之后将中国西部地区各个省、自治区、直辖市连接起来，贯穿“一带一路”国内沿线区域，大大提升了东西部地区之间的交通运输水平。其间，西安至成都、宝鸡至兰州等许多高速铁路纷纷建成并投产运营。近些年，中央不断加大“一带一路”国内沿线区域交通类基础设施建设的力度，公路、铁路等交通类基础设施建设得到较快发展。统计数据显示，2007 年开始，中国铁路固定资产投资额逐年稳定增长，2014 年实现了大幅增长，突破人民币 8 000 亿元大关，截至 2019 年，每年均保持在 8 000 亿元以上，铁路营业里程、客运量和货运量也逐年攀升。公路方面，截至 2018 年，公路固定资产投资额为 21 335 亿元，相比 2007 年总体增长 228.74%，公路营业里程和货运量也基本呈现增长的趋势。同时，《“十三五”现代综合交通运输体系发展规划》指出，到 2020 年，铁路营业里程预计达到 15 万千米，公路通车里程预计达到 500 万千米。“一带一路”倡议的提出为中国打开了对外开放的新窗口，国内沿线不同地区在“一带一路”建设中分别有各自不同的定位和角色。这不仅仅有利于加强不同区域之间的经济合作，还能带动西部地区经济发展，促进东部地区再改革，开拓新的经济增长点，其也成为缓解中国目前区域发展不平衡、不协调这一社会主要矛盾的重要途径。

“一带一路”倡议的提出已有多年时间，其间中央和各地方不断加大交通类基础设施投资力度，许多铁路和公路陆续建成并投入运营，值得深思的是：“一带一路”倡议的实施效果到底如何？再者，“一带一路”倡议下这些交通类基础设施投资是否有效推动了中国区域经济增长，又是通过哪些途径达成的？目前这些问题尚有深入研究的空间。“一带一路”建设惠及沿线所有省、自治区、直辖市，会通过空间溢出效应带动周边地区的经济发展。它承担着带动我国区域开放、改革和发展的历史重任，关系到中国实现长期稳定发展。因此，深入研究“一带一路”倡议下交通类基础设施投资对区域经济增长的影响，对未来顺利推进“一带一路”建设、提升区域之间互联互通水平，进而更好地实现区域经济协同联动发展具有十分重要的现实意义。

1.2 研究目的与意义

1.2.1 研究目的

截至 2020 年，“一带一路”建设的推进已经有 7 年时间，这期间中央和地方政府高度重视国内沿线区域配套设施的建设，公路、铁路等交通类基础设施建设迅猛发展。“一带一路”倡议实施效果究竟如何是值得关注的话题;其如何通过交通类基础设施投资影响区域经济增长也值得探究。基于此,本文以 2008—2017 年中国 31 个省级行政区的面板数据为基础,先利用双重差分法(DID Model)对“一带一路”倡议实施效果进行整体评价。在此背景下,希望通过引入空间权重矩阵,从生产效应和空间溢出效应两个作用路径来研究交通类基础设施投资对区域经济增长和发展的影响,并探讨不同交通类基础设施投资对区域经济增长影响的差异,最后对未来“一带一路”倡议的顺利推进提供一些政策建议。

1.2.2 研究意义

本文通过评价“一带一路”倡议实施效果,并研究此背景下交通类基础设施投资的经济效应,可为未来不断完善“一带一路”倡议相关政策提供科学合理的实证依据和一些有价值的政策建议,具有一定的理论意义和现实意义。

(1) 本文对“一带一路”倡议实施效果进行了整体评价,丰富了现有的关于“一带一路”倡议的相关研究。通过查阅和梳理以往的文献,发现关于“一带一路”的研究大多都围绕国内外经济、金融或贸易合作展开,从国际化的角度对“一带一路”倡议可能产生的影响进行探讨,较少涉及“一带一路”倡议对中国本土的影响。本文利用双重差分法对倡议实施效果进行整体评价,不仅仅可以丰富现有的关于“一带一路”倡议方面的相关研究,还可以为未来“一带一路”倡议顺利推进的政策制定提供参考。

(2) 随着“一带一路”倡议的提出,更大范围和规模的高速铁路在中国成功铺设,大大改善了中国区域交通类基础设施条件,这无疑给区域经济发展带来了新的发展契机。理论上,交通类基础设施会对区域经济发展与增长产生影响,包括基础设施投资对经济增长的直接拉动作用,以及交通基础设施带来的空间溢出效应等间接作用。在此时代发展背景下,客观、准确地把握交通类基础设施投资对区域经济增长的实际影响显得尤为重要,同时还可以为未来提升区域之间互联互通水平提供相关实证依据与政策建议。

1.3 研究内容与研究框架

1.3.1 研究内容

本文主要内容可以概括为:在对“一带一路”倡议实施效果进行整体评价的背景下,探讨交通类基础设施投资对中国区域经济增长的影响,包括基础设施投资的生产效应和空间溢出效应两条影响路径。本文引入空间权重矩阵，构建空间杜宾模型来衡量交通类基础设施投资的空间溢出效应，综合考量交通类基础设施投资对经济增长的直接驱动力和空间溢出效应，并从铁路和公路两类最主要的交通类基础设施探讨不同交通类基础设施投资对区域经济增长影响的差异，检验"一带一路"倡议下交通类基础设施投资成效。

1.3.2 研究框架

基于研究目标，笔者查阅并梳理了国内外相关文献，依据研究的理论基础，构建相关计量模型并设定变量，再通过收集相关数据并进行相应处理，得出实证结果并对结果进行深入的分析和讨论，最后针对本文的研究结论提出相关的政策建议。

第 1 章，绪论。对研究背景、研究目的与意义、研究内容与框架以及研究方法与本文的创新点等进行了阐述，对本文的选题背景和研究价值进行了说明。

第 2 章，相关概念界定、文献综述及理论基础。对"一带一路"倡议国内沿线所涉及的地区、交通类基础设施投资等相关概念进行了界定和说明，并对国内外交通类基础设施投资与经济增长的关系、"一带一路"倡议等方面的研究进行了梳理和总结，同时从理论上分析了交通类基础设施投资对经济增长影响的具体作用路径和影响机制，为本研究的开展奠定理论基础。

第 3 章，"一带一路"倡议实施效果评价及交通类基础设施发展概述。首先利用倾向得分匹配—双重差分模型(PSM - DID)对"一带一路"倡议的整体实施效果进行了验证和评价。在此背景下，对"一带一路"倡议提出以来交通类基础设施发展规划进行梳理，再从交通类基础设施投资额、实际建成量和使用情况等角度对交通类基础设施发展现状进行分析，对"一带一路"倡议下交通类基础设施发展情况进行概述。

第 4 章，交通类基础设施投资的经济效应实证研究。首先依据交通类基础设施投资经济效应相关理论基础，构建并选择空间溢出效应模型。然后选取确定模型的被解释变量、核心解释变量以及各个控制变量，再利用 2008—2017 年中国 31 个省级行政区的面板数据对空间杜宾模型进行实证研究，对实证结果进行讨论，分析"一带一路"倡议下交通类基础设施投资对区域经济增长的影响。最后进行相关稳健性检验。

第 5 章，研究结论与政策启示。对未来顺利推进"一带一路"倡议提出相应的政策建议，反思本文研究过程中可能存在的局限性和不足之处。

1.4 研究方法与创新点

1.4.1 研究方法

本文基于2008—2017年中国31个省级行政区的面板数据，先用双重差分法对“一带一路”倡议实施效果进行整体评价。在此基础上，采用空间杜宾模型研究了“一带一路”倡议下交通类基础设施投资对中国区域经济增长的影响，并就如何提升区域互联互通水平及未来顺利推进“一带一路”倡议提出相关政策建议。在充分结合理论与实践的基础上，本文主要使用了以下三种研究方法。

（1）文献研究法。为了评价“一带一路”倡议的整体实施效果，并探讨“一带一路”倡议下交通类基础设施投资对经济增长的影响，笔者查阅了大量的国内外有关交通类基础设施投资与经济增长的关系、“一带一路”研究、政策效果评价理论和方法研究的相关文献，在梳理和总结相关研究成果的基础上，构建了倡议实施效果评价模型和交通类基础设施投资经济效应模型，对倡议实施效果和“一带一路”倡议下交通类基础设施投资对区域经济增长的影响进行了分析与评价。

（2）理论研究法。在文献研究的基础之上，本文对交通类基础设施投资与经济增长的关系进行了全面而深入的分析，并参考了政策效果评价相关理论和方法，从理论角度支撑实证研究，再结合实证研究结果进行分析和讨论。

（3）数学建模法。本文两次使用了数学建模法，首先构建倾向得分PSM-DID模型对“一带一路”倡议的实施效果进行简要评价，在此背景下，构建空间杜宾模型来衡量交通类基础设施的空间溢出效应，并利用2008—2017年中国省际面板数据进行实证研究。

1.4.2 创新点

本文的贡献首先主要体现在评价“一带一路”倡议的实施效果，丰富已有的关于“一带一路”方面的研究成果。通过查阅大量文献，不难发现在此之前，国内外几乎所有关于“一带一路”的研究都围绕国内外经济金融或贸易合作等方面展开，从国际化的视角探讨“一带一路”倡议对两国或多国产生的影响，较少反观“一带一路”倡议对中国本土的影响，而该倡议不仅仅加强了国家之间的区域经济合作，对内也起到促进东西双向互济，带动区域经济增长的作用。“一带一路”倡议提出以来，中国区域经济发展在不断发生变化，其实施效果在不断显现，但几乎没有学者对该倡议的实施效果进行评价研究。其次，本文在模型中构建经济距离权重矩阵，更加科学、合理地反映了交通类基础设施投资对经济增长的空间溢出效应。以往的研究大多采用地理距离构建空间权重矩阵，但中国的经济发展呈现较强的区域特征，地理位置越接近的地方，经济发展程度越是接近，经济发展水平越高的地区吸收经济资源的能力越强，仅仅凭借地理距离矩阵不能全面地反映溢出效果。因此，本文在地理距离空间权重矩阵的基础上新增经济距离权重矩阵，以期得到更加科学合理的实证结果。最后，本文对比研究了铁路和公路两类最主要的交通类基础设施投资对区域经济增长影响的差异，可以为未来提升不同区域互联互通水平提供更有针对性的对策建议参考，进而顺利推进“一带一路”建设。

第2章 相关概念界定、文献综述及理论基础

2.1 概念界定

2.1.1 “一带一路”倡议国内沿线区域界定

“一带一路”是“丝绸之路经济带”和“21世纪海上丝绸之路”的简称。根据官方文件《愿景与行动》,国内沿线区域一共规划圈定18个省、自治区、直辖市。其中,“丝绸之路经济带”圈定西北6省(区)、西南3省(区)、东北3省以及重庆,共计13个地区,“21世纪海上丝绸之路”圈定上海、福建、广东、浙江、海南等5省(市),具体范围如表2-1所示。同时,文件还明确了各地区在“一带一路”建设中的定位及对外合作重点方向,比如新疆和福建被定位为“一带一路”建设的核心区,云南省则主要向东南亚地区形成辐射作用,而沿海各地区则被赋予了加强沿海城市港口建设,强化国际枢纽机场功能的重要角色。

表2-1 “一带一路”国内沿线区域圈定范围

名称	地区	数量
丝绸之路经济带	西北地区:新疆、陕西、甘肃、宁夏、青海、内蒙古 西南地区:广西、云南、西藏 东北地区:黑龙江、吉林、辽宁 其他地区:重庆	13
21世纪海上丝绸之路	上海、广东、浙江、海南、福建	5

国内沿线18个省级行政区将作为本文中“一带一路”倡议实施效果评价的处理组,除此之外的13个省级行政区域(香港、澳门和台湾除外)则被视为控制组,本文政策效果评价模型基于以上分组。

2.1.2 基础设施的概念与分类

基础设施是开展各项社会生产活动的重要基础条件和基本保障。关于基础设施概念的定义，国内外学者至今还没有达成完全一致意见。奥地利学派著名经济学家保罗·罗森斯坦·罗丹(Paul Rosenstein Rodan)认为，基础设施可以为产业创造投资机会，是社会经济发展的基础，主要包括运输、通信等所有的基础工业。著名的发展经济学家阿尔伯特·赫希曼(Albert Hirschman)认为，基础设施是社会间接成本，即第一、二、三产业活动不可缺少的基本服务。世界银行发布的《1994 世界发展报告：为发展提供基础设施》将基础设施定义为永久性工程构筑、设备、设施，即为居民、企业所用的经济生产条件和服务设施。

参考世界银行发布的《1994 世界发展报告：为发展提供基础设施》，基础设施分为两大类：一类是经济基础设施，即狭义的基础设施，主要包括交通、能源、通信、水利环境设施等；另一类是社会基础设施，即广义的基础设施，包括科教、卫生、社会保障和福利等方面(世界银行，1994)。本文所研究的交通类基础设施属于经济基础设施中的一种。

2.1.3 交通类基础设施的概念和特点

交通类基础设施属于狭义上的基础设施，为生产活动和居民生活提供重要保障。交通类基础设施主要包含铁路、公路(包含高速公路)、机场以及港口等，扮演着货运和客运两种重要角色。交通类基础设施作为基础设施的一种，除具有一般基础设施的特征之外，还包含其自身特有的属性特点。其主要特征体现为以下四点。

(1) 准公共产品。具有有限的非竞争性或有限的非排他性的公共产品被称为准公共产品，而交通类基础设施具有此类特点。比如：通常情况下，公路允许所有汽车通行，但道路宽度限制了同一时间允许通过的汽车数量，当汽车数量达到拥挤点时，边际成本不再为零，在汽车数量达到饱和之后将会产生拥挤成本，具有一定的竞争性。

(2) 投资规模大，建设工期长，投资成效显现慢。铁路、公路等交通类基础设施具有很强的投资专用性，前期需要投入大量的人力和物力，投资金额巨大，建设周期跨度长，短期内很难看到建设成效，沉没成本较大。

(3) 网络系统性。交通类基础设施分布在全国各地不同的省市和地区，不同运输方式的运输能力、运输时间和地点各不相同，在整个区域空间形成一个大型综合交通运输网络系统，可以促进劳动力、自然资源等要素以及社会商品在各个区域之间的流通，让不同区域之间的经济联系变得更加紧密。

（4）区域外部性。由于网络系统性特征的存在，交通类基础设施影响到要素的空间集聚和扩散。由于交通条件的改善，当生产要素由落后地区流出，向发达地区集聚时，交通类基础设施对落后地区具有负外部性，但当落后地区条件得到改善，吸引生产要素向落后地区扩散时，那么交通类基础设施对落后地区具有正的外部性。

2.2 文献综述

2.2.1 基础设施与经济增长关系研究综述

关于基础设施和经济增长之间关系的研究，主要以定量研究为主，大体可以分成以下两类。第一类是研究基础设施投资的生产效应，Fernald（1999）、Duggal 等（1999）以及 Röller 和 Waverman（2001），分别以公路、互联网和电话作为研究对象，结果验证了基础设施投资能够显著推动经济增长。Shioji（2001）以美国和日本为例，也得出了类似的结果，认为两国基础设施投资的增加能显著促进人均产出的增长。Esfrahani 和 Ramírez（2003）对非洲国家基础设施投资的作用进行了探究，认为如果这些地区基础设施投入水平和东亚地区相互持平，那么经济增长率可以提高1.3%。German-Soto 和 Bustillos（2014）、Meersman 和 Nazemzadeh（2017）和国内学者王任飞等（2007）通过实证研究也得出了相似的结果。他们的研究结果表明，基础设施供应不足会抑制经济增长，且基础设施在促进经济增长方面起到主导作用。

第二类是将空间溢出效应囊括到基础设施投资和经济增长之间关系的研究中，这类研究大多选取某一类基础设施进行研究。罗雨泽等（2008）探究了中国电信基础设施的投资，结果表明我国电信基础设施投资对经济增长的边际贡献高于其他社会基础设施投资。Pradhan 等（2018）则研究了信息技术基础设施投资与经济增长的关系，结果表明两者呈正相关关系。胡鞍钢和刘生龙（2009）以1985—2006 年中国 28 个省级行政区的数据为基础，通过实证研究发现，交通基础设施投资对经济增长存在正向空间溢出效应。

综上可以发现，国内外现有关于基础设施投资和经济增长的理论研究与实证研究相对比较成熟，这为本文的研究提供了扎实的研究基础。2013 年我国提出共建"一带一路"倡议之后，各类基础设施建设力度不断加大，尤其是交通类基础设施建设，旨在提高各个不同地区的互联互通水平，这无疑给中国区域经济增长提供了新的发展机遇。所以，本文拟选取 2008—2017 年面板数据作为研究的样本区间，研究“一带一路”倡议下交通类基础设施投资对区域经济增长的影响及其空间溢出效应，以期得到一些有价值的结论。

2.2.2 交通类基础设施与经济增长关系研究综述

20世纪60年代开始，国内外学者就逐渐对交通类基础设施与经济增长的关系展开了研究。在高速铁路兴起之前，学者们的研究大多关注公路、水路、普通铁路等交通类基础设施。Fogel(1962)研究美国铁路对经济增长的影响，发现美国铁路对经济增长的影响低于美国水路网络对经济增长的影响，认为以往的研究过于夸大了美国铁路对经济增长的促进作用。Chandra 和 Thompson (2000)对美国州际高速公路进行了研究，结果表明接入州际高速公路对县域经济增长具有显著促进作用，并且会明显增强其他相邻县域的经济集聚现象。Álvarez-Ayuso 等(2016)以西班牙为例，利用1980—2007年面板数据研究了交通运输基础设施的空间溢出效应，结果表明交通运输基础设施的空间溢出效应在比较贫穷的地区表现为负向溢出效应。Meersman 和 Nazamzadeh(2017)的研究也表明，交通基础设施能够促进发达国家的经济增长。张学良(2012)和刘生龙、胡鞍钢(2010)的研究也得出了同样的结果，但刘生龙和胡鞍钢(2010)的研究还指出，不同的地理位置和交通基础设施条件在我国区域经济发展差距中扮演了重要的角色。刘勇(2010)则以我国省级公路、水运交通基础设施作为研究对象，对交通基础设施投资与经济增长的关系进行了实证研究。其研究结果表明，确实存在正向推动作用，而且对于东部地区而言，外地交通基础设施投资对区域经济增长有明显的正向推动作用，对于西部地区则因时而异。刘冲和周黎安(2014)以中国高速公路为研究对象，也得出了类似的结果，研究认为，高速公路能够有效促进沿途各县域工业产出的提升。张勋等(2018)深入研究了交通基础设施促进区域经济增长的影响路径，认为交通基础设施可以通过市场扩张、市场竞争和运输成本三种路径影响企业库存，进而促进经济增长。

近些年来，随着高速铁路这一新型交通运输方式的兴起，大大改变了沿线区域经济社会发展的格局，越来越多的学者将研究的关注点聚焦到高速铁路上。

国内外学者从不同的经济基本要素视角对高速铁路展开了研究，但研究结论并不完全统一。大多数学者对高速铁路建设持积极态度。Martin(1998)研究了区域经济发展与资源配置效率之间的关系，研究发现，高铁的开通能够大大提升全社会的资源配置效率。Nakagawa 和 Hatoko(2007)、Vickerman(2015)等也认为，长期来看，高铁发展会促进经济增长。孙婷(2008)则分别从调整产业结构效应、构建城市经济圈、改善城市生态环境三个角度研究了高铁开通产生的影响，认为高铁对其经过的沿线区域的城市经济与社会发展具有重要的正面作用。王姣娥和丁金学(2011)则从区域可达性的角度研究了高铁建设的作用，结果表明高铁建设会产生时空收敛效应，并且有利于生产要素在区域之间的重新配置，从而引起人口集聚和产业集聚的现象，进而影响城市空间结构的重组。张学良(2012)也得到了类似的结论，研究验证了高铁加快了人流、物流、信息流的聚集与传递，加强了城市群之间的经济联系。其他学者对高铁的研究大多都得出了类似的结论。张俊(2017)利用卫星灯光数据，分别探究了高铁对县级市和县级单位的影响，结果发现对于县级市而言，高铁开通对经济增长的贡献率是34.64%，而对县级单位经济增长的影响却不是很明显。刘勇政和李岩(2017)、王雨飞和倪鹏飞(2016)对高铁的研究发现，高铁建设会推动区域经济增长，同时还存在正向空间溢出效应，促进其他相邻区域的经济增长。李新光等(2018)以福建省县域为例，研究高铁与区域经济增长的关系也得出同样的结论，同时还发现福建省县域经济增长存在明显的空间集聚性，而且由于高铁提高城市可达性引起的空间溢出效应比由于普通的相邻地区间经济增长引起的空间溢出效应更明显。

然而，依然有少部分学者持相反态度。王雨飞和倪鹏飞(2016)的研究发现，高铁开通对于经济基础比较薄弱的西部地区和东北地区不利，面临着边缘化的危险。张克中和陶东杰(2016)研究了高铁开通后非区域中心城市与区域中心城市距离大小和经济增长率的关系，结果表明高铁的开通会引起沿途非区域中心城市的经济增长率的降低，而且与区域中心城市距离越近的地级市受到的负向影响越大。王垚和年猛(2014)则利用双重差分法进行了论证，研究发现，从短期而言，高速铁路并没有对地区经济增长起到促进作用。

从国内外相关研究来看，近些年开始有学者将空间计量方法运用到交通类基础设施空间溢出效应方面的研究，但大多都依据区域邻接标准或地理距离标准来构建权重矩阵，而现今中国的经济发展呈现较强的区域特征，经济发展程度相似的地区经济联系更加密切，呈现“俱乐部收敛”的特征(沈坤荣、马俊，2006)。只依据地理距离标准来构建权重矩阵显然不符合如今经济发展的现实，而经济距离空间权重矩阵可以更科学合理地描述非相邻省份之间的经济联系，弥补地理距离矩阵的不足。因此，有必要依据经济距离构建权重矩阵来衡量空间溢出效应。此外，关于高速铁路建设的研究大都以某一条高速铁路或者某一个省内城市为例，这一类集中于小范围的样本受到地区特定因素的影响较大，所得到的结论不能代表区域整体的表现，不具备普遍意义，有必要将研究区域上升至全国层面。因此，本文拟运用空间杜宾模型，分别依据时间距离和经济距离来构建空间权重矩阵，从全国的层面实证检验交通类基础设施对经济增长的影响，并且探讨铁路和公路两类主要的交通类基础设施投资对区域经济增长影响的差异，克服以往研究存在的不足之处，以期得到更具备普适性、更有价值的结论。

2.2.3 “一带一路”倡议研究综述

“一带一路”倡议的提出引起了国内外学者们的广泛关注。国外学者对“一带一路”的研究大多从本国的利益出发，研究“一带一路”倡议对本国的影响。Dadabaev(2018)认为，对韩国而言，“丝绸之路”建设主要意味着铁路基础设施的建设，这会给能源领域和运输网络领域带来巨大的发展潜力。Spruds(2017)认为，“一带一路”的建设给拉脱维亚乃至中东欧各国经济发展提供了巨大的机遇，尤其体现在基础设施建设和完善上，“一带一路”倡议为未来实现亚欧大陆基础设施互联互通开辟了广阔的前景。Saqib 等(2015)和 Hali 等(2015)持类似的观点，认为“一带一路”倡议将增强中国在中亚地区的国际影响力，同时还能巩固中国和巴基斯坦两国的关系，对中巴经济走廊建设将产生持久而深远的影响。

国内现有的关于“一带一路”的研究大多集中在国际贸易、金融合作等方面。“一带一路”倡议是我国对外开放的有效窗口，沿线区域贯穿亚欧非大陆，积极与共建国家在多领域开展合作，因此有不少学者从国际贸易合作方面展开了研究。刘京星等(2018)利用动态面板引力模型对中国与“一带一路”共建国家钢铁产能合作进行了研究，研究结果表明，地理“硬距离”的影响正在逐渐弱化，而经济、制度、文化等“软距离”的影响正在逐步提升。李笑影和李玲芳(2018)构建动态博弈信号模型对“一带一路”贸易中存在的交易风险进行了研究，并从经侦投诉机制方面给出了相关政策建议。李敬等(2017)运用网络分析方法对“一带一路”共建国家货物贸易的竞争互补关系及动态变化进行了分析，研究发现，2005 年以后贸易集中化趋势越来越明显，贸易竞争也越来越激烈，但贸易互补大于贸易竞争。尹美群等(2019)研究了中国对“一带一路”共建国家经贸合作方式与东道国要素禀赋的关系，研究结果发现，东道国的技术要素禀赋与各种经贸合作方式呈负相关，而自然资源禀赋呈正相关，劳动力禀赋则能够明显促进中国对外直接投资。任广乾和刘莉(2018)运用 DEA 模型对“一带一路”共建国家的金融效率进行测算，结果表明，“一带一路”共建国家金融资源的使用效率总体不高，且区域差异比较大。罗煜等(2017)探讨了“一带一路”共建的 46 个发展中国家制度质量和国际金融机构的参与度对 PPP 项目成效的影响。

此外，还有部分学者对基础设施建设与投资、政治因素、企业经营等其他方面展开了研究。张艳艳等(2018)对“一带一路”共建国家的研究结果表明，交通基础设施条件越差的国家，交通基础设施建设更加能够促进经济增长。张鹏飞(2018)以共建“一带一路”的亚洲国家为对象，研究了交通、通信基础设施建设对其区域内贸易量的影响，结果发现当一个国家的交通基础设施发展到一定水平之后，通信基础设施对贸易量的影响会越来越显著。王桂军和卢潇潇(2019)探究了“一带一路”倡议是如何影响中国企业升级以及可能的影响路径，研究结果表明，“一带一路”倡议可以显著推动中国企业升级，并且通过研发创新进一步助推中国企业升级，其中瓶颈产业的企业升级受到的影响最大。刘晶等(2019)从经济、制度、社会等不同的视角，对“一带一路”共建国家城镇化发展质量进行了综合评价，研究表明，发展质量整体水平呈现上升的趋势，但不同区域之间的差异比较大。

倡议提出后7年中，国内沿线区域也在不断发生变化，“一带一路”倡议的实施效果在不断显现，这是一个良好的“准自然实验”，但在实施效果方面还有研究的空间。国内外的学者通常采用双重差分法来评价政策效果。这种方法主要用来研究政策问题，目前已经被广泛运用于政策效果评价，其主要原理是基于平行趋势假定评价政策发生和不发生这两种情况下被观测因素的前后变化，并以此来衡量政策效果。因此，本文先采用双重差分法来对“一带一路”倡议实施效果进行整体评价，在此背景下深入研究交通类基础设施投资对经济增长的影响，希望为今后相关政策的制定与调整提供一些参考建议。

2.3 交通类基础设施投资的经济效应

结合前文对交通类基础设施含义与特点的介绍，这里主要从理论层面上分析交通类基础设施投资对经济增长的具体作用路径和机制，并且对交通类基础设施投资的经济效应进行概念界定，具体如图2-1所示。

一方面，交通类基础设施作为一种经济基础设施，可以直接作用于区域经济增长，本文将其定义为生产效应。根据索洛新古典增长模型可知，影响经济增长的三大要素包括资本、劳动和技术，而交通类基础设施作为资本的重要构成部分，可以直接参与社会生产过程，从而直接拉动区域经济增长。此外，交通类基础设施投资的增加还会通过乘数效应引起国民收入的增加。依据凯恩斯投资乘数理论，基础设施投资的增加会带动其他相关部门产出的增加，通过投资乘数效应扩大对经济增长的促进作用。具体而言，交通类基础设施投资增加会引起建筑材料、设备制造业以及能源等其他关联产业产品需求的增加，从而增加这些相关部门的就业机会与收入，劳动者收入增加又会进一步扩大产品或服务的消费需求，如此循环往复，最终会带动国民收入成倍增长。由于交通类基础设施投资对经济增长的直接拉动力和投资乘数效应都是作用于社会生产部门，因此，本文将交通类基础设施投资对经济增长的直接拉动力和乘数效应归为生产效应，重点关注交通类基础设施投资的直接拉动力。

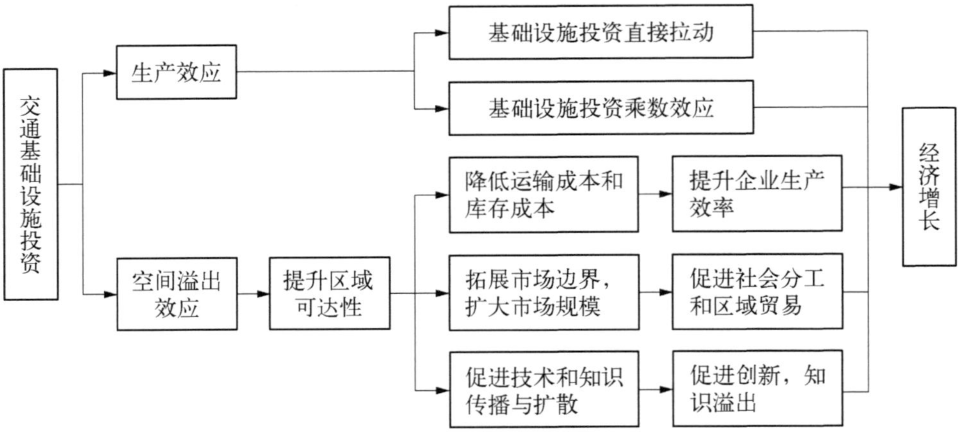

图 2－1　交通类基础设施投资影响经济增长的作用机制

另一方面，由于交通类基础设施本身存在网络系统性和区域外部性的特点，因此交通类基础设施投资还可以通过空间溢出效应间接地促进区域经济增长。全国范围内的交通类基础设施形成了一个大型综合运输网络系统，大大提升了区域之间的可达性，主要通过以下三条路径产生空间溢出效应：① 区域可达性的提升可以提高商品运输能力，降低商品和要素的运输成本以及企业的库存成本，企业的生产成本得到缩减，从而提升企业生产效率；② 交通便利程度的提升可以帮助企业将产品销售到更远、更多的地方，拓展企业的市场边界，扩大企业的市场规模，这有利于促进社会分工和区域之间的贸易合作；③ 交通发展还打破了城市之间的边界，有利于促进技术和知识的传播与扩散，解除知识溢出的空间限制，促进创新，这些会影响区域产业布局，优化区域产业结构，进而间接地推动本地和邻近地区经济的增长和发展。

综上所述，交通基础设施投资对经济增长的影响包括生产效应和空间溢出效应两个方面，而本文所研究的交通类基础设施投资的经济效应指的是基础设施投资的直接拉动力和空间溢出效应。

第3章 "一带一路"倡议实施效果评价及交通类基础设施发展概述

3.1 "一带一路"倡议实施效果评价——PSM-DID模型

本节主要通过构建"一带一路"倡议的实施效果评价模型，即PSM-DID模型，将31个省级行政区划分为实验组和控制组，利用2008—2017年省际数据对实施效果进行整体评价。

3.1.1 实施效果评价模型构建

2013年，中国提出"一带一路"倡议，这一政策冲击被视为"准自然实验"，将原本中国的31个省、自治区、直辖市划分为两组——受政策干预的实验组和没有受到政策干预的控制组。其中，"一带一路"倡议国内沿线区域一共包括18个省、自治区、直辖市，这18个省市为受到政策干预的实验组，剩下13个省市为没有受到政策干预的控制组。假定政策冲击前，实验组和控制组的被观测因素没有显著差异，那么比较政策发生前后实验组和控制组被观测因素的变化之间的差异，就能得到政策的实施效果。具体而言，本文构建如下双重差分模型：

$$Y_{it}=\beta_0+\beta_1\cdot Policy_i+\beta_2\cdot Time_t+\beta_3\cdot Policy_i\cdot Time_t+Z_{it}+\mu_i+\lambda_t+\varepsilon_{it} \tag{3.1}$$

上式中：Y_{it}为被解释变量，下标i和t分别表示第i个地区和第t年；$Policy_i$为政策虚拟变量，如果地区i属于实验组，那么$Policy_i$取1，反之取0；$Time_t$为时间虚拟变量，当时间t为政策发生及以后时，$Time_t$取1，反之当时间t为政策尚未发生及之前时，$Time_t$取0；$Policy_i\times Time_t$为两者的交互项。政策虚拟变量$Policy_i$衡量的是两组之间本身的差别，即不存在此项政策也存在的差异，时间虚拟变量$Time_t$描述的是政策实施前后两个时期之间本身的差异，即不存在此项政策也存在的时间差异，而交互项$Policy_i\times Time_t$度量的是政策效应，那么β_3即为双重差分估计量，衡量的是“一带一路”倡议的实施效果。如果该倡议确实推动了地区经济增长，那么该系数应该显著为正。为了控制实验组和控制组之间存在的异质性问题，本文引入了一系列控制变量Z_{it}。同时，本文将构建时间和个体双向固定效应来进行模型估计，其中μ_i为个体固定效应；λ_t为时间固定效应，ε_{it}为随机扰动项。

式(3.1)的核心解释变量为政策虚拟变量和时间虚拟变量的交互项$Policy_i \times Time_t$，它所衡量的是政策的实施效果，被解释变量地区经济增长用消除通货膨胀水平的实际地区生产总值来衡量。控制变量选取了劳动力投入(labor)、固定资产投资(invest)、贸易开放度(trade)、政府参与度(gover)和电信通信能力(commu)等5个变量，并分别选用年末从业人员数量、平减后的实际固定资产投资额、外商投资企业进出口总额(消除通货膨胀的人民币数额)、地方财政支出、电信业务总量以及公路里程数等指标作为以上控制变量的代理变量，并且取所有变量的对数形式。该模型所使用的数据为2008—2017年31个省份的面板数据，以沿线圈定的18个省市为受到政策干预的实验组，剩下13个省市为没有受到政策干预的控制组。

3.1.2 倾向得分匹配结果

用双重差分法来评价“一带一路”倡议的政策效果是建立在控制组和实验组满足平行趋势假定的前提下的，即如果没有提出“一带一路”倡议，控制组和实验组之间的发展趋势是一致的，不存在系统性差异，只有在这种情况下，最终得出的双重差分估计量才是无偏的。为了让控制组和实验组满足平行趋势假定，降低双重差分模型估计的偏误，本文在原有双重差分模型的基础上建立了PSM-DID模型。PSM-DID模型最早由Heckman等人(1998)提出，旨在解决双重差分模型可能不满足平行趋势假定这一问题。该模型的主要思想是在非“一带一路”倡议沿线区域的控制组中找出某一省(市)，使得它和“一带一路”倡议沿线区域的实验组的某省(区、市)的可观测变量尽可能相似，当该两个地区的个体特征对是否实行“一带一路”倡议的作用仅仅取决于其他控制变量时，则这两个地区实行倡议的概率相近，即可相互匹配，这种方法很好地解决了实验组和控制组在“一带一路”倡议提出前并不完全满足平行趋势假定所产生的问题。

本文主要运用核匹配的方法来进行PSM-DID模型的实证研究。经过核匹配，在总共310个样本中，实验组有1个样本不在共同取值范围内，控制组有

18 个样本不在共同取值范围[①]内，剔除这 19 个不符合条件的样本，匹配之后还剩下 291 个样本，实验组和控制组分别有 179 个和 112 个。表 3－1 为倾向得分匹配平衡性检验的结果。平衡性检验是用来判定样本匹配之后是否消除了两组之间的系统性差异，即是否满足平行趋势假定。平衡性检验结果显示，匹配之前，实验组和控制组在劳动力投入、固定资产投资、贸易开放度、政府参与度和电信通信能力等方面都存在显著差异，实验组均值和控制组均值之间的偏差都超过了 10%，很难满足平行趋势假定。然而，在进行核匹配之后，控制组和实验组之间所有变量的标准化偏差都低于 10%，大大缩小了两者之间的差异，而且所有 t 检验的结果都不拒绝实验组和控制组之间不存在系统性差异的原假设，标准化偏差和 t 值的减小都说明了实验组和控制组匹配效果的改善。图 3－1 为 PSM－DID 模型倾向指数分布图，对两组样本的匹配效果进行了诊断，匹配之后实验组和控制组的倾向指数分布图几乎重合，这也说明两组样本的匹配效果非常好。

表 3－1　倾向得分匹配平衡性检验结果

变　量	匹配前/后	实验组均值	控制组均值	偏　差	t 值	$p>\|t\|$
linvest	U	8.221 7	8.586 3	−43.60%	−3.78	0.000
	M	8.231 0	8.164 7	7.90%	0.74	0.458
llabor	U	5.819 3	6.076 9	−28.70%	−2.52	0.012
	M	5.827 5	5.772 9	6.10%	0.57	0.570
ltrade	U	12.196 0	12.444 0	−14.90%	−1.29	0.198
	M	12.206 0	12.042 0	9.90%	0.90	0.366
lgover	U	7.888 2	8.097 2	−30.30%	−2.61	0.010
	M	7.899 5	7.865 5	4.90%	0.45	0.653
ltrans	U	12.059 0	12.105 0	−4.70%	−0.42	0.676
	M	12.057 0	11.977 0	8.10%	0.72	0.472
lcommu	U	6.076 2	6.225 4	−16.50%	−1.44	0.151
	M	6.082 0	6.029 4	5.80%	0.55	0.581

① 倾向得分匹配法-重叠假定：实验组和控制组的倾向得分取值范围相同的部分被称为“共同取值范围”。

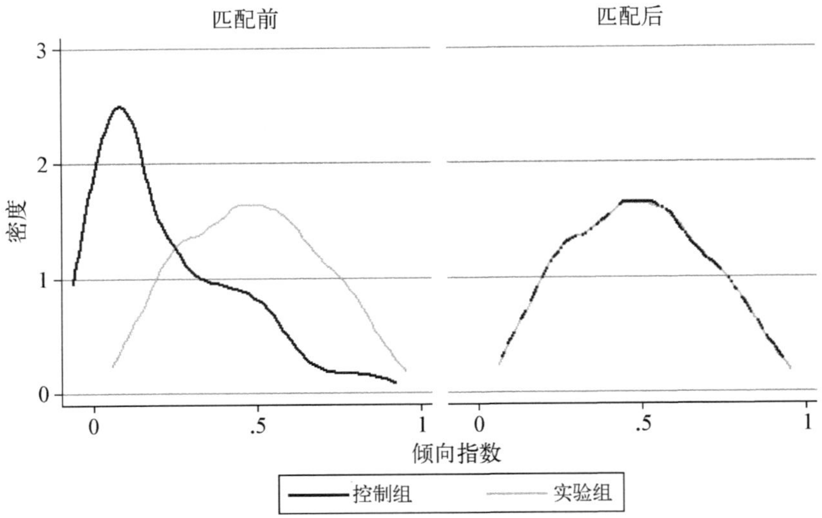

图 3-1 PSM-DID 模型匹配效果诊断——倾向指数分布图

3.1.3 “一带一路”倡议实施效果评价

经过倾向得分匹配处理之后，利用匹配后得到的样本数据对“一带一路”倡议对区域经济增长的影响进行实证研究。PSM-DID 模型的实证结果如表 3-2 所示，PSM-DID 模型(1)中的政策效果变量即交互项的系数显著为正，这说明整体而言，“一带一路”倡议的提出有利于促进区域经济增长。

表 3-2 倾向得分匹配-双重差分模型(PSM-DID)实证结果

	PSM-DID 模型(1)		检验模型(2)		检验模型(3)	
解释变量	系数	T 值	系数	T 值	系数	T 值
$Police_i \times Time_t$	0.062 3***	3.29	—	—	—	—
$Police_i \times Time_{t-2}$	—	—	0.067 2	1.29	—	—
$Police_i \times Time_{t-3}$	—	—	—	—	0.066 7	1.50
linvest	0.444 8***	17.48	0.460 8***	16.17	0.460 0***	16.82
llabor	0.434 3***	11.16	0.443 5***	8.39	0.437 3***	9.08

续　表

	PSM - DID 模型(1)		检验模型(2)		检验模型(3)	
解 释 变 量	系 数	T 值	系 数	T 值	系 数	T 值
ltrade	0.073 4***	7.93	0.073 6***	6.99	0.073 9***	7.14
lgover	−0.014 4	−1.05	−0.048 6	−1.06	−0.044 9	−1.37
ltrans	0.069 5***	3.35	0.076 7***	2.73	0.075 7***	2.79
lcommu	0.086 6***	5.12	0.074 5*	1.84	0.079 9***	3.20
_cons	0.584 6***	6.19	0.652 4***	2.87	0.653 5***	2.90
时间效应	control		control		control	
个体效应	control		control		control	
R - square	0.977 5		0.976 4		0.976 4	
样本量	291		291		291	

注：* 表示 10％的显著性水平；** 表示 5％的显著性水平；*** 表示 1％的显著性水平。

通常情况下，除“一带一路”倡议之外，一些其他政策或者随机性因素也会导致区域经济增长产生差异，而这种差异与倡议没有关联，最终会导致结论双重差分估计量不可靠。因此，需要对上文中的双重差分模型进行平行趋势假定检验。通常的检验方法是改变政策的执行时间来进行反事实检验。假设“一带一路”倡议的提出提前两年或三年时间，如果据此得到的实证结果显示交互项的系数依然显著为正，则说明可能存在其他随机性因素对经济增长产生影响，而不是“一带一路”倡议实施效果引起的。相反，如果交互项的估计系数并不显著为正，则说明双重差分模型满足平行趋势假定，得到的交互项系数是稳健的。

为了进一步衡量 PSM - DID 模型实证结果的稳健性，本文利用经过倾向得分匹配后的新样本数据进行平行趋势假定检验，得到检验模型(2)和(3)，两者分别表示“一带一路”倡议提前两年和三年时间提出的反事实检验。结果表明，反事实检验模型(2)和(3)的交互项系数为正，但没有通过显著性检验。如前文所述，这恰恰说明实验组和控制组满足平行趋势假定，同时也验证了 PSM - DID 模型实证结果的稳健性。

3.2 “一带一路”倡议下交通类基础设施发展规划与现状

近些年,中央和地方政府对“一带一路”建设给予了高度关注,大力发展各地的交通类基础设施建设。整体而言,“一带一路”倡议的提出确实有利于促进区域经济增长,下面将对“一带一路”倡议下交通类基础设施发展规划与现状进行概述,从交通发展的角度分析该倡议实施效果实现的具体方式和途径。

3.2.1 “一带一路”倡议下交通类基础设施发展规划

2015 年 3 月 28 日,《愿景与行动》正式发布,“一带一路”倡议的实施与推进迈入了一个新的历史高度。《愿景与行动》中提到,要完善区域基础设施建设,加强不同区域互联互通是倡议推进过程中的重点内容,让区域互联互通达到新水平。《愿景与行动》提到,国内沿线各个地区都拥有各自不同的角色定位,要充分发挥各自的比较优势,不断深化东、中、西部地区的经济互动与合作。国内东、中、西部区域交通类基础设施建设成为打开对外开放窗口、实现区域互联互通的重要环节。

随着《愿景与行动》的发布,其他相关部门也纷纷出台相关配套政策,将完善交通运输网络视为“一带一路”建设的核心之一。2015 年 5 月,商务部等 10 部门联合印发《全国流通节点城市布局规划(2015—2020 年)》,提出要科学合理规划全国流通节点城市,进一步完善流通节点城市网络布局,逐步健全全国骨干流通网络。2016 年,国家发展改革委、交通运输部联合印发《交通基础设施重大工程建设三年行动计划》,提到三年内将向 303 项交通建设项目投资 4.7 万亿元,“十三五”前期国内投资将“重金”投向了交通基础设施建设。2017 年 2 月 3 日,国务院颁布《“十三五”现代综合交通运输体系发展规划》,指出铁路营业里程 2020 年预计将达到 15 万千米,公路通车里程预计达到 500 万千米,基本建成现代综合交通运输体系,实现区域交通运输基础设施的互联互通。由此可见,在“一带一路”建设推进过程中,交通类基础设施的建设成为国家重点关注的领域之一。

3.2.2 “一带一路”倡议下交通类基础设施投资发展现状

“一带一路”倡议提出以来,为了实现不同区域之间互联互通,我国不断加大交通类基础设施投资力度,诸多铁路和公路等交通类基础设施陆续建成并通车。接下来将从铁路和公路两大类主要交通类基础设施的角度对近些年来我国交通类基础设施发展现状进行分析和评价，数据来源包括《交通运输业行业发展统计公报》、中国国家铁路集团、《中国统计年鉴》等。

1. 铁路、公路交通基础设施投资情况

“一带一路”倡议提出以来，国家高度重视交通基础设施建设，近些年来不断加大对交通类基础设施投资力度。表 3 - 3 为 2007—2018 年中国铁路、公路固定资产投资情况表。数据显示，铁路固定资产投资额逐年稳定增长，2014 年实现大幅增长，突破 8 000 亿元大关，增速高达 18.18%，之后每年铁路固定资产投资额均保持在 8 000 亿元以上。公路建设投资方面，2007 年公路固定资产投资额为 6 489.91 亿元，之后每年持续增长。截至 2018 年，公路固定资产投资额增至 21 335 亿元，相比 2007 年投资额总体增长 228.74%。

表 3 - 3　2007—2018 年中国铁路、公路固定资产投资额

年　份	铁路固定资产投资额(亿元)	公路固定资产投资额(亿元)
2007	—	6 489.91
2008	—	6 880.64
2009	—	9 668.75
2010	—	11 482.28
2011	5 897.31	12 596.36
2012	6 309.80	12 713.95
2013	6 843.62	13 692.20
2014	8 088.00	15 460.94
2015	8 238.21	16 513.30
2016	8 015.16	17 975.81
2017	8 010.43	21 253.33
2018	8 028.00	21 335.00

2. 铁路建设和营运情况

表 3 - 4 是 2007—2018 年中国铁路基础设施建设总体情况，主要从铁路营

业里程、铁路客运量以及铁路货运量三个方面反映铁路建设的绝对量和实际使用情况;图 3-2 反映了近些年中国铁路基础设施建设增速情况。从图表中可以发现,2007 年以后我国铁路营业里程数持续稳定增长,从 2007 年的 7.8 万千米增长至 2018 年的 13.17 万千米,铁路营业里程增长速度高达 68.85%。铁路客运量方面,2007 年我国铁路客运量为 135 670 万人次,之后逐年增长,2018 年增长至 337 494.7 万人次,铁路客运量总体增长较多,从 2007 到 2018 年翻了一番,这可能是由于随着人民收入水平的提升以及国内铁路建设的快速发展,越来越多的人愿意选择通过高铁这一更加便捷的交通方式出行。关于铁路货运量,其总量数据稍有波动,2007 至 2011 年逐年递增,之后三年内基本稳定,2014 至 2016 年增速有所下滑。2016 年降到最低点 333 186 万吨,之后两年铁路货运量恢复增长,2018 年增至 402 631 万吨。整体而言,随着“一带一路”倡议的提出,近些年来铁路营业里程、铁路客运量和铁路货运量基本呈现不断增长的趋势。

表 3-4 2007—2018 年中国铁路基础设施建设情况表

年　份	铁路营业里程(千米)	铁路客运量(万人次)	铁路货运量(万吨)
2007	78 000	135 670.0	314 237
2008	79 700	146 192.9	330 354
2009	85 500	152 451.2	333 348
2010	91 200	167 609.0	364 271
2011	93 200	186 226.1	393 263
2012	97 600	189 336.9	390 438
2013	103 100	210 596.9	396 697
2014	111 800	230 460.0	381 334
2015	121 000	253 484.0	335 801
2016	124 000	281 405.2	333 186
2017	127 000	308 379.3	368 865
2018	131 700	337 494.7	402 631

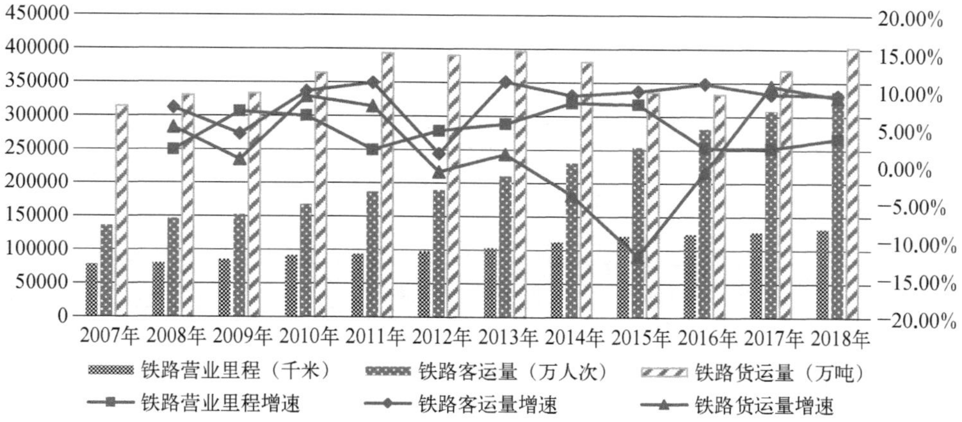

图 3－2 2007—2018 年中国铁路基础设施建设增速情况

3. 公路建设和营运情况

表 3－5 为 2007—2018 年中国公路基础设施建设总体情况，主要从公路营业里程、公路客运量和公路货运量三个角度对我国公路建设绝对量和实际使用情况进行说明，具体增速情况如图 3－3 所示。从 2007 至 2018 年，我国公路营业里程数逐年稳定增长，2018 年公路营业里程增至 4 846 500 千米，与 2007 年相比增长 35.24%。公路客运量的数据显示，2013 年以前公路客运量逐年缓慢增长，2013 年突然跌至 1 853 463 万人次，之后每年公路客运量逐渐缩减，这可能是由于高铁建设的崛起对公路客运造成了一定的冲击，致使近些年来公路客运量逐渐下降。公路货运量绝对数上大体呈现增长的趋势，但增长速度稍有放缓，2007 年公路货运量为 1 639 432 万吨，截至 2018 年，整体实现翻一番，公路货运量增至 3 956 871 万吨。

表 3－5 2007—2018 年中国公路基础设施建设情况表

年　份	公路营业里程(千米)	公路客运量(万人次)	公路货运量(万吨)
2007	3 583 700	2 050 680	1 639 432
2008	3 730 200	2 682 114	1 916 759
2009	3 860 800	2 779 081	2 127 834
2010	4 008 200	3 052 738	2 448 052

续 表

年　份	公路营业里程(千米)	公路客运量(万人次)	公路货运量(万吨)
2011	4 106 400	3 286 220	2 820 100
2012	4 237 500	3 557 010	3 188 475
2013	4 356 200	1 853 463	3 076 648
2014	4 463 900	1 736 270	3 113 334
2015	4 577 300	1 619 097	3 150 019
2016	4 696 300	1 542 759	3 341 259
2017	4 773 500	1 456 784	3 686 858
2018	4 846 500	1 367 170	3 956 871

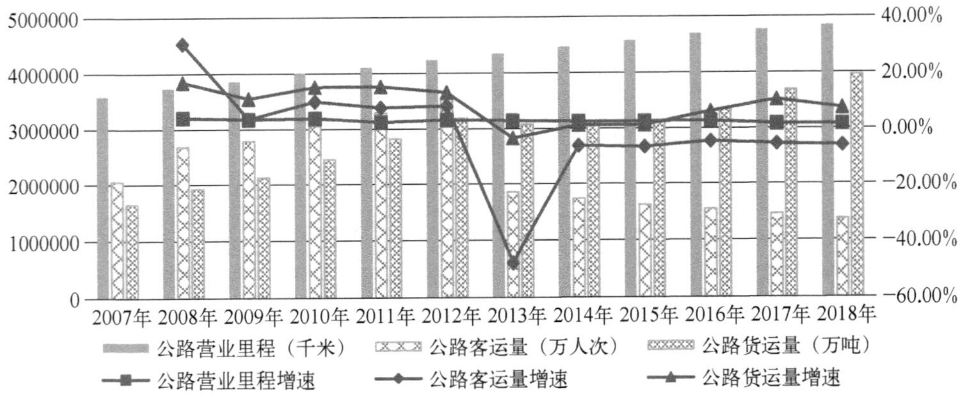

图 3-3　2007—2018 年中国公路基础设施建设增速情况

分析表明，“一带一路”倡议的提出有利于区域经济增长，并且通过反事实检验验证了该结果的稳健性。在此背景下，本章从交通发展的角度分析该倡议实施效果实现的具体方式和途径，对“一带一路”倡议下交通类基础设施发展规划与现状进行了概述。自“一带一路”倡议提出以来，其他相关部门也纷纷出台相关配套政策，对完善交通运输网络给予了高度重视，将其视为“一带一路”建设的重点之一。从交通类基础设施固定资产投资额方面看，统计数据显示，自 2007 年，中国铁路固定资产投资额逐年稳定增长，并在 2014 年实现了大幅增长，突破

8 000 亿元大关。截至 2020 年，每年均保持在 8 000 亿元以上，而公路固定资产投资额 2018 年增至 21 335 亿元，比 2007 年投资额总体增长 228.74%。从交通类基础设施建设和营运方面看，近些年铁路营业里程、客运量逐年攀升，铁路货运量虽然稍有波动，但每年都维持在较高的货运水平；公路方面，由于近些年高铁的兴起，公路客运量 2013 年后有所缩减，但公路里程和货运量大体仍呈现增长的趋势。总体而言，“一带一路”倡议提出以后，我国交通类基础设施建设迅猛发展，铁路、公路建设成果突出，为区域经济发展与合作提供了良好的条件和保证。

第4章 交通类基础设施投资的经济效应实证研究

4.1 空间溢出效应模型的构建及空间相关性分析

4.1.1 空间溢出效应模型的构建

交通类基础设施建设实现了不同区域的互联互通，将不同地区的经济发展紧密联系在了一起，引起各类生产要素在不同地区之间流动，形成区域外部性，从而对其他相邻地区经济增长产生影响。为了研究交通类基础设施投资对经济增长的影响，本文利用空间面板模型进行实证研究。空间杜宾模型是用来研究空间溢出效应的典型方法，其模型具体形式如下：

$$Y = \alpha WY + \beta X + \gamma WX + \varepsilon \tag{4.1}$$

式(4.1)中，W 指的是空间权重矩阵。为了研究基础设施投资对经济增长的影响，本文在以上空间杜宾模型形式的基础上，结合空间计量经济学的知识，将空间溢出效应纳入模型，建立交通类基础设施投资空间溢出效应回归模型，包含空间溢出效应的模型设定如下：

$$\ln Y_{it} = \beta_0 + \beta_1 \ln X_{it} + \rho \sum_{j=1}^{n} W_{ij} \ln Y_{jt} + \theta \sum_{j=1}^{n} W_{ij} \ln X_{jt} + Z_{\mathrm{it}} + \mu_i + \lambda_t + \varepsilon_{it} \tag{4.2}$$

上式中，t 表示时间，i 表示地区，Y_{it}表示第 i 个地区在第 t 年的产出，X_{it}表示第 i 个地区在第 t 年的核心解释变量，W_{ij}是空间权重矩阵的元素，Z_{it}表示控制变量的集合。μ_i为个体固定效应，λ_t为时间固定效应，ε_{it}为残差项。在本研究中，ρ 和 θ 分别表示地区产出的空间溢出效应和交通类基础设施投资的空间溢出效应。

关于空间权重矩阵，构建空间权重矩阵应该将实际情况纳入考量，在实际应用中，应该依据研究目的和研究问题对应的不同特殊空间联系形式来构建相应的空间权重矩阵。笔者采用以下两种方法来构建空间权重矩阵。

（1）二进制 0—1 空间权重矩阵。二进制空间权重矩阵直接反应了两个地区之间的相邻程度，当两个地区相邻时，权重矩阵元素取 1；如果两个地区不相邻时，则权重矩阵元素取 0，最后再将空间权重矩阵进行标准化。具体如下：

$$W_{ij}=\begin{cases}1 & \text{当地区 } i \text{ 和地区 } j \text{ 相邻时} \\ 0 & \text{当地区 } i \text{ 和地区 } j \text{ 不相邻时}\end{cases} \tag{4.3}$$

（2）人均 GDP 经济距离空间权重矩阵。目前中国的经济发展呈现较强的区域特征，地理位置越接近的地方，经济发展程度越是接近，呈现“俱乐部收敛”的特征（沈坤荣，2006）。经济距离空间权重矩阵可以更科学合理地描述非相邻省份之间的经济联系，弥补二进制权重矩阵的不足。因此，本文采用人均 GDP 经济距离空间权重矩阵来衡量区域空间联系，具体计算方法如下：

$$W_{ij}=\begin{cases}\dfrac{1}{X_{ij}\times S_{ij}} & (\text{当 } i\neq j \text{ 时}) \\ 0 & (\text{当 } i=j \text{ 时})\end{cases} \tag{4.4}$$

其中：$X_{ij}=\mid X_i-X_j\mid \quad S_{ij}=\sum\dfrac{1}{\mid X_i-X_j\mid} \quad X_i=\sum_{T_0}^{T}\dfrac{X_{it}}{T-T_0}$

上式中，X_{it}表是地区 i 在第 t 年的人均 GDP 水平。在确定选用哪一种空间计量模型之前，首先需要探讨被解释变量国内生产总值是否存在空间相关性，如果国内生产总值存在空间相关性，则选择空间杜宾模型比较合适，一般运用全局空间自相关性指标莫兰指数进行判断。

4.1.2 空间相关性分析

1. 莫兰指数的计算

莫兰指数（Moran’s I）由统计学家莫兰（Patrick A. P. Moran）于 1950 年提出，用来度量空间自相关性。莫兰指数主要分为两种：一种是全局莫兰指数，另一种是局部莫兰指数。其中全局莫兰指数用来考察全局空间自相关性，可以用来测量整个空间的空间集聚情况。它的具体计算方式如下：

$$I=\frac{n}{S_0}\frac{\sum_{i=1}^{n}\sum_{j=1}^{n}w_{i,j}z_iz_j}{\sum_{i=1}^{n}z_i^2} \tag{4.5}$$

式(4.5)中,z_i是要素 i 的属性与平均值偏差,w_{ij}是要素 i 和 j 之间的空间权重,n 等于要素总数,S_0是所有空间权重的聚合:

$$S_0=\sum_{i=1}^{n}\sum_{j=1}^{n}w_{i,j} \tag{4.6}$$

统计的 z_i得分按以下形式计算:

$$z_i=\frac{I-E[I]}{\sqrt{V[I]}} \tag{4.7}$$

其中:

$$E[I]=-\frac{1}{n-1}$$

$$V[I]=E[I^2]-E[I]^2$$

莫兰指数统计量的取值在 1 和−1 两者之间。莫兰指数为负数时表示呈负相关关系,等于 0 时表示没有相关关系,为正数时表示呈正相关关系。取值越接近于−1,表示单元间的差异越大或分布越不集中;越接近于 1,则代表单元间的关系越密切,性质越相似(高值集聚或低值集聚)。

2. 空间相关性分析结果

莫兰指数统计量是用来度量空间自相关的全局指标,反映空间邻接或空间邻近区域单元属性值的相似程度。本文首先使用 GeoDa 软件构建空间权重矩阵,再利用 STATA 14.0 对 2008—2017 年"一带一路"国内沿线区域实际 GDP 的莫兰指数统计指标进行测算,结果如表 4-1 和表 4-2 所示。从表中可以看出,每年实际 GDP 的莫兰指数统计值均大于 0,都通过了 1%的显著性检验,这说明实际 GDP 这一指标存在显著的空间正相关性,即经济发展确实存在显著的空间集聚效应,空间分布聚集程度越高,实际 GDP 也相应较高。交通类基础设施的建设会显著改变空间分布的聚集程度,从而对经济增长产生空间溢出效应。因此,在研究交通类基础设施投资的经济效应时,有必要将空间溢出效应纳入实证模型。

表 4-1 2008—2017 年实际 GDP 的莫兰指数统计指标(0—1 矩阵)

年 份	莫兰指数	年 份	莫兰指数
2008	0.244***	2010	0.244***
2009	0.244***	2011	0.244***

续 表

年 份	莫兰指数	年 份	莫兰指数
2012	0.243***	2015	0.242***
2013	0.241***	2016	0.242***
2014	0.241***	2017	0.243***

表 4-2 2008—2017 年实际 GDP 的莫兰指数统计指标(经济距离矩阵)

年 份	莫兰指数	年 份	莫兰指数
2008	0.243***	2013	0.243***
2009	0.245***	2014	0.242***
2010	0.246***	2015	0.240***
2011	0.247***	2016	0.239***
2012	0.245***	2017	0.237***

注：* 表示 10%的显著性水平；** 表示 5%的显著性水平；*** 表示 1%的显著性水平。

4.2 变量的选取

本文重点关注的是“一带一路”倡议下交通类基础设施投资对区域经济增长的影响，由于其他因素也可能对区域经济增长产生影响，因此还引入了其他控制变量，具体的变量设定如下。

4.2.1 被解释变量与核心解释变量

为了衡量地区经济增长，本文参照前人研究的做法，选取地区实际国内生产总值(GDP)作为模型的被解释变量。为了消除通货膨胀的影响，本文以 2008 年为基期，对历年国内生产总值进行了平减，最终得到实际 GDP。

式(4.2)的核心解释变量是交通类基础设施投资。一方面，考虑到交通类基础设施投资建设周期长、见效慢的特点和属性，本文从绝对建设量和实际使用量两个维度选择衡量交通类基础设施投资的代理变量。另一方面，交通类基础设施包括铁路、公路和水运等，其中铁路和公路是国内最主要的交通类基础设施。本文将选取铁路和公路两类交通设施作为研究对象，探讨不同交通类基础设施投资对区域经济增长影响的差异，主要包含：① 衡量交通类基础设施的绝对建设量，即铁路里程数（transinv1）和公路里程数（transinv3）；② 衡量交通类基础设施的实际使用情况，即铁路货运量（transinv2）以及公路货运量（transinv4），从绝对建设量和实际使用量两个角度出发，可以更加科学与合理地分析交通类基础设施投资对经济增长的影响。

4.2.2 控制变量

为了控制其他因素对地区经济增长的影响，本文均选取了 5 个控制变量，分别是劳动力投入、固定资产投资、贸易开放度、政府参与度和电信通信能力。所有控制变量的代理变量选取情况如下。

（1）劳动力投入。根据索洛经济增长模型，劳动力投入是经济增长模型的主要变量之一，是影响经济增长的重要因素之一。本文参考以往文献，选取年末从业人员数量作为劳动力投入指标的代理变量。

（2）固定资产投资。固定资产投资指的是每年新增的用于基础设施建设的资金，是影响区域经济增长的重要因素。本文在处理数据时以 2008 年作为基期，再利用每年的固定资产价格指数对固定资产投资额进行平减后得到实际固定资产投资额，作为固定资产投资的代理变量。

（3）贸易开放度。国际贸易有利于推动技术外溢进而推动经济增长，本文选取外商投资企业进出口总额作为贸易开放度指标的代理变量。在处理数据时，本文先将外商投资企业进出口总额按照当年的汇率换算成为人民币数额，再以 2008 年为基期，对换算后的用人民币衡量的外商投资企业进出口总额进行平减，通过这种方式来统一衡量货币并且消除通货膨胀的影响。

（4）政府参与度。政府实行的各项经济政策会对区域经济增长产生重要的影响，政府参与度过高会容易引起资源配置的扭曲和效率的损失，而地方财政支出是学者们用来衡量政府经济活动参与度的常用指标，本文也选取地方财政支出作为衡量政府参与度的代理变量。

（5）电信通信能力。电信行业的发展可以提高通信能力，电信通信能力是信息沟通能力的重要体现，通信能力的提升能够大幅提高信息沟通的效率，降低各项社会经济活动的交易成本，甚至能够促成原本无法实现的生产合作，罗雨泽

(2008)对此进行了验证。本文选用电信业务总量来代表电信通信能力指标。

4.3 数据来源及变量的描述性统计

本文选取2008—2017年作为研究的样本区间，通过引入空间权重矩阵研究“一带一路”倡议下交通类基础设施投资的经济效应，实证过程中所需数据的来源为2008—2018年《中国统计年鉴》。为了保证变量数据的平稳性，本文将所有变量都取了对数，并利用STATA软件进行相关处理，主要变量的描述性统计结果如表4-3所示。

表4-3 变量的描述性统计

变 量	Min	Max	Ave	SE	number
lgdp	5.978 5	10.699 6	9.009 0	0.995 6	310
ltransinv1	3.401 1	7.146 8	5.590 3	0.732 6	310
ltransinv2	0.139 8	3.496 5	2.378 0	0.841 2	310
ltransinv3	3.135 4	11.243 9	8.690 6	1.370 4	310
ltransinv4	6.566 7	12.661 0	11.048 9	1.099 6	310
llabor	3.010 1	7.587 5	5.927 3	0.896 4	310
linvest	5.736 3	9.753 1	8.374 6	0.855 8	310
ltrade	7.918 2	15.732 0	12.299 6	1.672 2	310
lgover	5.782 6	9.618 3	7.975 9	0.702 3	310
lcommu	3.172 2	8.337 0	6.138 8	0.902 5	310

4.4 交通类基础设施投资的经济效应实证结果分析

为了更加全面系统地分析交通类基础设施投资的经济效应，本文使用STATA软件进行实证研究，普通最小二乘法模型(OLS模型)和空间杜宾模型(SDM模型)实证回归结果如表4-4所示。

表 4-4　交通类基础设施投资经济效应模型回归结果

模型 变量	OLS 模型				SDM 模型(0—1 矩阵)			
	铁路		公路		铁路		公路	
	(1)	(2)	(3)	(4)	(1)	(2)	(3)	(4)
ltransinv1	0.073 8** (2.46)	—	—	—	0.005 8** (2.17)	—	—	—
ltransinv2	—	0.072 3*** (6.47)	—	—	—	0.004 9* (1.63)	—	—
ltransinv3	—	—	0.081 1*** (3.61)	—	—	—	0.009 9** (1.98)	—
ltransinv4	—	—	—	0.070 5*** (3.03)	—	—	—	0.006 4 (1.25)
llabor	0.502 8*** (9.15)	0.418 5*** (9.78)	0.469 5*** (8.01)	0.492 3*** (10.3)	0.001 3 (0.02)	0.002 4 (0.31)	0.005 0 (0.8)	0.003 6 (0.57)
linvest	0.396 9*** (9.63)	0.375 3*** (11.82)	0.477 7*** (11.74)	0.390 3*** (9.40)	0.007 8** (1.96)	0.015 8*** (3.25)	0.007 5** (2.09)	0.007 3* (1.65)
ltrade	0.122 4*** (8.36)	0.135 1*** (12.65)	0.091 0*** (9.87)	0.106 8*** (9.52)	0.000 7 (0.23)	0.002 0 (0.79)	0.001 9 (0.8)	0.001 1 (0.48)

续 表

变量 \ 模型	OLS 模型				SDM 模型(0—1 矩阵)			
	铁 路		公 路		铁 路		公 路	
	(1)	(2)	(3)	(4)	(1)	(2)	(3)	(4)
lgover	−0.108*** (−3.17)	−0.043 3* (−1.81)	−0.113 1*** (−3.51)	−0.101*** (−3.30)	−0.029 2*** (−2.88)	−0.029 1*** (−3.90)	−0.024 0*** (−4.66)	−0.026 2*** (−3.60)
lcommu	0.090 4*** (4.34)	0.108 2*** (5.60)	0.089 1*** (4.32)	0.082 4*** (3.89)	0.014 7 (1.46)	0.003 5** (2.17)	0.000 8 (0.70)	0.001 7 (0.98)
WX	—	—	—	—	0.017 8* (1.66)	0.017 2*** (4.54)	0.016 2* (1.87)	0.013 0* (1.74)
cons	1.093 8*** (7.14)	0.775 4*** (5.39)	1.259 3*** (7.14)	1.029 6*** (6.77)	0.862 8*** (3.02)	1.515 9*** (5.03)	0.791 1*** (3.62)	0.809 2*** (3.58)
ρ	—	—	—	—	0.833 4*** (23.62)	0.792 6*** (20.36)	0.857 9*** (38.02)	0.855 4*** (31.74)
个体效应	control	control	control	control	control	control	control	control
时间效应	control	control	control	control	control	control	control	control
$R-square$	0.976 9	0.981 0	0.977 1	0.977 3	0.972 3	0.962 7	0.981 6	0.955 5
观察值	310				310			

注 1：* 表示 10%的显著性水平；** 表示 5%的显著性水平；*** 表示 1%的显著性水平。
注 2：表中所有指标均表示变量的对数形式。

1. 交通类基础设施投资对经济增长的直接拉动力

普通最小二乘法模型不包含空间权重矩阵，即没有对空间溢出效应进行测度。从 OLS 模型回归结果来看，核心解释变量和所有控制变量都通过了显著性检验，不论是衡量交通类基础设施的绝对建设量的变量，即铁路里程数(ltransinv1)和公路里程数(ltransinv3)，还是衡量交通类基础设施的实际使用情况的变量，即铁路货运量(ltransinv2)以及公路货运量(ltransinv4)对经济增长都具有正向推动作用。结果显示，铁路建设的里程数和货运量与地区生产总值存在显著的正相关关系，产出弹性分别为 0.073 8 和 0.072 3，即铁路建设里程数每增长 1%，地区生产总值预计将增长 0.073 8%；铁路货运量每增长 1%，地区生产总值将增长 0.072 3%。公路建设方面，公路里程数和公路货运量对经济增长也存在显著的正相关关系，产出弹性分别是 0.081 1 和 0.070 5，即公路建设里程数每增长 1%，地区生产总值预计将增长 0.081 1%；公路货运量每增长 1%，地区生产总值将增长 0.070 5%。由此可见，交通类基础设施建设对推动我国区域经济增长和发展具有重要影响。比较以上数据可知，不论是铁路还是公路，里程数相比货运量对经济增长的影响更大，可能是由于从长期来看铁路、公路的建设在区域空间内会产生较强的空间网络效应，有利于区域之间加强经济活动联系，这对各项经济活动将产生持续深远的影响。

交通类基础设施投资对经济增长的影响不仅仅存在直接拉动力，还存在空间溢出效应，因此本文在模型中引入空间权重矩阵来衡量交通类基础设施投资和经济增长的空间效应。表 4 - 4 中 SDM 模型是由二进制 0—1 空间权重矩阵构建的空间杜宾模型，该模型的实证回归结果表明铁路里程数(ltransinv1)、铁路货运量(ltransinv2)以及公路里程数(ltransinv3)、公路货运量(ltransinv4)对 GDP 均有正向影响，前三者通过了 10%显著性水平的检验，这与 OLS 模型的实证结果类似，再次说明交通类基础设施建设能够促进区域经济增长。相比 OLS 模型产出弹性有所下降，这可能是由于模型中加入了空间溢出效应，稀释了交通类基础设施投资对经济增长的直接拉动力。

2. 交通类基础设施投资对经济增长的空间溢出效应

关于空间溢出效应，SDM 模型(0—1 矩阵)的实证结果显示，交通类基础设施投资的空间溢出项 *WX* 的回归系数均大于零，且均通过了 10%的显著性水平检验。这表明本地的经济发展还受到外地交通基础设施的影响，周边地区的交通基础设施建设会带动本地经济增长和发展。同时，系数显示交通类基础设施投资的空间溢出效应远大于直接拉动力。作为区域经济活动的联系纽带，交通运输能力越高越有利于各种要素和商品在区域间充分流动，进而通过要素扩散效应加快本地和其他地区的经济增长，这与前文理论分析的结果一致。GDP的空间溢出项的回归系数 ρ 也显著大于0，且在1%的显著性水平上通过检验，这说明本地的经济增长不仅仅取决于本地的劳动力投入和基础设施投资，还与其他相邻省份经济发展呈正相关关系，存在正向空间溢出效应，能够促成不同区域经济的联动发展。

3. 铁路和公路的空间溢出效应比较分析

依据表4-4中SDM模型(0—1矩阵)的实证结果，铁路里程数(ltransinv1)、铁路货运量(ltransinv2)以及公路里程数(ltransinv3)、公路货运量(ltransinv4)四个变量的空间溢出项的估计系数分别为0.017 8、0.017 2、0.016 2、0.013 0，比较可知，不论是里程数还是货运量，铁路的估计系数均大于公路的估计系数，这意味着铁路建设的空间溢出效应要比公路更大，铁路更能发挥交通类基础设施的空间网络效应，带动周边其他地区共同发展，有利于推动区域经济协调发展。可想而知，在长距离陆地货物运输或客运方面，铁路运输能大大缩短运输时间，铁路运输效率远远高于公路，从而提升企业运营效率，这也是大型陆地运输选择铁路的重要原因之一。

4. 其他控制变量的实证结果分析

模型的控制变量中，OLS模型和SDM模型实证结果显示：除了地方财政支出，其他变量指标的系数均大于0。两个模型中固定资产投资和劳动力投入指标的系数均大于0，说明固定资产投资和劳动力投入对经济增长具有正向推动作用，和理论预期一致。

地方财政支出的系数为负数，说明其对经济增长的影响是负向的。地方财政支出衡量的是政府干预度，地区的政府支出规模越大，意味着政府拥有更大的市场干预权，而政府过多的干预很容易扭曲资源的配置(刘生龙等，2009)，对地区经济增长产生负面影响。因此，适当减小政府财政支出规模，充分发挥市场在资源配置中的作用是未来值得关注的方向。

贸易开放度的指标系数也显著为正，国际贸易有利于引进国外先进的生产技术和管理经验，进而推动经济增长。贸易开放度在一定程度上体现了当地的整体投资环境，这种环境除了包含基础设施等“硬环境”，还包括当地的政治、法律和文化环境等“软环境”，良好的“软环境”能够吸引外商投资。由实证结果可知，贸易开放度是促进经济增长的重要影响因素，“一带一路”倡议的提出为中国打开了对外开放的新窗口，优化国内沿线区域投资“软环境”可以进一步扩大对外开放对区域经济发展的益处。

4.5 稳健性检验

利用二进制空间权重矩阵测算的空间溢出效应存在一定的局限性，为了验证 SDM 模型(0—1 矩阵)结果的稳健性，本文再次利用人均 GDP 构建经济距离空间权重矩阵，引入空间杜宾模型，回归结果如表 4-5 所示。

表 4-5 交通类基础设施投资经济效应模型回归结果(经济距离矩阵)

模型/变量	SDM 模型(经济距离矩阵)			
	铁 路		公 路	
	(1)	(2)	(3)	(4)
ltransinv1	0.006 9** (2.02)	—	—	—
ltransinv2	—	0.006 2** (2.02)	—	—
ltransinv3	—	—	0.036 5* (1.83)	—
ltransinv4	—	—	—	0.007 5*** (4.10)
llabor	0.004 5 (0.63)	0.003 9 (0.58)	0.000 7 (0.12)	0.015 9* (1.65)
linvest	0.023 9*** (4.75)	0.021 0*** (3.30)	0.016 4*** (2.60)	0.022 9*** (3.15)
ltrade	0.004 4** (2.17)	0.002 8 (1.12)	0.006 0*** (2.66)	0.006 6*** (3.03)
lgover	−0.019 1* (−1.87)	−.029 6*** (−3.43)	−0.039 1*** (−3.42)	−0.031 8*** (−2.64)
lcommu	0.002 5 (1.54)	0.001 4 (0.92)	0.001 2 (0.74)	0.015 4 (1.28)
WX	0.018 9** (2.08)	0.018 7** (2.41)	0.012 0*** (3.30)	0.018 4*** (3.47)

续 表

模型 / 变量	SDM 模型(经济距离矩阵)			
	铁 路		公 路	
	(1)	(2)	(3)	(4)
cons	1.636 3*** (4.98)	1.491 2*** (5.01)	0.990 4*** (4.77)	2.588 3*** (6.300)
ρ	0.787 4*** (16.53)	0.830 2*** (25.58)	0.896 8*** (47.57)	0.737 1*** (14.65)
个体效应	control	control	control	control
时间效应	control	control	control	control
R-square	0.966 3	0.938 8	0.961 7	0.983 1
观察值	310			

注：* 表示 10％的显著性水平；** 表示 5％的显著性水平；*** 表示 1％的显著性水平。

实证结果表明,SDM 模型(经济距离矩阵)与 SDM 模型(0—1 矩阵)结果一致,铁路里程数、公路里程数、铁路货运量和公路货运量对经济增长存在显著正向推动作用,且各核心解释变量和 GDP 空间溢出项的回归系数同样显著为正,再次验证了交通类基础设施投资对经济增长存在直接推动力,同时还存在正向空间溢出效应,其他地区交通类基础设施建设能够促进本地经济发展。此外,我国经济发展存在一定的“俱乐部收敛”的特征,经济发达地区往往会带动周边地区同步发展,相互影响,相互促进,存在空间集聚效应。“一带一路”倡议以来,为了改善区域交通设施与条件,促进区域之间互联互通,我国不断加强交通类基础设施建设,铁路、公路等交通类基础设施建设将进一步完善交通运输网络,促进要素与商品的流动,加强各个区域之间的经济联系,从而实现区域经济共同发展。

第5章　研究结论与政策启示

5.1　研究结论

（1）“一带一路”倡议的提出对国内沿线区域经济增长具有正向推动作用。为了让实验组和控制组满足平行趋势假定，本文利用倾向得分匹配法对样本进行了核匹配处理，并对倾向得分匹配结果进行了平衡性检验，再利用匹配后的样本数据进行双重差分。研究发现，“一带一路”倡议的提出确实对国内沿线区域经济增长具有促进作用，最后通过构造反事实检验验证了实证结果的稳健性。

（2）交通类基础设施投资对经济增长存在直接拉动力，同时，还存在较强的正向空间溢出效应，外地交通类基础设施建设能够促进本地经济发展。“一带一路”倡议提出以来，为了改善区域交通设施与条件，促进不同区域之间的互联互通，我国不断加强交通类基础设施建设，铁路、公路等交通类基础设施建设进一步完善了交通运输网络，促进了要素与商品的流动，加强了各个区域之间的经济联系，从而实现区域经济的共同发展。

（3）相比公路而言，铁路建设对经济增长的空间溢出效应更大。不论是绝对建设量还是实际使用量，铁路的回归系数均大于公路，说明铁路更能发挥交通类基础设施的空间网络效应，对周边其他地区经济发展的带动作用更强，更有利于促进区域经济协调发展。

此外，研究还发现，我国经济发展存在一定的“俱乐部收敛”的特征，经济发达地区往往会带动周边地区同步发展，相互影响、相互促进，存在空间集聚效应。本地的经济增长不仅仅取决于本地的要素投入，还与其他相邻省份经济发展呈正相关关系，经济增长存在正向空间溢出效应，能够促成不同区域经济的联动发展。

5.2　政策启示

基于以上研究结论，未来为顺利推进“一带一路”建设，提升不同区域互联互通水平，实现区域经济协调发展，本文得出以下三点政策启示。

（1）大力推进“一带一路”建设，在加强交通类基础设施等“硬环境”建设的同时，不能忽视社会“软环境”的建设。由实证结果可知，控制变量贸易开放度是促进经济增长的重要影响因素，贸易开放度在一定程度上体现了当地的整体投资环境，不仅包含基础设施等“硬环境”，还包括当地的政治、法律和文化环境等“软环境”。“一带一路”倡议的提出为中国打开了对外开放的新窗口，交通类基础设施建设打通了不同区域之间的经济脉络，给区域经济发展提供了必要的硬件设施。在此基础上，也应重视政治环境、法律制度环境和文化环境等社会“软环境”的建设，尤其对于国内沿线区域中发展相对较慢的中西部地区，优越的社会“软环境”可以吸引更多的社会人才，还能吸引社会资本和外国资本的投资，充分发挥国内沿线区域各自的战略优势与特点，加强区域经济合作，进而推动区域经济发展。

（2）继续加大交通类基础设施的投资力度，尤其关注并不断完善铁路运输网络系统，充分发挥交通类基础设施的空间溢出效应。研究结果表明，基础设施投资可以对经济增长产生直接拉动力和空间溢出效应，可以带动周边地区共同发展。未来“一带一路”倡议推进的过程中，可以继续优化国内交通运输网络系统，尤其需要重点关注交通发展相对落后的中西部地区，通过提升区域互联互通水平带动中西部地区经济发展，形成东西部地区双向互济的局面。此外，铁路建设比公路建设对经济增长的空间溢出效应更明显，不论是货运还是客运，尤其是长距离运输，铁路运输的效率的确远远高于公路，更加有利于促进区域经济增长。因此，进一步加强铁路运输网络建设，充分发挥铁路运输的网络效应，将对区域经济增长产生巨大的推动力。

（3）关注交通类基础设施的长期利用效率和可持续性发展，不断提升基础设施管理水平。“一带一路”倡议提出以来，铁路、公路基础设施建设量保持稳定增长。但与此同时，不能忽视了交通类基础设施的长期利用效率和可持续性发展问题，基础设施管理和治理不当是影响基础设施投资成效和可持续性发展的主要原因（SHE 等，2019）。因此，从长期来看，在加大交通类基础设施投资与建设的同时，也应该重点关注基础设施的长期利用效率，不断提升基础设施的治理和管理水平，提高基础设施可持续性，这样才有可能为经济发展提供持久动力。

5.3 研究不足与展望

本文对“一带一路”倡议下交通类基础设施投资的经济效应进行了实证研

究，并对倡议实施效果进行了评价，丰富了已有的关于“一带一路”方面的研究，同时还为未来顺利推进“一带一路”建设提供了政策参考，但是研究依然存在一些不足。本文在构建空间权重矩阵时，分别采用了空间邻接权重矩阵（0—1矩阵）和经济距离权重矩阵（人均GDP权重矩阵）。这两种方法各有优缺点，相互补充，但是交通类基础设施投资的空间溢出效应不仅仅受到地理因素的影响，还会受到区域经济发展水平、社会环境和居民文化素质等很多其他因素的交互影响。因此，依据单一因素构建的空间权重矩阵并不能全面、准确地测算交通类基础设施投资的空间溢出效应。未来的研究可以尝试采用嵌套式权重矩阵将地理因素和经济因素有机结合起来，尽可能更加准确地刻画空间溢出效应，从而得出更加科学合理的研究结论。

参 考 文 献

[1] CHANDRA A, THOMPSON E. Does public infrastructure affect economic activity? [J]. Regional Science and Urban Economics, 2000, 30(4): 457 - 490.

[2] DADABAEV T. "Silk Road" as foreign policy discourse: The construction of Chinese, Japanese and Korean engagement strategies in Central Asia[J]. Journal of Eurasian Studies, 2018, 9(1): 30 - 41.

[3] DEMETRIADES P O, MAMUNEAS T P. Intertemporal output and employment effects of public infrastructure capital: Evidence from 12 OECD economies[J]. The Economic Journal, 2000, 110(465): 687 - 712.

[4] DUGGAL V G, SALTZMAN C, KLEIN L R. Infrastructure and productivity: A nonlinear approach[J]. Journal of Econometrics, 1999, 92(1): 47 - 74.

[5] ESFAHANI H S, RAMíREZ M T. Institutions, infrastructure, and economic growth [J]. Journal of Development Economics, 2003, 70(2): 443 - 477.

[6] FERNALD J G. Roads to prosperity? Assessing the link between public capital and productivity[J]. American Economic Review, 1999, 89(3): 619 - 638.

[7] FOGEL R W. A quantitative approach to the study of railroads in American economic growth: A report of some preliminary findings[J]. The Journal of Economic History, 1962, 22(2): 163 - 197.

[8] GERMAN-SOTO V, BUSTILLOS H A B. The nexus between infrastructure investment and economic growth in the Mexican urban areas[J]. Modern Economy, 2014, 5(13): 1208 - 1220.

[9] HALI S M, SHUKUI T, IQBAL S. The Belt and Road: Impact on China-Pakistan economic corridor[J]. Strategic Studies, 2015, 24(4): 147 - 164.

[10] HECKMAN J J, ICHIMURA H, TODD P. Matching as an econometric evaluation estimator[J]. Review of Economic Studies, 1998, 65: 261 - 294.

[11] ÁLVAREZ-AYUSO I C, CONDEÇO-MELHORADO A M, GUTIÉRREZ J, et al. Integrating network analysis with the production function approach to study the spillover effects of transport infrastructure[J]. Regional Studies, 2016, 50(6): 996 - 1015.

[12] MARTIN V E. High speed rail in the European Union: Urban impact in France and Spain[J]. Geogra Phicalia, 1998, 36(l): 19 - 32.

[13] MEERSMAN H, NAZEMZADEH M. The contribution of transport infrastructure to

economic activity: The case of Belgium[J]. Case Studies on Transport Policy, 2017, 5(2): 316-324.
[14] NAKAGAWA D, HATOKO M. Reevaluation of Japanese high-speed rail construction[J]. Transport Policy, 2007, 14(2): 150-164.
[15] PRADHAN R P, MALLIK G, BAGCHI T P. Information communication technology (ICT) infrastructure and economic growth: A causality evinced by cross-country panel data[J]. IIMB Management Review, 2018, 30(1): 91-103.
[16] RÖLLER L H, WAVERMAN L. Telecommunications infrastructure and economic development: A simultaneous approach[J]. American Economic Review, 2001, 91(4): 909-923.
[17] SAQIB I M, QI X, HAMZA A, et al. The Belt and Road: Dose China-Pakistan economic corridor benefit for Pakistan's economy? [J]. Journal of Economics and Sustainable Development, 2015, 24(5): 200-207.
[18] SHE Y J, SHEN L Y, JIAO L D, et al. Constraints to achieve infrastructure sustainability for mountainous townships in China[J]. Habitat International, 2018, 73: 65-78.
[19] SHIOJI E. Public capital and economic growth: A convergence approach[J]. Journal of Economic Growth, 2001, 6(3): 205-227.
[20] SPRUDS A. Towards a balanced synergy of visions and interests: Latvia's perspectives in 16+1 and Belt and Road initiatives[J]. Croatian International Relations Review, 2017, 23(78): 37-56.
[21] VICKERMAN R. High-speed rail and regional development: The case of intermediate stations[J]. Journal of Transport Geography, 2015, 42: 157-165.
[22] 胡鞍钢,刘生龙.交通运输、经济增长及溢出效应：基于中国省际数据空间经济计量的结果[J].中国工业经济,2009(5)：5-14.
[23] 李敬,陈旎,万广华,等.“一带一路”沿线国家货物贸易的竞争互补关系及动态变化：基于网络分析方法[J].管理世界,2017(4)：10-19.
[24] 李笑影,李玲芳.互联网背景下应对“一带一路”贸易风险的机制设计研究[J].中国工业经济,2018(12)：97-114.
[25] 李新光,黄安民.高铁对县域经济增长溢出效应的影响研究：以福建省为例[J].地理科学,2018,38(2)：233-241.
[26] 刘冲,周黎安.高速公路建设与区域经济发展：来自中国县级水平的证据[J].经济科学,2014(2)：55-67.
[27] 刘京星,黄健柏,刘天琦.中国与“一带一路”国家钢铁产能合作影响因素研究：基于多维动态距离的新视角[J].经济地理,2018,38(10)：99-110.
[28] 刘晶,方创琳,何伦志,等.“一带一路”沿线国家城镇化发展质量综合评价：基于经济、制度、社会视角[J].经济地理,2019,39(4)：59-66.
[29] 刘生龙,胡鞍钢.基础设施的外部性在中国的检验：1988—2007[J].经济研究,2010,45(3)：4-15.
[30] 刘勇.交通基础设施投资、区域经济增长及空间溢出作用：基于公路、水运交通的面板数

据分析[J].中国工业经济，2010(12)：37－46.
[31] 刘勇政，李岩.中国的高速铁路建设与城市经济增长[J].金融研究，2017(11)：18－33.
[32] 罗雨泽，芮明杰，罗来军，等.中国电信投资经济效应的实证研究[J].经济研究，2008，43(6)：61－72.
[33] 罗煜，王芳，陈熙.制度质量和国际金融机构如何影响PPP项目的成效：基于“一带一路”46国经验数据的研究[J].金融研究，2017(4)：61－77.
[34] 骆永民.基础设施投资效率的空间溢出与门限效应研究[J].统计与信息论坛，2011，26(3)：81－86.
[35] 任广乾，刘莉.“一带一路”沿线国家金融效率综合评价[J].经济地理，2018，38(6)：109－116.
[36] 沈坤荣，马俊.中国经济增长的“俱乐部收敛”特征及其成因研究[J].经济研究，2002(1)：33－39，94－95.
[37] 世界银行.1994年世界发展报告：为发展提供基础设施[M].毛晓威，等译.北京：中国财经出版社，1994：1－20.
[38] 孙婷.高速铁路对城市发展的影响[J].现代城市研究，2008，23(7)：82－87.
[39] 王桂军，卢潇潇.“一带一路”倡议与中国企业升级[J].中国工业经济，2019(3)：43－61.
[40] 王姣娥，丁金学.高速铁路对中国城市空间结构的影响研究[J].国际城市规划，2011，26(6)：49－54.
[41] 王任飞，王进杰.基础设施与中国经济增长：基于VAR方法的研究[J].世界经济，2007(3)：13－21.
[42] 王垚，年猛.高速铁路带动了区域经济发展吗？[J].上海经济研究，2014，26(2)：82－91.
[43] 王雨飞，倪鹏飞.高速铁路影响下的经济增长溢出与区域空间优化[J].中国工业经济，2016(2)：21－36.
[44] 尹美群，盛磊，吴博.“一带一路”东道国要素禀赋、制度环境对中国对外经贸合作方式及区位选择的影响[J].世界经济研究，2019(1)：81－92.
[45] 张俊.高铁建设与县域经济发展：基于卫星灯光数据的研究[J].经济学(季刊)，2017，16(4)：1533－1562.
[46] 张克中，陶东杰.交通基础设施的经济分布效应：来自高铁开通的证据[J].经济学动态，2016(6)：62－73.
[47] 张鹏飞.基础设施建设对“一带一路”亚洲国家双边贸易影响研究：基于引力模型扩展的分析[J].世界经济研究，2018(6)：70－82，136.
[48] 张学良.中国交通基础设施促进了区域经济增长吗：兼论交通基础设施的空间溢出效应[J].中国社会科学，2012(3)：60－77，206.
[49] 张勋，王旭，万广华，等.交通基础设施促进经济增长的一个综合框架[J].经济研究，2018，53(1)：50－64.
[50] 张艳艳，于津平，李德兴.交通基础设施与经济增长：基于“一带一路”沿线国家铁路交通基础设施的研究[J].世界经济研究，2018(3)：56－68，135.

第三篇

战略性新兴产业发展政策对企业全要素生产率的影响

——基于 DEA - Malmquist 指数的评估

常宇星

第1章 绪 论

1.1 研究背景

自2008年金融危机之后，全球经济发展趋向下行，各个国家开始大力发展新兴产业，产业政策工具随之成为各主要经济体扶持新兴产业的重要手段。2012年，美国发布了《先进制造业国家战略计划》，把高端制造业作为国家产业重点发展方向；2013年，欧盟发布了《"地平线"2020计划》，把低碳、环保产业作为重点发展领域；2017年，日本制定了《科学技术创新综合战略2017》，集中发展能够提升国家技术创新能力的产业；2018年，德国制定了《高科技战略2025》，并将其作为德国未来高技术发展的指导方针。未来，各经济体都将加快前沿技术研究步伐，创造积极的政策环境。毫无疑问，未来战略性新兴产业将迎来快速发展阶段。

随着中国人口红利的逐渐消失(蔡昉，2013)，以及房地产、汽车制造业等传统支柱性产业逐渐趋于饱和，发展战略性新兴产业便成了中国的国家战略。中央和地方政府都寄希望于战略性新兴产业以提高经济增速，2010年10月，国务院首次发布了相关政策文件——《国务院关于加快培育和发展战略性新兴产业的决定》，提出要在2020年前把七个战略性新兴产业发展成为支撑我国经济增速平稳的产业。2016年《"十三五"国家战略性新兴产业发展规划》发布，再一次强调发展我国战略性新兴产业，并提出到2020年战略性新兴产业增加值GDP占比要达到15%的规划。党的十九大报告指出，我国经济应当向高质量发展阶段发展，经济增长应当依靠全要素生产率增长。而全要素生产率表征了经济增长的效率，唯有通过知识密集型产业的发展才能得以提升，这进一步提升了未来我国战略性新兴产业的高度和地位。

然而，政府的产业政策对产业发展的效果来说是好是坏，一直是一个充满争议的话题。中国是使用产业政策较多的国家，产业政策支持者认为，各国应当根据实际情况发挥自身资源禀赋优势，制定产业政策，优先发展具有禀赋优势的产业能够使得国家和相应行业更快发展(林毅夫等，1999)。也有数据表明，产业政策将会弱化竞争，导致一些腐败等非市场化的因素，阻碍产业发展。我国战略性新兴产业发展政策能够提高相应行业的实际增长水平，并最终提高产业增长的效率吗？面对中美贸易摩擦的冲击，针对高技术产品的贸易竞争受到了广泛关注，战略性新兴产业发展政策是不是我国未来高新技术产品实现“弯道超车”的捷径？战略性新兴产业发展政策真正产生效果了吗？以上皆是本文关注的重要话题。

1.2 研究目的及意义

1.2.1 研究目的

面对目前中国经济下行的压力，经济增长亟待全要素生产率来拉动，因此，中国应当把关注点放在未来的支柱性产业上，这就对我国战略性新兴产业政策的设计和制定提出了要求。我国的战略性新兴产业政策对我国战略性新兴产业是否有显著的促进作用，是本文主要的研究问题。

针对我国首次就战略性新兴产业提出的产业政策——《国务院关于加快培育和发展战略性新兴产业的决定》，本文基于2006—2015年中国A股上市公司财务数据，以DEA-Malmquist指数方法得到战略性新兴产业上市公司全要素生产率及其分解指标（技术效率变动指数、技术进步变动指数），利用双重差分自然实验方法来研究产业发展政策对战略性新兴产业上市公司全要素生产率的影响，并对影响结果做出阐释，最后提出相关政策建议。

1.2.2 研究意义

推动战略性新兴产业发展，是中国实现经济发展由“投资驱动”转向“创新驱动”而提出的重要举措。在我国人口红利下降、资本深化不足的情况下，需要从技术进步和体制改善出发，提升国家的全要素生产率来促进经济增长，这一点已成为我国政策的重要方向。因此，研究将围绕战略性新兴产业上市公司全要素生产率在政策前后的变动情况展开，并基于此评估我国2010年战略性新兴产业发展政策。

研究产业政策对战略性新兴产业全要素增长率的影响作用，对我国政府实施宏观调控、制定产业发展方向、进行产业结构升级具有指导意义。同时，本文从微观层面上，以战略性新兴产业的上市公司作为研究对象，解释相关企业全要素生产率的动态变化、细分产业层面和地区层面的差异，并结合战略性新兴企业的特点，评估战略性新兴产业发展政策对企业全要素生产率的影响，丰富了产业发展政策对微观企业行为影响的研究。

1.3　已有的研究进展

经过对已有研究的梳理发现，目前学界已有大量关于产业发展政策、企业绩效方面的讨论，且对企业绩效评估已由传统财务指标评价体系逐渐转向侧重全面发展过程与技术创新结合的全要素生产率评价体系。对于产业发展政策是否有效的问题，各国学者难以达成共识。关于产业政策对企业全要素生产率的影响，一些学者用税收优惠、政府补助、地方性法规数量等变量测度产业政策来考察产业政策对企业全要素生产率的影响。笔者发现，利用上述指标难免会产生内生性误差和选择偏差，因此，有学者开始利用自然实验的方法探寻产业发展政策与企业全要素生产率等经营绩效之间的因果关系，得到了较为稳健的结果。具体的研究进展主要分为以下三个方面。

1.3.1　产业发展政策的有效性争议

实际上，对产业发展政策是否有效提升了产业发展水平在学界存在着巨大的分歧和争议。一方面，学者通过研究肯定了产业发展政策的作用。Beason 和 Weinstein(1996)对日本的产业政策进行了研究，认为对于工业体系而言，产业发展政策是有效的。Forbes 和 Kirsch(2011)认为，借助资本的“催化”能够实现新兴高技术产业化快速发展。Aghion 等(2011)对产业发展政策进行了分类，发现引入竞争因素的产业政策比单纯靠政府补贴的产业政策更有效率。另一方面，有些国外学者通过对不同产业发展政策对市场的研究，发现产业发展政策具有很多副作用，导致了产业发展效率偏低的现象，体现为政府施行的产业发展政策产生了相反的效果，市场反而失灵(Beason & Weinstein, 1996)，最终不利于相关产业的长远发展。De Paiva(2005)基于南美几个国家出台的新自由化改革政策，跟踪研究了这些国家的经济发展情况，发现其均未实现预期目标，反而出现了一定的经济倒退。

国内学者对产业发展政策也有广泛的研究，对产业发展政策持支持态度的学者基于大量的研究对此进行了证明。林毅夫等(1999)发现，在不同阶段制定合适的产业政策有利于发挥当时资源禀赋的比较优势。刘澄等(2011)认为，政府利用产业政策能够通过优化资源配置，引导企业良性竞争，推动产业技术水平来维持经济的增长水平。孙早和席建成(2015)研究了中国的钢铁产业发展政策,发现产业政策更能引导经济发达地区的产业迅速发展,提高相关产业的全要素生产率,主要是由于这些地区的市场化程度较高,更有利于提升政策的传达效率。王文等(2014)从微观层面上对中国的工业企业进行了实证研究,发现产业政策能够实现资源的优化配置,避免出现市场的资源错配问题。谭周令(2017)基于我国制造业上市公司,以“五年规划”为政策变量,研究了产业政策对企业创新的影响,研究结果表明产业政策有利于提升企业的创新能力,尤其是民营企业,促进效果最为显著。

对产业发展政策持否定态度的国内学者也提供了一些研究成果,表明产业发展政策是无效的。他们认为,政府的产业政策是一种过度的干预,将会扭曲市场原本的资源配置,搅乱市场机制,导致相应扶持产业的粗放型发展(江小娟,1993;江飞涛、李晓萍,2010)。孟庆玺等(2016)在验证产业政策对企业创新效率的影响时发现,没有受到产业发展政策影响的企业反而表现出较高的创新产出弹性。黎文靖和李耀淘(2014)的研究发现,产业发展政策对企业的投资并未产生显著促进作用,政府利用行政手段对产业进行调控,将使得企业的投资增多,但是降低了企业的投资效率。

1.3.2 全要素生产率的相关研究

企业绩效评价方法是衡量企业绩效水平的工具。较为常用的企业绩效评价方法有公司财务指标绩效分析方法,即通过利润率和投资报酬率等财务指标来判断公司经营的好坏。但是,会计利润等财务指标只着重于企业运营结果而非经营过程,忽视了企业的发展要素,不能综合体现企业运营的成果,如技术创新、人力资本价值等。有效的企业绩效衡量指标应当是企业技术升级、管理模式改进、产品质量提高、企业结构升级的综合功能的表现,相比之下,在学界以企业全要素生产率为核心的综合评价方法的应用更为广泛。

Solow(1957)基于前人的研究,在生产方程中加入了技术进步因素,利用技术进步水平来表征全要素生产率。Aigner,Lovell 和 Schmidt(1977)构建了随机前沿生产函数法来对全要素生产率进行测算,首次将随机前沿方法引入全要素生产率的测算。Charnes 等(1978)、Banker 等(1984)利用 Farrell 模型分别构建了 CCR 模型和 BBC 模型,数据包络分析方法由此诞生。另外,也有学者利用代数指数法测算全要素生产率,通过一系列指标编制全要素生产率指数,该方法不需要参数,计算量很小,问题在于研究者们难以对指数的构成指标达成共识,编制的指数无法规范统一。随后,各种全要素生产率方法处于不断发展和完善之中。国内学者如林毅夫等(2018),以经济开发区内企业为样本,基于扩展的 OP 方法和 LP 方法对企业生产率进行了测算,研究了区域产业政策的有效性。

对于全要素生产率影响因素的研究,在企业规模方面,Lucas(1978)、Jovanovic(1982)认为由于规模经济的存在,大企业相较于小企业更容易提升全要素生产率。也有学者认为,大企业各类资源配置起来较为复杂,规模较大的企业全要素生产率反而较低。Fernandes(2008)基于孟加拉国的制造业公司的数据,发现企业规模与全要素生产率存在负相关关系,小规模的企业全要素生产率较大规模企业高。在技术发展水平方面,Hall 等(2008)对意大利 1995—2003 年的微观企业进行跟踪,发现产品创新可以提升高科技企业全要素生产率。张豪和张建华(2016)利用 2000—2013 年我国 242 个地级市的数据,验证了研发投入和人力资本对企业的全要素生产率具有正向影响。在产权结构和制度方面,Curtis(2016)对比经济改革对国有部门和民营部门全要素生产率的影响,发现减少低效率的国有企业有利于整体经济体全要素生产率的提升。胡一帆等(2006)发现,国有企业改革和改制能够大幅度提升营业收入和营运效率,进而提升该企业的全要素生产率。因此,产业政策对上述因素具有进一步影响的空间,以对产业或企业的全要素生产率发挥作用。

1.3.3　产业发展政策对企业全要素生产率的影响

近年来,越来越多的学者认识到全要素生产率对经济增长和企业发展的重要作用。蔡昉(2013)强调了中国当下研究全要素生产率的重要性,他认为中国经济增长的未来出路在于全要素生产率提升,特别是与技术进步有关的生产率的提升。我国是使用产业政策较多的一个国家,经常为了达到某一产业发展的目标发布产业政策,但现实中产业政策是否能够有效地促进企业全要素生产率的提升,在学界一直存在较大的争议和分歧。关于产业发展政策对企业全要素生产率的影响作用,蒋冠宏和蒋殿春(2014)基于马氏距离匹配法和双重差分法,研究了政策引导的对外直接投资对生产率的促进作用。韩永辉等(2017)创新性地将中国各地产业政策法规结合,以量化的形式度量了产业政策强度,进而验证了产业政策对企业生产率的提升效果,中国的产业政策强度越高,对于全要素生产率的影响越大,尤其是在市场较为完善的地区。而宋凌云和王贤彬(2013)利用地方的五年规划政策来研究其对企业全要素生产率的作用,他们发现,没有受到“五年规划”产业政策覆盖的产业生产率显著较低。谭诗羽等(2017)基于汽车行业的产业发展政策,研究了 2005 年汽车零部件产业政策对生产率的影响,结果表明，受到该政策影响的民企的全要素有较大的提升。

也有学者研究发现，产业发展政策的实施最终导致了企业全要素生产率的降低。黄先海等(2015)以补贴金额作为产业政策的代理变量，研究了产业政策对企业全要素生产率的影响，发现产业发展政策最终导致了企业全要素生产率的下降，主要的原因是产业政策造成了资本配置失衡。舒锐(2013)认为，产业发展政策只能够促进产业增加值，对于企业全要素生产率的影响并不显著。钱雪松等(2018)以十大产业振兴计划政策为例，研究了产业政策覆盖范围内的企业。他们发现，尽管产业政策能够拉动相关产业的投资，但是另一方面会抑制企业对新的投资机遇的敏感性，使得生产率进一步下降。

综上所述，目前对于产业发展政策与企业全要素生产的研究，大多以制造业作为研究对象(任曙明和吕镯，2014；宋凌云和王贤彬，2013；谭诗羽等，2017)，对战略性新兴产业全要素生产率的研究较少。而早期对于企业全要素生产率的研究集中在利用回归方法测算出以“索洛余值”为代表的除资本劳动贡献以外的增长余值上，这种增长会计法需要严格的假设条件。技术水平进步和经济制度发展具有滞后性，无法显著促进当期内经济的发展(刘宏杰，2007)。因此，索洛模型用于长期经济增长分析更为合适，因利用索洛模型进行短期的全要素生产率将会导致一定的测算误差。目前对于全要素生产率的测算，学界广泛使用的是随机前沿分析法和数据包络分析法，由于数据包络分析不需要严格的函数形式，具有非参数性的特点，可能是一个测算全要素生产率的较好方式。

1.4 研究内容

本文基于 DEA - Malmquist 指数方法，对 2010 年我国战略性新兴产业发展政策对企业全要素生产率的影响进行了探究，具体结构安排如下。

第 1 章为本文的绪论部分，点明了研究产业政策对战略性新兴企业全要素生产率影响的研究背景与研究意义、研究思路、国内外学者研究的进展，以及本研究的创新之处，主要阐述选题初衷在于，在我国经过“刘易斯转折点”并且“人口红利”面临消失的情况下和经济发展进入新常态的双重背景下，新兴产业未来将是我国发展的重中之重。结合已有的研究进展，本文研究产业发展政策对战略性新兴产业全要素增长率的影响，对于国家优化资源配置、引导技术升级、调整产业布局、发展新兴产业和稳定经济增长方面具有指导意义。

第 2 章为理论与研究假设部分。对市场失灵、政府干预及产业政策相关理论进行了回顾，进而根据这些理论提出本文的研究假设：政府制定战略性新兴产业发展政策，能使战略性新兴企业的全要素生产率提升，而且这种提升不是表面的低水平的产出增加，而是能够促进技术进步的实际产出水平的提升。

第 3 章为战略性新兴产业政策及现状部分。对战略性新兴产业的定义进行了介绍，并梳理了 2010 年国务院战略性新兴产业发展政策体系。首先描述了 2018 年七大产业和三大地区的战略性新兴企业分布情况，其次介绍了全要素生产率测算方法。经过对比，以 DEA - Malmquist 指数法测算了中国战略性新兴产业上市公司全要素生产率及其分解项，以中国 A 股 2006—2015 年上市公司作为样本，测算出战略性新兴企业的全要素生产率，作为后文的解释变量。

第 4 章为实证回归分析部分。首先构建了基准回归模型和双层差分回归模型，政策变量方面，选取了 2010 年《国务院关于加快培育和发展战略性新兴产业的决定》，分别设定基准模型和双重差分回归模型，并对核心变量进行了解释。随后对 2007—2015 年 A 股 395 家上市公司样本数据来源进行了解释，对数据结构进行了描述性统计，最后汇报了基准模型回归和双重差分模型回归的结果，并做了相应解释。

第 5 章为异质性检验部分。对战略性新兴产业上市公司按照七大产业，基于 2010 年产业发展政策变量的冲击，分别进行了 PSM - DID 回归，并得出结论。随后从空间维度，按照东部地区、中部地区和西部地区的分类进行了回归并对结论做出解释。

第 6 章为结论和建议部分。针对本文实证结论进行总结，给出政策建议，并对不足部分和未来研究方向予以展望。

1.5　可能的创新点

本文以战略性新兴企业为研究对象，从微观层面的全要素生产率角度考察战略性新兴产业政策的实施效果，具有现实意义。鲁晓东和连玉君(2012)认为，传统方法使用“索洛残差”、OP 方法和 LP 方法估计全要素生产率会引入“选择偏误”与“同步偏误”，从而使得企业生产率估计有偏。本文以 DEA - Malmquist 指数法测度企业全要素生产率，从而定量分析技术效率变动指数、技术进步变动指数，对于产业政策的评估效果更具有解释性，同时也为学界补充了对于产业政策对微观企业行为影响的研究成果。

本文基于自然实验方法，利用双重差分模型研究产业政策对企业全要素生产率的影响，能够消除内生性带来的偏差和混杂变量的影响。对于产业政策对企业全要素生产率的影响效果，大多数文献基于政府财政补贴，税收优惠对产业政策进行测度，而在利用回归模型时，难免产生内生性问题，从而无法清晰揭示产业政策影响企业全要素生产率的因果效应。而本文采用双重差分法，能够较好地解决潜在的内生性问题。

虽然学术界已有大量产业政策对全要素生产率的有效性讨论，但主要还是集中在传统行业，战略性新兴产业作为我国的重点国家战略，关于政策对于该产业企业全要素生产率的影响研究仍有待丰富。本文以 2010 年国务院战略性产业发展政策作为政策冲击变量，基于自然实验方法的双重模型，验证我国战略性产业发展政策对企业全要素生产率的影响作用就显得十分必要。

本文的研究框架详见图 1-1。

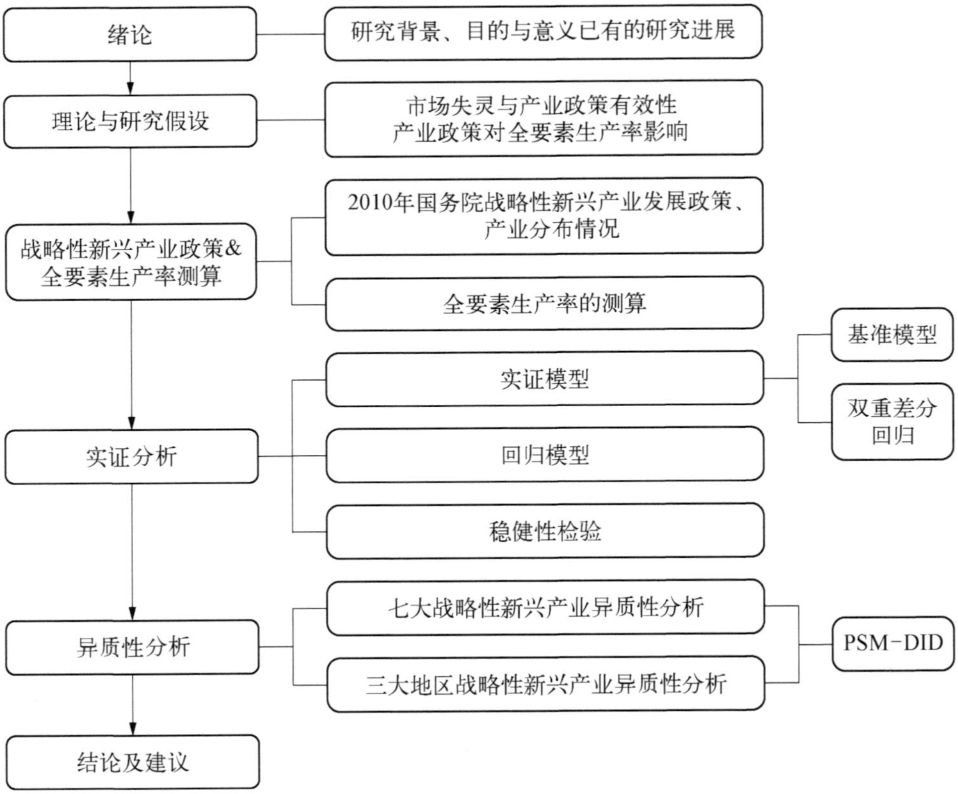

图 1-1　研究结构框架图

第 2 章　理论与研究假设

2.1　市场失灵、政府干预与产业政策的有效性

2.1.1　市场失灵与政府“看得见的手”

产业政策是指政府通过对产业内部或产业之间资源分配形式的一种干预方式，主要有税收优惠、政府补助以及行业准入等(姜国华和饶品贵，2013)。政府为何要施用产业政策？主要是由于在完全的市场机制之下容易出现市场失灵的问题。何谓市场失灵？市场失灵是指市场运行无法达到帕累托最优的状态、存在无效率或不公平现象的一种状态。在古典经济学中的假设中，市场机制是有效的，在完全竞争市场中将达到帕累托均衡，但实际上由于垄断、外部性、信息不对称等问题存在，现实中的市场难以达到完全竞争的状态，导致市场机制无法实现完全竞争市场的最优资源配置，最终体现为资源配置缺乏效率或者资源配置失当。在市场这只看不见的手无法发挥作用时，政府这只“看得见的手”便出现了。

政府干预建立在“市场失灵”的前提下，是指政府为了实现某一经济目标或产业发展目标，干预市场、调整经济运行的行为。在产业发展的过程中自然存在市场失灵的问题，在市场中无法利用价格机制来迅速传导信息，使得产业发展停滞或者消亡。政府干预理论认为，在产业发展过程中主要存在两种问题，一是信息不对称，二是外部性，尤其在高新技术产业中外部性的问题较为严重。信息不对称是指参与市场的各类经济主体持有信息存在差异，根据各自掌握的信息，一方持有优势，另一方处于劣势，主要是由于市场信息供给不充分，或者具有有利地位的一方隐藏信息，或提供有误信息所造成的。政府如果不适当地干预信息不对称等问题，必将导致市场失灵，进而出现经济危机(Stiglitz 等，2009)。而外部性问题由马歇尔提出，是指企业的经济活动有可能导致利益流向企业之外的部门，对其造成非市场化的冲击。经济外部性包括正的外部性和负的外部性。其中，正外部性是指经济主体的某些经济行为使得其他经济体或社会受益，同时

仍不影响其原来的收益的现象。同理,负外部性是指经济主体的某些经济行为无法避免会使得其他经济体或社会受益,受益人无须付出成本,但该经济体的利益受到损失的现象。当然,一般情况下,企业在发展中更多是遇到负的外部性。这些问题的存在是政府出台干预手段的重要理由。

政府将如何干预市场呢?其实政府也是从上述这两个问题着手,做出相应的反应。政府对信息不对称问题的干预,主要在降低交易成本上。一方面,政府利用公共政策可以明确产权的界定并设定相关机制降低交易成本,进而提升企业的生产积极性和生产效率。另一方面,政府对不合理的市场竞争加以干预,防止优质商品被劣质商品驱逐的现象,降低交易各方搜寻信息的成本,解决市场机制本身交易成本居高不下的问题。政府对外部性问题的干预,主要集中于高技术产业。新兴产业的主要特点是对技术的依赖较强,因此产出的技术成果可能存在外部性,容易导致市场失灵,尤其在行业发展初期,在市场体制不是非常完善的经济体中,新兴产业单纯依靠市场机制难以发展。因此政府会通过补贴等手段弥补外部性对私人部门的损失,缓解市场机制自身的问题。然而,政府干预并不能一劳永逸,因为政府在干预的过程中,很可能会出现受补贴企业寻租、骗补、骗税的问题,反而使得资源配置的效率大大降低,抑制了产业的发展。

2.1.2 产业政策的作用

持幼稚产业保护理论观点的学者认为,政府应该主动采取扶持政策或过渡性政策帮助这些具有增长潜力的产业发展。中国是使用产业政策较多的国家,以林毅夫教授为代表的新结构经济学派承认政府在经济发展过程中的作用,产业政策的有效传导应当首先由国家鼓励具有资源禀赋的优势部门发展,集中资源使扶持产业获得竞争优势,在此基础上不断积累技术与资本,逐步走向世界前列。当然,虽然政府对产业起到了重要的推动作用,但市场的作用也不能忽视,产业政策仍然是依靠市场机制传导的,产业政策下达的前提是尊重市场机制,因此好的产业发展政策首先要符合市场竞争的机制,并非一味地干预市场。对于干预产业的发展阶段而言,政府干预并非出现在产业发展的全生命周期,一般情况下,当某一产业在政府规制之下获得一定的发展,实现自我调节后,便不需要政府这只“看得见的手”。

但是,产业政策也可能对产业发展产生相反的作用,考虑这样的一种情况,在原本成熟的市场经济体中,资源在市场价格的驱动下,将自由流动,最终汇集到高效率的经济部门。然而如果有了政府的干涉,改变了资源的流动方向,相较于原先最优配置将是一种扭曲，最终市场价格无法体现实际的价格信息，导致市场无法达到资源的最优配置。正如上文提到的信息不对称问题，政府本身也是处于市场中的经济决策主体，无法获得所有的市场信息，若政府选择某一产业进行扶持，如何挑选潜在产业能够获得资源最优配置，进而达到最优效率，将成为更为紧迫的问题。因此，政府是缺乏信息的，干预市场后只能使得效率被损失(Shleifer & Vishny, 1994)。同时，由于政府具有对企业进行资源投放的决定权，企业为了获得资源可能会游说政府，各类寻租现象也会出现。寻租后的企业拿到资源一定优先补偿自身寻租的"成本"，因此部分资源被浪费，无法全部用于生产运作，自然导致了企业绩效的下降。此时产业政策只会抑制产业发展。

2.2 全要素生产率相关理论

2.2.1 全要素生产率的定义

在经济增长理论里，生产率经历了两个阶段，分别为单要素生产率阶段和全要素生产率阶段，在古典经济学理论中，单要素生产率是指单个生产要素投入带来的生产率增加，如资本生产率、劳动生产率等，而全要素生产率是指考虑了劳动、资本、技术等所有的生产投入的生产率，衡量的是总产出与总投入的比，全要素生产率的进步体现了内涵增长方式。因此，可以通过对全要素生产率的影响方向的判断，来印证产业政策对被扶持产业的影响是否真正有效。

全要素生产率考虑了生产单位的生产系统中各个要素的综合生产率，可以表征企业整体发展的水平。利用企业的投入、产出数据可以测算企业的全要素生产率，通过优化要素投入的数量和比例，可以影响最优产出水平。要素投入对全要素生产率的影响，一方面体现为生产效率的提高，一般由生产主体实际产出和最优产出之间的距离表示。通过改变要素投入，能够获得不同的生产边界，若企业最优生产边界的距离缩短了，说明要素投入是有效的；另一方面体现为生产技术的进步，以生产可能性边界本身相对于前一期的移动来表示，要素投入向量的不同配置将导致技术进步变动。因此，利用外部冲击来影响一个经济主体的要素投入配置，很大程度上能够影响其全要素生产率。

2.2.2 数据包络分析法在全要素生产率测算上的发展

数据包络分析法(Data Envelopment Analysis, DEA)，是针对多投入和多产出的问题，基于线性规划方法，进行相对有效性评价的一种数量分析方法。最早源于西方学者对银行以及服务行业的效益分析。DEA 不设定具体的函数形式,没有生产函数这一概念,但是有生产边界的概念。生产边界通过数学规划(一般是线性规划)方法可以找到,进而利用距离函数来构造 TFP 指数。

1978 年数据包络分析方法被提出后,逐渐广泛用于工程系统的效率测算,尤其是经济分析领域。数据包络分析模型大致可分为三类,分别为 DEA 基础模型、超效率 DEA 模型和基于 Malmquist 指数法的 DEA 模型。

其中,DEA 基础模型主要有两种,分别是 CCR 模型和 BCC 模型。CCR 模型假设规模报酬不变,然后根据投入产出数据计算全要素生产率,该模型由 Rhodes、Cooper 和 Charnes 于 1978 年提出。1984 年,Banker、Charnes 和 Cooper 又构建了 BBC 模型,用于计算不受规模效率影响后的纯技术效率。

为解决对多个主体测算结果的数值一致时,不同主体无法相对比较的问题,"超效率"DEA 模型应运而生,用以比较多个有效的决策单元间的效率。1953 年,Sten Malmquist 构建了 Malmquist 指数方法;1994 年,Rolffare 把 Malmquist 指数与 DEA 理论进行结合,构建了 DEA - Malmquist 指数,该指数后来被广泛应用于各行业的生产效率测算。

值得注意的是,CCR、BCC 模型和"超效率"DEA 模型仅能对决策主体的投入产出的截面数据作横向对比,无法得到评价对象各年效率的发展趋势,而基于 Malmquist 指数方法的 DEA 模型可以用于不同时期主体全要素生产率的相对比较。而且,对于投入产出数据的要求不需要获取要素价格信息,仅需要相关产量或数量便可开始测算。Fare 等(1994)首次利用 DEA - Malmquist 指数方法测算出了宏观层面的国家全要素生产率,并证明了该方法与索洛"剩余"法在内涵上是一致的。

我国学者章祥荪和贵斌威(2008)通过研究 Malmquist 指数发现,对于 Malmquist 指数的正确分解并不是国内研究常用的 FGNZ 模型(Fare 等,1997),而应当是 RD 模型(Ray 等, 1997)。因此,本文将采用基于 DEA - Malmquist 指数法的 RD 模型分解方法,分析战略性新兴上市公司在不同时期的全要素生产率的变化。除此之外,该方法还可以将全要素生产率分解为两个指数,分别表征企业的技术效率和技术进步情况。

2.2.3 基于 DEA - Malmquist 指数方法测算全要素生产率

假设在一个生产模型中生产技术 T^t 表示在 t 时期把投入集 X 转化为最优产出集 Y,即:

$$T^t = \{(x^t, y^t): x^t \rightarrow y^t\} \tag{2.1}$$

相应地，生产距离函数 D 可以定义如下：

$$D_0(x, y) = sup\{\theta: (x^t, \theta y^t) \in T^t\} = inf\left\{\theta: \left(x^t, \frac{y^t}{\theta}\right) \in T^t\right\} \tag{2.2}$$

其中，sup 表示上界限，inf 表示下界限，而 θ 表示实际产出与最优产出的距离。当 θ 为 1 时，表明企业生产正好当前处在前沿边界上。因此，若第 $t+1$ 期按照第 t 期的技术水平生产将得到新的生产水平，利用这个新的生产与原来第 t 期的距离函数相比，构建的 Malmquist 指数可以表示为：

$$M_t = \frac{D_0^t(x^{t+1}, y^{t+1})}{D_0^t(x^t, y^t)} \tag{2.3}$$

M_t 为从第 t 期至第 $t+1$ 期形成的生产距离变动的比率，即生产率的变动，同理，在同等条件下，这个生产率的变动也可以使用 $t+1$ 的技术水平来衡量，形成的 Malmquist 指数可以表示为：

$$M_{t+1} = \frac{D_0^{t+1}(x^{t+1}, y^{t+1})}{D_0^{t+1}(x^t, y^t)} \tag{2.4}$$

上述两个式子的几何平均值被构造为新的 Malmquist 指数，该指数逐渐被学者们广泛用于测算效率，表达式如下：

$$M_0 = (x^{t+1}, y^{t+1}, x^t, y^t) = \sqrt{\frac{D_0^t(x^{t+1}, y^{t+1})}{D_0^t(x^t, y^t)} \times \frac{D_0^{t+1}(x^{t+1}, y^{t+1})}{D_0^{t+1}(x^t, y^t)}} \tag{2.5}$$

其中，(x^i, y^i)为第 i 期的投入和产出数据，M_0测度了由第 t 期至第 $t+1$ 期的实际生产情况与生产前沿面的接近程度变动。当 M_0小于 1 时，表明其同等技术水平下生产效率并未达到最优，相对于前一期是降低的，当 M_0等于 1 时，表明在同种技术水平下，相对于前一期未发生变化，M_0大于 1 时，表明其同等技术水平下效率相较于上一期有了增长，实现了较高的效率。

进一步，本文参考 Fare 等(1994)基于 Malmquist 指数计算的企业 Tfp 的方法，将该效率分解为技术效率和技术进步变化两个指标。

$$M_0 = \sqrt{\frac{D_0^t(x^{t+1}, y^{t+1})}{{D_0}^{t+1}(x^{t+1}, y^{t+1})} \times \frac{D_0^t(x^t, y^t)}{{D_0}^{t+1}(x^t, y^t)}} = Effch \times Tech \tag{2.6}$$

$Effch$ 表示相对效率变化指数，衡量企业从 t 时期到 $t+1$ 规模报酬变动和生产效率变动情况。技术效率变化指数大于 1 时，表示产出由于规模报酬变动和经营效率的增加，超出了 t 时期的最优产出。$Tech$ 是技术进步变动指数，反映了技术创新指标，测度企业技术水平边界(生产前沿面)在上一期到当期之间的运动。$Tech$ 大于 1 时，生产前沿面向上方运动，技术水平提高。

2.3 研究假设

在经济发展中起到支柱性作用的是主导产业，主导产业的关联效应和旁侧效应还能带动其他产业的发展(罗斯托，1988)。对于中国而言，战略性新兴产业将是经济发展的主导产业，而产业政策对战略性新兴上市公司全要素生产率具有影响，但是影响方向仍有待讨论。从目前我国战略性新兴上市公司平均水平来看，尚有相当大的提升空间，未来产业发展政策的方向是影响战略性新兴上市公司生产率至关重要的因素。

中国的战略性新兴产业发展较为滞后，本身由于垄断、外部性、信息不对称等问题存在，现实中的市场就难以达到帕累托最优，新兴产业还容易受到具有先发优势的国外产业的竞争。根据幼稚产业保护理论，政府有保护战略性新兴产业的动机。关于战略性新兴产业发展政策对企业全要素生产率的影响机理，首先体现在，政府在行业发展初期建立一系列的保护制度，例如明确行业准入门槛、补贴标准及技术成果的产权保护机制，有利于解决战略性新兴产业的外部性问题。其他还有通过维护竞争机制来降低交易成本，减轻信息不对称问题；通过政府合理的资源调配使得战略性新兴产业稳健发展；通过提升企业生产的积极性和效率，使其逐步进入高速发展轨道。在这一阶段，政策更可能对相应产业发展具有实际的促进作用，如促进技术进步等，最终起到提升企业全要素生产率的效果。但是，由于我国市场机制不断完善，政策的传达可能还会受到传导效率、产业本身特点的影响。因此，本文提出如下假设：

政府制定战略性新兴产业发展政策，主要是通过吸引投资，降低外部性和信息不对称，进而优化了产业初期资源的配置，使得战略性新兴企业的全要素生产率提升，而且这种提升不是表面上的低水平的产出增加，而是能够促进技术进步的实际产出水平的提升。

同时，对于不同产业和地区，产业政策效果是不同的，可能是初始禀赋和特点不同，对资源配置的改善效率不同，以及相关部门的传导通畅效率不同导致的。

第 3 章　战略性新兴产业政策及现状

3.1　战略性新兴产业定义及特点

国外主流观点对“战略性新兴产业”的定义更倾向于新的、新兴产业，英文为“Emerging Industries”和“New Industries”。我国基于新兴产业这一定义，提出了战略性新兴产业，在国外新兴产业基础上新增了战略性的描述，表明了中国对这一产业的绝对重视程度。我国“十二五”规划多次提及战略性新兴产业，进一步细化了该产业的定位，文件中指出，战略性新兴产业是以重大发展需求和重大技术突破为基础，消耗物质资源少、知识技术密集、成长潜力大、对全社会经济发展有重大引领带动作用的创新型产业，并确立了高端装备制造业等七大战略性新兴产业。由于战略性新兴产业的战略地位和内涵赋予了其特殊的属性，战略性新兴产业区别于其他传统产业在于其具有全局性、创新性、可持续性和市场风险性等特点(孙国民，2014)。

3.2　2010 年国务院战略性新兴产业发展政策

2010 年 10 月 18 日，国务院正式发布《关于加快培育和发展战略性新兴产业的决定》，明确制定了七大战略性新兴产业的发展规划，成为我国全面开始发展战略性新兴产业的标志。2011 年，大力发展战略性新兴产业被写入“十二五”规划，发展该产业也成了各个地方政府的一项重要工作，为此国家制定了一系列关于信息技术、集成电路、航空航天等领域的专项规划，引导战略性新兴产业发展，保证战略性新兴产业的积极发展。

在 2010 年之前，中国未公开施行战略性新兴产业发展政策。自该政策公布后，中央和地方政府又相继实施了一系列密集的配套政策，辐射全国各个地区，覆盖了全体七大战略性新兴产业。从政策内容来看，一般是中央国务院确定发展方向后，再根据大方向制定发展规划，再将发展规划制定成有针对性的专门文件、工作方案。从政策传递来看，总体而言是一个自上而下的政策传达体系，由中央下发各省、自治区、直辖市，再由各省级单位传达到市县等地区。以广东省为例，本文梳理了 2010 年战略性新兴产业发展政策及之后各级政府对应的战略性新兴产业发展系列政策安排，如表 3－1 所示。

表 3－1　中央—省级—市县政府的政策传导体系——以广东省为例

政府级别	总体框架	七大产业支持文件	专门文件
国务院	2010 年 10 月 10 日《国务院关于加快培育和发展战略性新兴产业的决定》； 2012 年 7 月 9 日《“十二五”国家战略性新兴产业发展规划》	2012 年 6 月 28 日《节能与新能源汽车产业发展规划(2012—2020 年)》； 2013 年 7 月 4 日《关于促进光伏产业健康发展的若干意见》	2011 年 12 月 12 日《关于加快发展高技术服务业的指导意见》； 2012 年 4 月 28 日《关于加强战略性新兴产业知识产权工作的若干意见》； 2012 年 12 月 31 日《战略性新兴产业发展专项资金管理暂行办法》
广东省	2011 年 7 月 20 日《关于贯彻落实国务院部署加快培育和发展战略性新兴产业的意见》； 2011 年 11 月 29 日《加快培育和发展战略性新兴产业重点工作分工方案》； 2012 年 3 月 6 日《广东省战略性新兴产业发展“十二五”规划》	2013 年 2 月 20 日《广东省新能源汽车产业发展规划(2013—2020 年)》； 2014 年 3 月 5 日《关于促进光伏产业健康发展的实施意见》； 2015 年 1 月 26 日《珠江西岸先进装备制造产业带布局和项目规划(2015—2020 年)》	2011 年 8 月 17 日《广东省战略性新兴产业基地建设管理办法》； 2012 年 10 月 12 日《关于加快发展高技术服务业的实施意见》； 2013 年 6 月 18 日《广东省战略性新兴产业发展专项资金管理办法修订》； 2013 年 10 月 28 日《关于组织实施广东省战略性新兴产业创投计划的通知》
广州市	2012 年 5 月 14 日《加快培育和发展我市战略性新兴产业十项措施分工方案》； 2012 年 9 月 4 日《广州市战略性新兴产业发展规划》	2014 年 4 月 3 日《关于推动工业机器人及智能装备产业发展的实施意见》； 2014 年 11 月 28 日《广州市新能源汽车推广应用管理暂行办法》； 2015 年 1 月 21 日《关于加快先进装备制造业发展和推动新轮技术改造实现产业转型升级的工作方案》	2012 年 2 月 13 日《广州市战略性主导产业发展资金管理暂行办法》； 2012 年 9 月 12 日《广州市战略性新兴产业基地认定和扶持办法试行》； 2013 年 8 月 19 日《广州市战略性新兴产业示范工程专项资金管理暂行办法》； 2014 年 11 月 26 日《广州市战略性新兴产业创投引导资金参股创业投资基金管理暂行办法》

2010 年，国务院首次发布战略性新兴产业发展政策具有宏观指导意义（谭锐，2018）。自其发布后的几年，全国均配套实施了一系列的支持政策和扶持资金，这些政策文件与 2010 年战略性新兴产业发展政策的基本方向一致，更多的是其细化和衍生，可以看作是一个整体的政策体系。因此，以 2010 年国务院首次发布战略性新兴产业发展政策作为政策冲击，以它的发布日期作为分界时间点来研究战略性新兴产业，可能会具有很好的前后对比效果。

3.3　战略性新兴产业的分类

我国统计局发布的两次战略性新兴产业分类办法，分别为 2012 年版和 2018 年版分类办法，对战略性新兴产业按照《国民经济行业分类》行业代码进行新的匹配，该分类具有唯一性。2012 版将我国战略性新兴产业分为七大产业，2018 版在 2012 版分类的基础上进一步将其分为九大战略性新兴产业。根据国家统计局 2012 年发布的《战略性新兴产业分类》，我国战略性新兴产业分类具体情况详见表 3-2。

表 3-2　战略性新兴产业分类

序　号	产业分类名称	具　体　行　业　细　分
1	新一代信息技术产业	下一代信息网络产业
		电子核心基础产业
		高端软件和新型信息技术服务
2	节能环保产业	高效节能产业
		先进环保产业
		资源循环利用产业
		节能环保综合管理服务
3	生物产业	生物制品制造产业
		生物工程设备制造产业

续 表

序 号	产业分类名称	具 体 行 业 细 分
3	生物产业	生物技术应用产业
		生物研究与服务
4	高端装备制造产业	航空装备产业
		卫星及应用产业
		轨道交通装备产业
		海洋工程装备产业
		智能制造装备产业
5	新能源产业	核电产业
		风能产业
		太阳能产业
		生物质能及其他新能源产业
		智能电网产业
		新能源产业工程及研究技术服务
6	新材料产业	新型功能材料产业
		先进结构材料产业
		高性能复合材料产业
		前沿新材料产业
		新材料研究与技术服务
7	新能源汽车产业	新能源汽车整车制造
		新能源汽车装置、配件制造
		新能源汽车相关设施及服务

3.4　战略性新兴产业现状

3.4.1　七大战略性新兴产业分布

截至 2018 年 12 月 31 日，沪深两市共有 3 567 家公司上市，对照国家统计局 2012 版《战略性新兴产业分类》行业分类方法，本文基于我国 A 股的新兴产业指数，对其成分股按照上述分类方法进行匹配，部分企业由笔者手工查询中国科技部高新技术企业公示结果后筛选而出，共筛选出 A 股战略性新兴上市公司 1 157 家，将 1 157 家公司归类到 7 大产业中，分布情况如图 3－1 所示。

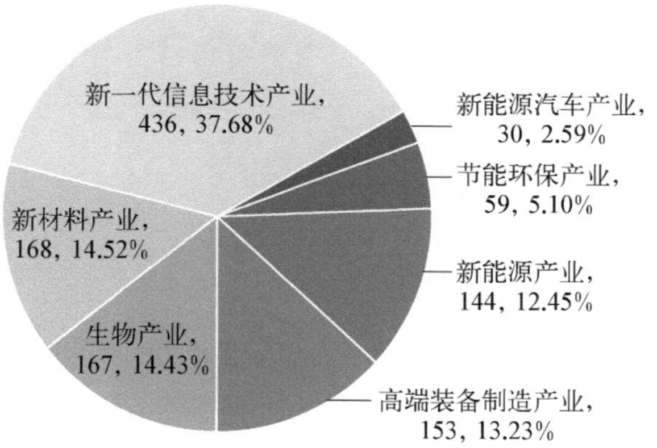

图 3－1　战略性新兴产业上市公司所属产业分布情况(单位：家)

数据来源：根据 Wind 数据整理

从行业分布来看，在战略性新兴产业上市公司中数量最多的是新一代信息技术产业上市公司，为 436 家，占比达 37.68%，其次是新材料产业、生物产业和高端装备制造产业，分别为 168 家、167 家和 153 家，前四大产业合计占比超过 70%，集中度较高。可能的原因为：一方面，网络的迅速发展、移动端的普及为新一代信息技术产业大规模增长提供了契机；另一方面，随着经济增长和人均收入的提高，在我国国民生活质量的提升和人口老龄化大背景下，人们对医疗健康等产品的消费需求激增促进了生物产业的发展。新能源类产业由于技术突破难度较大，替代一次能源更新进展较慢，企业数量相对较少，其中，新能源产业共计 144 家，节能环保产业共计 59 家，新能源汽车产业数量最少，仅有 30 家，后三大产业占比分别为 12.45%、5.10%和 2.59%。

3.4.2 地区分布

本文通过利用 Wind 数据库导出上市公司的注册地址，并对战略性新兴产业上市公司进行匹配，进而按照其注册地区的分布进行了统计。针对注册地区的大类划分，我们按照经济发展程度，以国家发改委的解释标准，将我国地区划分为东部地区、中部地区和西部地区，对上市公司注册登记地址所属地区进行匹配，沪深两市战略性新兴上市公司地区分布情况如图 3-2 所示。

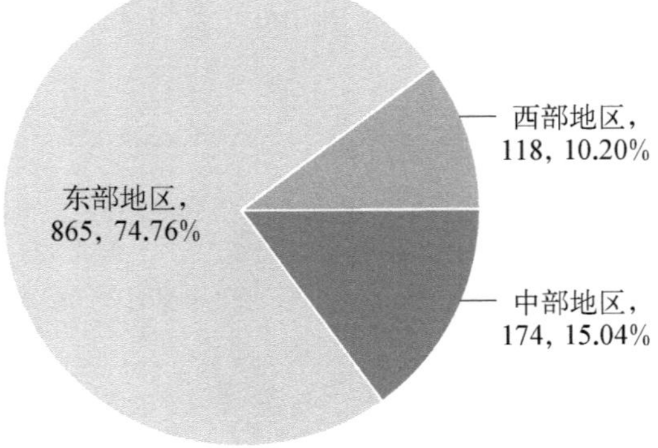

图 3-2 地区分布情况(单位：家)

数据来源：根据 Wind 数据整理

从地区分布来看，东部经济发展较快的省市战略性新兴上市公司数量最多，为 865 家，占比接近 75%；接下来是中部地区，为 174 家，占比为 15.04%；西部经济欠发达地区数量为 118 家，占比仅为 10.20%。因此，我国战略性新兴上市公司选址基本集中在东部地区，东部地区本身经济发展迅速，为企业生存创造了良好的条件，企业集中也容易产生集聚效应，更容易获得效益提升。

3.4.3 战略性新兴产业的全要素生产率测算

数据包络分析法可以以投入导向型模型和产出导向性模型两种方式对全要素生产率进行测算，而产出导向型模型研究既定投入下，企业获得最大化产出的产出效率，而投入导向型模型研究的是在既定产出下企业的投入最小的产出效率。由于资源稀缺性的存在，本文采用了投入导向型的 DEA 模型测算全要素生产率。

关于投入、产出指标的选取，王琳(2015)以企业主营业务收入作为产出变量，资本存量、员工数量作为投入变量，对 2008—2012 年物流上市公司的全要素生产率进行了测算；齐齐等(2017)通过对东北地区调研的数据，测算了 150 家战略性新兴产业企业的创新效率，将投入变量分为两个维度，第一是人力投入维度，以科技活动人员数量和研发人员数量作为指标，第二是经费投入维度，以科技活动经费支出和科研经费支出作为指标，产出变量上选取新产品销售收入和专利申请数两个指标；孙建军等(2016)利用我国 2 760 家上市公司 2011—2015 年的数据，编制了中国 A 股上市公司创新指数，其中，他们选取了无形资产占总资产比作为上市公司创新绩效的表现。本文将参考这种做法，将当年度无形资产增加值作为产出指标之一。

笔者认为，上述文献中以员工数量作为投入指标具有片面性，人数不能较好地反映劳动投入，本文将利用员工薪酬来衡量劳动力投入，再引入生产变量研发投入、资本投入，产品成本共同作为投入指标，本文利用产品收入、当年新增无形资产来衡量产出指标，具体指标情况如表 3 - 3 所示。

表 3 - 3　投入和产出指标

	变量名称	计　算　方　法
投入指标	劳动投入	企业当年度员工的劳动报酬现金支出＋当年末应付职工薪酬
	资本存量	企业年末固定资产净值＋当年度固定资产计提折旧
	成本支出	企业当年度主营业务成本
产出指标	产品收入	营业总收入
	新增无形资产	本年末无形资产原值－上年末无形资产原值

本文采用 DEA - Malmquist 指数方法对战略性新兴上市公司的全要素生产率进行估算，通过 Wind 数据库对 1 157 家战略性新兴上市公司 2017—2018 年度财务数据进行提取，共得到 1 069 家公司的有效投入、产出指标数据。由于 DEA - Malmquist 指数方法投入产出指标对数据的要求为大于 0 的数据，因此剔除数值为负数和零的公司 227 家，针对余下 842 家战略性新兴上市公司财务数据测算其全要素生产率及其分解项，以七大战略性新兴产业中所有的上市公司全要素生产率的均值作为产业全要素生产率的数值，以地区内全部战略性新兴产业上市公司的全要素生产率均值作为各地区全要素生产率的数值，战略性新兴产业的细分行业分布及地区分布情况汇总如表 3 - 4 和表 3 - 5 所示。

表 3-4　战略性新兴上市公司所属产业全要素生产率及其分解项(2018 年)

年　　份	Tfp	排序	Effch	排序	Tech	排序
新一代信息技术产业	0.885 6	1	1.152 6	7	0.994 2	3
节能环保产业	0.861 2	2	1.178 8	6	0.992 9	4
生物产业	0.859 5	3	1.200 1	4	0.995 4	2
新材料产业	0.807 0	4	1.237 2	2	0.986 7	5
新能源产业	0.795 2	5	1.236 4	3	0.972 6	6
高端装备制造产业	0.769 7	6	1.241 0	1	0.946 1	7
新能源汽车产业	0.761 6	7	1.190 5	5	1.172 8	1
样本总体	0.876 2	—	1.195 1	—	1.013 5	—

表 3-5　战略性新兴产业上市公司注册地区全要素生产率及分解项(2018 年)

年　　份	Tfp	排序	Effch	排序	Tech	排序
东部地区	0.881 2	1	1.178 8	2	0.992 9	3
中部地区	0.865 6	2	1.152 6	3	0.994 2	2
西部地区	0.859 5	3	1.200 1	1	1.015 4	1
样本总体	0.876 2	—	1.195 1	—	1.013 5	—

从表 3-4 和表 3-5 可知,842 家战略性新兴上市公司全要素生产率的平均值为 0.876 2,小于 1,说明相较于前一年和整体最优水平,有大量企业存在生产效率不足的问题。其分解项技术效率变动指数的平均值为 1.195 1,该数值大于 1,表明由于规模效应以及相较行业最优水平的距离缩短所叠加的效率高于上一年,相对于同规模其他企业高出近 20%,整体发展速度较快,而分解项技术进步变动指数均值为 1.013 5,说明相对上一年,由于技术所引起的效率增长较低,仍然有进一步提升的空间。

从战略性新兴上市公司所属产业来看,全要素生产率由高到低的细分产业依次为新一代信息技术产业、节能环保产业、生物产业、新材料产业、新能源产业、高端装备制造产业和新能源汽车产业，技术效率变动指数排名大致相同。值得注意的是，各产业技术效率变动指数均大于 1，相较上一年具有一定的效率，但技术进步变动指数方面，全要素生产率前三名的产业相对上一期均出现了一定的退步，只有新能源汽车产业大于 1，为 1.172 8，可能的原因是 2017—2018 年新能源汽车大量补贴和相关政策以及生物产业发展政策频出，也可能是由于前三名企业发展较为成熟，进一步的增长空间被压缩了。

从空间上看，东部地区的全要素生产率最高，为 0.881 2，但技术进步变动指数较低，为 0.992 9，低于中部地区的 0.994 2 和西部地区的 1.015 4，可能的原因为 2017—2018 年国家对中、西部地区的扶持力度较大，尤其是这类战略性新兴产业，可能导致了该产业在低发展水平地区的快速发展。而中部地区本身经济较强，上升的空间有限。

第4章　实证分析

在我国人口红利逐渐消失的背景下，我国经济增长的动力将由劳动力无限供给和资本报酬转向全要素生产率的增长，主要体现在技术驱动的生产率上。近年来，我国推行了大量的政策来促进技术发展，以提高全要素生产率，尤其是对以战略性新兴产业为代表的高技术含量行业的扶持。通过梳理国内外学者的现有研究进展，结合我国战略性新兴产业发展政策施行的现状，下文对战略性新兴产业发展政策能否真正促进企业全要素生产率的提升进行实证研究。

4.1　实证模型构建及变量定义

4.1.1　基准回归模型

为研究战略性新兴产业发展政策对企业全要素生产率的影响，首先设定如下基准回归模型：

$$M_{TFP} = \alpha_0 + \alpha_1 Policy + \alpha_4 X_i + \lambda_i + \mu_i + \varepsilon_i \tag{4.1}$$

其中，M_{TFP}为基于 DEA - Malmquist 指数测算的企业全要素生产率及其分解指标：全要素生产率 Tfp、技术效率变动指数 $Effch$ 和技术进步变动指数 $Tech$。技术效率变动指数 $Effch$ 是指战略性新兴企业由于规模效率和产出水平与上一期产出水平距离变动产生的效率；技术进步变动指数 $Tech$ 是指战略性新兴企业在相同投入的情况下，与不同时期的各自最优产出之比，通过技术水平移动反映的生产效率。

$Policy$ 为政策变量，若样本企业数据是在 2010 年 10 月《国务院关于加快培育和发展战略性新兴产业的决定》发出之后，该变量值为 1，否则取值为 0，基于数据的可得性和合理性，若 2010 年以后（不含 2010 年）的企业该值设置为 1，2010 年及该年以前的企业取值为 0。

X_i为系列控制变量，其中，企业规模（Scale）为企业年末总资产的对数值，企业总资产较高表示企业规模较大。

杠杆水平(Lev)体现了企业的资产、负债情况，以资产负债率表示，计算方法为总负债/总资产×100%，表征了该企业的资产结构，适当的资产负债结构可能有利于企业发展和创新。

总资产收益率(ROA)，表示上市公司的营利能力，一般而言总资产收益越高的上市公司增长也越快，本文根据上市公司当年审计报告的科目对该指标进行计算。

现金投资利用率(Cash)表示企业的现金流使用情况，尤其对于创新型企业，研发和资金投入大，现金流较为紧张。本文通过寻找上市公司年度报告中的相关科目，利用现金投资利用率衡量企业的现金流，计算方法如表 4-1 中所述。

表 4-1 重要变量定义与计算方法

变量名称		计算方法
被解释变量	全要素生产率 *Tfp*	见本文第 2.2.3 节
	技术效率指数 *Effch*	
	技术进步指数 *Tech*	
双重差分变量	政策变量 *Policy*	政策覆盖范围内企业为 1，否则为 0
	处理变量 *Treated*	2010 年以后为 1，否则为 0
控制变量	企业规模 *Scale*	企业年末总资产的对数值
	杠杆水平 *Lev*	总资产/总负债×100%
	总资产收益率 *ROA*	企业年度净利润×2/(期初总资产+期末总资产)×100%
	现金投资利用率 *Cash*	经营活动产生的现金流量净额/(购建固定资产、无形资产和其他长期资产支付的现金-存货的减少+分配股利、利润或偿付利息支付的现金)
	总资产周转率 *Turn*	营业总收入/[(期初资产总计+期末资产总计)/2]
	经济环境 *Growth*	当年 GDP 增速

在战略性新兴企业的营运能力方面，本文引入了总资产周转率(Turn)作为控制变量之一。总资产周转率体现了企业的周转能力，较强的营运能力能够带

来较强企业造血能力，一般情况下，战略性新兴上市公司的周转情况较弱。

经济环境(Growth)体现了企业的外部经济情况，外部经济环境较好将影响企业的全要素生产率，本文利用我国名义GDP增速作为经济环境的代理变量。

另外，在固定面板数据处理的基准回归模型选择方面，首先，本文通过混合回归的F值，发现用混合回归模型将存在误差情况，使用固定效应对模型具有更好的解释性。本文对固定效应和随机效应两种回归模型进行了豪斯曼检验，结果均表明应当拒绝“与解释变量不相关”的原假设，固定效应将比随机效应更有效率。

接下来，采用LSDV法对样本进行回归，结果显示，大量个体虚拟变量在5%水平上显著，因此可以拒绝“个体的虚拟变量均为0”的原假设，个体固定效应存在，进一步检验是否需要引入时间固定效应。通过引入各年度虚拟变量对全要素生产率进行回归，发现各年度虚拟变量的系数均显著，再对其联合显著性进行检验，检验结果表示拒绝原假设：不存在时间固定效应。综上所述，本研究采用固定效应模型，其中，μ_i 为个体固定效应，λ_i 为时间固定效应。

4.1.2 双重差分回归模型

针对基准模型潜在的内生性问题，本文考虑了基于2010年国务院战略性新兴产业发展政策的自然实验，设置了173家行业类似但非战略性新兴产业上市公司作为对照组，对照组由于一直没有受政策干预，因此双重差分法两次差分的效应就是政策效应。模型设定如下：

$$M_{TFP}=\alpha_0+\alpha_1 Policy\times Treated+\alpha_4 X_i+\lambda_i+\mu_i+\varepsilon_i \tag{4.2}$$

其中，*Policy* 为政策变量，若样本企业在《国务院关于加快培育和发展战略性新兴产业的决定》覆盖范围内，则其值为1，否则取值为0。$Policy\times Treated$ 为政策变量 *Policy* 和处理变量 *Treated* 的交互项，其系数 α_1 表示政策实施的净效应。其他变量意义与基准回归相同，λ_i 仍为时间固定效应，μ_i 为个体固定效应。

4.2 样本数据来源

截至2018年，A股共计有1 157家战略性新兴产业上市公司，本文选取的数据主要源于2006—2015年战略性新兴产业上市公司财务数据，剔除了在2006年之后上市的公司 835 家。由于部分上市公司信息披露不规范，数据难以获取，因此也予以剔除，并排除投入、产出指标中非正数数值的上市公司 99 家，因此本文共使用 223 家战略性新兴产业上市公司数据。同时，为了使数据的分组更加适用于双重差分模型，按比例引入了 172 家同行业沪深 A 股上市公司，因此本文全要素生产率测算和实证回归部分共使用 A 股 395 家上市公司 10 年间的数据。本文全要素生产率使用 DEAP 软件测算，上市公司财务数据来源于 Wind 资讯数据库。

4.3　描述性统计

由样本的统计性描述结果(表 4－2)可知，样本中全要素生产率 Tfp 的均值为 1.050，所有样本的平均水平较高，战略性新兴产业平均每年全要素生产率都有所上升，Tfp 的最小值为 0.051，最大值为 3.115。由此可见，不同企业的全要素生产率有一定的可能会呈现出较大的差距。

表 4－2　描述性统计

变量名称	样　本	均　值	标准差	最小值	最大值
Tfp	3 555	1.050	0.341	0.051	3.115
$Effch$	3 555	1.012	0.141	0.381	2.475
$Tech$	3 555	1.027	0.225	0.073	2.309
ROA	3 555	6.732	8.073	−24.530	58.634
$Scale$	3 555	3.842	2.177	0.103	22.236
$Cash$	35 55	0.803	12.190	−18.294	22.174
Lev	3 555	0.523	0.168	3.603	140.567
$Turn$	3 555	1.069	0.502	0.353	18.140
$Growth$	3 555	9.267	2.106	6.900	14.200
企业数量	395	395	395	395	395

技术效率指数 $Effch$ 的均值为 1.012，可以看出战略性新兴产业上市公司的技术效率变动指数均值较大，可能的原因是上市公司的生产资源配置和管理资源配置在逐年加强，导致其与最优边界的生产技术距离在缩小。当然，上市公司

的规模增长呈现出的规模效益也是重要的原因之一，技术效率变动指数的标准差为 0.141，因此大多战略性新兴产业上市公司的技术效率变动指数集中在均值附近，整体来看，这些企业的技术效率较高。

技术进步指数 *Tech* 的均值为 1.027，战略性新兴产业上市公司的技术进步变动指数均值低于技术效率变动指数，其标准差为 0.225，相对于技术效率变动指数的标准差 0.141 较高。因此，在不同的战略性新兴产业上市公司之间，技术水平差异较大。

其他变量方面，样本企业总资产收益率 *ROA* 的均值为 6.732，从均值来看，营利水平在整体 A 股中属于较好的水平，但全部样本中最小值为－24.530，最大值为 58.634。可见，由于战略性新兴产业上市公司研发风险较大，营利存在较大的不确定性。样本企业规模 *Scale* 的均值为 3.842，上市公司都有较大的规模，这是因为技术研发需要大量资金人员，现金流紧张，只有较大规模的企业才可能承担起该类风险并成功上市。总资产周转率 *Turn* 的均值为 1.069，受行业本身研发投入周期长、产品成品速度慢的影响，战略性新兴产业上市公司整体周转较慢。

经济环境方面，经济环境 *Growth* 的均值为 9.267，可以看出 2007—2015 年，中国经济增长较快，更有利于上市公司的发展，其在 2007 年达到了区间的最高值 14.20%，经济增长率最小值为 2015 年的 6.90%，为战略性新兴上市公司全要素生产率增长提供了有利条件。

4.4 回归结果分析

基于 2007—2015 年战略性新兴产业上市公司全要素生产率和财务数据，分析战略性新兴产业发展政策对企业全要素生产率的影响作用，并进行回归分析，基准回归和双重差分回归结果如表 4－3 所示。

表 4－3 战略性新兴产业发展政策对企业全要素生产率的影响

	基准回归			双重差分		
	模型(1) *Tfp*	模型(2) *Effch*	模型(3) *Tech*	模型(4) *Tfp*	模型(5) *Effch*	模型(6) *Tech*
Policy×*Treated*	—	—	—	0.210 2** (2.72)	0.037 3** (2.93)	0.126 7*** (5.68)

续　表

	基准回归			双重差分		
	模型(1) *Tfp*	模型(2) *Effch*	模型(3) *Tech*	模型(4) *Tfp*	模型(5) *Effch*	模型(6) *Tech*
Policy	0.301 5*** (12.13)	0.033 6*** (5.04)	0.165 1*** (14.54)	—	—	—
ROA	0.022 3* (2.38)	0.006 6*** (6.73)	0.005 3* (2.18)	0.010 9* (2.24)	0.004 3*** (6.26)	0.002 5 (1.56)
Scale	−0.190 1*** (−8.78)	−0.005 8* (−2.56)	−0.055 1*** (−9.96)	−0.206 5*** (−16.43)	−0.010 6*** (−7.14)	−0.057 2*** (−14.88)
Cash	0.003 7 (0.74)	0.003 5* (2.22)	−0.000 6 (−0.28)	−0.000 2 (−1.50)	−0.000 1** (−2.88)	−0.000 1* (−2.06)
Lev	2.896 1 (1.79)	0.406 7*** (3.38)	0.971 4* (2.37)	1.856 3* (2.21)	0.265 0** (3.10)	0.689 8** (2.86)
Turn	−0.140 6 (−1.44)	−0.028 9*** (−5.35)	−0.053 4 (−1.27)	−0.103 8 (−1.33)	−0.016 3* (−1.97)	−0.045 6 (−1.16)
Growth	0.118 4*** (5.11)	0.023 2*** (9.58)	0.072 8*** (9.72)	0.337 9*** (8.06)	0.216 4*** (7.91)	0.055 6** (2.97)
常数项	−0.926 6 (−0.86)	0.579 9*** (7.07)	0.006 4 (0.02)	6.731 9*** (11.02)	4.175 7*** (10.65)	2.296 8*** (8.72)
FIRM	YES	YES	YES	YES	YES	YES
TIME	YES	YES	YES	YES	YES	YES
豪斯曼值	73.90	55.34	102.42	158.66	59.18	157.95
N	2 007	2 007	2 007	3 555	3 555	3 555
adj. R^2	0.324 2	0.203 8	0.362 8	0.375 1	0.283 1	0.491 1

注：* $p<0.05$，** $p<0.01$，*** $p<0.001$。

4.4.1　基准回归实证结果

从基准回归模型结果得出，政策虚拟变量的系数在 1%的显著水平上均表现为正，2010 年国务院产业发展政策的实施提高了战略性新兴企业的全要素生产率。模型(1)显示政策实施后的战略性新兴产业企业全要素生产率比实施前的企业增加了 0.301 5；模型(2)显示政策实施后的战略性新兴产业企业技术效率变动指数比实施前的企业技术效率变动指数增加 0.033 6；模型(3)显示政策实施后的战略性新兴产业企业全要素生产率比实施前的企业技术效率增加 0.165 1。因此，从模型的核心变量的解释中可以得出，本次产业发展政策更多地提高了技术进步因素，进而提高了总的全要素生产率，与研究假设结果一致。

以上结论与余明桂等(2016)以“五年规划”为政策变量，通过对 2001—2011 年上市公司的数据进行整理，得出的产业政策能够提高企业技术创新效率的结论一致。与舒锐(2013)通过企业税收优惠对工业行业层面全要素生产率增长及其分解的影响无显著性的结论相反，可能的原因是该学者的数据受到了行业层面的限制以及工业企业创新不足影响。而本文利用了 2010 年战略性新兴产业政策覆盖企业的微观数据，产业本身创新程度较高，对全要素生产率的影响较为显著。

其他控制变量方面，企业规模 *Scale* 在企业全要素生产率的 1%的水平上显著为负，即企业规模减少将有利于企业全要素生产率的提高，这个结果与钱雪松等(2018)利用双重差分法研究十大产业振兴规划对企业全要素生产率中的回归结果一致，可能的原因为小企业更具有灵活性，更容易集中资源进行生产和创新，大企业规模庞大，资源利用不充分，使得企业规模与全要素生产率反方向变动。高凌云等(2014)的研究也印证了这一说法，他们发现，由于存在明显的资源错配问题，规模较大的工业企业的生产率实际水平不高。

根据模型(1)(2)(3)的回归结果，总资产收益率 *ROA* 在 10%的显著水平上对全要素生产率 *Tfp* 和技术进步变动指数 *Tech* 的影响显著为正，在 1%的显著水平下对技术效率变动指数 *Effch* 的影响显著为正，营利指标总资产收益率对技术效率的影响更为显著。

另外，经济增长率 *Growth* 在 1%的显著性水平上对全要素生产率 *Tfp*、技术效率变动指数 *Effch* 和技术进步变动指数 *Tech* 的影响显著为正，宏观经济方面，较好的经济环境更有利于企业全要素生产率的增加。表征资本结构和杠杆水平的资产负债率 *Lev* 和表征营运能力的总资产周转率 *Turn*，在 1%的显著性水平上正向影响技术效率变动指数 *Effch*，对全要素生产率 *Tfp* 和技术进步变动指数 *Tech* 的影响不显著。现金投资利用率 *Cash* 对全要素生产率及其分解的影响相对不显著。

4.4.2　双重差分实证结果

从双重差分模型结果来看，模型(4)(5)(6)中被解释变量与解释变量表现出了较强的相关性，2010 年战略性新兴产业规划的政策实施净效应 $Policy \times Treated$ 在 5%的显著性水平上，正向影响全要素生产率 Tfp 和技术效率变动指数 $Effch$，在 1%的显著性水平上，正向影响技术进步变动指数 $Tech$。即该产业政策冲击使得战略性新兴上市公司的全要素生产率提高，使战略性新兴上市公司的全要素生产率平均提高了 0.210 2，对全要素生产率分解项 $Effch$、$Tech$ 提升分别为 0.037 3 和 0.126 7，表明战略性新兴产业发展政策能够有效提升覆盖范围上市公司的技术进步，与基准回归的结果一致，该项产业政策是有效率的。

因此，本文支持了产业政策有效论，在战略性新兴产业发展的初期，通过制定战略性新兴产业发展政策、对资源配置合理调控及补贴和税收减免等手段促进了对该产业的投资，缓解了战略性新兴产业的外部性问题。同时，通过一系列配套政策措施明确了战略性新兴产业的申报条件及具体支持措施，减少了信息搜寻成本，缓解了战略性新兴产业发展初期的信息不对称问题，促进了企业的生产积极性。进一步地，2010 年的战略性新兴产业发展政策的实施改变了战略性新兴上市公司的要素投入配置，从本文的实证结果来看，这一产业发展政策优化了资源的投入，获得了同等条件下更大的产出水平，最终表现为企业全要素生产率的提升。

其他变量方面，相较基准回归模型，ROA 的显著性有所降低，企业规模 $Scale$ 呈现出较高的显著性，$Scale$ 在 1%的水平上对企业全要素生产率及其分解项影响为负，即资产规模较大的上市公司生产效率有所降低。而现金投资利用率 $Cash$ 在 5%的显著性水平上对技术效率变动指数 $Effch$ 的影响显著为负，在 10%的显著性水平上对技术进步变动指数 $Tech$ 的影响显著为负，可能的原因是将现金转向投资后，现金投资利用率降低，但进一步增加了生产，进而提升了全要素生产率。经济增长率在 1%的显著性水平上仍影响全要素生产率及其分解项，经济增长率主要通过影响技术效率变动指数，如企业产出和规模效率等进而对全要素生产率产生促进作用。

综上所述，2010 年 10 月，国务院出台的战略性新兴产业发展政策冲击有效增长了上市公司全要素生产率。两个模型的结果均表明，对于企业全要素生产率的贡献方面，技术进步变动的影响因子较技术效率变动大，因此，可以得出结论：该项产业发展政策不仅能够带来产出和产值上的提升，还能够有效促进上市公司技术进步，进而提升产业全要素生产率，印证了本文的假设。可见，此项政策对战略性新兴产业的初期快速发展具有不可替代的作用，即本文支持了产业政策有效的理论。我们认为，未来政府仍然需要根据具体产业发展阶段对战略性新兴产业政策进行相应调整。

4.5 稳健性检验

4.5.1 平行趋势检验

由于双重差分法要求满足平行趋势假设，即在战略性新兴产业规划的政策冲击之前，对照组和处理组企业的全要素生产率的差异不随时间产生变化，在政策实施之前需要维持基本相同的发展趋势。因此本文构建以下模型进行平行趋势检验：

$$M_{TFP}=\alpha_0+\alpha_1 pre_{\_i}+\alpha_2 Current+\alpha_3 post_{\_i}+\alpha_5 X_i+\lambda_i+\mu_i+\varepsilon_i \quad (4.3)$$

其中，$pre_{_i}$为战略性新兴产业发展政策执行前 i 年虚拟变量（$i=1,\ 2,\ 3$）；$Current$ 是政策实行当年的虚拟变量；$post_{_i}$为政策执行后 i 年的虚拟变量（$i=1,\ 2,\ 3$），处于该时间段内取值为 1，否则取值为 0，其他变量与基准模型相同。

根据回归结果对于各政策执行的年份虚拟变量的系数显著性分析结果显示（图 4-1），对于 2010 年及其前三年的系数在 0 值附近波动且不显著，从 2010 年

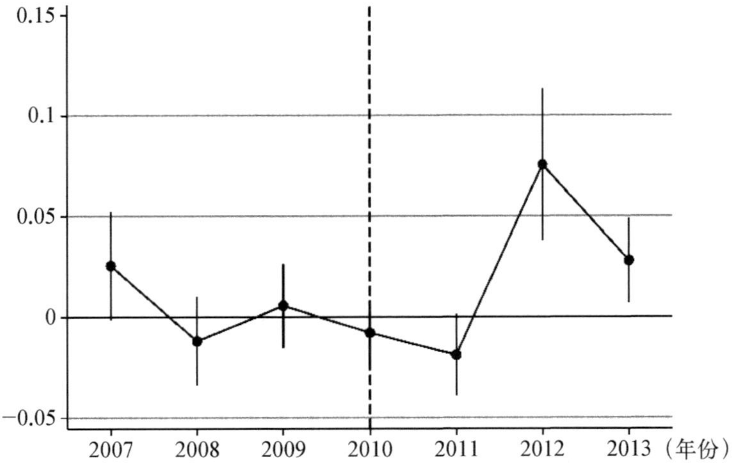

图 4-1 平行趋势检验图

后三年的结果来看，2011 年的系数仍不显著，但 2012 年、2013 年系数开始显著且为正。这进一步说明该项政策效果可能出现在颁布后两年，并逐渐变得影响显著，与之前的年份差异很大，数据基本满足了平行趋势假设。

4.5.2　基于倾向得分匹配的双重差分检验

平行趋势检验显示各政策执行的年份虚拟变量的系数仅在 2011 年后变得显著，但自 2013 年后其系数有下降并回归至 0 值的趋势，因此，本文进一步利用倾向得分匹配，根据战略性新兴产业上市公司共同的其他可观测特征，找到政策前后较为匹配的上市公司，进一步利用双重差分模型进行回归分析(图 4 - 2)。

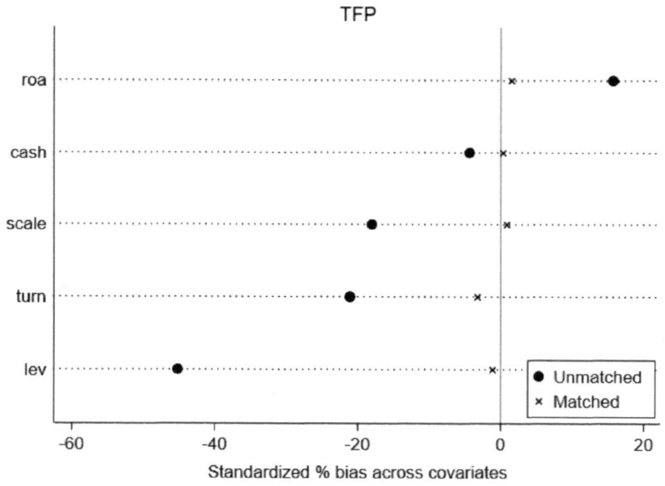

图 4 - 2　基于核匹配方法的匹配效果图

进行匹配的变量为企业规模 *Scale*、企业杠杆水平 *Lev*、总资产收益率 *ROA*、现金投资利用率 *Cash*、总资产周转率 *Turn*。匹配方法一般有最邻近匹配法、半径匹配法、核匹配法三种。由于最邻近匹配要求分值精确接近；半径匹配法将处理组样本设置在一个半径范围内，在半径距离之内与对照组匹配；核匹配严格上属于半径匹配的其中一种，但选择了较大的半径范围，使得匹配空间尽量包含多的对照组样本。本文选择核匹配法进行匹配。

基于核匹配方法的匹配图显示，以 *Tfp* 作为结果变量，在匹配后大部分的特征变量标准化偏差均小于 10%，较匹配前有较大幅度的减小，尤其是 *Lev* 变量和 *Turn* 变量，较好地平衡了数据。且 *t* 检验的结果表示不拒绝原假设(对照组和处理组均值相同），同时对于 *Effch* 和 *Tech* 的匹配效果也非常好，本文进一步选择匹配后样本进行双重差分回归，回归结果汇报如表 4-4 所示。

表 4-4 基于 PSM-DID 的回归模型结果

	模型(1) *Tfp*	模型(2) *Effch*	模型(3) *Tech*
Policy× *Treated*	0.190 8** (2.69)	0.037 4** (2.76)	0.121 5*** (5.57)
ROA	0.009 1 (1.75)	0.004 5*** (7.03)	0.001 8 (1.07)
Scale	−0.039 5** (−2.78)	−0.010 3** (−2.76)	−0.004 7* (−2.23)
Cash	−0.000 5 (−0.07)	0.001 9 (0.77)	−0.001 9 (−0.68)
Lev	1.866 9* (2.23)	0.288 9*** (3.58)	0.701 1** (3.03)
Turn	−0.092 9 (−1.33)	−0.012 5* (−2.38)	−0.043 5 (−1.14)
Growth	0.274 7*** (−5.55)	0.216 5*** (8.16)	0.036 4 (1.68)
_cons	5.284 7*** (8.37)	4.157 0*** (11.05)	1.851 9*** (6.10)
N	3 546	3 546	3 546
adj. R^2	0.247 9	0.258 8	0.442 4

注：* $p<0.05$，** $p<0.01$，*** $p<0.001$。

从回归结果可以看出，政策净效应在 5%的显著性水平上对全要素生产率 *Tfp* 和技术效率变动指数 *Effch* 的影响为正；在 1%的显著性水平上对技术进步变动指数 *Tech* 的影响为正。同时，处理组 *Tfp* 的增长主要源于技术进步的贡献，对于全要素生产率 *Tfp*、技术效率变动指数 *Effch* 和技术进步变动指数 *Tech* 的影响因子分别为 0.190 8、0.037 4 和 0.121 5，该检验结果与普通双重差分模型下系数 0.210 2、0.037 3 和 0.126 7，相差较小，符合平行趋势假设后的回归结果未发生较大变化，回归结果均是可靠的，即战略性新兴政策显著提高了产业全要素生产率，且有利于技术进步，进一步支持了战略性新兴产业发展政策有效理论。

4.5.3 剔除2008年金融危机影响的PSM－DID检验

2008年全球金融危机，我国的经济发展和相关产业也受到了一定的影响，全要素生产率可能存在经济危机导致的大幅下降，战略性新兴产业政策实施可能叠加了经济危机后全要素生产率的自然回升效果，并导致本文的回归结果出现偏差，为了消除这一偏差，将2008年和2009年的数据剔除，重新利用PSM－DID模型进行回归分析，观察回归结果是否与上文结果具有异质性，并将回归结果如表4－5所示。

表4－5 剔除2008—2009年数据的PSM－DID的回归模型结果

	模型(1) *Tfp*	模型(2) *Effch*	模型(3) *Tech*
Policy× *Treated*	0.375 1** (2.76)	0.060 5*** (3.60)	0.234 8*** (5.54)
ROA	0.013 8 (1.22)	0.003 4*** (3.63)	0.002 3 (0.85)
Scale	−0.055 2** (−2.74)	0.003 9 (0.25)	−0.023 1 (−0.87)
Cash	−0.007 3* (−1.99)	0.000 4 (0.16)	−0.003 1 (−0.88)
Lev	2.443 9* (2.14)	0.332 3*** (3.33)	0.902 1*** (3.35)
Turn	−0.134 8 (−1.25)	−0.027 7 (−0.71)	−0.227 4*** (−4.09)
Growth	0.305 9*** (4.60)	0.209 4*** (7.73)	0.021 0 (0.92)
_cons	5.466 2*** (7.06)	4.014 4*** (10.73)	1.821 2*** (5.36)
N	2 761	2 761	2 761
adj. R^2	0.256 2	0.301 0	0.465 8

注：* $p<0.05$，** $p<0.01$，*** $p<0.001$。

回归结果显示，剔除 2008 年金融危机对实体经济的影响因素之后，政策变量的系数仍然显著，2010 年战略性新兴产业政策在 5%的显著性水平上对企业全要素生产率的影响为正，在 10%的显著性水平上对技术效率和技术进步水平的影响为正，且整体的影响因子均对应变大，与文中各回归模型的回归结果一致，因此，一定程度上也可以证明研究的回归结果是稳健的。

第5章　异质性分析

在全样本范围内，战略性新兴产业发展政策对覆盖范围内的上市公司全要素生产率具有提升作用，并且显著提高了生产效率和技术进步，接下来本文将根据上市公司所属的具体战略性新兴细分产业和所属地区进行异质性检验，在回归模型的选取上，由于利用双重差分法可能难以达到平行趋势假设的要求，因此本文直接使用 PSM－DID 模型进行分析，仍以 173 家非战略性新兴上市公司作为对照组，匹配方法仍选择核匹配方法。

5.1　基于七大战略性新兴产业的异质性分析

根据对 2018 年战略性新兴产业全要素生产率的测算，笔者发现对于全要素生产率和分解项，不同细分产业呈现出不同的特征，也有一定的规律。将七大产业的全要素生产率排序后，总的全要素生产率和技术效率排名大致一致，技术进步有着相反的规律，因此，2010 年产业发展政策对不同产业全要素生产率的影响，也可能呈现出一些规律。根据全要素生产率的大小排名，本节以两个一组，顺次对其进行了 PSM－DID 模型回归检验，并将对检验结果进行分析。

5.1.1　七大产业的回归结果

首先，新一代信息技术产业和节能环保产业上市公司 2018 年全要素生产率处于较高水平，位于所有产业的第一、二位，这两种产业的上市公司的回归结果如表 5－1 所示。其中模型(1)(2)(3)为战略性新兴产业发展政策对于节能环保产业上市公司全要素的 PSM－DID 回归结果，模型(4)(5)(6)为战略性新兴发展政策对于新一代信息技术产业上市公司全要素的 PSM－DID 回归结果。

表 5-1 新一代信息技术产业和节能环保产业上市公司的回归结果

	节能环保产业			新一代信息技术产业		
	模型(1) *Tfp*	模型(2) *Effch*	模型(3) *Tech*	模型(4) *Tfp*	模型(5) *Effch*	模型(6) *Tech*
Policy×*Treated*	0.178 2** (2.72)	0.106 9** (2.65)	0.193 7* (2.05)	0.300 9*** (5.16)	0.140 1*** (3.04)	0.177 2** (2.67)
ROA	0.004 6 (0.60)	0.004 4*** (4.00)	0.000 8 (0.26)	0.014 3 (1.20)	0.004 4*** (3.57)	0.003 6 (0.97)
Scale	0.021 0 (0.30)	0.002 5 (0.10)	0.015 0 (0.46)	0.000 3 (0.00)	0.011 0 (0.59)	0.010 7 (0.35)
Cash	−0.000 1 (−0.57)	−0.000 2*** (−4.17)	−0.000 1 (−0.18)	−0.000 3 (−0.00)	−0.000 1** (−3.32)	−0.002 0 (−0.29)
Lev	1.223 1** (2.72)	0.191 8 (1.83)	0.567 3** (2.77)	2.515 1 (1.82)	0.277 9* (2.16)	0.908 1* (2.37)
Turn	−0.216 5*** (−3.44)	−0.033 5 (−1.20)	−0.121 1*** (−3.62)	−0.352 2** (−2.63)	−0.035 8 (−1.36)	−0.164 1*** (−3.66)
Growth	0.259 2*** (4.87)	0.214 4*** (4.87)	0.058 8* (2.37)	0.212 6** (2.83)	0.204 4*** (5.47)	0.000 1 (0.01)
_cons	5.794 6*** (6.97)	4.240 2*** (6.91)	2.513 6*** (6.44)	4.563 8*** (4.66)	4.004 0*** (7.67)	1.482 3** (3.12)
N	1 594	1 594	1 594	2 117	2 117	2 117
adj. R^2	0.534 0	0.261 8	0.610 1	0.269 3	0.255 5	0.478 9

注：* $p<0.05$，** $p<0.01$，*** $p<0.001$。

从表 5-1 的回归结果中可以看出，战略性新兴产业发展政策在 1%的显著性水平上对新一代信息技术产业上市公司的全要素生产率影响为正，影响因子为 0.300 9；在 1%的显著性水平上对技术效率变动指数的影响为正；对技术效率变动指数仅在 5%的水平上显著，其系数为 0.177 2。

2010 年战略性新兴产业发展政策对节能环保产业上市公司全要素生产率在 5%的水平上显著为正，影响因子为 0.178 2。这说明该政策在 5%的显著性水平上对上市公司技术效率变动指数的影响为正，但是其对上市公司技术进步变动指数的影响不显著。

2018年新材料产业和生物产业的上市公司全要素生产率及其分解项处于所有产业的中上水平，产业发展政策对新材料产业和生物产业的上市公司的回归结果如表5-2所示。从表中可以看出，2010年战略性新兴产业发展政策对新材料产业全要素生产率的影响显著为正，其在1%的显著性水平上对上市公司全要素生产率的影响系数为0.311 3，使得上市公司全要素生产率大幅增加；在5%的显著性水平上对技术效率变动指数的影响因子为0.042 8；在1%的显著性水平上对新材料产业上市公司技术变动效率的影响因子为0.167 6。

表5-2 新材料产业和生物产业上市公司的回归结果

	新材料产业			生物产业		
	模型(1) *Tfp*	模型(2) *Effch*	模型(3) *Tech*	模型(4) *Tfp*	模型(5) *Effch*	模型(6) *Tech*
Policy×*Treated*	0.311 3*** (7.03)	0.042 8** (3.02)	0.167 6*** (7.53)	0.232 4*** (5.08)	0.038 8* (2.47)	0.119 3*** (5.77)
ROA	0.003 8 (0.84)	0.004 1*** (5.35)	0.000 4 (0.21)	0.006 7 (1.06)	0.004 6*** (4.18)	0.002 0 (0.73)
Scale	−0.004 5 (−0.07)	0.001 1 (0.05)	−0.003 8 (−0.12)	−0.032 0 (−0.50)	−0.017 0 (−0.78)	−0.003 3 (−0.11)
Cash	−0.000 2 (−1.02)	−0.000 1*** (−3.88)	−0.004 (−0.93)	−0.000 1 (−1.30)	−0.000 1** (−3.23)	−0.000 1 (−1.22)
Lev	1.028 8** (2.71)	0.175 4* (2.10)	0.485 7** (2.76)	1.139 8** (3.00)	0.169 0 (1.88)	0.562 8** (3.18)
Turn	−0.187 2** (−3.31)	−0.017 7 (−0.59)	−0.111 4*** (−3.62)	−0.221 1*** (−3.75)	−0.027 6 (−1.12)	−0.132 1*** (−3.86)
Growth	−0.251 2*** (−5.09)	−0.205 8*** (−5.18)	−0.062 3** (−2.90)	0.279 5*** (6.02)	0.239 9*** (6.48)	0.047 2* (2.16)
_cons	5.721 3*** (7.35)	4.090 8*** (7.46)	2.596 2*** (7.42)	6.167 5*** (8.47)	4.648 5*** (9.00)	2.353 0*** (6.85)
N	1 815	1 815	1 815	2 005	2 005	2 005
adj. R^2	0.503 4	0.262 4	0.577 8	0.512 8	0.269 5	0.589 8

注：* $p<0.05$，** $p<0.01$，*** $p<0.001$。

对于生物产业上市公司，战略性新兴产业发展政策对在1%的显著性水平上对上市公司全要素生产率影响因子为0.232 4，使得上市公司全要素生产率大幅增加；在10%的显著性水平上对技术效率变动指数的影响因子为0.038 8；在1%的显著性水平上对生物产业上市公司技术进步变动的影响因子为0.119 3，其对技术效率变动指数的影响相对不显著。

在2018年上市公司所属的高端装备制造产业和新能源产业的全要素生产率处于所有产业排名后半部分，仍然以2010年产业发展政策为政策冲击，对处于该产业内的上市公司全要素生产率及其分解项进行回归，其结果如表5-3所示。

表5-3 高端装备制造产业和新能源产业上市公司的回归结果

	高端装备制造产业			新能源产业		
	模型(1) *Tfp*	模型(2) *Effch*	模型(3) *Tech*	模型(4) *Tfp*	模型(5) *Effch*	模型(6) *Tech*
Policy×*Treated*	0.169 4*** (3.43)	0.021 9 (1.18)	0.090 3** (2.88)	0.219 1** (2.42)	0.020 5 (1.02)	0.120 9** (2.86)
ROA	0.003 5 (0.48)	0.004 1*** (4.28)	0.000 5 (0.15)	0.004 9 (0.67)	0.004 8*** (4.85)	0.000 7 (0.22)
Scale	0.045 0 (0.72)	0.005 4 (0.27)	0.025 8 (0.87)	0.028 6 (0.48)	0.004 8 (0.24)	0.017 1 (0.62)
Cash	−0.000 3 (−0.64)	−0.000 1*** (−4.40)	−0.000 5 (−0.11)	−0.001 1 (−0.88)	−0.000 4*** (−4.34)	−0.000 6 (−0.58)
Lev	1.103 0** (2.69)	0.163 7 (1.93)	0.535 8** (2.76)	1.151 6** (2.88)	0.194 9* (2.12)	0.524 8** (2.81)
Turn	−0.179 8** (−2.77)	−0.023 3 (−0.80)	−0.107 5*** (−3.41)	−0.212 4*** (−3.34)	−0.037 3 (−1.42)	−0.117 6*** (−3.57)
Growth	−0.260 6*** (−5.20)	−0.235 5*** (−5.97)	−0.040 9 (−1.73)	0.266 2*** (5.44)	0.220 5*** (5.57)	0.058 5** (2.62)
_cons	5.689 3*** (7.45)	4.521 8*** (8.24)	2.192 0*** (6.04)	5.802 2*** (7.72)	4.306 4*** (7.79)	2.471 3*** (7.16)
N	1 815	1 815	1 815	1 770	1 770	1 770
adj. R^2	0.526 8	0.270 0	0.602 8	0.519 2	0.264 6	0.595 2

注：* $p<0.05$，** $p<0.01$，*** $p<0.001$。

对于高端装备制造产业上市公司，战略性新兴产业发展政策对高端装备制造产业上市公司全要素生产率影响在1%的水平上显著，政策支持前后其全要素生产率增长了0.169 4；对技术进步变动指数的影响也在5%的水平上显著，但是对技术效率变动指数的影响并不显著。

对于新能源产业上市公司，产业政策对新能源产业上市公司全要素生产率影响在1%的水平上显著；对其技术效率变动指数的影响不显著；战略性新兴产业发展政策对技术进步变动指数的影响在5%的水平上显著。

新能源汽车产业内的上市公司在2018年的全要素生产率测算中排在末尾，但技术进步变动指数却排名靠前。从新能源汽车产业上市公司的回归结果中可以看出，企业全要素生产率及技术效率变动指数的系数均不显著，但产业发展政策在5%的显著性水平上对技术进步变动指数的影响为正，影响因子为0.162 0。

表5-4　新能源汽车产业上市公司的回归结果

	模型(1) *Tfp*	模型(2) *Effch*	模型(3) *Tech*
Policy×*Treated*	0.235 6 (1.67)	0.017 8 (0.66)	0.162 0** (2.92)
ROA	0.004 5 (0.50)	0.004 1*** (3.39)	0.001 2 (0.33)
Scale	0.021 4 (0.30)	0.005 3 (0.22)	0.013 5 (0.41)
Cash	−0.000 1 (−0.42)	−0.000 1*** (−4.19)	0.000 2 (0.19)
Lev	1.241 2** (2.77)	0.171 6 (1.74)	0.601 8** (2.89)
Turn	−0.215 3** (−3.20)	−0.036 1 (−1.35)	−0.116 7*** (−3.41)
Growth	0.264 9*** (4.84)	0.227 3*** (5.36)	0.054 6* (2.16)
_cons	5.872 3*** (6.83)	4.435 2*** (7.51)	2.428 4*** (6.09)

续 表

	模型(1) *Tfp*	模型(2) *Effch*	模型(3) *Tech*
N	1 608	1 608	1 608
adj. R^2	0.530 2	0.269 7	0.601 7

注：* $p<0.05$，** $p<0.01$，*** $p<0.001$。

5.1.2 七大产业的异质性分析

综合上述七个回归的结果，筛选出战略性新兴产业发展政策对各个产业全要素生产率在 1%和 5%水平上显著的系数(这里将 10%的显著性水平视为不显著)(表 5-5)，可以看出，尽管在第 4 章中全部样本的政策变量系数均是显著的，但在七大战略性新兴产业上的表现不尽相同。从显著性上来看，在对全要素生产率的影响方面，2010 年产业发展政策仅对新能源汽车产业上市公司的全要素生产率不显著。在对技术效率变动指数的影响方面，该项政策对新一代信息节能环保产业、新材料产业上市公司有正向影响作用，对其他产业的技术效率变动指数不显著。在对技术进步变动指数的影响方面，该项产业发展政策仅对节能环保产业不显著。

表 5-5 七大战略性新兴产业政策系数汇总

产 业 名 称	*Tfp*	*Effch*	*Tech*
新一代信息技术产业	0.300 9	0.140 1	0.177 2
节能环保产业	0.178 2	0.106 9	不显著
新材料产业	0.311 3	0.042 8	0.167 6
生物产业	0.232 4	不显著	0.119 3
高端装备制造产业	0.169 4	不显著	0.090 3
新能源产业	0.219 1	不显著	0.120 9
新能源汽车产业	不显著	不显著	0.162 0

结合政府干预理论和全要素生产率理论，2010 年战略性新兴产业发展政策实施之后，中央和地方政府分别对七大战略性新兴产业提出了相应的配套政策，如补助资

金、税收减免等。这些政策解决了七大战略性新兴产业投资不足的问题，通过影响七大战略性新兴产业的进入壁垒和要素投入的配置，驱动市场需求，完善了七大战略性新兴产业上市公司的投入、产出配置，最终促进了上市公司全要素生产率的提升。

对于新能源汽车产业，产业发展政策是低效的，可能是因为我国当时新能源汽车厂商较为稀缺，且几乎很少量产，基础设施如充电桩等不完善。根据全要素生产率的投入产出理论，即使有大量的投入也无法创造大量的产出，无法通过产业政策优化资源配置提升新能源汽车产业的全要素生产率，而仅仅提升了新能源汽车产业的技术水平。因此，新能源汽车产业的回归结果表明，对于没有产出的企业，产业政策的作用仅限于提升其内部技术等因素，只有该产业发展达到了一定水平，产业政策才能发挥最大的作用。

对于生物产业、高端装备制造产业、新能源产业，战略性新兴产业，发展政策对其上市公司的技术效率变动指数影响不显著，可能是因为这类产业的特点是规模扩张需要投入的成本较大，无法大规模化生产，无法产生规模经济，导致该类产业的技术效率水平提升不明显，但这些行业的技术水平却有提升。

对于节能环保产业，2010 年战略性新兴产业发展政策对其全要素生产率和技术效率水平有显著提升，但对节能环保产业上市公司的技术进步水平并未显示出显著的影响作用，可能的原因是节能环保产业在我国发展时间较短。技术基础上，节能环保产业的关键核心技术长期掌握在欧盟等发达地区及国家手中，我国市场化程度低，产业集中度低，低水平运营比较严重，仅投入资金较难获得核心技术水平的提升，政策在技术水平上是失效的。

从影响因子的大小来看，对全要素生产率和技术效率的影响因子呈现出新一代信息技术产业、节能环保产业、新材料产业较高，生物产业、高端装备制造产业、新能源产业较低的现象。结合 2018 年各产业全要素生产率测算结果发现，这些行业均表现出较高的全要素生产率和技术效率水平，而生物产业、高端装备制造产业、新能源产业政策影响因子较低，生产积累较少，在 2018 年全要素生产率指数中表现较弱。因此，由于不同产业的初始禀赋和技术特点的不同，政策对资源配置的改善效率也不同，产业政策最终要"因产制宜"。

5.2　基于东部地区、中部地区、西部地区的异质性分析

根据我国地区的划分，对东部、中部、西部对战略性新兴产业上市公司全要素生产率进行 PSM - DID 模型回归结果如表 5 - 6 所示。

表 5-6 分地区回归结果

	东部地区			中部地区			西部地区		
	模型(1) *Tfp*	模型(2) *Effch*	模型(3) *Tech*	模型(4) *Tfp*	模型(5) *Effch*	模型(6) *Tech*	模型(7) *Tfp*	模型(8) *Effch*	模型(9) *Tech*
Policy×*Treated*	0.311 5** (2.96)	0.034 0* (2.22)	0.095 0** (3.19)	0.250 4*** (5.43)	0.033 2* (2.11)	0.135 1*** (6.14)	0.103 4*** (5.20)	0.049 4* (2.57)	0.153 1*** (6.87)
ROA	0.010 7 (1.69)	0.004 2*** (5.43)	0.002 8 (1.37)	0.004 4 (0.64)	0.003 7** (3.11)	0.001 1 (0.37)	0.004 9 (0.71)	0.004 5*** (4.63)	0.000 9 (0.32)
Scale	−0.017 8 (−0.26)	0.001 1 (0.07)	−0.001 3 (−0.05)	−0.005 2 (−0.09)	−0.003 8 (−0.20)	0.006 3 (0.22)	0.011 7 (0.20)	−0.003 6 (−0.18)	0.011 7 (0.43)
Cash	−0.000 1 (−0.53)	−0.000 1* (−2.52)	−0.000 1 (−1.23)	−0.001 7 (−0.19)	0.000 4 (0.11)	−0.001 7 (−0.44)	−0.000 1 (−1.36)	−0.000 2*** (−4.64)	−0.000 0 (−1.13)
Lev	2.132 6* (1.97)	0.266 0* (2.48)	0.803 4** (2.61)	1.160 3** (3.05)	0.177 4* (1.98)	0.555 7** (3.18)	1.123 6** (3.03)	0.198 3* (2.24)	0.522 0** (3.02)
Turn	−0.294 3** (−2.71)	−0.018 3 (−0.69)	−0.145 4*** (−3.81)	−0.196 3** (−3.28)	−0.018 3 (−0.65)	−0.122 5*** (−3.76)	−0.192 2** (−3.15)	−0.023 0 (−0.81)	−0.112 4*** (−3.56)
Growth	0.257 1*** (4.17)	0.231 8*** (7.44)	0.018 6 (0.78)	0.255 1*** (5.51)	0.214 2*** (5.71)	0.050 6* (2.41)	0.237 5*** (5.17)	0.202 6*** (5.16)	0.046 7* (2.15)
_cons	5.226 5*** (6.35)	4.383 2*** (9.92)	1.730 0*** (4.41)	5.695 7*** (7.92)	4.228 4*** (8.09)	2.361 1*** (7.19)	5.380 5*** (7.54)	4.045 7*** (7.41)	2.286 2*** (6.87)
N	2 778	2 778	2 778	1 957	1 957	1 957	1 870	1 870	1 870
adj. R^2	0.257 9	0.263 6	0.456 4	0.512 4	0.263 4	0.588 2	0.502 2	0.251 3	0.579 2

东部地区的战略性新兴产业上市公司全要素生产率和技术进步水平受战略性新兴产业发展政策影响显著为正，其中产业发展政策对东部地区战略性新兴产业上市公司全要素生产率 Tfp 的影响因子为 0.311 5，高于中部地区和西部地区。可能的原因是东部地区经济发达，市场机制较为发达，政策传达的效率较高，能够改善东部地区战略性新兴产业上市公司的投入、产出情况，促进各类产业的投资，更易从规模上和资源配置上使得全要素生产率提升。

对于中部地区，产业发展政策对战略性新兴产业上市公司全要素生产率和技术进步水平的影响显著为正，说明该项政策在中部地区的施行也产生了较好的效果，但技术效率指数的系数仅在 10%的水平上显著，战略性新兴产业政策对西部地区上市公司技术效率水平的影响较小。

对于西部地区，战略性新兴产业发展政策对其上市公司全要素生产率和技术进步水平的影响显著为正，其影响系数为 0.153 1，高于东部地区和中部地区。可能的原因是西部地区技术水平低于东部，而产业发展政策在其技术水平较弱的时候能够发挥更大的资源配置作用，弥补西部地区原来战略性新兴产业投资不足的问题，促进企业边际技术水平的提升，最终提升整体西部地区战略性新兴产业的技术水平。因此，产业发展政策的传导效率不同，最终导致了不同地区的政策效果差异。

第6章　结论与建议

6.1　研究结论

(1) 战略性新兴产业发展政策对我国战略性新兴产业上市公司全要素具有正向的影响作用,政策发生后提高了新兴企业的全要素生产率,相应的产业政策能够对行业及企业的发展起到推动作用。从本文全样本的回归结果来看,战略性新兴产业发展政策不仅提升了战略性新兴产业上市公司的全要素生产率,还显著提升了相关上市公司的技术水平,因此,该种产业政策效果并非只是一种单纯规模扩张或低水平的生产所引起的增长,而且对战略性新兴产业上市公司起到了实质性的推动作用,尤其是技术水平的提升。从这个角度而言,产业政策是完全有效的,因此,未来我国政府制定详细的产业政策将有利于对应产业的增长。

(2) 在七大战略性新兴产业中,2010 年产业发展政策对于不同战略性新兴产业上市公司全要素生产率及其分解项大多都有显著提升的作用,对新一代信息技术产业、节能环保产业促进效果最显著。但产业政策对提升新能源汽车产业企业全要素生产率无效,且对生物产业、高端装备制造产业、新能源产业的技术效率水平提升作用有限;对于新一代信息技术产业的技术水平提升效果最高,对于节能环保产业的技术水平提升作用有限。结合这类产业的发展特征,对于处于整体发展较早期的产业,如新能源汽车等产业,产业政策可能无法提升其全要素生产率,对于技术发展早期且集中度较低的产业,如节能环保产业,以技术水平提升作为产业政策目标的政策也可能失效。因此,由于不同产业的初始禀赋和技术特点的不同,政策对资源配置的改善效率也不同,综合考虑产业政策目标和产业政策的效果,对症下药可能更有利于产业政策的发展。

(3) 对于不同地区,产业发展政策对战略性新兴产业上市公司的影响效果也有所差别。战略性新兴产业发展政策对我国东部地区、中部地区和西部地区的全要素生产率及其分解项都有促进作用,但整体全要素生产率对东部地区影响较大,可能原因是东部地区经济增长较快,产业政策更易发挥作用。而战略性新兴产业发展政策对西部地区新兴产业上市公司的技术效率影响最大,可能的原因是西部地区企业处于较低的发展水平,具有进一步提升的空间,且本次受到的产业政策扶持力度较强,更易从规模上和资源配置上提高生产率。因此,产业发展政策对各地区的传导效率不同,最终导致了不同地区的政策效果差异。

6.2　政策建议

(1) 政府应根据战略性新兴产业的内在发展规律,合理制定产业目标。根据本文的结论,战略性新兴产业发展政策对相关上市公司全要素生产率有促进作用,但并非任何产业政策都适用于战略性新兴产业。我国是社会主义市场经济体制,市场经济发挥主要作用,政府干预只是一种辅助手段,对战略性新兴产业前期发展的扶持是一种必要的措施,产业成熟后仍应当任其在市场竞争中发展。所以,政府要厘清市场和政府的作用,合理制定产业政策目标,战略性新兴产业有其自身的产业规律,盲目使用产业政策反而会使得政策作用难以发挥。进一步,政府不仅要选择正确的产业目标,还要慎重考虑选择的产业政策工具,让其符合目标产业的发展要求,以便有效达成产业政策目的。

(2) 针对战略性新兴产业实施的不同细分产业、地区领域,政府应当因"产"制宜、因地制宜配套相应细化政策。2018 年,国家统计局在原来七大产业的基础上又划分为九大产业,目的是让战略性新兴产业内部划分更为明确,而根据本文的异质性检验结论,不同战略性新兴细分产业受到产业政策的影响效果不尽相同,制定产业政策不应当"一刀切"。根据研究结果,2010 年战略性新兴产业发展政策对新能源汽车产业的全要素生产率影响不足,应当考虑引入其他手段发展我国新能源汽车产业,而该项政策对其他六大产业上市公司全要素生产率影响较显著,就应当考虑该使用何种产业政策工具来使政策发挥作用。同理,对于我国东部地区、中部地区和西部地区及相关省市,也应当实施有区别的产业政策。因此,政府应当考虑具体产业的发展规律,适当调整产业实质性的施行政策,以保障产业政策实施的最优效果,这对政府部门的决策水平和效率提出了一定的要求。

(3) 完善相应的保障机制,保证战略性新兴产业发展政策的实施效率。从产业政策提出到落地,存在一定的滞后性,而产业政策能够产生效果的前提是政策落地,在我国,由于部门较多,可能存在协调难度较大的问题,导致了政策成本较高，因此，应当完善我国战略性新兴产业发展政策的保障机制，提高政策的最终效率。一是在决策阶段，充分调动政府决策部门、行业自律协会和专家学者的积极性，保证政策提出的必要性和合理性。二是简化相关部门的协调机制，避免出现部门和工作人员相互推诿等现象。三是强化产业政策实施的监督机制，加强中央、地方部门检查的联动性，建立相应的考核机制，同时发挥行业自律组织的主动性，充分发挥社会监督的作用，在“最后一公里”保障战略性新兴产业发展政策的实施和落地。

6.3 研究不足与展望

（1）本文研究的样本企业数量有限。本文探讨的是微观层面上战略性新兴产业发展政策对企业全要素生产率的影响，但选取的数据主要源于2006—2015年战略性新兴产业上市公司财务数据，剔除了在2006年之后上市的公司，再加上受制于数据可获取性因素影响，本文仅对395家上市公司进行了研究，可能具有一定的局限性。

（2）本文未研究战略性新兴产业发展政策对战略性新兴产业企业全要素生产率的影响机制，仅就战略性新兴产业发展对企业全要素生产率的影响结果作出结论分析，一定程度上相当于一种政策评估。

未来的研究可通过加入非上市公司的数据来扩充样本，并对战略性新兴产业发展政策如何影响战略性新兴企业全要素生产率的具体机制作出分析和解释，以便更好地理解中国战略性新兴产业发展政策对企业全要素生产率的影响作用。

参 考 文 献

[1] AGHION P, DEWATRIPONT M, DU L S, et al. Industrial policy and competition [C]. GRASP Working Paper, 2011.

[2] AIGNER D, KNOX LOVELL C A, SCHMIDT P. Formulation and estimation of stochastic frontier production function models[J]. Journal of Econometrics, 1977, 6(1): 21 - 37.

[3] BANKER R D, CHARNES A, COOPER W W. Some models for estimating technical and scale inefficiencies in data envelopment analysis[J]. Management Science, 1984, 30 (9): 1078 - 1092.

[4] BEASON R, WEINSTEIN D E. Growth, economies of scale, and targeting in Japan (1955—1990)[J]. The Review of Economics and Statistics, 1996, 78(2): 286.

[5] CHARNES A, COOPER W W, RHODES E. Measuring the efficiency of decision making units[J]. European Journal of Operational Research, 1978, 2(6): 429 - 444.

[6] CURTIS C C. Economic reforms and the evolution of China's total factor productivity [J]. Review of Economic Dynamics, 2016, 21: 225 - 245.

[7] DE PAIVA M A. China's emergence in the global economy and Brazil[C]. Pontificia Universidade Catolica Working Paper, 2005, No. 491.

[8] DIAMOND A, SEKHON J S. Genetic matching for estimating causal effects: A general multivariate matching method for achieving balance in observational studies[J]. Review of Economics and Statistics, 2013, 95(3): 932 - 945.

[9] FARE R, GROSSKOPF S, NORRIS M, et al. Productivity growth, technical progress, and efficiency change in industrialized countries[J]. American Economic Review, 1994, 84(1): 66 - 83.

[10] FARE R, GROSSKOPF S, NORRIS M. Productivity growth, technical progress, and efficiency change in industrialized countries: Reply[J]. American Economic Review, 1997, 87(5): 1040 - 1043.

[11] FERNANDES A M. Firm productivity in Bangladesh manufacturing industries [J]. World Development, 2008, 36(10): 1725 - 1744.

[12] FORBES D P, KIRSCH D A. The study of emerging industries: Recognizing and responding to some central problems[J]. Journal of Business Venturing, 2011, 26(5): 589 - 602.

[13] HALL B H, LOTTI F, MAIRESSE J. Employment, innovation, and productivity: Evidence from Italian microdata[C]. MERIT Working Papers, 2006.
[14] JOVANOVIC B. Selection and the evolution of industry[J]. Econometrica, 1982, 50(3): 649-670.
[15] KRUEGER A, TUNCER B. An empirical test of the infant industry argument: Reply[J]. The American Economic Review, 1982, 84: 1096.
[16] LUCAS R E. On the size distribution of business firms[J]. The Bell Journal of Economics, 1978, 9(2): 508-523.
[17] MALMQUIST S. Index numbers and indifference surfaces[J]. Trabajos De Estadistica, 1953, 4(2): 209-242.
[18] RAY S, DESLI E, REVIEW A E, et al. Productivity growth, technical progress, and efficiency change in industrialized countries: Comment[J]. American Economic Review, 1997, 87(5) 1033-1039.
[19] SHLEIFER A, VISHNY R W. Politicians and firms[J]. The Quarterly Journal of Economics, 1994, 109(4): 995-1025.
[20] SOLOW R M. Technical change and the aggregate production function[J]. The Review of Economics and Statistics, 1957, 39(3): 312.
[21] STIGLITZ J, SEN A, FITOUSSI J P. The measurement of economic performance and social progress revisited[J]. Documents de Travail de l'OFCE, 2009, 19(1): 115-124.
[22] 蔡昉.中国经济增长如何转向全要素生产率驱动型[J].中国社会科学,2013(1): 56-71,206.
[23] 高凌云,屈小博,贾鹏.中国工业企业规模与生产率的异质性[J].世界经济,2014,37(6): 113-137.
[24] 韩永辉,黄亮雄,王贤彬.产业政策推动地方产业结构升级了吗? 基于发展型地方政府的理论解释与实证检验[J].经济研究,2017,52(8): 33-48.
[25] 胡一帆,宋敏,郑红亮.所有制结构改革对中国企业绩效的影响[J].中国社会科学,2006(4): 50-64.
[26] 黄先海,宋学印,诸竹君.中国产业政策的最优实施空间界定: 补贴效应、竞争兼容与过剩破解[J].中国工业经济,2015(4): 57-69.
[27] 江飞涛,李晓萍.直接干预市场与限制竞争: 中国产业政策的取向与根本缺陷[J].中国工业经济,2010(9): 26-36.
[28] 江小涓.中国推行产业政策中的公共选择问题[J].经济研究,1993,28(6): 3-18.
[29] 姜国华,饶品贵.宏观经济政策与微观企业行为: 拓展会计与财务研究新领域[J].会计研究,2011(3): 9-18,94.
[30] 蒋冠宏,蒋殿春.中国工业企业对外直接投资与企业生产率进步[J].世界经济,2014,37(9): 53-76.
[31] 黎文靖,李耀淘.产业政策激励了公司投资吗[J].中国工业经济,2014(5): 122-134.
[32] 林毅夫,蔡昉,李周.比较优势与发展战略: 对“东亚奇迹”的再解释[J].中国社会科学,1999(5): 4-20,204.

[33] 林毅夫，向为，余淼杰.区域型产业政策与企业生产率[J].经济学(季刊)，2018，17(2)：781-800.
[34] 刘澄，顾强，董瑞青.产业政策在战略性新兴产业发展中的作用[J].经济社会体制比较，2011(1)：196-203.
[35] 刘宏杰.江苏省工业企业生产率研究[D].南京：南京农业大学，2007.
[36] 鲁晓东，连玉君.中国工业企业全要素生产率估计：1999—2007[J].经济学(季刊)，2012，11(1)：541-558.
[37] 罗斯托.主导部门和起飞[M]//罗斯托.从起飞进入持续增长的经济学，贺力平，等，译.成都：四川人民出版社，1988.
[38] 孟辉，白雪洁.新兴产业的投资扩张、产品补贴与资源错配[J].数量经济技术经济研究，2017，34(6)：20-36.
[39] 孟庆玺，尹兴强，白俊.产业政策扶持激励了企业创新吗？基于"五年规划"变更的自然实验[J].南方经济，2016(12)：1-25.
[40] 齐齐，赵树宽，李其荣.战略性新兴产业企业创新效率评价研究：以东北地区为例[J].中国流通经济，2017，31(10)：65-72.
[41] 钱雪松，康瑾，唐英伦，等.产业政策、资本配置效率与企业全要素生产率：基于中国2009年十大产业振兴规划自然实验的经验研究[J].中国工业经济，2018(8)：42-59.
[42] 任曙明，吕镯.融资约束、政府补贴与全要素生产率：来自中国装备制造企业的实证研究[J].管理世界，2014(11)：10-23.
[43] 邵敏，包群.政府补贴与企业生产率：基于我国工业企业的经验分析[J].中国工业经济，2012(7)：70-82.
[44] 申嫦娥，王晓强.企业绩效评价方法的改进：模糊综合绩效评价法[J].经济管理，2003(22)：47-50.
[45] 舒锐.产业政策一定有效吗？基于工业数据的实证分析[J].产业经济研究，2013(3)：45-54.
[46] 宋凌云，王贤彬.重点产业政策、资源重置与产业生产率[J].管理世界，2013(12)：63-77.
[47] 孙国民.战略性新兴产业概念界定：一个文献综述[J].科学管理研究，2014，32(2)：43-46.
[48] 孙建军，等.2016年中国A股上市公司创新指数报告[M].北京：中国社会科学出版社，2016.
[49] 孙早，席建成.中国式产业政策的实施效果：产业升级还是短期经济增长[J].中国工业经济，2015(7)：52-67.
[50] 谭锐."十二五"期间战略性新兴产业政策回顾与困境分析[J].财经智库，2018，3(2)：106-127，143-144.
[51] 谭诗羽，吴万宗，夏大慰.国产化政策与全要素生产率：来自汽车零部件制造业的证据[J].财经研究，2017，43(4)：84-97.
[52] 谭周令.产业政策激励与中国制造业企业自主创新：来自于中国A股上市公司的证据[J].当代经济科学，2017，39(3)：59-65.

[53] 王琳.我国物流企业全要素生产率增长的随机前沿分析[D].武汉：湖北大学，2015.
[54] 王文，孙早，牛泽东.产业政策、市场竞争与资源错配[J].经济学家，2014(9)：22－32.
[55] 余明桂，范蕊，钟慧洁.中国产业政策与企业技术创新[J].中国工业经济，2016(12)：5－22.
[56] 张豪，张建华.地区全要素生产率的增长动力与溢出效应：基于中国地市级面板数据的实证研究[J].技术经济，2016，35(9)：84－91.
[57] 章祥荪，贵斌威.中国全要素生产率分析：Malmquist 指数法评述与应用[J].数量经济技术经济研究，2008，25(6)：111－122.
[58] 郑玉歆.全要素生产率的再认识：用 TFP 分析经济增长质量存在的若干局限[J].数量经济技术经济研究，2007，24(9)：3－11.

第四篇

降成本政策性措施的产业升级效果研究

吴明杭

第1章　绪　　论

1.1　选题背景

改革开放40年以来，我国凭借要素禀赋优势和体制机制改革带来的制度优势，经济规模在投资、消费和出口“三驾马车”的拉动下飞速增长。我国已成为世界第二大经济体，GDP总量剔除通货膨胀因素从1978年至2017年增长超过30倍，2018年更是突破90万亿元大关，而人均GDP也增长了22.8倍。但是，GDP同比增长率已由2007年的14.2%降至2018年的6.6%。究其原因，包括来全球经济形势普遍低迷，发达国家主动制造贸易紧张局势，全球经济面临逆全球化风险等，而最主要的原因则在于国内供给侧层面。

我国经济规模在几十年间迅速增长，但实体经济结构性失衡问题长期存在，近年来更是成为拖累经济增长的主要原因。产业层面，制造业产业高端化程度不足，传统制造业存在产能过剩问题，而高新技术产业发展水平较低；产品层面，产品质量提升速度不及产业规模扩张速度，低端产品受成本上升及需求萎缩影响而出现产能过剩，而高端制造品的国内供给无法满足需求，对外依存度较高。究其原因，现阶段我国制造业依旧以为国外品牌代理加工为主，多数厂商缺乏转型升级的魄力和决心。另一方面，我国企业创新能力有待提升，难以在产业核心技术领域实现突破，缺乏原创性和颠覆性的创新。综上所述，我国产业发展前景日益严峻，不仅面临国内“人口红利”消失和要素禀赋发生转变的重大挑战，还面临以美国为首的发达经济体“再工业化”战略、针对中国的高端封锁战略和其他发展中国家中低端制造业依靠低成本优势分流的重大挑战。倘若我国不及时采取相应措施，产业发展极易陷入“低端锁定”困境。

为从本质上解决现阶段经济发展问题，我国2015年便提出了供给侧结构性改革，目标是淘汰国内低端产业的过剩产能，并通过各种改革措施改善企业经营环境，以激发企业的自身发展动力，实现产业结构的转型升级，解决实体经济结构性失衡问题。"降成本"作为供给侧结构性改革的五大重点领域之一,改革目标是降低企业各类显性和隐性的成本负担,提高企业经营活力,鼓励其转型升级。随着改革的不断深化,政府持续推进针对降低企业成本的各类政策。2018年以来,政府更是加快推进"减税降费"政策,以降低企业税负成本并刺激企业再投资。我国企业长期以来的税费负担等方面的企业成本普遍处于较高水平,极大抑制了企业发展活力。若能通过降低成本减轻企业负担,从而释放其转型升级的内在潜力,我国便有望成功实现经济结构优化,摆脱发展中国家普遍遭遇的升级陷阱。

多年来,世界各国都在不断寻找突破产业升级困境的方案,中国这一降低企业成本以刺激其转型升级的改革方案是寻求解决产业发展问题的又一重大尝试。而"降成本"的改革措施是否可以助推中等收入国家摆脱路径依赖,成功实现产业转型升级呢?针对这一问题,本文进行了系统的理论分析与实证检验,以期为我国"降成本"的供给侧结构性改革提供研究支持,并为发展中国家的产业发展之路寻求可行的方案。

1.2 研究意义

1.2.1 现实意义

我国经济增速自2008年以来开始回落,投资、消费、出口增长放缓,经济增长动力不足,其表现在:一方面,低端领域产能过剩、实体经济结构性失衡等问题日益突出,经济结构转型升级和寻找经济增长新动力成为我国经济现阶段乃至未来较长一段时期内的主要任务;另一方面,近些年来国际贸易保护主义抬头,逆全球化趋势显现,发达经济体挑起的旨在遏制我国经济发展和产业升级的贸易争端此起彼伏。严峻的国际贸易形势对我国现阶段的产业发展带来重大挑战。因此国内疲软的经济形势和国际恶化的贸易形势都对我国实现产业转型升级、寻找经济发展新动力提出迫切的需求。我国现阶段面临的产业发展结构性问题并非我国独有,历史上众多的中等收入国家都曾遭遇过类似的产业发展困境,其中绝大多数国家无法成功跨越这一发展陷阱,中等收入国家的产业升级问题成为国际经济发展研究的重要课题。而我国自2015年以来开创性地提出供给侧结构性改革,旨在通过供给端的改革举措刺激经济的内生增长动力,实现产业的升级发展。自此,这一系列改革不断深入,各类政策措施层出不穷。而此种针对企业的、以改善企业发展环境为目的的改革措施是否能够取得效果，并对广大中等收入国家的产业转型升级具有普遍意义，即是本文旨在探索的两大问题，以寻求解决之道，并借此为我国及其他发展中国家的产业政策提供研究支持。

1.2.2　理论意义

学术界对产业升级已有较为深入的研究，但其更多集中于宏观产业结构转型和中观价值链升级维度。现实中的产业升级是非线性、不连续的，并且升级过程也日益复杂，从宏观或中观角度无法作出更加清晰的判断。本文从微观层面的产品升级入手开展研究，从结果出发探究产业升级的内在逻辑，这一思路也更加适用于当下日趋复杂的产业升级过程。

产品空间理论从企业和产品角度研究产业发展问题。现有相关研究大多遵循 Hidalgo 等(2007)的研究思路，分析国家产业升级面临的路径依赖及路径选择问题。通过构建产品空间并对比各国产品空间的历史演化路径，学者们发现各国产业发展路径与其现有产品结构密不可分，发展中国家往往面临升级困境。但是，大部分既有研究并未从实质上解决发展中国家所面临的升级难题。本文从产品空间理论的基础模型出发，将政府降低企业成本的政策性措施考虑在内，扩展了基础模型，并从理论层面说明了“降成本”政策对产业发展的正面作用，进而运用计量模型进行了实证检验。本文的研究对于过去从产品角度入手的产业研究而言是一种有力补充。

1.3　研究方法

本文从我国进出口及产业发展数据入手，剖析我国产业发展现状，并按照产品空间理论的研究思路，以理论推导方式解释产业升级的内在逻辑，最后通过相关指标数据分析和实证分析方法验证理论推导的相关结论。

(1) 文献分析法

在研究过程中，本文归纳整理了大量有关产业升级和产品空间理论的相关研究文献，以对本文所研究的问题形成较为全面清晰的认识。通过阅读相关文献，笔者具备了对不同层次、不同角度产业升级研究的系统认知，并全面把握了针对产业升级路径及影响因素的相关问题，为后续的深入分析奠定了基础。同时，通过梳理产品空间理论的发展脉络及趋势，本文的研究重点和方向得以确立。

(2) 理论分析法

本文遵循产品空间理论提出者 Hidalgo 和 Hausmann(2009)的研究思路,运用该理论的基础数理模型剖析产业升级的内在逻辑及存在的理论困境,在此基础上将成本因素引入基础数理模型,并通过扩展后的模型解决传统的产业升级难题。

(3) 数据分析法

本文首先整理归纳我国产业发展等方面的基础统计数据,并通过计算相关基础指标分析我国现阶段产业发展问题和企业成本现状,旨在寻找我国切实存在的经济现象和问题。进而借助产品空间理论的相关指标,通过数据分析全球产品特征和不同经济发展水平国家产业结构差异和产业发展趋势。

(4) 实证研究法

本文以数理模型分析为基础,在前人研究的基础上建立了实证模型,利用 2004—2009 年与 2010—2014 年两个时期的统计数据,检验产业升级的路径依赖现象,进而将“降成本”相关政策性措施变量引入模型,检验其对各国产业升级突破路径依赖的作用。本文参照国际分类标准对产业进行区分,以收入水平划分不同国家组别,并分别进行上述实证检验,旨在寻找实证结果的产业和国别差异。

1.4 研究内容

本文后续其他部分的结构安排和内容如图 1-1 所示,梗概如下:

第 2 章,文献综述。梳理了国内外针对产业研究问题的重要研究文献,主要包括产业升级不同层次和角度的研究总结、产业升级路径及相关影响因素研究总结和产品空间理论研究现状,最终对现有研究成果进行评述并简述本文研究侧重点和创新点。

第 3 章,我国产业发展及政策梳理。首先运用基础统计数据分析各产业,尤其是工业制造业的发展现状,探求我国的产业发展问题;随后借助统计数据研究我国企业面临的总体成本负担,并将企业成本划分为几大类别,分别进行成本分析;最后梳理了我国供给侧结构性改革框架及要点,尤其是“降成本”方面的政策侧重。

第 4 章,产品空间角度的产业升级理论推导。基于产品空间理论,首先遵循理论开创者的研究思路和方法,借助 HK 模型剖析了产业升级的内在逻辑及存

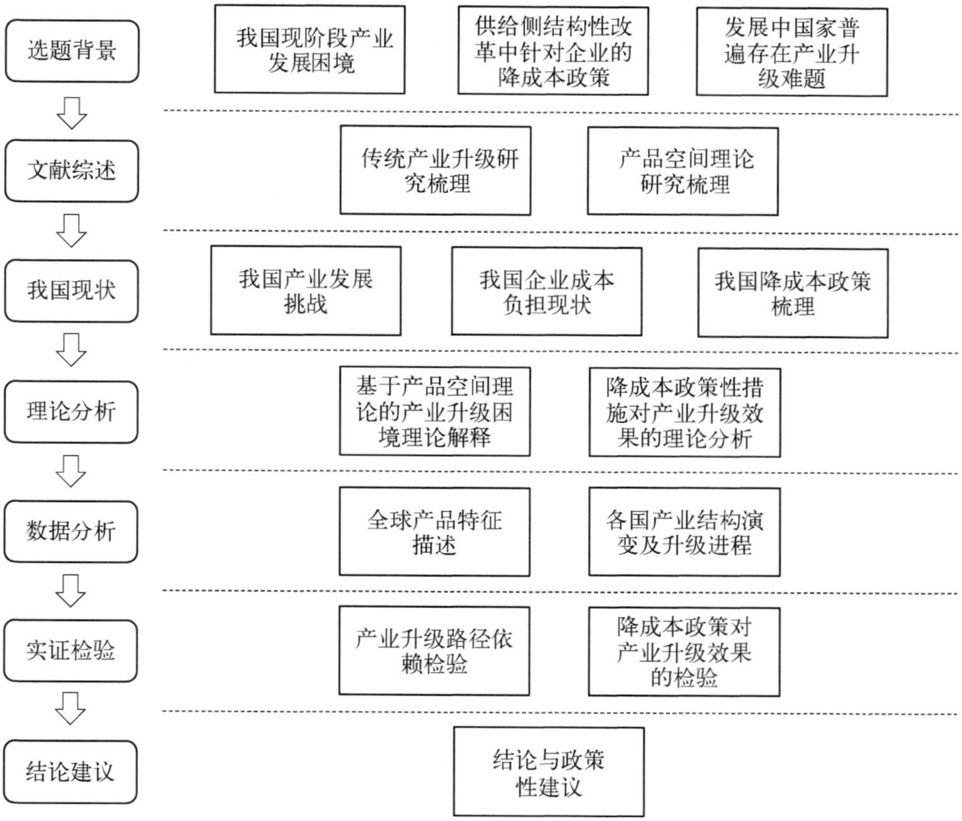

图 1-1　研究内容梳理

在的理论困境。随后将成本因素引入基础数理模型，试图借助扩展后的模型解决前人研究中普遍存在的产业升级理论困境，并以此作为后续实证检验的理论基础。

第 5 章，全球产品特征及各国产业发展趋势分析。首先采用产品空间理论中的相关指标，利用联合国商品贸易统计数据库（UN Comtrade）中的产品出口数据，测算全球产品的特征指标并分析其演变趋势；随后通过数据分析，展现世界各国产业结构和生产能力禀赋演变趋势，探求各国产业发展进程中存在的问题，并以此作为后续实证部分的现实基础。

第 6 章，产业升级路径依赖及“降成本”政策性因素效果的实证检验。首先构建计量分析模型，分别从整体和分产业角度检验产业升级的路径依赖现象，产业包括食物和饮料、制成品等九大类；随后在验证产业升级路径依赖的基础上，将产品进口量、金融效率水平、制度质量和税收水平等变量带入模型，检验能够降低企业成本的政策性措施对突破产业升级困境的作用。

第 7 章，结论与政策性建议。依据前文基础理论推导、数据描述性分析及实证检验得出研究结论，据此为我国“降成本”相关供给侧结构性改革政策措施提供研究支持，同时为其他发展中国家的产业发展提供政策性建议。

第 2 章 文 献 综 述

2.1 产业升级概念

国内外研究产业升级的学者最早可以追溯到 17 世纪的威廉·配第(William Petty)。他在研究了英国的经济发展后,提出经济发展的趋势是一致的,即产业总是沿着农业、制造业和服务业的顺序转型升级。随后,诸多学者就产业升级问题展开了深入研究,并逐渐形成了产业升级的理论体系。但学术界对产业升级概念的界定并未统一,导致诸多学者研究产业升级的角度和方法呈现多元化态势。

自英国经济学家费希尔(Irving Fisher)于 1935 年最先提出三大产业分类的思想之后,众多学者在其基础上开始研究三大产业之间的转换与经济发展之间的关系。Allen 和 Clark(1951)提出的配第—克拉克定理,揭示了随着国民经济的发展与收入提升,产业结构演变存在一致性趋势,即总是趋于从第一产业向第二产业转移,随后又向第三产业转移。库兹涅茨(2011)通过考察发达国家的经济发展历程,研究了国民收入和劳动力就业情况在各产业不同的分布状况和规律,重点关注了劳动生产率提升对产业发展及产业结构升级的作用。另一方面,经济学家按照产品的生产要素密度差异,将产业划分为劳动、资本和技术密集型产业,并研究要素禀赋变化与产业发展间的关系。Jelinek 和 Porter(1992)将产业升级界定为随着国家资本和技术的要素禀赋逐渐丰裕,资本和技术密集型产业竞争力逐渐提升的过程。国内学者研究产业升级往往也是从产业结构的角度入手。国内产业升级研究始于经济学家吴崇伯(1988),他研究了东盟 20 世纪 70 年代末至 80 年代初的经济调整,指出产业结构的升级换代便是产业升级过程的本质。喆儒(2006)认同产业结构的现代化和产业现代化是等价的,并指出我国产业升级的根本内在驱动力便是需求规模及结构演变。李晓阳等(2010)则认为,产业升级的具体表现不仅包括产业结构优化,也应该将产业素质提升与生产效率升级涵盖其中。对于产业升级概念界定的不同导致了诸多学者从不同的视角解释产业升级和分析产业升级过程。

与此同时，部分学者则从价值链角度寻求产业升级的真相。1985 年，迈克尔·波特(Michael Porter)开启了对价值链(Value Chain)的研究，其在《竞争优势》中将设计、生产、销售等的一系列过程作为构成企业整体经营活动的集合，即企业制造利润和价值的全部过程，并将其称为价值链。随后，学者们便开始对价值链升级层面产业升级进行更深入的研究。Gereffi(1999)最早研究了处于价值链中的制造企业的自发学习和自我升级过程，指出产业升级是企业向资本和技术密集型生产经营领域转型，并提高企业创造价值和利润能力的过程。Humphrey 和 Schmitz (2002)将产业升级划分为四种不同类型，分别为属于产业内升级的生产流程优化提升、产品性能改进和产品功能升级换代，以及产业间升级。Gereffi 等(2005)直接指出全球价值链升级便是企业在全球价值链中地位的提升，并能从中获得包括增加值、利益和安全方面的提升。蒋兴明(2014)认为，企业升级并非单方面的转型提升，而是包括产业链、价值链乃至生产要素禀赋等多个方面的升级。

从以上产业升级相关文献可以看出，现有产业升级研究视角主要分为宏观与中观两个层次。其中宏观层次主要从宏观产业间的转换与经济增长的关系，或者结合比较优势理论来解释产业升级以及研究产业升级路径问题。中观层次则主要从全球价值链的角度，研究从价值链低端环节迈向中高端环节的产业升级过程。Hidalgo 等(2007)则从微观的产品角度研究产业升级，提出了产品空间理论，利用全球产品出口数据构建了一个高度异质性并且不连续的全球产品空间，同时考察了以往被忽略的产品临近性对于产品升级的影响。在本质上，产品空间就是产品相关性的空间。该理论构建了一个基于结果(outcome-based)的指标来衡量产品间相关性或者说距离，而不需要考虑产品的要素密集度或技术复杂度等指标。该理论认为，产业升级的过程就是企业选择从生产一种产品转变为生产另一种产品的过程，并且产品之间的距离大小直接影响了企业向新产品的跳跃成本以及转换可能性。若两种产品之间的技术距离过大，产品升级过程便无法顺利完成。在高度异质性的产品空间中，高密度区域的产品间联系紧密，邻近度更高，而边缘区域的产品与其他产品邻近度更低。实证结果显示，国家比较优势的演化受到产品相关性的显著影响，并且更倾向朝临近产品发展。这表明一个国家现阶段在异质性的产品空间中的位置将会影响到其产品升级机会。产品空间理论直接解释了国家产业升级的过程，以及产业升级中存在的路径依赖现象，这一开创性的理论为后续学者从微观角度研究产业升级奠定了基础。

2.2　产业升级路径及影响因素研究

产业升级的路径研究是产业升级研究的核心内容，也是众多产业升级文献的重点研究对象。如 Humphrey 和 Schmitz(2002)就从产业内升级与产业间升级两个角度提出了产业升级的四种不同路径。而 Rostow(1959)则强调了主导产业的发展对于整体产业升级进程的重要作用，提出了重点优先发展主导产业的产业升级路径。然而，更多的文献则是结合比较优势理论研究产业升级路径，分析何种产业政策才能够推动出口多样化和复杂化发展。发展中国家实现产业升级有两种不同的策略：遵循比较优势或者偏离比较优势。遵循比较优势的产业发展是基于赫克歇尔和俄林的要素禀赋贸易模型，即一国的产业结构由其相关要素丰裕度决定，而要素丰裕度体现在要素价格上(Leamer，1987)。20 世纪许多发展中国家都遵循这一策略推动本国产业发展，大多都迅速实现了工业化以及经济的快速发展。因此不少学者都主张遵循比较优势的产业发展。林毅夫(2010)的“新结构经济学”强调国家的产业发展政策不能偏离其比较优势，只有凭借现有比较优势才能更有效地推动本国产业发展，以实现贸易的良好发展与经济的快速增长。Krueger(1990)、林毅夫(2010)同时强调需要限制政府在推动产业升级中的角色，因为这将导致资源的无效配置和企业的无效率化。而实行偏离比较优势的产业发展策略则是由于发展中国家的市场激励机制无法推动企业的生产转型(Lectard & Rougier，2018)。一个国家若一直生产标准化的低技术产品，那么很有可能会陷入“赫克歇尔—俄林陷阱”。由于缺乏人力资本积累以及技术转移(因为外国直接投资将会进入人力资本更少、工资更低的国家)，陷入“赫克歇尔—俄林”陷阱意味着将不会有显著的技术进步带来产业升级(Lohrmann，2000)。王佃凯(2002)则将发展中国家依赖生产初级产品而导致贸易结构不稳定和产业升级困难的现象称为“比较优势陷阱”。杨汝岱和姚洋(2008)创造性地提出了有限赶超概念，该理论认为发展中大国不能完全按照其现有比较优势来开展对外贸易，除劳动密集型的低附加值产品外，还应该发展一定的中高端产业，才能够快速地实现经济增长以及对发达国家贸易结构的赶超。Sutton(2012)主张发展中国家不能等到完全拥有所需的人力和物质资本再进入新产业，而应该主动偏离其比较优势以升级产品与出口。Lectard 和 Rougier(2018)考察了所有偏离比较优势进行产业升级发展的国家在实现出口产品多样化与复杂化方面的情况，发现偏离比较优势的产业升级效果在不同国家之间有着较大差异，不仅取决于国家FDI存量，也受该国在全球产业链中的低附加值环节的具体分工地位的影响。现有文献研究表明，产业发展升级往往在不同程度上遵循比较优势。基于传统要素禀赋理论的这一产业发展策略虽然帮助发展中国家逐步工业化，并实现了一定程度的产业升级，但若国家坚持单一的、偏向现有要素禀赋比较优势的发展战略，则会使产业发展陷入比较优势陷阱，难以实现产业的持续升级。

对于国家应该如何突破比较优势发展战略下产业升级的困境，国内外学者主要从技术创新与制度环境这两个方面试图找到解决办法。Grossman和Helpman(1989)认为，通过对研发的资源分配能够推动比较优势的发展。Gereffi(1999)强调了在贸易网络中的组织学习对于产业升级的重要作用。高越、李荣林(2011)认为，技术进步和产业升级存在相互促进的互动关系，国家需要同时推进技术进步与产业结构转型升级。刘涛雄和周碧华(2012)认为，后发国家需要通过重大技术革新在新的产业中占据主动，从而避免“比较优势陷阱”。针对制度环境与产业发展的关系，Cowank和Neut(2007)发现较差的制度环境将会增加企业的交易成本，从而降低产品生产率，导致企业无法生产更加高级的产品。Ferguson和Formai(2013)则重点关注金融环境，发现良好的金融环境有助于生产更加复杂的产品，并使得企业更加倾向实施纵向一体化。祝树金等(2010)通过细分要素禀赋特征研究出口产品技术水平的决定因素，发现制度质量能够有助于国家打破资源诅咒，降低产业升级和经济增长模式的路径依赖。黄永明和张文洁(2012)对中国出口美国的产品技术复杂度演进机理进行了实证检验，发现当出口产品价格提高后，利率机制以及金融市场效率水平等因素对出口产品的技术水平提升起着更大的作用。

2.3 产品空间理论研究现状

自Hidalgo等(2007)提出了产品空间理论后，诸多学者纷纷开始关注产品角度的产业升级。Hidalgo和Hausmann(2009)又进一步运用产品空间理论分析了全球不同国家的产品空间演化过程，并强调了能力构建(capability-building)对于产业发展的重要作用。生产不同产品所需要的生产要素组合不尽相同，生产更加复杂的产品所需要的某些生产要素是生产低复杂度产品所不具备的，因此国家政策应致力于积累新的生产能力。Hausmann和Hidalgo(2010)又一次强调了能力积累对于国家产业发展的重要性。拥有较少产品生产所需生产能力的国家往往会陷入“静止陷阱”(quiescence trap)或“经济停滞陷阱”(trap of economic stasis),而拥有较丰富生产能力的国家则会逐渐积累更多的生产能力,并增加产品多样化。近年来,产品空间理论更多地应用于经济地理学领域,研究区域产业多样化发展。Boschma 等(2015)重点研究了西班牙各区域的产业多样化发展,证明区域更倾向向与该区域内现存产业拥有类似生产能力的产业多样化发展,并且相比国家层面的邻近度水平,区域内的产品邻近度水平对促进新产业发展有着更大的作用。之后 Boschma 等(2017)进一步研究邻近区域的专业化生产能力在技术溢出的作用机制下如何影响该地区产业多样化发展的问题,发现美国各州有更大的可能发展某一邻近区域已经能够专业化生产的新产业。此外,产品空间理论的应用范围越来越广泛。Fraccascia 等(2018)利用产业空间理论研究更加具体的绿色产业发展,而 Xiao 等(2017)则借鉴了产品空间理论中测度产品邻近度的方法,提出了通过计算同一地区两个产业共同专业化(co-specification)的可能性来测度产业邻近度的指标——Los 指标(Los Index)。

国内对于产品空间的研究并不多见,并且多数为对产业升级的理论分析或描述性分析。张其仔(2008)在国内最早利用产品空间理论来分析产业升级,并用其解释了我国改革开放以来经济的高速增长原因以及中国的出口之谜,同时指出中国面临产业升级断档的挑战。郭将和赵景艳(2016)通过测度江苏省装备制造业产品的显示性比较优势指数、产品邻近度、产品密度及产品复杂度,采用相关指标对产业升级发展情况进行了数据指标层面的分析。邓向荣和曹红(2016)则延续前人的研究思路,采用产品空间理论实证检验了各国产业升级与现有产业生产能力禀赋的关系,发现国家经济增长不能完全遵循比较优势的策略,需要一定程度偏离现有比较优势。总的说来,现有文献主要是运用产品空间理论对国家或区域产业升级过程与比较优势演化进行描述性分析,而针对从比较优势角度进行产业升级这一问题则很少有文献涉及。Zhu 等(2017)利用中国各地级市产品出口数据研究了区域间因素与区域内因素对国家打破路径依赖进行产业升级的作用,并以此为发展中国家的产业发展提出建议。现有文献对产品空间理论的应用领域从最开始的国家层面产业升级问题,逐渐演变到区域产业多样化发展和具体产业的升级问题上。同时大多数文献都是简单研究比较优势或产品邻近度与产业升级和经济发展之间的关系,并没有进一步从更具有政策可操作性的角度来解决应该如何进行产业升级的问题。

与传统产业升级理论相比,产品空间理论研究产业升级和现有产业比较优势有其独特优势。传统的比较优势理论认为,每个国家的比较优势或者说产业结构建立在其现有要素禀赋结构上，若要实现产业的转型升级，或提升在全球价值链中的地位，则必须首先改变现有要素禀赋结构（张其仔，2008）。因此，以往关于比较优势与产业升级路径关系的研究更多基于要素禀赋理论，但基于这一理论的研究并未对应该如何进行产业升级这一问题给出答案。产品空间理论则重新定义了比较优势，并从比较优势的动态演化来研究产业升级过程。在该理论中，国家的比较优势即出口产品的比较优势，并且这是一种动态比较优势，或者可以称之为“潜在比较优势”（张其仔、李颢，2013）。该理论测度的是下一期的比较优势，若下一期的潜在产品与现有具有显示性比较优势的产品的邻近度小，则可以认为该潜在产品具有潜在的比较优势。

2.4 文献评述

学术界对产业升级已有较为深入的研究，不同层次和角度的各类研究成果层出不穷。从概念层面来说，产业升级研究主要可分为三个维度：宏观产业结构转型、中观价值链升级和微观产品转换升级。宏观层次主要从宏观产业间的转换与经济增长的关系，或者结合比较优势理论来解释产业升级以及研究产业升级路径问题。中观层次则主要从全球价值链的角度，研究从价值链低端环节迈向中高端环节的产业升级过程。从这两个层次研究产业升级，关注的是更加表象的产业结构变化或者在价值链体系中的升级，忽视了产业升级的微观基础。而现实中的产业升级是非线性的、不连续的，并且升级过程也日益复杂，从宏观或中观角度无法作出更加清晰的判断。微观层面的产品升级研究则从结果出发探究产业升级的内在逻辑，更加适用于当下日趋复杂的产业升级过程。

针对产业升级过程中存在的具体问题，学者们大多聚焦发展中国家产业发展过程中遭遇到的路径依赖问题，即遵循比较优势理论的产业发展策略往往会导致发展中国家陷入“赫克歇尔—俄林陷阱”或“比较优势陷阱”。过往研究文献更多是从技术创新角度解决这一发展难题，也有部分学者关注企业营商环境对产业升级的影响，如制度质量与金融环境等。

产品空间理论的现有研究大多遵循 Hidalgo 等（2007）的研究思路，分析国家产业升级面临的路径依赖及路径选择问题。通过构建产品空间并对比各国产品空间的历史演化路径，学者们发现，各国产业发展路径与其现有产品结构密不可分，发展中国家往往面临升级困境。较多学者也着重分析了不同区域的产业发展特征，得到了基本类似的结论，即产业更倾向于向与现有产业拥有相似生产能力的产业发展。但是大部分研究并未从实质上解决发展中国家所面临的升级难题，因此从理论和实证层面更加深入的研究尤为必要。

总的来说，现有研究文献分析了产业升级的关键要素，同时也论证了中等收入国家容易陷入路径依赖，很难实现产业升级的现象和困境，但就如何突破路径依赖、实现产业升级依然缺乏切实可行的分析思路。本文拓展了产品空间理论，从降低企业成本、扩大企业生产边界的角度论证企业通过产品转换生产从而实现宏观产业升级的理论可行性，并通过实证检验了降低企业成本的政策性因素对中等收入国家突破现有生产能力水平限制的作用。

第 3 章　我国产业发展及企业成本现状

我国现阶段产业发展面临前所未有的挑战，政府针对我国现阶段经济发展问题提出了对应的产业政策。本章通过数据分析的形式剖析了我国现阶段产业发展存在的主要问题，分析了企业存在的成本负担问题，并梳理了近年来我国针对企业的"降成本"政策措施。

3.1　我国产业发展现状

3.1.1　我国工业在国内国际经济形势严峻的环境下面临重大挑战

2001 年我国加入 WTO 后，对外贸易环境的极大改善带来进出口规模的迅猛增长，也让国内各产业进入快速发展期。根据图 3-1，分产业来看，三大产业

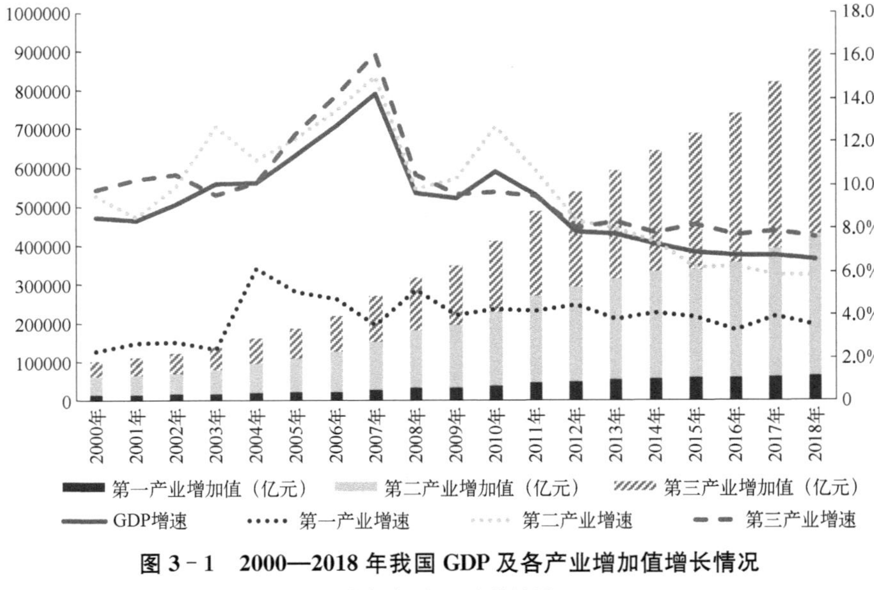

图 3-1　2000—2018 年我国 GDP 及各产业增加值增长情况

数据来源：国家统计局

增加值增速分化明显。第一产业增速较稳定，2008年后始终维持在4%左右，金融危机并未对国内第一产业带来太大影响。2000年以来，除少数年份外，第二、三产业增加值增速均高于整体GDP增速，是拉动经济增长的主要动力。2008年金融危机后，除2009年第二产业增加值因国内政府应对金融危机的一揽子计划所带来的短暂猛增外，第三产业增速已显著高于第二产业，服务业占GDP比重逐年提升，并于2015年超过50%。从更加细分的产业层次来看，金融业、房地产业、批发零售业等行业的GDP贡献率不断攀升。工业的GDP贡献率连年走低，2018年已降至33.90%。

在国内经济发展步入新常态和国际经济形势复杂变化的时期，我国工业发展正面临前所未有的挑战。如图3-2所示，国内规模以上工业企业近年来经营状况较为起伏，2014年、2015年利润总额均为负增长，2018年相比于上年更是下降11.43%。工业企业经营业绩反映了国内工业整体发展状况并不乐观。从产品出口来看，制造业对外贸易形势亦非常严峻。图3-3所示为我国部分制造业产品2000年以来的出口额增长情况，可以看出近年来化学制品及药品、机械设备、汽车和精密仪器及设备出口额增速始终在0上下浮动，显示了我国制造业不稳定的对外贸易现状。

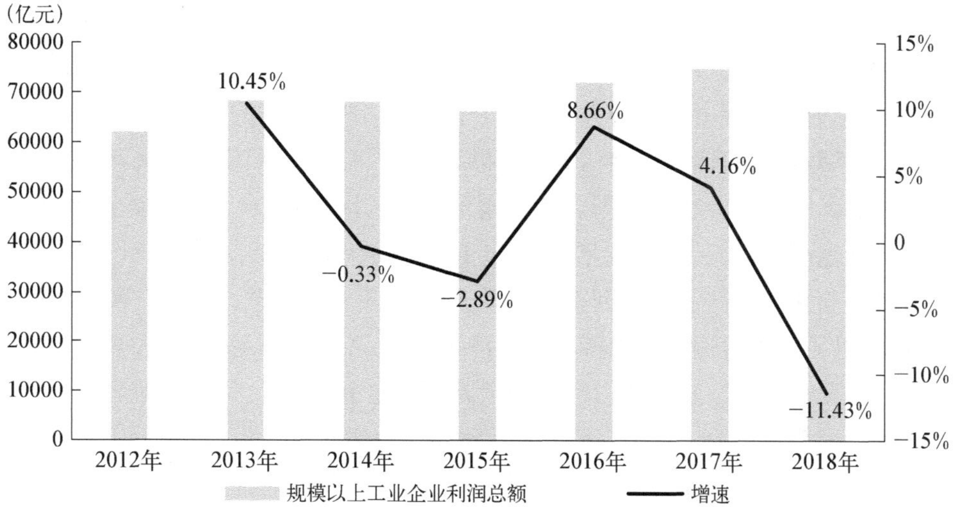

图3-2　2012—2018年规模以上工业企业利润增长趋势

我国工业体系经过数十年的发展，整体规模不断壮大。但长期以来，工业规模增长的驱动力为低技术含量、低附加值产业的迅速成长，并凭借我国独特的要

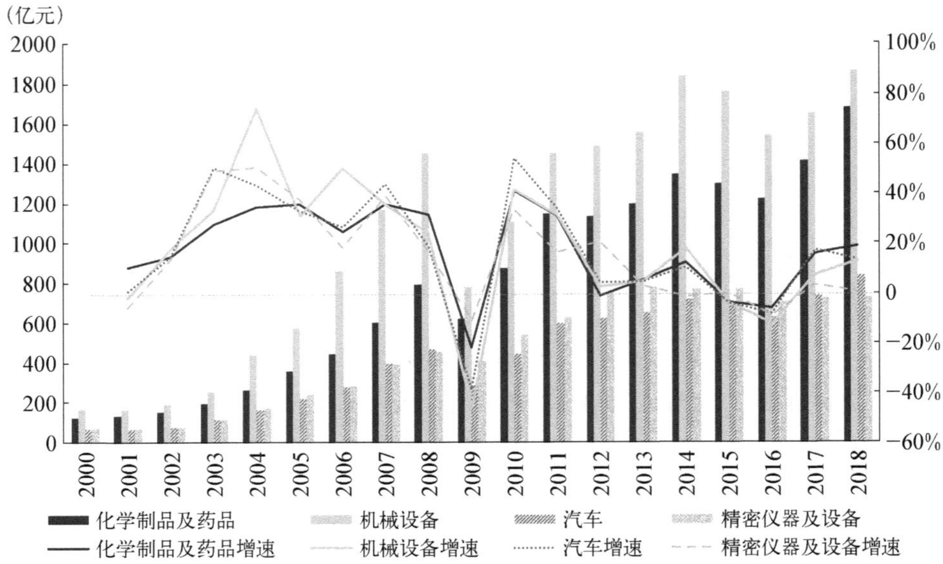

图 3-3　2000—2018 年我国部分产业出口额增长情况

数据来源：国家统计局

素禀赋优势持续发展。规模增长的同时，我国工业在结构和技术素质等层面逐渐显现出“成熟”的标志，具体表现为：工业技术水平与国际先进水平差距逐渐减少，技术借鉴空间日益缩小；过去的大规模投资带来国内基础设施水平大幅改善，整体工业生产能力得到极大增强。与此同时，国内经济的快速增长带来居民收入及生活水平提升，人口结构的改变导致我国“人口红利”逐渐丧失，这两者极大改变了我国国内劳动力市场及要素禀赋情况。因此，近年来国内各产业普遍面临产能过剩问题，传统产业增长乏力，这就亟须寻求新的主导产业，发展战略性新兴产业并实现产业技术创新和转型升级显得尤其重要。另一方面，金融危机以来，世界各国普遍显现出疲软的经济态势，对外需求不足。严峻的经济形势使得部分发达国家以发展国内产业和消除贸易逆差为由大肆鼓吹制造业回流，国际贸易形势恶化给全球经济带来重大挑战，中国亦不例外。2018 年年初由美国挑起的中美贸易争端给中国各产业发展带来极大不确定性。美国对我国多产业出口产品加征关税，并通过多重手段打压中国高科技企业，彰显了遏制我国高科技产业发展的意图。因此国内工业、制造业进一步发展面临着不确定性日益增强的国内国际经济形势，产业结构转型升级刻不容缓，提升高技术产业发展水平迫在眉睫。

3.1.2　我国制造业尤其是高端制造业仍与先进国家有较大差距

我国制造业工业增加值率普遍较低，且与发达国家差距未见缩小趋势，这在高技术产品制造领域尤为明显，未来制造业产业升级任重道远。由图 3－4 可以看到，我国与美国三大产业的增加值率存在明显差异。三大产业中，我国唯有农林牧渔业的增加值率高于美国，服务业增加值率略低于美国产业水平，且差距有缩小趋势，但工业增加值远低于美国，并且 2000 至 2014 年期间差距有进一步拉大趋势。为更深入了解我国不同技术含量产业增加值率水平与美国相关产业差异，本文参照 OECD 的分类方法，依据技术含量高低将制造业分为三大类别，即低技术、中技术和高技术产业，并分别与美国相同产业增加值率进行比较，数据处理结果如图 3－5 所示。图中可以明显看出，我国低技术、中技术和高技术含

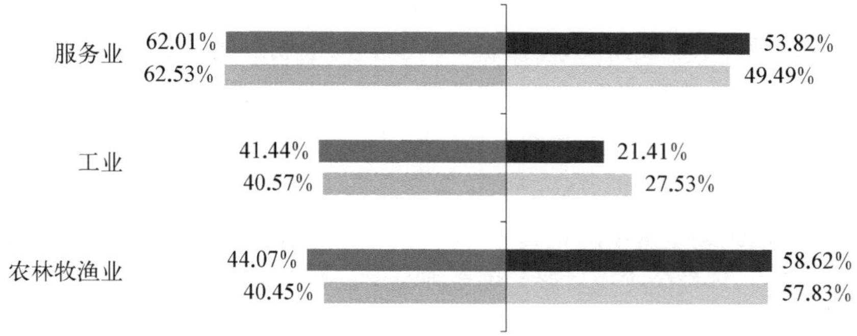

图 3－4　中国(右)与美国(左)三大产业 2000(下)与 2014 年(上)工业增加值率对比

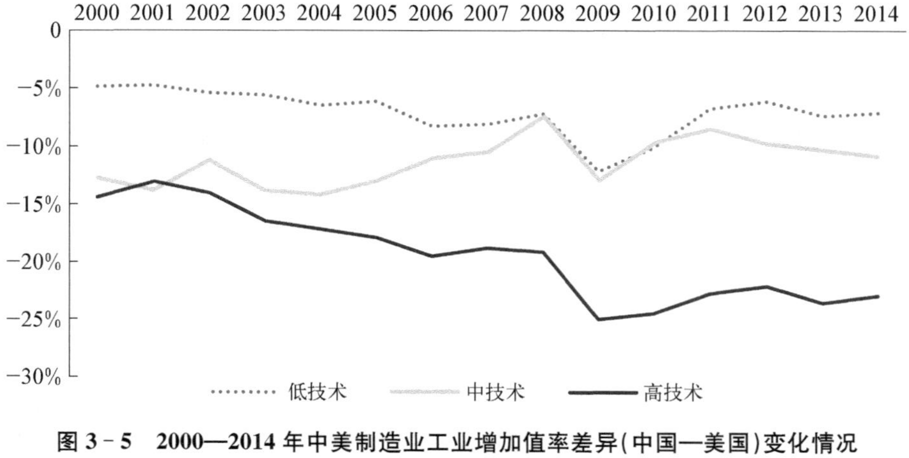

图 3－5　2000—2014 年中美制造业工业增加值率差异(中国—美国)变化情况

数据来源：利用 WIOD 数据库计算得到

量产品工业增加值率均低于美国。其中低技术和中技术产品与美国差距相对较小，而高技术产品的差距较大。2014 年，美国高技术产品工业增加值率为41.17%，而中国仅为 18.23%，差距高达 22.93%。纵向来看，我国制造业产品工业增加值率与美国的差距并未有缩小趋势，低技术和中技术产品差距相对稳定，而高技术产品差距甚至有进一步拉大趋势。这表明我国高端制造业发展面临困境，制造业升级转型充满挑战。将高技术产品进一步细分可以看到，我国计算机、电子和光学产品工业增加值率与美国有巨大差距，表明我国在高精尖核心技术领域依旧有极大进步空间。

工业增加值率反映了产业资源配置和内部管理效率。从产业价值链角度来看，价值链构成中的产品开发、工业设计、仓储物流、营销服务等环节附加值较高，也有着更高的工业增加值率。过去很长时间以来，我国大多数企业在全球产业价值链中的地位较低，主要从事附加值最低的生产加工环节。虽然近年来我国企业在部分产业逐渐突破价值链的低端锁定，实现转型升级，但依旧与发达国家有明显差距。从产品角度来看，新兴产业和高端制造业能够获得更高的工业增加值率，是因为这些产品包含了非常多核心技术以及知识产权，相关企业也能够获得更多的超额利润。在高端产品领域，外资往往"攫取"了大多数的利润，而我国企业却只能通过为国外品牌加工制造来获得小部分利润，"中国制造"的产品只有最后的组装是由中国完成。目前我国的工业化进程仍处于追赶制造业先进国家的阶段，规模的飞速扩张并未实现自主创新能力的大幅提升，与世界先进技术水平有明显差距。目前世界制造业从技术创新层面讲，如果美国是"大脑"，德国、日本是"心脏"，那么中国仅仅是"肢体"，既缺"脑"也缺"心"。长期以来，我国制造业自主创新能力不强，主要是通过引进吸收再创造的思路和方式推动产业和企业的技术进步，因此产品关键技术的对外依存度较高。2018 年美国制裁中兴通讯事件便是美国针对我国企业核心技术对其依存度高的弱点，对我国发起的经济制裁，这一事件也令更多人意识到我国高端制造业领域的孱弱。

表 3-1　中美高技术制造业工业增加值率对比

	2000 年		2014 年	
	中国	美国	中国	美国
化学品和化工产品制造	22.47%	41.75%	16.16%	44.48%
基本药物产品和药物制剂的制造	34.91%	41.75%	26.76%	44.48%

续　表

	2000 年		2014 年	
	中国	美国	中国	美国
计算机、电子和光学产品的制造	21.16%	42.79%	16.54%	69.23%
电气设备制造	20.80%	37.35%	15.72%	42.79%
机械和设备制造	28.18%	38.81%	22.04%	37.33%
汽车、挂车和半挂车制造	24.15%	28.64%	18.23%	23.53%
其他运输设备制造	22.90%	43.92%	20.95%	36.32%

数据来源：利用 WIOD 数据库计算得到

3.2　我国企业成本现状

经济结构调整特别是产业转型升级并非一夕之功，需要同时具备调整的动力与能力，即只有当经济体同时具备较强的升级动力和创新能力、技术能力时，才有可能实现结构调整和转型升级。我国当下经济发展进入新周期，传统产业面临需求不足、产能过剩问题，迫切寻求转型升级。而现阶段国内经济增速下降，实体经济企业经营业绩欠佳，缺乏结构调整转型升级能力。从收入端来看，国内国外需求不足带来经营收入萎缩；而在成本端，国内企业也依旧面临各类高额成本的压力。

从相关调查数据来看，2013—2015 年企业的总成本费用逐年下降，但与此同时，由于这一时期的产值和利润表现欠佳，企业的经济效益依旧面临着较大挑战。表 3－2 展示了 2013—2015 年我国各地区企业成本收入情况，可以看到三年间全国企业成本负担普遍较重，总成本已超过收入。分地区来看，东部地区企业成本负担相对较轻，其次分别为中部地区、东北地区，西部地区企业的成本负担最重。因此从整体来看，在经济大环境不佳的背景下，国内企业产值、收入萎缩，且同时面临较重的成本负担。

企业成本依据来源可以分为企业税费、制度性成本、能源消耗成本、职工薪酬、融资成本等几大类。在企业税负方面，我国企业现阶段的总体税率依旧比世界其他国家高。在《世界纳税指数 2017》报告中，中国的总体税率在全球 190 个

表 3-2　2013—2015 年样本企业成本收入情况表

地　区	年　度	样本数	总成本费用(亿元)	总成本占收入比重
全　国	2013	2 411	80 545.49	109.00%
	2014	2 503	74 783.31	103.58%
	2015	2 548	72 618.47	137.95%
东北地区	2013	230	113 315.06	108.00%
	2014	245	103 698.38	103.95%
	2015	234	93 158.80	149.42%
东部地区	2013	900	64 954.38	106.66%
	2014	925	72 168.83	100.58%
	2015	940	70 258.56	135.41%
西部地区	2013	364	135 422.91	124.95%
	2014	370	84 925.18	107.12%
	2015	392	96 104.36	141.53%
中部地区	2013	917	65 844.96	105.23%
	2014	963	66 062.70	105.02%
	2015	982	60 607.69	136.21%

数据来源：中国财政科学研究院“降成本”课题组.降成本：我们的调查与看法[M].北京：中国财政经济出版社，2016，4-5.

主要经济体中排名第十二。与主要经济体相比，中国企业的总税率整体高出美国 24%，高出韩国 35%，同时也要大幅高于德国、日本等发达国家，仅与巴西相当。总体来看，我国的企业总税负水平在全球范围内仍处于较高位，明显高于多数发达经济体。

在融资成本方面，国内企业近年来的综合融资成本虽有下降趋势，但不同企业之间依旧存在较大的结构性差异。其中，大中型国企与大型民企由于有较强的股东背景、较出色的经营业绩和偿债能力，因此具备较强的议价能力，容易通过银行获得融资，且融资成本更低。但中小微企业由于经营规模有限且存在较大的经营风险，且银行出于审慎经营和风险控制考虑，并没有强烈意愿向中小微企业贷款，企业相应的融资成本也更高。在直接融资渠道方面，2012 年以后中小企业板和创业板的平均发行费用分别高出主板 4.84%和 7.11%，表明中小企业和创业型企业的直接融资成本要高于大型企业。

在制度性交易成本方面，我国企业依旧面临较高成本。近些年来，国家在提升政府行政效率方面做了大量工作，如优化、简化办事程序，取消或下放审批事项等。但由于祛除沉疴痼疾并非一蹴而就，提升政府效率需要长期不懈的努力，现阶段依旧存在不少不合理、低效率程序，因此国内企业仍面临较高时间成本、机会成本和搜索成本。另一方面，我国政府管理透明化程度有待提升，需要进一步减少政府与企业之间的信息不对称，降低企业成本。如由于政府政策信息宣传力度不够，企业无法及时享受到该有的税收优惠、财政补贴等。

人工成本方面，我国近年来企业职工工资成本连年上升。根据统计局数据，2018 年我国城镇单位职工平均工资为 82 413 元，同比增长 10.89%。不同类型企业过去数年职工工资均不同幅度上涨，国有单位在 2013—2018 年间职工工资增长 69.92%，有限责任公司上涨 55.93%，股份有限公司提高 59.79%，增幅均远高于同期物价涨幅与 GDP 增幅。除物价上涨带来的工资增长外，总体工资成本的提高亦受到社保缴费比例提升和最低工资标准提高的推动。

在我国经济增长趋缓的情况下，成本的持续上涨给企业带来更大的发展压力，也令企业转型升级面临重大挑战。企业涉及的成本主要可以分为市场化成本和非市场化成本。其中市场化成本指的是主要由市场决定的成本，如原材料采购成本、职工薪酬等。在健康、稳定的市场机制下，商品市场和要素市场共同作用可以形成较为合理的企业市场成本。而对于非市场成本，政府需要采取必要措施，帮助企业降低成本。这不仅包括税费负担、融资成本等显性的企业成本的降低，也包括减少非显性成本，如体制机制问题和政府管理效率问题带来的相关制度性交易成本。

第 4 章　产品空间角度的产业升级理论推导

产品空间理论认为，产品是其生产所需各种生产能力的载体，而不同产品所需的生产能力存在异质性，无法实现完全替代。产业升级的过程便是企业为获取超额收益而在不同产品生产间转换的过程。转换前后的两种产品所需生产能力的同质性越高，即可替代性越强，这种产品间的转换便越容易成功。全球产品空间便是由全球所有产品间所需生产能力相似性构成。而企业所处的现有产品空间位置及与其他可转换产品的距离直接影响了其未来升级的路径、方向和可能性。该理论被国内学者张其仔（2008）命名为 HK 理论。本章采用 HK 理论解释产业发展的内在逻辑和潜在问题，随后将降成本的政策性措施引入模型以解决产业升级难题，并在此基础上提出本文研究的主要问题，为后文进一步验证奠定基础。

4.1　产业升级的内在逻辑推导

现假设市场上某一企业现阶段生产 i 产品，而如今该企业面临着选择继续生产 i 产品还是转变为生产有着更高收益的其他产品的决策问题。现将不同产品在直线上按序排列，其中不同产品的价格差异随两者间距离呈正线性变化。此时企业选择转向生产其他产品的额外收益与两种产品间的距离成正比，即

$$\Delta P_{i,j} = f\delta_{i,j} \tag{4.1}$$

其中，$\delta_{i,j}$ 为 i、j 两种产品间的距离，只有 $i=j$ 时才等于零，否则将大于零。同时，该企业也将承担转换成本。由于随着产品间距离的增大，两种产品生产能力的可替代性将减小，因此承担的额外转换成本也将增加，该成本与距离的平方成正比，即

$$C=\frac{c\delta_{i,j}^{2}}{2} \tag{4.2}$$

企业进行决策的依据便是使得转换获得最大利润，即 $\pi=\Delta P_{i,j}-C=f\delta_{i,j}-c\delta_{i,j}^{2}/2$ 最大化。可以解得企业进行转换的最优产品距离为

$$\delta_{i,j}^{*}=\frac{f}{c} \tag{4.3}$$

企业能获得的最大利润为 $f^{2}/2c$，保证利润为正的产品距离为 $2f/c$。若在产品 A 的 $2f/c$ 距离范围内的每一处位置都有可生产的产品，企业将会优先选择距离现有产品为 $\delta_{i,j}^{*}$ 的另一产品以获得最大利润。而在现实情况下，距离产品 A$2f/c$ 范围之内的可供生产的产品并非连续，即可能只有少部分产品在该范围内是可供生产的。此时，企业将在该范围内选择使其利润最大化的产品进行生产，若在该范围内并无可生产产品，企业将会选择继续生产原有产品 A，而放弃进行产品升级。如图 4-1 所示，生产 i 产品的企业在其转换生产范围内并无可供选择的转换产品，因此不得不放弃产品转型。因此在现有产品间距离不变的情况下，企业产品升级方向及可能性取决于现有产品及其与其他产品的空间距离，即企业的产品升级具有路径依赖特征。由这一推论可知，若某国生产的现有产品与其他产品间距离较远，或者说转换生产的正利润范围区间内没有可供转换的潜在产品，该国产品升级将会面临中断，无法转换生产到有更高收益的其他产品。

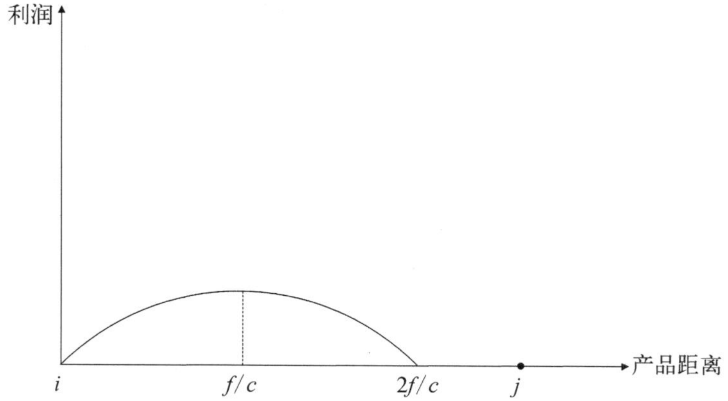

图 4-1　企业产品生产转换

4.2 降成本措施的理论逻辑与效果推导

HK 理论是对于产品升级过程的静态分析，只是提出了产品升级可能面临中断的问题，并未进一步分析发展中国家该采取何种措施来规避升级中断，实现产业升级。事实上，20 世纪至今已有部分国家成功突破升级困境实现产业升级，但无法用基础的 HK 理论对其进行解释。因此本文将降低成本的政策性措施引入模型，对基础模型进行扩展，进一步分析突破产业升级困境的可能性。

企业进行产品升级决策的原则是使得利润最大化，即生产转换收益与转换成本之差最大化。现假设某国内市场只存在 i 产品，而 j 产品尚未出现(国际市场上可能存在 j 产品)。某生产 i 产品的企业若成功生产并销售 j 产品，将会获得该产品的先行优势，并获得相比于 HK 模型数倍增长的额外收益，即

$$\Delta P_{i,j}=mf\delta_{i,j},\ m\geqslant 1 \tag{4.4}$$

另一方面，该国通过各种政策性措施，如减轻企业税费负担、提高金融效率、提升制度质量等，能够帮助企业有效降低转换成本。相比于 HK 模型，企业转换成本降低为

$$C=\frac{c\delta_{i,j}^2}{2n},\ n\geqslant 1 \tag{4.5}$$

此时的企业利润为 $\pi=\Delta P_{i,j}-C=mf\delta_{i,j}-c\delta_{i,j}^2/2n$。故企业生产转换的最佳产品距离 $\delta_{i,j}^*=mnf/c$，最大转换距离为 $2\delta_{i,j}^*$，能获得的最大转换额外利润为 m^2nf^2/c。在扩展模型的假设下，企业进行转换的可选范围大于 HK 模型。如图 4-2 所示，在原有模型中生产 i 产品的企业无法在可选范围内实现产

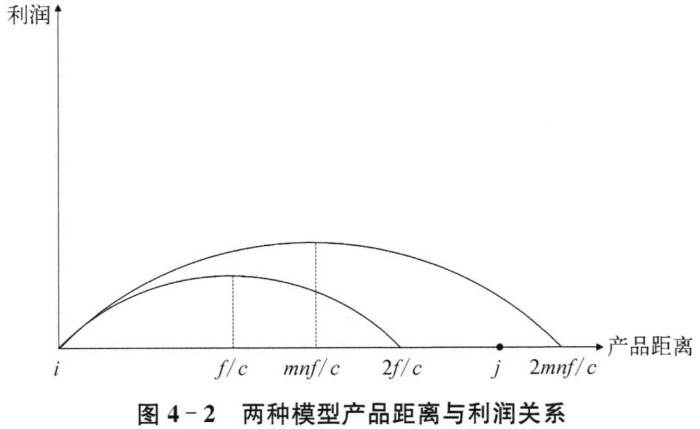

图 4-2　两种模型产品距离与利润关系

品转换生产，升级面临断档危险。而当考虑政府推出旨在降低企业成本的政策性措施后，该企业的转换可选范围扩大，之前“力不能及”的产品 j 此时被涵盖在该范围内。因此企业在正转换利润范围内可以选择向 j 产品转型，从而实现产品升级。

扩展的 HK 理论解释了部分国家为何能够突破困境实现产业升级，同时更为重要的是从理论上证明了发展中国家成功实现产业升级的可能性。发展中国家的现有产业结构往往会导致产业锁定，其生产能力禀赋无法支撑国家实现产业转型。而若一国通过降低企业产品转换成本并增加其最远转换距离，产品转换的成功性将大幅提升，转换的多样性也将得到改善。

4.3 指标选择及界定

4.3.1 产品邻近度

HK 模型及扩展模型中的产品间距离衡量了生产两种产品所需生产能力的差异，也即是两种产品的相似性。在以往理论中，衡量两种产品相似性往往是从劳动、土地和资本等要素的密集度、技术复杂度水平、产品价值链包含的投入产出等维度切入。此类分析方法往往都率先假设这些维度的相似性是最重要的，且并没有特异性。本文参照产品空间理论的指标计算方法，运用结果导向(outcomes-based)的方法来衡量产品间相似性或距离。若两种产品具有很高的相似性，或产品间距离近，那么说明这两种产品的生产销售需要相似的社会经济制度、基础设施、生产要素、技术或其他条件。而产品相似性高的结果便是某个国家能够同时生产这两种产品，从全球角度看便是能够同时生产并出口这两种具有比较优势的产品。产品空间理论将这一衡量产品相似性或产品间距离的指标命名为“邻近度”(proximity)，其具体公式为：

$$\phi_{i,j}=\min\{P(RCA_{xi} \mid RCA_{xj}),\ P(RCA_{xj} \mid RCA_{xi})\} \tag{4.6}$$

式(4.6)中，$RCAx_i$ 表示 i 产品具有显性比较优势的情况，RCA 为显示性比较优势指数[①]。$\phi_{i,j}$ 则表示在 i 产品具有显性比较优势的条件下，j 产品也具有显性比较优势的条件概率，反映了在全球范围内的所有国家中，这两种不同产品在某一国家同时具备比较优势的可能性大小。两种不同产品间的邻近程度是一个反

① $RCA_{c,i}=\dfrac{x(c,i)}{\sum_i x(c,i)}\Big/\dfrac{\sum_c x(c,i)}{\sum_{c,i} x(c,i)}$

映产品特征的固定值，因此为避免运用产品出口数据计算的两种产品相互间的条件概率不一致的情况，故选择两个条件概率值的最小值作为两种产品邻近度的具体衡量指标。以全球所有产品间邻近度数据为基础，可以构建能够反映任意两种产品间的生产能力禀赋相似性水平的全球产品空间。而随着技术进步和创新，全球产品空间并非保持静态固定，而是会不断发生演变。

4.3.2 中心度

在以产品邻近度为基础构建的全球产品空间中，密度较高地区的产品与更多产品间邻近度值较高，而边缘低密度地区的产品与其他产品的邻近度较低。我们构造产品空间中心度(centrality)指标来分析解哪些产品占据产品空间密度较高区域，哪些产品占据边缘区域：

$$centrality_{i,t} = \frac{\sum_j \phi_{i,j,t}}{J} \tag{4.7}$$

式(4.7)中 J 表示与 i 产品相连的最大可能产品数，为总产品数减 1。

4.3.3 产品密度

由理论分析可知，产业升级表现为路径依赖，只有当某一潜在升级产品(当期未生产或不具有比较优势的产品)在可转换升级的范围内或者说周边产品有充分生产能力时，产品升级才可能发生。为衡量某一潜在产品周边所有产品的生产能力，本文采用产品密度指标(density)计算：

$$\omega_{c,i} = \frac{\sum_j x_{c,j}\phi_{i,j}}{\sum_j \phi_{i,j}}$$

$$x_{c,j} = \begin{cases} 1 & \text{if } RCA_{c,i} > 1 \\ 0 & \text{otherwise} \end{cases} \tag{4.8}$$

式(4.8)中 $x_{c,j}$ 为判断 c 国的 i 产品是否具有比较优势的逻辑值，分子为某国的潜在转换升级产品与该国所有具有出口比较优势的产品的邻近度总和，分母为该产品与全球所有产品的邻近度总和。这一指标反映了某一潜在转换升级产品与该国现有具有比较优势的产品的平均邻近度水平，该指标越大则表明该潜在产品与该国现有比较优势产品的平均距离越近，现有优势产品的生产能力禀赋有更大可能支撑向潜在产品的转型。

4.4　研究逻辑

图 4－3 为某国简化产品空间示意图。A 到 E 代表空间内所有产品，该国企业生产的 B、E 产品具有比较优势，产品 A、C、D 为该国企业的潜在转型产品。该国生产 B 产品的企业若要进行产品转型，在其现有转型正利润范围内并无可供转型的产品。换句话说，由于潜在转型产品的产品密度过小，与该国现有优势产业平均距离较大，企业无法在保证正利润的情况下从现有优势产品跨越到潜在升级产品；反之，企业则有可供选择的潜在产品完成升级。本文后续通过数据分析及实证回归检验产品密度对潜在产品转型升级的影响，即产品密度是否对潜在产品获得比较优势具有正向作用。HK 扩展模型中，一国通过各种措施降低企业转换生产成本，能够增大企业转型正利润范围。生产 B 产品的企业经过降低成本带来正利润范围扩大，潜在产品 C、D 进入其转型升级选择范围，企业能够在保证正收益的情况下实现向 C 和 D 的产品升级。

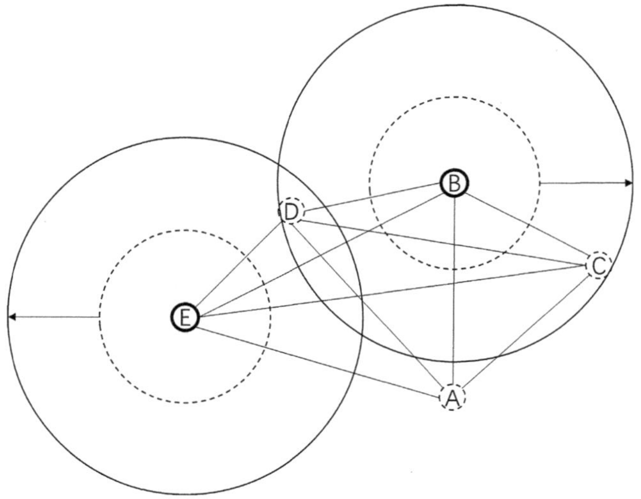

图 4－3　某国简化产品空间示意

本文后续试图验证及解决的问题包括：① 发展中国家的产业发展是否遭遇升级困境。② 产业升级是否受产品密度影响。③ 降低企业成本的政策性因素是否能对产业升级突破现有产品生产能力禀赋限制起正向作用。

第5章　全球产品特征及各国产业发展趋势分析

本章采用产品空间理论的相关指标分析全球产品特征，并通过统计数据探究发展中国家的产业发展问题，验证前文数理推导结论。

5.1　全球产品特征分析

产品邻近度直接反映了产品间关系的基本特征，代表产品间距离远近或者说生产能力相似性大小。为考察全球产品生产能力相似性水平，本文利用 UN comtrade 中 SITC rev.3 标准下共计 260 种三位码产品的原始出口数据计算了全球产品邻近度、中心度等指标。

表 5-1 所示为 2005 年与 2014 年产品空间图中中心度排名前十位和排名后十位的产品分类名称。排名靠前的产品，即在产品空间中处于高密度区域的产品，大都为各种技术含量较高的制造品；排名较低的产品，即在产品空间中处于边缘低密度区域的产品，大多是低附加值、低技术含量的农产品或原始矿物产品。同时各种产品在相隔十年的两个年份中的产品空间图中的分布虽稍有变化，但大致相似。国家产业升级便可以理解为从出口产品空间边缘产品转换升级到出口产品空间高密度区域产品。

表 5-1　2005、2014 年中心度排名前十位及后十位产品

2005 年中心度前十位产品		2014 年中心度前十位产品	
产　品　分　类	中心度	产　品　分　类	中心度
矿物制造品	0.287	贱金属制造品	0.292
塑料制品	0.270	矿物制造品	0.284

续　表

2005 年中心度前十位产品		2014 年中心度前十位产品	
产　品　分　类	中心度	产　品　分　类	中心度
卫生、管道和加热设备和配件	0.269	制备或保存的肉和可食用内脏	0.276
铁、钢、铝结构部件	0.265	铁、钢、铝结构部件	0.275
家具及床上用品	0.263	颜料、油漆、清漆及相关材料	0.272
玻璃	0.262	预制建筑	0.271
橡胶制品	0.260	卫生、管道和加热设备和配件	0.269
农业机械及零件	0.257	农业机械及零件	0.269
谷物制剂及面粉淀粉等	0.256	纸张和纸板	0.268
贱金属制造品	0.255	线材制品	0.267
2005 年中心度后十位产品		2014 年中心度后十位产品	
产　品　分　类	中心度	产　品　分　类	中心度
镍矿石和精矿及其他中间品	0.079	天然气	0.091
镍	0.079	煤	0.088
人工及天然肥料	0.078	铁矿石和精矿	0.084
软木制品	0.074	天然磨料	0.084
天然橡胶、橡胶等	0.066	从沥青矿物、原油中获得的石油和原油	0.082
光学仪器和设备	0.061	镍矿石和精矿及其他中间品	0.082
丝	0.051	软木	0.068
软木	0.041	光学仪器和设备	0.063
黄麻和其他纺织韧皮纤维	0.035	丝	0.060
铀或钍矿石及精矿	0.010	铀或钍矿石及精矿	0.010

为更加直观地考察全球产品邻近度整体情况及演化趋势，本文绘制了不同年份全球产品邻近度的累计概率分布图(图 5 - 1)。2005 年、2009 年、2010 年及 2014 年等四个年度的累计概率分布图有逐年向右移动的趋势，即在同一累计概率下，年份越近的产品邻近度值越高。这说明随着技术进步和更新换代，生产不同产品所需的生产能力异质性水平逐渐降低，产品生产能力的可转移性提高，这也反映了不同产业融合发展的趋势。同时产品邻近度虽然逐年提高，但绝大多数产品之间的邻近度值依旧不高，九成以上的产品邻近度水平低于 0.4。这说明全球大部分产品所需生产能力专用化、特有化程度依旧较高，技术溢出效应有限，不同产品间的生产能力需求相似度水平不高，存在一定程度的转换难度。也即是说，HK 理论中的产品间距离虽有减小趋势但绝对值依然较大，企业在正利润范围内更有可能没有可供选择的潜在转换产品。进一步可以推测，一国现有产业发展水平及产业结构对其潜在升级有重要影响，若现有出口产品与其他潜在产品的产品距离普遍较大，该国将更有可能遭遇断档危险；反之，该国更有可能实现产业升级。

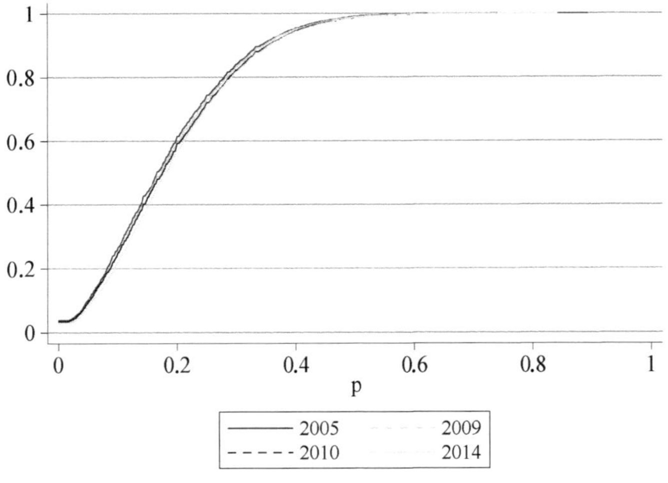

图 5 - 1　全球产业产品邻近度累计概率分布图

各产业之间的产品平均邻近度水平或者说产品距离大小有着显著差异。本文利用产品空间中的中心度指标来衡量某一产品与其他所有产品间的平均邻近度水平，结果如图 5 - 2 所示。具体产业来看，化学制品、制成品及机械与运输设备整体产品邻近度水平较高，均值更高且分布更加集中。这表明这些产业的产品与其他产品距离较近，所需的生产能力相似程度高，更容易实现向其他潜在产品的转移。除此之外，食物与活动物的整体邻近度水平也较高。具体来看，该产业中中心度较高的产品多为经过工业加工的食品，而未加工过的谷物、肉类等产品的中心度则较低。总的来说，各类工业制成品的整体中心度水平较高，与其他产品的产品距离更近，有更强的可转换生产能力。其中部分机械设备制品所需的生产能力有最强的可转移性，转换生产能力最高。因此可以推论，拥有更多工业制品比较优势的国家更容易实现产业转型。

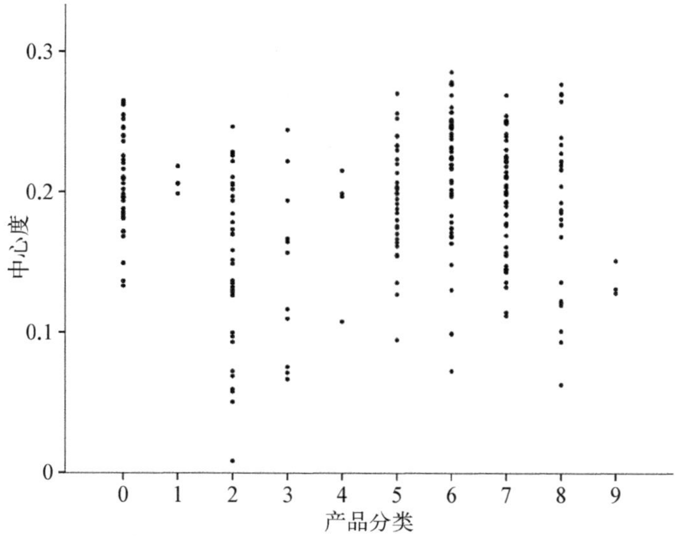

注：产品按 SITC rev.3 一位码标准分类：0(食物与活动物)、1(饮料与烟草)、2(不含燃料的原材料)、3(矿物制品)、4(动植物油)、5(化学制品)、6(制成品)、7(机械与运输设备)、8(杂项制成品)、9(其他未分类产品)(下同)

图 5－2　各产业产品空间中心度分布散点图

数据来源：根据 UN comtrade 统计数据库产品出口数据计算得到

通过上述全球产品邻近度分析可知，随着技术进步和更新换代，生产不同产品所需的生产能力异质性水平逐渐降低，产品生产能力的可转移性提高，但同时绝大多数产品之间的邻近度值依旧不高，技术外溢效应有限，这也就导致产品结构中各产品邻近度水平普遍较低的国家依旧可能面临升级困境。区分产业来看，各类工业制成品的整体中心度水平较高，与其他产品的产品距离更近，有更强的可转换生产能力。

5.2　各国产业升级趋势

世界各国所处经济发展阶段不同，产业发展水平和经济结构也存在较大差异，而各国现有产业结构也影响着其产业发展。因此本部分考察不同国家的产业结构现状和变动趋势，以及期望通过数据分析的方式初步判断各国产品密度对产业升级的影响。

图 5-3 所示为 2005 年和 2010 年不同发展水平国家的各产业加权 RCA 指数情况。由雷达图可以直观地看到，收入水平更高的国家工业制成品比较优势更强，且产业结构更加均衡，也更为稳定。具体而言，低收入国家 2005 年主要具有比较优势的产品为食物和活动物、不含燃料的原材料、制成品和杂项制成品，多为较低附加值的初级产品；机械与运输设备产品的竞争力较差，在这四个年份的 RCA 指数均未高于 0.3，并未出现明显提升。中低收入国家的比较优势产业相对稳定，主要为动植物油、不含燃料的原材料、食物和活动物、杂项制成品等产品；化学制品竞争力较弱，机械与运输设备、杂项制成品和其他未分类工业产品的竞争力随着时间的推移有一定程度提升。高收入国家的产业发展均衡，各产业 RCA 指数普遍大于 0.8，并未有明显的产业发展短板。相比于其他产业，高收入国家的化学制品、机械与运输设备等资本和技术密集型的工业产品的竞争力更强。总的来说，经济发展水平较低的国家产业发展不均衡，优势产业主要集中在低附加值初级产品产业，而经济发展水平更高的国家产业结构均衡，且高附加值、高技术含量的工业产品相比于经济发展水平低的国家优势更加明显。纵向来看，低收入及中等收入国家在机械与运输设备等高技术含量的产业中较难获得竞争优势。

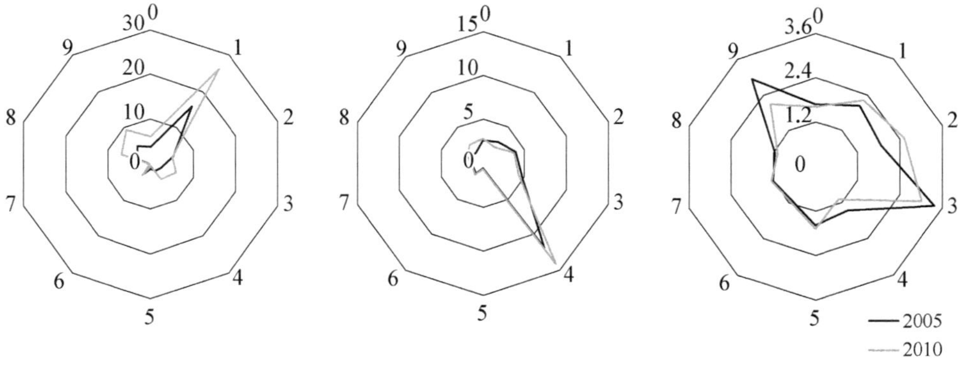

图 5-3 低收入(左)、中等收入(中)、高收入(右)国家各产业加权平均 RCA 指数

为具体了解不同收入水平国家产业升级情况，本文统计了 2005—2010 年各收入水平国家新增比较优势产品总量，同时为了消除不同收入水平国家类别的国家数量的影响，也计算了不同产业和国家类别在 2005—2010 年新增比较优势产品的平均数量。如图 5-4 所示，低收入及中等收入国家 2005—2010 年新增比较优势产品数量及国均数量均明显小于高收入国家，且低收入国家与另外两者的差距更大。从不同产业来看，三者在食物和活动物、饮料和烟草等较初级产品中的差距较小，低收入及中等收入国家获得新增比较优势产品的能力并未明显弱于高收入国家。低收入国家在更高技术含量的工业制品中新增比较优势产品数量明显小于中等收入及高收入国家，中等收入国家也与高收入国家有不小差距，尤其是在机械与运输设备产业方面。总的来说，低收入国家产品获得比较优势较中等收入和高收入国家更为困难，中等收入国家在除高科技产品外的其他产品中获得比较优势的能力与高收入国家差距不明显。低收入国家现有产业发展水平较低，高技术含量产品与高收入发达国家，甚至中等收入国家差距较明显，因此其产业发展尚有较大空间及潜力。而中等收入国家与高收入国家的产业发展差距相对较小，主要发展挑战体现在向高科技产品的转型升级。因此本文主要考虑降低成本对中等收入国家产业升级的推动作用。

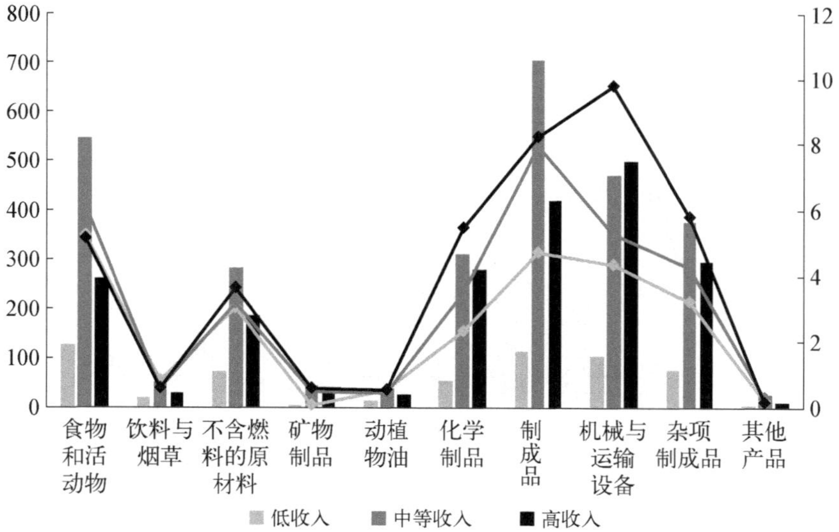

注：产品数量按 SITC rev.3 四位码产品分类统计

图 5-4　2005—2010 年不同收入国家新增比较优势产品数量产业分布及各产业平均每国新增比较优势产品数量

数据来源：根据 UN comtrade 统计数据库产品出口数据计算得到

由上文可知，一国产品转型升级受其现有产业发展水平或生产能力禀赋水平影响，因此本文选取部分中等收入国家①从产品密度角度分析其产业发展困境。如图 5 - 5 所示，高收入国家产品密度整体高于中等收入国家。纵向来看，高收入国家产品密度在 2005—2010 年期间有较明显提升，而中等收入国家产品密度则较为稳定。从不同产业来看(图 5 - 6)，2010 年高收入国家各产业的产品密度水平均普遍高于中等收入国家，其中化学制品、制成品及机械与运输设备等工业产品的产品密度差距更加明显。这也间接证明高收入国家各产业比较优势普遍高于中等收入国家，且高技术含量的工业制成品优势更加明显。由于机械与运输设备等高技术含量工业制成品所需的生产能力可转移性更强，高收入国家的产业转型成功率也将更高。而中等收入国家的比较优势更多集中于生产能力可转移性更低的较初级产品，其高技术含量产品所需生产能力禀赋水平较低，从而导致了转型升级困难。这也就解释了为何中等收入国家相比于高收入国家在高技术含量产品中获得比较优势更加困难。

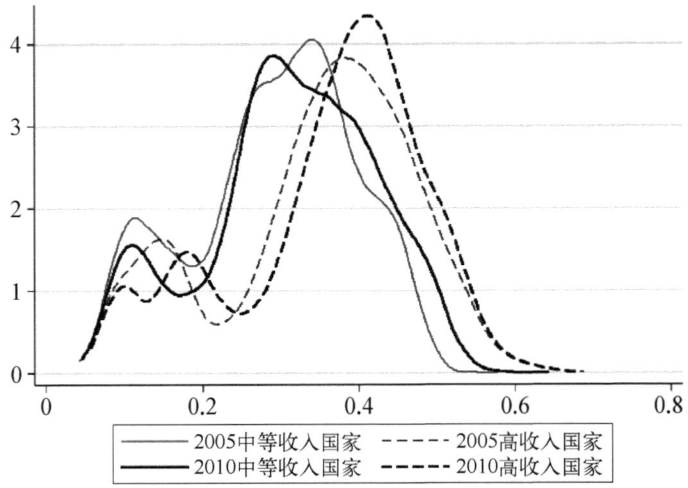

图 5 - 5 2005、2010 年不同收入国家产品密度概率分布图

数据来源：根据 UN comtrade 统计数据库产品出口数据计算得到

---

① 因实证分析部分数据可获得性限制，本文仅选取 36 个国家进行分析，包括：亚美尼亚、奥地利、比利时、巴西、保加利亚、中国、克罗地亚、塞浦路斯、捷克、斯洛伐克、丹麦、埃及、爱沙尼亚、芬兰、法国、德国、希腊、匈牙利、以色列、日本、哈萨克斯坦、拉脱维亚、立陶宛、墨西哥、荷兰、挪威、波兰、摩尔多瓦、罗马尼亚、塞尔维亚、新加坡、斯洛文尼亚、瑞典、土耳其、乌克兰、美国。

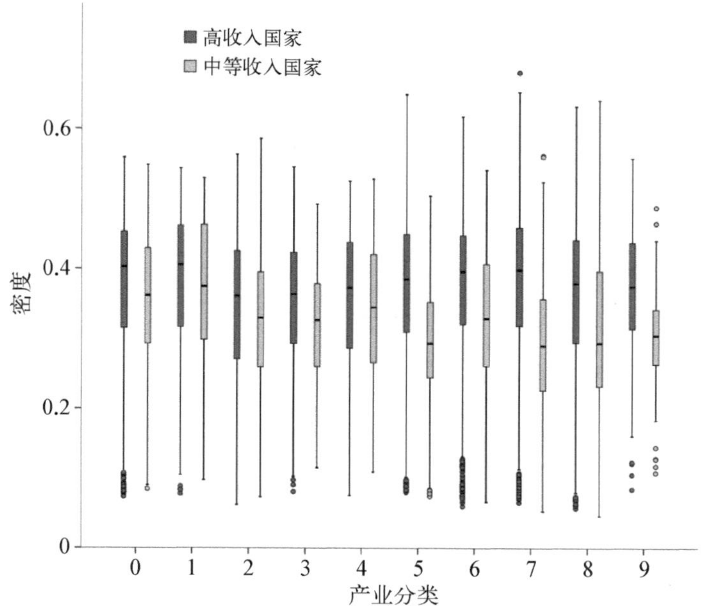

图 5－6　2010 年不同收入国家各产业产品密度对比

通过对数据的描述性分析，可以得到以下分析结果：① 全球产品间联系日趋紧密，邻近度水平有提升趋势但绝对数值依旧较低；② 工业制成品与其他产品的产品距离更近，预示着有更强的可转换生产能力；③ 经济发展阶段的区别带来了产业结构的差异，不同经济发展水平的国家间产业结构有显著差异，收入水平较低的国家产业结构均衡程度更低，且比较优势集中于较低附加值产业，高收入国家在高技术含量产业中有明显优势；④ 低收入国家和中等收入国家相比于高收入国家更难在新的出口产品中获得比较优势，中等收入国家与高收入国家的产业升级难度差距更小，且差距主要表现在机械与运输设备等高技术含量产品；⑤ 中等收入国家的产品密度整体低于高收入国家，且较难得到提升，二者差距在高技术含量产业中尤为明显。

上述分析结果表明，国家产业升级与其现有产业结构和产品密度情况有明显关联关系。由理论分析可知，拥有较小产品密度的国家更难以实现产品转型升级，因此后续本文将运用实证方法检验这一结论的正确性。另一方面，由 HK 理论扩展模型可知，国家可通过降低企业成本的相关政策措施扩大企业产品转换升级的正利润范围，从而降低现有产品生产能力禀赋水平对转型升级的限制。因此后续实证部分也将进一步检验旨在降低企业成本的政策性措施是否能起到相应作用。

第 6 章　降低成本政策性因素的实证检验

本章将在理论分析的基础上实证检验产品密度与产业升级的关系，以及降低企业成本的政策性因素对一国产业突破生产能力禀赋限制及推动产业升级的作用。

6.1　模型构建及数据选择

前文分析表明，一国现有产品生产能力禀赋对产业升级有显著影响，且具有维持现有产业竞争力和推动产业转型升级的双重作用。为验证这一结论，构建如下模型：

$$x_{c,\,i,\,t+5} = \alpha + \beta x_{c,\,i,\,t} + \gamma_1 (x_{c,\,i,\,t})\omega_{c,\,i,\,t} + \gamma_2 (1 - x_{c,\,i,\,t})\omega_{c,\,i,\,t} + \delta X + \varepsilon \tag{6.1}$$

其中 $x_{c,\,i,\,t+5}$ 与 $x_{c,\,i,\,t}$ 为代表国家 c 的 i 产业分别在 $t+5$ 和 t 年份的比较优势情况的逻辑变量，当 i 产业的 RCA 指数大于 1，该变量取值为 1，反之则为 0。$\omega_{c,\,i,\,t}$ 为国家 c 的 i 产业的产品密度值。β 反映的是 t 期拥有比较优势对于保持比较优势的作用。γ_1 反映了产品密度在保持该产品比较优势中的作用，而 γ_2 反映了产品密度对于该产品获得比较优势的作用，该值越大则现有产品生产能力禀赋对于产品升级的作用越大，即路径依赖越强。X 为控制国家及产业特征的虚拟变量向量。为使各期的估计系数具有可比性，对产品密度变量进行了标准化处理。

由扩展的 HK 理论可知，国家可以通过降低企业转换成本的方式增加企业可转换的产品范围，使企业有机会突破升级路径依赖，成功实现转型升级。因此，在模型(6.1)的基础上选取降低企业转换成本的影响因素构建模型(6.2)：

$$
\begin{aligned}
x_{c,i,t+5} = {} & \alpha_0 + \alpha_1\omega_{c,i,t} + \beta_1 x_{c,i,t}\omega_{c,i,t}IMP_{c,i,t} + \beta_2(1-x_{c,i,t})\omega_{c,i,t}IMP_{c,i,t} \\
& + \beta_3 x_{c,i,t}\omega_{c,i,t}FIN_{c,i,t} + \beta_4(1-x_{c,i,t})\omega_{c,i,t}FIN_{c,i,t} \\
& + \beta_5 x_{c,i,t}\omega_{c,i,t}SYS_{c,t} + \beta_6(1-x_{c,i,t})\omega_{c,i,t}SYS_{c,t} \\
& + \beta_7 x_{c,i,t}\omega_{c,i,t}TAX_{c,t} + \beta_8(1-x_{c,i,t})\omega_{c,i,t}TAX_{c,t} + \delta X + \varepsilon
\end{aligned} \tag{6.2}
$$

其中 $IMP_{c,i,t}$ 表示 c 国 i 产业在 t 年度的总进口额，数据来源为 UN comtrade 统计数据库。国内企业能够通过对进口产品的技术模仿和创新来降低研发成本并提高成功率，实现产品转型。$FIN_{c,i,t}$ 表示 c 国在 t 年度的银行等金融机构对私营部门贷款规模占 GDP 比例，反映该国企业获得贷款融资的规模，数据来源为联合国世界银行数据库。贷款融资渠道相比于其他融资方式成本更低，企业从金融机构获得更多贷款融资能有效降低企业成本。$SYS_{c,t}$ 表示 c 国在 t 年度的政府管理质量指数，反映一国政府针对私营部门的政策制定及实施效率，数据来源为世界银行世界治理指标（Worldwide Governance Indicator）数据库。低效的政府效率将会增加企业交易成本，阻碍其对新技术的开发应用（Cowan & Neut，2007）。因此政府提升针对私营部门的政策效率能降低企业成本。$TAX_{c,t}$ 表示 c 国在 t 年度的企业所得税税率水平，反映了企业总体税负成本水平，数据来源为毕马威（KPMG）企业税率表。本文区分了解释变量对被解释变量的两种不同影响，即保持某一产业比较优势的效应以及推动某一潜在升级产业获得比较优势的效应。系数 β_1、β_3、β_5、β_7 反映了各解释变量对于产品密度保持该产业比较优势的作用。而系数 β_2、β_4、β_6、β_8 则反映了各解释变量对于产品密度推动产业升级作用的影响，若为负数则代表该变量能够减小产品密度对于产业升级的影响，即突破路径依赖。

6.2　产业升级路径依赖检验

运用式(6.1)实证检验现有生产能力禀赋对产业升级影响，模型回归结果如表 6－1 所示：$x_{c,i,t}$ 的系数在两个时期都显著大于零，比较优势存在自相关，且有逐渐增强趋势；$(x_{c,i,t})\omega_{c,i,t}$ 的系数 γ_1 显著大于零，表明某一产品的产品密度提升将有助于其保持现有比较优势；$(1-x_{c,i,t})\omega_{c,i,t}$ 的系数 γ_2 显著大于零，表明某一潜在产品的产品密度越大，该国向其转型的成功率更大；γ_1 在两个时期均大于 γ_2，表明生产能力禀赋对于保持现有产品比较优势的作用要强于推动向潜在产品转型的作用；γ_1 与 γ_2 均有减小趋势，表明产品密度对维持比较优势及推动潜在产品升级的作用均有下降趋势。

表 6－1　路径依赖整体检验实证结果

解　释　变　量	2005—2009 年	2010—2014 年
$x_{c,i,t}$	0.656 4***	0.734 1***
$(x_{c,i,t})\omega_{c,i,t}$	0.161 9***	0.113 9***
$(1-x_{c,i,t})\omega_{c,i,t}$	0.139 8***	0.104 1***
常数项	0.180 2***	0.101 3***
样本观测数	8 889	8 940
调整后 R^2	0.591 0	0.675 5

本文同时区分产业检验产品密度对产业升级影响，回归结果如表 6－2 所示：农产品与不含燃料的原材料及矿物制品的 $x_{c,i,t}$ 的系数较其他产品更高，而机械与运输设备等高技术含量的产品的系数则相对较低；机械与运输设备及制成品的系数 γ_1 及系数 γ_2 相比与其他产业更高，表明产品密度对产业升级的作用在高技术含量的产业中更大；农产品的 γ_1 与 γ_2 系数相比于不含燃料的原材料及矿物制品等初级产品更大。

表 6－2　路径依赖分产业检验实证结果

	2005—2009 年			2010—2014 年		
	$x_{c,i,t}$	$(x_{c,i,t})\omega_{c,i,t}$	$(1-x_{c,i,t})\omega_{c,i,t}$	$x_{c,i,t}$	$(x_{c,i,t})\omega_{c,i,t}$	$(1-x_{c,i,t})\omega_{c,i,t}$
农产品	0.697 7***	0.158 4***	0.158 4***	0.730 3***	0.116 6***	0.116 0***
不含燃料的原材料及矿物制品	0.648 3***	0.125 7***	0.091 1***	0.761 3***	0.060 9***	0.083 0***
化学制品	0.655 0***	0.092 7***	0.128 6***	0.754 5***	0.096 3***	0.068 0***

续 表

	2005—2009 年			2010—2014 年		
	$x_{c,i,t}$	$(x_{c,i,t})\omega_{c,i,t}$	$(1-x_{c,i,t})\omega_{c,i,t}$	$x_{c,i,t}$	$(x_{c,i,t})\omega_{c,i,t}$	$(1-x_{c,i,t})\omega_{c,i,t}$
制成品	0.654 7***	0.180 2***	0.170 6***	0.730 6***	0.124 9***	0.120 3***
机械与运输设备	0.577 9***	0.272 3***	0.206 0***	0.682 0***	0.168 2***	0.119 3***
杂项制成品	0.621 3***	0.183 3***	0.114 8***	0.719 3***	0.075 8***	0.062 6***

实证结果表明，生产能力禀赋在产业发展中起到了维持现有优势产业和推动向潜在产业转型升级的双重作用，但前者作用要强于后者；同时双重作用在产业之间存在较大差异，技术密集型产业中产品密度对产业升级的推动作用更大。一国现有产业发展水平越高，其生产能力禀赋累积得越多，可转移性也越强，也就越容易实现产业的转型升级。而经济发展水平较低的发展中国家产业结构单一，优势产业集中于低附加值、低技术含量的初级产品产业。这也就导致其产业发展稳定性及可持续性差，容易遭遇产业升级困境，因此发展中国家更加迫切地需要摆脱现有产业发展水平及生产能力禀赋的限制。

6.3 降成本的政策性措施效果检验

为检验不同因素对产业升级突破现有生产能力禀赋限制并实现转型的作用，本文选取全球 36 个国家运用模型(6.2)进行回归分析，结果如表 6-3 所示。

表 6-3 降成本的政策性措施效果整体检验实证结果

解 释 变 量	2005—2009 年	2010—2014 年
$\omega_{c,i,t}$	0.603 42***	0.622 99***
$x_{c,i,t}\omega_{c,i,t}IMP_{c,i,t}$	−4.79E-12***	−3.02E-12***
$x_{c,i,t}\omega_{c,i,t}FIN_{c,i,t}$	−0.000 99***	−0.000 35
$x_{c,i,t}\omega_{c,i,t}SYS_{c,t}$	0.056 71***	0.042 57**
$x_{c,i,t}\omega_{c,i,t}TAX_{c,t}$	0.001 64	0.000 37

续 表

解 释 变 量	2005—2009 年	2010—2014 年
$(1-x_{c,i,t})\omega_{c,i,t}IMP_{c,i,t}$	−3.58E−12**	−3.24E−12***
$(1-x_{c,i,t})\omega_{c,i,t}FIN_{c,i,t}$	0.000 43	0.000 41
$(1-x_{c,i,t})\omega_{c,i,t}SYS_{c,t}$	−0.128 08***	−0.095 87***
$(1-x_{c,i,t})\omega_{c,i,t}TAX_{c,t}$	−0.003 87***	−0.006 37***
常数项	0.068 61	−0.147 25**
样本观测数	8 873	8 921
R^2	0.384 6	0.411 5

$\omega_{c,i,t}$的系数在两个时期都显著大于零，表明生产能力禀赋累积对潜在产品获得比较优势有正向作用。$IMP_{c,i,t}$与产品密度的交叉项系数均显著小于零，表明产品进口会对国内产业发展带来冲击。一方面，同类产品进口带来的竞争将会对本国产品带来负向影响，减弱产品密度对本国产品维持比较优势的作用；另一方面，新产品进口能够带动本国企业的模仿创新，减弱现有产业生产能力禀赋对产品升级的限制。$FIN_{c,i,t}$与产品密度的交叉项系数回归结果并不显著。从政府效率指标$SYS_{c,t}$与产品密度的交叉项系数来看，政府针对私营部门政策效率的提升既能加强产品密度对现有优势产品的巩固作用，又能帮助企业提升突破现有产品密度限制实现产品升级的可能性。企业税率与现有优势产品的产品密度交叉项系数回归结果不显著，而与潜在产品的产品密度交叉项系数显著小于零，表明降低企业税负并不能减弱产品密度对产品升级的限制作用。从各国现有企业税率来看，日本、美国等发达国家累进制税率或基于企业规模的税率水平差距较大，且有较多针对性的税收优惠政策，本研究中的企业税率数据无法完全体现其企业税负水平。因此，需要区分国家收入水平，进一步针对性地检验企业税率及其他因素对中等收入国家产业升级的影响。

针对中等收入国家的回归结果如表 6 - 4 所示，从各因素与现有优势产品的产品密度交叉项系数来看，产品进口能减弱产品密度对现有优势产品的巩固作用，银行等金融机构增加对私营企业的贷款规模及政府提升行政效率将加强产品密度的巩固作用。$(1-x_{c,i,t})\omega_{c,i,t}IMP_{c,i,t}$系数回归结果并不显著，表明进口产品的作用并不明显。高技术含量的工业产品拥有较高的技术门槛，中等收入国家对进口产品的技术模仿创新挑战较大，因此仅通过产品进口来突破技术限制并实现产品升级的成功率较低。$(1-x_{c,i,t})\omega_{c,i,t}FIN_{c,i,t}$ 及 $(1-x_{c,i,t})\omega_{c,i,t}SYS_{c,i,t}$ 项系数显著小于零，同时两者绝对值都要大于包含高收入国家的回归结果，表明 $FIN_{c,i,t}$ 及 $SYS_{c,i,t}$ 因素对中等收入国家企业突破现有产品生产能力禀赋限制的正向作用更强。较多中等收入国家企业都面临“融资难、融资贵”问题，而银行等金融机构的贷款则是成本相对较低的融资方式。中等收入国家降低企业获得贷款融资的难度能够有效降低企业成本，帮助其实现产品升级。针对制度环境及政府效率，政府通过简政放权提升政策制定及执行效率能帮助企业降低制度性交易成本，提高经营效率。$(1-x_{c,i,t})\omega_{c,i,t}TAX_{c,t}$ 项系数显著大于零，表明中等收入国家降低企业税负能够减弱产品密度对产品升级的限制作用，帮助企业实现向潜在产品的转移。

表 6-4　中等收入国家检验实证结果

解　释　变　量	2005—2009 年	2010—2014 年
$\omega_{c,i,t}$	0.540 02***	0.735 21***
$x_{c,i,t}\omega_{c,i,t}IMP_{c,i,t}$	−1.25E-11**	−2.67E-12**
$x_{c,i,t}\omega_{c,i,t}FIN_{c,i,t}$	0.003 69***	0.004 01***
$x_{c,i,t}\omega_{c,i,t}SYS_{c,t}$	0.105 75***	0.166 85***
$x_{c,i,t}\omega_{c,i,t}TAX_{c,t}$	−0.001 28	−0.018 60***
$(1-x_{c,i,t})\omega_{c,i,t}IMP_{c,i,t}$	8.45E-12	−3.86E-12
$(1-x_{c,i,t})\omega_{c,i,t}FIN_{c,i,t}$	−0.004 65***	−0.007 03***
$(1-x_{c,i,t})\omega_{c,i,t}SYS_{c,t}$	−0.284 08***	−0.234 40***
$(1-x_{c,i,t})\omega_{c,i,t}TAX_{c,t}$	0.007 74***	0.011 04***
常数项	1.440 13***	1.293 62***
样本观测数	4 968	3 398
R^2	0.446 9	0.475 5

由上文分析可知，中等收入国家优势产业更多集中于初级产品产业，高技术含量的工业制成品需要升级。因此，进一步将行业划分为初级产品及工业制品

两大类分别进行回归，以考察降低成本来推动企业突破产品密度限制的作用在不同产业间的差异，结果如表 6－5 所示。总体来说，贷款规模、政府效率等因素对产品密度维持现有初级产品优势的作用并不明显，贷款规模增加及政府效率提升则能加强产品密度对现有工业制成品产品优势的巩固作用。另一方面，$FIN_{c,i,t}$、$SYS_{c,t}$ 与潜在产品的产品密度交叉项系数在两个产业中均显著小于零，$TAX_{c,t}$ 的该项系数显著大于零，表明针对私营企业贷款规模的增加、政府效率提升和税负减轻能够帮助初级产品及工业制品企业摆脱现有生产能力禀赋对产品转换升级的限制。从交叉项系数绝对值来看，各因素对初级产品突破产品密度限制的作用强于对工业制品，这一点也符合上文分析。中等收入国家现有优势产品大多为技术含量较低的初级产品，因此通过成本降低能够帮助企业更容易实现向其他潜在初级产品的转换升级。高技术含量的产品与现有优势产品相距较远，降低成本对转换升级的推动作用也就相对较小。

表 6－5　分产品检验实证结果

解释变量	初级产品		工业制品	
	2005—2009 年	2010—2014 年	2005—2009 年	2010—2014 年
$\omega_{c,i,t}$	0.775 24***	0.592 27***	0.514 72***	0.829 51***
$x_{c,i,t}\omega_{c,i,t}IMP_{c,i,t}$	5.62E－11	1.11E－10**	－1.31E－11**	－2.41E－12*
$x_{c,i,t}\omega_{c,i,t}FIN_{c,i,t}$	0.000 30	0.003 53***	0.003 93***	0.003 40***
$x_{c,i,t}\omega_{c,i,t}SYS_{c,t}$	－0.026 73	0.058 15	0.147 94***	0.273 07***
$x_{c,i,t}\omega_{c,i,t}TAX_{c,t}$	－0.001 47	－0.006 33	－0.001 82	－0.022 31***
$(1-x_{c,i,t})\omega_{c,i,t}IMP_{c,i,t}$	－9.84E－12	－4.66E－12	7.93E－12	－2.51E－11**
$(1-x_{c,i,t})\omega_{c,i,t}FIN_{c,i,t}$	－0.005 98***	－0.006 51***	－0.004 51***	－0.008 88***
$(1-x_{c,i,t})\omega_{c,i,t}SYS_{c,t}$	－0.417 85***	－0.319 69***	－0.285 56***	－0.188 23***
$(1-x_{c,i,t})\omega_{c,i,t}TAX_{c,t}$	0.002 35	0.019 60***	0.010 02***	0.011 60***
常数项	1.703 66***	1.453 31***	1.184 38***	1.503 18***
样本观测数	1 589	1 118	3 279	2 280
R^2	0.444 9	0.470 7	0.462 6	0.496 4

6.4　稳健性检验

上述检验过程中使用一国产品是否实现升级(即 RCA 是否大于 1)的逻辑值作为被解释变量,为检验结论的稳定性,进一步采用一国产品的 RCA 值作为被解释变量进行回归。中等收入国家模型稳健性检验的结果如表 6-6 所示。除 $IMP_{c,i,t}$ 外,$FIN_{c,i,t}$ 和 $SYS_{c,t}$ 与潜在产品的产品密度交叉项系数均显著小于零,$TAX_{c,t}$ 的该项交叉项系数显著大于零,表明金融机构贷款规模增加、政府针对私营部门政策效率提升及企业税负减轻对于产品转移升级突破现有产品生产能力禀赋限制有正向作用。同时区分初级产品及工业制品产业对实证结果的稳健性检验,同样支持前述结论。

表 6-6　稳健性检验结果

解　释　变　量	2005—2009 年	2010—2014 年
$\omega_{c,i,t}$	3.585 47***	3.309 94***
$x_{c,i,t}\omega_{c,i,t}IMP_{c,i,t}$	−9.61E-11	−2.45E-11*
$x_{c,i,t}\omega_{c,i,t}FIN_{c,i,t}$	0.027 56***	0.025 24***
$x_{c,i,t}\omega_{c,i,t}SYS_{c,t}$	0.158 36	0.653 78*
$x_{c,i,t}\omega_{c,i,t}TAX_{c,t}$	−0.078 26***	−0.127 05***
$(1-x_{c,i,t})\omega_{c,i,t}IMP_{c,i,t}$	−1.91E-11	−3.78E-11
$(1-x_{c,i,t})\omega_{c,i,t}FIN_{c,i,t}$	−0.026 12***	−0.024 67***
$(1-x_{c,i,t})\omega_{c,i,t}SYS_{c,t}$	−1.666 55***	−1.312 03***
$(1-x_{c,i,t})\omega_{c,i,t}TAX_{c,t}$	0.021 11	0.058 39***
常数项	7.690 09***	6.134 97***
样本观测数	4 968	3 398
R^2	0.446 9	0.475 5

综上,本章实证结果表明:

(1) 生产能力禀赋在产业发展中起到维持现有优势产业和推动向潜在产业

转型升级的双重作用，但前者作用要强于后者；同时双重作用在产业之间存在较大差异，技术密集型产业中产品密度对产业升级的推动作用更大。

（2）产品进口增加无法帮助企业突破现有生产能力禀赋限制；而增加银行等金融机构对企业的贷款规模、提升政府效率和减轻企业税费负担都能显著减弱产品密度对产业升级的作用，帮助企业突破生产能力禀赋限制实现产业升级。区分产业来看，各因素对初级产品突破产品密度限制的作用强于工业制品。贷款规模增加、政府效率提升等因素对产品密度维持现有初级产品优势的作用并不明显，却能加强产品密度对现有工业制成品产品优势的巩固作用。针对私营企业贷款规模的增加、政府效率提升和税负减轻能够帮助初级产品及工业制品企业减弱现有生产能力禀赋对产品转换升级的限制。

第 7 章　结论与政策性建议

7.1　研究结论

本文通过归纳现有研究文献，运用 HK 模型解释产业升级内在逻辑，并将政策性因素引入模型以解决产业升级难题，利用产品空间理论的相关指标分析全球产品邻近度和各国产业发展现状与趋势，以及借助实证模型检验产业升级路径依赖情况和扩展 HK 模型的适用性，得到如下结论。

（1）产品转换升级受一国现有产品生产能力禀赋限制，企业难以跨越较大的产品转换距离实现向潜在产品的升级。一国现有产品生产能力禀赋水平体现为各产品的产品密度大小，若潜在转型产品的产品密度较小则代表该国针对该产品的生产能力禀赋水平较低，即现有产品距该潜在产品较远，企业难以在正利润范围内从现有产品向该潜在产品转移。通过降低转换成本的方式，企业能够扩大转换的正利润范围，更易实现产品转型升级。

（2）全球产品间联系日趋紧密，邻近度水平有提升趋势但绝对数值依旧较低；工业制成品与其他产品的产品距离更近，预示着有更强的可转换生产能力。不同经济发展水平国家产业结构有显著差异，收入水平较低的国家产业结构均衡程度更低，且比较优势集中于较低附加值产业，高收入国家在高技术含量产业中有明显优势。在产业升级方面，低收入国家与中等收入国家相比于高收入国家更难以在新的出口产品中获得比较优势，中等收入国家与高收入国家的产业升级难度差距更小，且差距主要表现在机械与运输设备等高技术含量产品；中等收入国家的产品密度整体低于高收入国家，且较难得到提升，二者差距主要体现在高技术含量产业。收入水平较低的发展中国家优势产业主要集中于初级产品或简单加工的工业制品，各产品的产品密度普遍小于高收入的发达国家，且高技术含量的工业制品的产品密度差距更大。低收入及中等收入国家相比于高收入国家更难在新产品中获得比较优势。

（3）生产能力禀赋在产业发展中起到了维持现有优势产业和推动向潜在产

业转型升级的双重作用，但前者作用要强于后者；同时双重作用在产业之间存在较大差异，技术密集型产业中产品密度对产业升级的推动作用更大。在降低企业成本的政策性措施方面，产品进口增加无法帮助企业突破现有生产能力禀赋限制，而增加银行等金融机构对企业的贷款规模、提升政府效率和减轻企业税费负担都能显著减弱产品密度对产业升级的作用，帮助企业突破该国现有产业发展水平限制，实现产业升级。

7.2 政策性建议

“降成本”政策措施对中等收入国家企业突破现有产业发展水平限制有显著正向作用，能提升企业产品转型升级成功率。我国现阶段供给侧结构性改革的“降成本”政策及本文的研究结论或许能对中等收入国家产业发展政策有一定启示。

（1）畅通融资渠道，解决企业融资问题。中等收入国家企业大多面临“融资难、融资贵”的问题，难以获得融资渠道或融资成本较高。这其中的一大重要原因便是金融系统建设不够健全完善，政府需要让金融回归服务实体经济的本质，提升金融体系运行效率，将更多资金吸引到金融体系中为实体经济发展服务。其次，政府应鼓励银行业金融机构增加针对私营企业的贷款规模，尤其是中小企业和高科技企业；降低银行业金融机构服务费，并提升企业贷款审批及发放效率；引导企业间合作，通过不同方式增强企业的融资能力。此外，政府还应适当放宽业务准入限制，破除传统金融机构的业务垄断，通过政策鼓励并保障金融创新，提高金融市场业务活力，为有融资需求的企业提供更加有针对性、多样化的金融服务。

（2）深化体制机制改革，降低企业制度性交易成本。中等收入国家普遍存在机制体制不健全问题，政府应加快制度建设，逐步完善监管体系，取消、废除不合理、不必要的政策法规；着力提高政府行政办事效率、简化行政监管程序，降低企业办事的时间成本。另一方面，需要切实解决“权力中介”问题，减轻企业负担。政府需督促各部门履行好职责，并全面整顿中介服务事项，规范中介服务市场定价，为企业提供更高效率并且更低成本的政府公共服务。

（3）实施减税降费，减轻企业税费成本。中国近年来在推进供给侧结构性改革的背景下也强调实施“减税降费”政策，具体包括对小微企业实施普惠性税收减免、降低制造业等行业内企业的税率、提高研发费用加计扣除比例等，旨在减轻企业税费成本负担。中国的“减税降费”政策对其他中等收入国家也有着借鉴意义，中等收入国家应更加重视为企业减轻税负，以提高市场积极性，激发内生增长动力。

参考文献

[1] ALLEN R G D, CLARK C. The conditions of economic progress[J]. Economica, 1951, 18(72): 432.

[2] BOSCHMA R, BALLAND P A, KOGLER D F. Relatedness and technological change in cities: The rise and fall of technological knowledge in US metropolitan areas from 1981 to 2010[J]. Industrial and Corporate Change, 2015, 24(1): 223-250.

[3] BOSCHMA R, IAMMARINO S. Related variety, trade linkages, and regional growth in Italy[J]. Economic Geography, 2009, 85(3): 289-311.

[4] BOSCHMA R, MARTÍN V, MINONDO A. Neighbour regions as the source of new industries[J]. Papers in Regional Science, 2017, 96(2): 227-245.

[5] COWANK L, NEUT A. Intermediate goods, institutions and output per worker [J]. Working Papers Central Bank of Chile. Agustinas: Central Bank of Chile, 2007.

[6] FERGUSON S, FORMAI S. Institution-driven comparative advantage and organizational choice[J]. Journal of International Economics, 2013, 90(1): 193-200.

[7] FRACCASCIA L, GIANNOCCARO I, ALBINO V. Green product development: What does the country product space imply? [J]. Journal of Cleaner Production, 2018, 170: 1076-1088

[8] GEREFFI G, HUMPHREY J, STURGEON. The governance of global value chains [J]. Review of international political economy, 2005, 12(1): 78-104.

[9] GEREFFI G. International trade and industrial upgrading in the apparel commodity chain [J]. Journal of International Economics, 1999, 48(1): 37-70.

[10] GROSSMAN G M, HELPMAN E. Product development and international trade[J]. Journal of Political Economy, 1989, 97(6): 1261-1283.

[11] HAUSMANN R, HIDALGO C. Country diversification, product ubiquity, and economic divergence[J]. SSRN Electronic Journal, 2010, 69(35): 78-81.

[12] HIDALGO C A, HAUSMANN R. The building blocks of economic complexity[J]. Proceedings of the National Academy of Sciences of the United States of America, 2009, 106(26): 10570-10575.

[13] HIDALGO C A, KLINGER B, BARABÁSI A L, et al. The product space conditions the development of nations[J]. Science, 2007, 317(5837): 482-487.

[14] HUMPHREY J, SCHMITZ H. How does insertion in global value chains affect

upgrading in industrial clusters? [J]. Regional Studies, 2002, 36(9): 1017 - 1027.
[15] JELINEK M, PORTER M. The competitive advantage of nations[J]. Administrative Science Quarterly, 1992, 37(3): 507.
[16] KOGLER D F. Editorial: Evolutionary economic geography-theoretical and empirical progress[J]. Regional Studies, 2015, 49(5): 705 - 711.
[17] KRUEGER A O. Government failures in development [J]. Journal of Economic Perspectives, 1990, 4(3): 9 - 23.
[18] LEAMER E E. Paths of development in the three-factor, n-good general equilibrium model[J]. Journal of Political Economy, 1987, 95(5): 961 - 999.
[19] LECTARD P, ROUGIER E. Can developing countries gain from defying comparative advantage? Distance to comparative advantage, export diversification and sophistication, and the dynamics of specialization[J]. World Development, 2018, 102: 90 - 110.
[20] LOHRMANN A M. Development effects of the customs union between Turkey and the European Union: Catching-up-or the Heckscher-ohlin trap? [J]. Russian & East European Finance & Trade, 2000, 36(4): 26 - 44.
[21] NEFFKE F, HENNING M, BOSCHMA R. How do regions diversify over time? Industry relatedness and the development of new growth paths in regions[J]. Economic Geography, 2011, 87(3): 237 - 265.
[22] NEFFKE F, HENNING M. Skill relatedness and firm diversification[J]. Strategic Management Journal, 2013, 34(3): 297 - 316.
[23] POON T S C. Beyond the global production networks: A case of further upgrading of Taiwan's information technology industry[J]. International Journal of Technology and Globalisation, 2004, 1(1): 130 - 144.
[24] ROSTOW W W. The stages of economic growth[J]. The Economic History Review, 1959, 12(1): 1 - 16.
[25] SAVIOTTI P P, FRENKEN K. Export variety and the economic performance of countries[J]. Journal of Evolutionary Economics, 2008, 18(2): 201 - 218.
[26] SUTTON J. The globalization process[M]. Oxford: Oxford University Press, 2012.
[27] XIAO H, SUN T Y, MENG B, et al. Complex network analysis for characterizing global value chains in equipment manufacturing [J]. PLoS One, 2017, 12 (1): e0169549. DOI: 10. 1371/journal.pone.0169549.
[28] ZHU S J, HE C F, ZHOU Y. How to jump further and catch up? Path-breaking in an uneven industry space[J]. Journal of Economic Geography, 2017, 17(3): 521 - 545.
[29] 陈钊,熊瑞祥.比较优势与产业政策效果：来自出口加工区准实验的证据[J].管理世界，2015(8)：67 - 80.
[30] 邓向荣,曹红.产业升级路径选择：遵循抑或偏离比较优势：基于产品空间结构的实证分析[J].中国工业经济,2016(2)：52 - 67.
[31] 高越,李荣林.国际生产分割、技术进步与产业结构升级[J].世界经济研究,2011(12)：78 - 83.

[32] 郭将，赵景艳.产品空间结构视角下的产业升级研究：以江苏省装备制造业为例[J].技术与创新管理，2016，37(2)：204-209.
[33] 黄茂兴，李军军.技术选择、产业结构升级与经济增长[J].经济研究，2009，44(7)：143-151.
[34] 黄永明，张文洁.中国出口技术复杂度的演进机理：四部门模型及对出口产品的实证检验[J].数量经济技术经济研究，2012，29(3)：49-62.
[35] 蒋兴明.产业转型升级内涵路径研究[J].经济问题探索，2014(12)：7.
[36] 李晓阳，吴彦艳，王雅林.基于比较优势和企业能力理论视角的产业升级路径选择研究：以我国汽车产业为例[J].北京交通大学学报(社会科学版)，2010，9(2)：23-27.
[37] 林毅夫.新结构经济学：重构发展经济学的框架[J].经济学(季刊)，2010，9(4)：1-32.
[38] 刘涛雄，周碧华.我们能避免"比较优势陷阱"吗[J].宏观经济研究，2012(6)：38-43.
[39] 王佃凯.比较优势陷阱与中国贸易战略选择[J].经济评论，2002(2)：28-31.
[40] 吴崇伯.论东盟国家的产业升级[J].亚太经济，1988(1)：26-30.
[41] 西蒙·库兹涅茨.各国的经济增长[M].常勋，等译.北京：商务印书馆，2011.
[42] 杨汝岱，姚洋.有限赶超与经济增长[J].经济研究，2008，43(8)：29-41，64.
[43] 张其仔.比较优势的演化与中国产业升级路径的选择[J].中国工业经济，2008(9)：58-68.
[44] 张其仔，李颢.产业政策是应遵循还是违背比较优势？[J].经济管理，2013，35(10)：27-37.
[45] 喆儒.产业升级——开放条件下中国的政策选择[M].北京：中国经济出版社，2006.
[46] 周振华.产业结构优化论[M].上海：上海人民出版社，1992.
[47] 祝树金，戢璇，傅晓岚.出口品技术水平的决定性因素：来自跨国面板数据的证据[J].世界经济，2010，33(4)：28-46.

第五篇

高速铁路、城市网络中心性与技术创新能力

邱雨歆

第1章　绪　　论

1.1　研究背景与问题提出

交通基础设施建设一直都是国家发展的重中之重。高速铁路作为现代交通运输的大动脉，在中国被定义为“设计速度每小时 250 千米(含预留)以上或列车初期运营速度每小时 200 千米以上的客运列车专线铁路”①。1909 年，顶着西方列强的压力，我国自主设计并建造的第一条铁路——京张铁路正式通车，百余年之后，在同一片土地上，我国第一条智能化高铁线路京张高铁正式投入营运，在世界上首次实现了时速 350 千米自动驾驶，堪称陆地飞行。如今，中国高铁已从“追赶者”成为“领跑者”。截至 2019 年年底，我国高铁运营总里程已达 3.5 万千米，稳居世界首位，在全球高铁里程中占比超过三分之二，“四纵四横”已完美收官，“八纵八横”正稳步推进。在未来，高速铁路将惠及超过 80%的中国城市，使“人便其行、货畅其流”成为现实，继续以前所未有的速度改变中国城市的格局与人们的生产生活方式。

高速铁路不仅颠覆了传统铁路的低效局面，为人们提供了更加便捷舒适的出行工具，其在国家和区域经济发展中发挥的重要作用更是有目共睹的。随着高铁时代的到来，“高铁经济”应运而生，为城市经济发展带来了新的机遇与挑战。高速铁路的时空压缩效应让中国正在缩小，人才、资本和技术的流动效率得到了大幅的提升，高铁沿线城市之间的经济联动更加紧密，有效带动了彼此的经济增长，促进了区域经济融合。高铁建设虽然加速了资源在沿线城市的重新分配，但同时也可能加剧城市对资源的竞争。显然，高铁为不同城市带来的机会和挑战并非是均等的，深入理解高铁建设对中国区域经济发展产生的深远影响迫在眉睫。此外，在虹吸效应、集聚效应和过道效应等影响下，广大城市如何最大

① 目前中国高速铁路有两种定义，文中的定义出自《高速铁路设计规范》(TB10621－2014)。根据《中长期铁路网规划(2016)》调整，中国高速铁路网由所有设计速度每小时 250 千米以上新线和部分经改造后设计速度达标每小时 200 千米以上的既有线铁路共同组成。

限度地发挥高铁优势，把握时代机遇，是高铁新时代下亟待思考的重要课题。

技术创新能力是区域经济竞争力的重要组成因素。随着世界经济快速由工业经济向知识经济转化，技术创新能力已成为衡量国家实力和地位的重要指标。如今，全球竞争的焦点已不再是对资源的争夺或是领土的扩张，而是技术创新能力的较量，是各国对技术领导地位的争夺。在此背景下，中国以跻身创新型国家前列为目标，大力实施创新驱动发展战略。《国家创新驱动发展战略纲要》曾明确提出“三步走”战略目标，第一步便是到2020年进入创新型国家的行列。在过去很长一段时间里，我国曾试图通过“以市场换技术”或模仿战略来获得发达国家的核心技术，但从目前来看，技术壁垒很难打破，关键核心技术受制于人的局面尚未得到根本性改变，我们与发达国家之间依旧存在较大差距。焦灼的中美贸易战更是让我国深刻意识到自主创新的重要性，只有实现关键核心技术自主可控，才能真正掌握主动权，发挥创新引领发展的第一动力作用。因此，如何提升技术创新能力，驱动区域经济增长，一直是学者们关注的热点话题，也是国家及政府管理者们共同面临的难题。

空间距离一直是制约创新活动的因素之一(Krugman，1991)。信息通信技术的爆发虽然解决了显性知识在远距离传输中的问题，但在创新生成过程中至关重要的隐性知识仍需要通过非正式手段才能得以传播，如面对面的个人接触、个人训练或人员流动等。随着交通基础设施的飞速发展，时空距离逐渐取代空间距离，成为影响创新活动空间分布的重要因素。高速铁路实现了地面交通在速度上的突破，极大压缩了城市间的时空距离，为技术和知识的传播提供了丰富的机会，势必会对我国整体技术创新能力产生影响。而高铁开通促进的资源流动是否会加剧创新资源在空间分布上的不均、大城市的发展是否会以牺牲中小城市为代价，这些也是我们不容忽视的问题。

实际上，学者们从未停止探索高速铁路和技术创新能力之间的关系(刘芳，2019)，然而，大多研究都仅观察到了人流、信息流或知识流在其中发挥的作用(徐旭等，2019；罗燊，2018)，鲜有学者从城市发展的中观层面考虑城市地位在此产生的影响。城市是技术创新的土壤，同时也是在相互联系的基础上形成的一个个权力中心，城市的地位能够反映出与其他城市联系的范围与质量。在过去，大多数城市只与周边区域或更广阔的腹地互动，而随着全球化和信息化的发展，通过复杂的网络来实现城市交流已成为普遍规则。如今，城市网络已成为城市研究体系的新范式，城市网络中心性成为衡量城市地位的重要度量指标(汪明峰、高丰，2007)。推动城市功能和地位的转变，从而改变城市空间发展格局，是高速铁路对区域或城市发展产生的另一个重要影响。在人流、物流、资金流和信息流等基础上，高速铁路通过加强城市间的联系强度，改善城市网络连通性，故而提高了城市网络中心性，直接影响了城市获取新资源和转移知识的能力，进而对技术创新能力的提升作出贡献（程开明、王亚丽，2013）。因此，本文从城市网络中心性的视角，深入探究高速铁路对技术创新能力的作用机理，这对于理解高速铁路的经济价值和空间影响、提高我国区域技术创新能力均有重要的理论价值和现实意义。

基于以上背景，本文将重点聚焦高速铁路、城市网络中心性和技术创新能力三者的关系，提出并试图解决如下问题：① 高速铁路建设能够对技术创新能力产生怎样的影响？其内在影响机理是什么？② 不同城市的异质性特征是否会导致高速铁路对技术创新能力产生的影响存在差异？③ 从中观层面看，高速铁路是否会通过影响城市网络中心性，进而影响技术创新能力？以上问题的回答对于提升技术创新能力，促进区域经济增长具有重要的参考价值。

1.2　研究目标与研究意义

1.2.1　研究目标

本文的研究目标是探究高速铁路和城市网络中心性对技术创新能力的影响及相互作用机制，具体包含以下三点。第一，通过文献学习和理论分析研究高速铁路、城市网络中心性和技术创新能力之间的相互影响及作用机理。第二，采用连锁城市网络模型测算中国地级及以上城市的城市网络中心性指标，了解我国城市网络结构特征和演变规律。第三，运用面板数据实证检验高速铁路、城市网络中心性和技术创新能力三者的关系，量化检验中介效应的存在。第四，根据理论分析与实证结果进一步探索提升技术创新能力的有效途径，为广大城市实现技术创新能力提升提供相关建议。

1.2.2　研究意义

（1）理论意义。本文基于城市网络的视角，深入分析高速铁路建设与技术创新能力之间的关系，是将经济地理学、城市地理学和区域经济学相结合的一次创新突破，再次打破了各学科领域的研究界限，拓宽了各领域的研究范畴，同时为交通基础设施的相关研究提供了新的研究视角。从研究尺度来看，以往对高速铁路的研究多局限在某条特定高铁线路或是某个特定区域，无法全面反映我国高铁发展的现状，本文以全国地级及以上城市为研究对象，是对现有研究的补充与完善。此外，将高速铁路的经济效益和对城市网络地位的影响结合起来分析，有助于更深刻地理解高速铁路发挥作用的内在机理，为区域相关政策的制定和实施提供一定的理论依据。

(2) 现实意义。高速铁路不仅改变了人们的出行方式，更是为区域与城市发展带来新的契机。本文试图通过相关理论研究和实证检验阐明高速铁路对技术创新能力的影响规律，并分析城市网络中心性的变化在其中发挥的作用。通过量化高速铁路的影响，有利于更加合理地评估高速铁路的经济效益，提出切实可行的对策建议，以最大限度地发挥高铁优势，为规避可能的负面影响提供有益的参考价值。同时结合城市网络中心性，有助于从多个角度了解我国技术创新能力发展现状，探寻制约我国技术创新能力提升的瓶颈，对于政府及相关部门制定创新发展战略及相关政策具有一定的参考意义。

1.3 研究内容与研究方法

1.3.1 研究内容

本文以中国地级及以上城市为研究对象，基于城市网络的视角，探究高速铁路对技术创新能力的影响。研究内容主要包括以下六个部分：

第 1 章为绪论。在详细介绍研究背景的基础上提出研究问题，并明确研究目标和意义，确定研究内容与技术路线，制定相应研究方法，为后续的深入分析奠定基础。

第 2 章为文献综述。根据本文研究的核心问题，首先梳理高速铁路、城市网络与技术创新能力相关文献，厘清现有研究的主要方向和学术成果。在此基础上对高速铁路、城市网络中心性与技术创新能力之间的相关关系进行梳理，明确研究思路和分析方法。最后通过归纳总结，对现有研究展开评述，发现不足之处和改进空间。

第 3 章为理论分析与研究假设。构建高速铁路、城市网络中心性与技术创新能力的理论框架，结合已有研究的相关结论，阐明高速铁路和城市网络中心性对技术创新能力的影响机理，明确城市网络中心性在高速铁路影响技术创新能力的过程中发挥的中介作用，并在此基础上提出研究假设。

第 4 章为指标构建与实证模型。重点阐述本文主要研究变量的指标构建方法和计量模型的选取，为进一步实证检验高速铁路、城市网络中心性对技术创新能力的影响打下基础。

第 5 章为实证结果与分析。首先对主要变量进行描述性统计，了解我国高铁建设情况和城市网络结构特征，观察技术创新能力的变化趋势。其次，利用面板数据对研究假设进行实证检验，并尝试解决内生性问题，确保结果稳健可靠。再次，实证分析高速铁路在不同的城市特征影响下，对技术创新能力影响的差异，得出异质性检验的结论。最后，检验并分析城市网络中心性的中介效应，总结得出高铁影响技术创新能力的内在机制。

第 6 章为结论与政策建议。根据实证检验的结果与分析，总结出本文的主要研究结论，并对高速铁路建设、城市空间发展战略及创新相关政策的制定提出政策建议。最后，自省本文研究的不足之处，提出对未来研究的改进方向。

图 1 - 1 为本文的技术路线图。

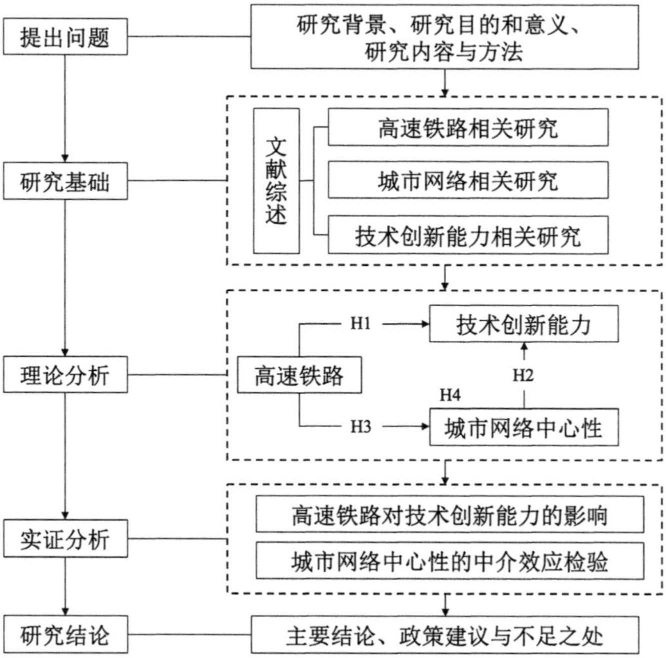

图 1 - 1　技术路线图

1.3.2　研究方法

本文主要采用规范研究与实证研究相结合的方法，深入挖掘高铁建设、城市网络中心性和技术创新能力相互影响的内在作用机理。

在规范研究方面，通过梳理国内外最新理论研究成果，借助经济地理学、区域经济学等相关理论，构建本文理论研究框架，推导高速铁路、城市网络中心性和技术创新能力的内在逻辑关系，明确三者之间影响的作用机制。

在实证研究方面，本文首先在前人研究的基础上改进重要变量的指标构建方法，接着利用计量回归模型对研究假设依次进行检验。在完成基准回归的基础上，进一步识别高速铁路的异质性影响和城市网络中心性的中介效应。

第2章 文献综述

2.1 高速铁路相关研究

自1964年日本开通全世界第一条高速铁路以来，高速铁路为区域或城市带来的影响及其相互关系就受到了全球众多学者们的关注。通过梳理总结国内外学者的相关研究，可以发现有关高速铁路的研究大致遵循着高铁通过改善区域交通可达性从而影响区域经济发展、区域（城市）空间结构这样的研究脉络。

随着高速铁路在世界各国交通基础设施布局中的地位越来越重要，同时伴随着区域经济学、新经济地理学等理论的兴起，高铁相关的研究视角、研究层次也越来越丰富，研究范式不断推陈出新，为将来的研究留下了大量宝贵的成果。

2.1.1 高速铁路对区域经济的影响

衡量高速铁路的经济影响一直是经济地理学中的热门话题。高速铁路对社会经济产生的影响在中国乃至世界各地都饱受争议（Givoni, 2006），但不可否认的是，高铁在经济发展的许多方面都对区域经济产生了广泛而重要的影响。

高铁对区域经济的影响可能通过可达性、企业选址、产业、就业、人口等以及在不同时间和空间维度上对城市和城市群的影响产生作用（Willigers & Van Vee, 2011）。但是，高铁建设并不会自动带来相应的社会和经济改善。一方面，在经济、投资和制度等特定条件下，即满足所谓的 Banister 条件时，交通基础设施可以促进经济和社会进步（Banister & Berechman，2001）；另一方面，如果高铁建设的支出超过其机会成本，盲目投资则会导致经济损失，债务过多，从而制约或延迟高铁对经济增长的影响（Wu 等，2014；Zhao 等，2015）。

生产率与铁路连通性之间有很强的联系，尤其是在商业服务这样的经济领域，但其因果关系的方向以及铁路连通性是否与其他解释性因素相关无法确定。Chen 和 Silva(2014)分析了1990—2010年西班牙的高铁网络对省级经济的影响，特别是对就业和经济增长的影响，认为一个地区的交通运输投资与其经济发展具有内在的关联性，对交通基础设施的投资建设增加了对资源、商品和市场的可达性，从而提高了一个地区的竞争力，并增强了经济一体化，因此对高铁的投资对该省的经济增长和就业率具有积极的影响。王雨飞和倪鹏飞(2016)分析并检验了高速铁路对经济发展的增长效应和结构效应，结果证实了两种效应的确存在，说明高铁在强化区域间经济溢出作用和改变经济空间格局上均具有影响。Li 等(2018)通过包含时间和票价的加权平均旅行时间来构建可达性指标，使用格兰杰因果关系方法估算高速铁路对中国地级市经济增长的影响，结果表明高铁的发展显著提高了地区 GDP、人均 GDP 和就业的增长，是城市层面经济增长的格兰杰原因，同时，成本效益分析还表明 GDP 的增长大大超过了高铁建设的成本。

根据 Banister 和 Berechman(2001)的研究，发达国家的交通网络相对成熟，已拥有令人满意的交通便利性，因此经济增长并非直接来自对交通基础设施的更多投资，而是需要经济外部性、投资和政治因素的协调发展。考虑到中国是发展中国家，高铁投资可能会通过乘数效应促进经济增长，并与经济状况和政策机制约束相互作用。此外，高铁的建设不仅直接刺激了经济增长，而且释放了现有的客货运输能力并节省了出行时间，从而进一步促进了中国的城市经济(Li 等，2018)。

随着研究的深入，学者们开始特别关注高速铁路建设带来的区域经济差异。如果交通能够为外部竞争提供条件，那么它既可以成为增长的动力，也可能成为衰退的原因。在大多数情况下，高铁可能导致空间不平衡和集中化的加剧，强化城市之间的两极分化，但有些案例则表明，高铁有助于缩小区域差距，一些中小城市也从高铁的发展中受益(Hall，2009；González-González & Nogués，2016；Chen & Haynes，2017)。

高速铁路将以牺牲小城市为代价使大城市受益，从而扩大了区域不平等。Sasaki 等(1997)也曾指出，新干线对日本区域扩张的影响有限，经济活动集中在东京和大阪等大城市，小城市可能成为高铁的利益牺牲者。Yin 等(2015)通过研究高铁对区域、城市和车站层面上的直接和间接发展影响，认为高铁连接的城市和非高铁连接城市之间的差距趋于扩大。与之类似，董艳梅和朱英明(2016)从就业、工资和经济增长几个方面研究了高铁建设的影响，并用倾向得分匹配倍差法进行实证检验，结果发现高铁建设直接或间接地对高铁城市的就业、工资和经济增长产生积极影响。Qin(2017)重点研究了中国高铁升级对非目标农村地区的分配效应，发现位于高铁升级沿线上的县城，相较于未受影响的县城而言，其 GDP、人均 GDP 和固定资产投资的增速都有所放缓，这是因为运输成本的降低使得更多的经济活动从小县转移到了大城市。Chong 等(2019)的研究得到了一致的结论，结果表明高铁带来的城际连通性改善在促进中国经济增长方面有着显著而积极的作用。但并非所有连接高铁网络的城市都从中受益，资本存量、人力资本和城市化等区域经济特征会影响连通性对经济表现的作用，一些经济状况较差的小城市可能会由于所谓的"虹吸效应"而遭受负经济增长活动。此外，Chen 等(2019)通过动态和空间一般均衡模型框架评估了高铁在中国的区域经济影响，并得出结论：发达地区的实际 GDP 水平变化相对较大，高铁投资刺激的实际 GDP 增长率却在欠发达地区更加显著，在发达地区相对较小。Monzon 等(2019)以 1990—2015 年西班牙高铁网络发展为案例，评估了可达性指标的地域分布演变，结论表明新的高铁线路大大提高了西班牙到大多数目的地的可达性水平，且在区域间的分配更加均衡，对领土凝聚力产生积极贡献，但最大的受益者并不是马德里和巴塞罗那这样的大城市，而是在 1990 年情况相对较差的中小城市。

2.1.2　高速铁路对城市空间结构的影响

随着高速铁路的网络化发展，高铁网络的地理研究受到持续而广泛的关注。从高铁网络视角刻画中国城市体系等级结构和空间格局成为热点。钟业喜和陆玉麒(2011)证明了铁路始发列车数量与城市体系的规模等级成正比关系，并基于铁路网络对中国城市体系进行等级划分，发现呈金字塔结构。李琴等(2017)也得出相似的结论，利用全国 157 个城市的高铁班次数据，验证了高铁班次数量与高铁城市的城市等级之间存在正相关关系，且高铁城市空间分布不均，城市等级呈现明显的金字塔特征。汤晋(2016)聚焦长三角地区，从人口、产业和建设用地等角度对空间结构进行深入研究，指出"立体式、分层次"是长三角高速交通体系的主要空间特征。孟德友等(2017)则基于东北地区铁路客运班次数据，利用社会网络分析方法，从网络密度、城市中心性和凝聚子群等方面对城市网络结构演变进行定量分析，认为城市等级体系的初级首位型分布特征明显，城市程度中心度呈两极分化现象。刘承良等(2019)引入多中心性模型，从铁路网络视角刻画了中国铁路枢纽城市的中心性空间格局，发现多中心性指标的宏观空间分布均遵循以"胡焕庸线"为界的分异格局，但各中心性指标表现出不同程度的空间集聚。

有的学者则关注高速铁路开通之后，城市体系等级的变化情况与空间演化重构。从长期来看，高铁很有可能通过提高可达性和减少时空距离来改变城市体系(Bonnafous，1987)，而在短期上，高速铁路能够改变城市间的关系以及它们在城市等级体系中的相对位置(Chen 等，2019)。

Murayama(1994)率先研究了铁路可达性对日本城市体系演变的影响，指出在19世纪60年代新干线开通后，原有的城市体系结构被打破，接入新干线的城市获得了巨大的区位优势，而未开通新干线的城市则越来越边缘化。Kim(2000)以韩国首尔和釜山之间的高铁发展为例，发现虽然与人口有关的空间结构呈现出向首尔及其周边地区持续集中的趋势，但就业机会和经济活动的空间分布则越来越分散，更均匀地分布到低密度区域。高速铁路也是重塑欧洲空间结构和城市体系的主要力量之一(Hall，2009)。Ureña 等(2009)从国家、地区和地方各级对法国和西班牙进行多层次分析，认为区域高铁服务的引入改善了欧洲一些小城市到大城市、大中型城市的时间距离和可达性，从而提高了大中型城市的区域中心性，改变了城市体系的平衡与等级。这些研究有个统一的结论，即高铁网络将强大的经济中心联系起来，同时加强了特定区域的集聚(Ortega 等，2012)。

中国的人口和城市空间分布有着鲜明的经济地理特征，虽然中国高铁起步较晚，但国内学者们在这方面也有广泛而深入的研究。王姣娥和丁金学(2011)认为，高铁的时空收敛效应为各城市带来的收益是非均衡的，生产要素和生活要素在市场经济的引导下向中心城市集聚，从而导致了相对区位条件发生改变，对中国区域和城市空间结构的重塑产生重要影响。从首位联系强度及空间分布来看，高铁的发展提升了区域中心城市在城市网络中的地位，并逐步形成以区域中心城市为首位联系城市的空间格局(王姣娥等，2014)。方大春和孙明月(2015)以长三角16个核心城市为样本，运用社会网络分析法复盘了高铁开通对城市群空间结构特征演变的作用，结果表明各个城市的点出度和点入度不断上升，中心城市对外辐射增强，总体而言优化了城市群空间结构。焦敬娟等(2016)从城市网络的视角出发，利用加权度中心性分析了高速铁路建成前后对城市网络等级结构的影响，结果表明城市加权度中心性及其变化幅度受限于原有铁路网络格局，但高速铁路建设仍是导致城市等级变化的重要因素。王蔚(2019)利用双重差分模型实证研究了高速铁路对沿线城市等级变动的影响，结论表明高速铁路通过影响生产要素流动、沿线城市枢纽性和区域经济布局等机制导致沿线城市等级变动；由于高铁成网以后的规模效应使得城市之间的联系更加紧密，区域内资源流动更加频繁，高铁网络范围内的城市等级大多得到显著提高。

2.2 城市网络相关研究

传统的城市研究往往局限于对城市形态特点的刻画，常常忽略了其发展的演变规律，直到20世纪50年代后期中心地理论兴起才逐渐改变这一现象，基于中心地理论的城市体系研究也因此开始得到广泛的关注(冷炳荣等，2011)。中心地理论虽然解释了城市空间区位关系及位序规模分布规律，但该理论更多地考虑垂直关系，倾向把城市体系视为静态且相对独立的系统，并未充分考虑到城市体系中城市之间的动态相互联系。作为一种新型的跨越行政边界的空间组织形态，城市网络应运而生，弥补了这个不足，开始强调城市之间的横向关联，并侧重合作与网络互补关系(杨永春等，2011)。

在全球化和信息化的时代背景下，跨国公司的发展使得全球城市之间的联系愈发频繁，交通基础设施与信息通信技术的进步对全球各地的空间组织结构都产生了深远影响，城市间的空间组织结构日渐趋于网络化。对于城市研究而言，城市等级体系和城市规模分布等理论已无法适应新时代下城市体系的崭新局面，城市网络渐渐成为全球城市研究体系的新范式(汪明峰、高丰，2007)。

2.2.1 城市网络研究的兴起：世界城市网络研究

世界城市网络的研究起源于Hall(1966)提出的世界城市(world city)①这一概念。Friedmann和Wolff(1982)在核心—边缘理论的基础上，提出了世界城市假说，认为世界城市是全球经济体系的中枢或组织节点。20世纪80年代以来，全球化的浪潮和信息化的发展，使得世界城市的生长模式发生改变，催生了有关世界城市新的认知和理论。Sassen(1991)提出全球城市的概念，并以纽约、伦敦和东京城市为例进行实证研究，指出全球城市是能够为跨国公司的全球运作和管理提供良好服务和通信设施的地点，也就是跨国公司总部的聚集地。Castells(1996)则更加注重分析城市间的关系，从信息流动的角度提出了"流动空间"的概念，为后来的世界城市网络研究奠定了理论基础。在此之后，Taylor等(2002)将网络概念引入世界城市体系研究之中，开创了城市网络研究的崭新领域。2004年之后，以Taylor为首的全球化与世界城市研究网络(Globalization

---

① 世界城市(world city)与全球城市(global city)的概念与内涵虽有细微差别，但众多文献中学者将两者视为同一概念，本研究将统一使用世界城市这一表述。

and World Cities Research Network，GaWC)[①]对世界城市网络研究进行了极大的拓展和实证方面的补充，GaWC 小组放弃沿用城市属性数据并不断挖掘城市关系数据进行研究，构建了测量城市网络连接的“连锁网络模型”，成功引领世界城市体系研究从城市属性过渡到网络联系（高鹏，2016；聂春祺，2018）。

2.2.2 城市网络研究的实证方法

早期城市体系研究的实证主要采用属性方法，即通过节点城市的某些“属性数据”（如城市面积、人口规模、经济水平等）来评估城市的重要性。现如今，关系方法成为城市网络实证研究的主流手段，即通过利用城市在流动空间中的“关系数据”（城市间联系的紧密程度）来进行识别和排序（齐心，2016）。相对于属性数据而言，关系数据由于其一定程度上的保密性而显得尤为稀缺。

如今，学者们通过不懈努力，提出以多样化的关系数据来衡量城市间的联系，并对城市网络进行了广泛的实证研究。根据关系数据的不同类型，可以将这些实证方法归纳为基础设施法、要素流动法和组织机构法三类。基础设施法使用的是各类基础设施网络（如铁路、航空、互联网、电信等）的实体结构信息（周一星、胡智勇，2002；汪明峰、宁越敏，2006；薛俊菲，2008；焦敬娟等，2016），要素流动法则使用以基础设施网络为载体的人流、物流和信息流等流动信息（Beaverstock 等，2001）。组织机构法是目前最主流也是最常见的实证方法，即用各类多区位组织的总部及分支机构的区位分布信息来衡量。由于各种组织机构的性质不同，导致了城市间的关系也呈现出多种不同的性质和模式。组织机构法常采用的样本包括高级生产性服务企业、一般跨国公司和非企业的跨国组织等，本文主要关注以高级生产性服务企业为样本的研究。

2.2.3 基于生产性服务业的城市网络研究

城市只是地域概念，其自身无法创造经济，更无法创造与其他城市之间的联系，城市间的联系实际上是由分布在城市中的各种生产性服务业企业创造的。生产性服务业在全球范围内的空间布局，是构建世界城市网络的核心力量之一，通过生产者服务流，各种地理尺度的城市网络可以实现“无缝对接”（王宝平、徐伟，2017）。

---

① 全球化与世界城市研究网络（GaWC）成立于 1998 年，是英国拉夫堡大学地理系创办的研究组织，旨在理解全球化背景下世界城市的转变。

以高级生产性服务企业为样本的研究主要是通过"连锁网络模型",将企业内部网络联系转化为城市网络间的联系。Sassen(1991)首先提出了高级生产性服务业的概念(Advanced Producer Services, APS),认为纽约、伦敦和东京之所以能够成为全球城市,是因为全球经济的主要生产性服务行业在这些城市集聚,从而实现了全球生产功能的分散和全球经济管理功能的集中。Beaverstock 等(1999)最早提出根据高级生产性服务业的发展情况来评价城市的研究方法,他们依据会计、金融、广告和法律服务四种高级生产性服务业在全球的分布和联系来对全球城市进行鉴定和评级,统计得到 55 个世界城市并划分为三个级别(Alpha 级、Beta 级和 Gamma 级)。2000 开始,以彼得·泰勒(Peter J. Taylor)为代表的学者创新地运用跨国服务企业的布局和内部联系来研究城市网络。Taylor 等(2002)提出,世界城市网络是一种特殊的网络形态,是具有网络层次(即城市网络)、节点层次(即城市)和次节点层次(即跨国服务型公司)三个级别的"连锁网络"。其中,次节点是城市间网络形成与发展的基础动力,生产性服务公司关于办公地点的选址导致了城市网络的演变。GaWC 研究小组遵循了 Sassen 的思路,进行了一系列的实证研究,主要收集会计、广告、金融、保险、法律和管理咨询等生产性服务业中 100 家在 316 个城市实施全球布局战略的企业总部和分支机构的地点、规模等数据,建立城市——生产性服务企业矩阵来计算城市网络连通性指标(即连锁网络模型),进而分析世界城市网络的联系度。Taylor 和 Derudder(2015)曾采用同样的思路,以 2010 年为基准,探讨了在不断向全球经济开放的背景下,中国城市在世界城市网络中的地位,研究表明香港、上海和北京的网络连通性要远高于其他中国城市。

在 GaWC 研究小组的影响下,近年来国内学者也开始借鉴世界城市网络的理论和方法,通过 APS 对中国城市网络开展研究,虽然仍处于起步阶段,但也取得一定的进展。陈存友等(2003)最先较全面地将泰勒等人有关世界城市网络研究的最新思想介绍到国内。郑伯红(2005)首先出版了相关专著,借鉴 GaWC 小组的研究方法,推演了世界城市网络的计算过程和结果,并对国内城市体系进行了初步探索。杨永春等(2011)详细梳理了世界城市网络研究的发展脉络,指出基于生产性服务业的连锁模型是研究城市网络的重要手段,并阐述其在城市体系研究中的重要应用价值。

由于我国的城市化水平在各区域参差不齐,同时受限于样本数据的获取,国内实证研究更多关注区域尺度上的城市网络特征。张晓明和汪淳(2008)基于 APS 视角,从多中心、功能性和网络性对长江三角洲巨型城市区(MCR)的城镇格局进行探讨。唐子来和赵渺希(2010)以生产性服务业的跨国公司为线索,考察了长三角地区的城市体系演化,研究发现上海作为长三角区域的“门户城市”,充分发挥了“两个扇面”作用。谭一洺等(2011)选取了法律、会计、银行、证券、保险、广告和物流 7 个高级生产服务业部门,基于连锁模型描绘了成渝地区的城市网络体系结构及演化特征。路旭等(2012)利用 5 个行业的 99 家国际高级生产性服务业公司揭示了珠三角城市网络“一体化、多中心、非均衡化的”空间格局。王聪等(2013)选取了 11 种不同类型的生产性服务业,从城市网络的层级特征、网络联系和功能特征三个方面刻画了长三角城市网络发展特征。

放眼至全国层面,尹俊等(2011)基于生产性服务业中最核心的金融业,定量研究中国城市网络的空间格局,点明中国城市网络基本形成了环渤海、长三角、珠三角等“三大两小”五个城市区域,北京、上海、深圳是网络中最重要的节点。赵渺希和刘铮(2012)以世界城市网络的概念和方法为参考,从企业、城市节点和城市网络三个层面,基于生产性服务业对中国大陆地区的城市网络连接度进行测算,研究认为上海、北京是主要的核心城市,且两者之间的首位效应十分明显。Pan 等(2017)基于首次公开募股(IPO)过程中 APS 企业间(如证券、律师事务所和会计师事务所等)的服务提供关系建立城市网络,研究得到了相似的结论,即北京、深圳和上海在中国城市网络中占据主导地位,是全国的指挥中心和金融中心,其中北京对其他城市的影响更大。

以上研究均有力地表明,基于生产性服务业企业视角的中国城市网络研究在我国现阶段发展背景下是可行且有意义的,不仅有助于我们理解城市网络空间结构与演变规律,还有助于预测城市未来发展趋势。

2.3 技术创新能力相关研究

技术创新理论由熊彼得提出,并经多人继承和发展而成熟。技术创新可以表现为一种新思想、新产品、新工序或新工具。技术创新能力是掌握关键核心技术的根本,对于获得竞争优势和价值创造至关重要。技术创新能力不仅是企业“命门”所在,更是推动区域经济高质量发展、提高区域经济竞争力的重要手段。因此,技术创新能力一直吸引着学者们的广泛关注。

2.3.1 技术创新能力的影响因素

提高技术创新能力,掌握先进技术,提高区域竞争力,已经成为发展区域经济的共识。然而,技术创新能力在各个区域乃至全球各个国家之间从来都不是均衡的,为此,大量研究从理论和实证上深入探究了技术创新能力的决定影响因素。具体而言,影响技术创新能力的主要因素可以总结为人力资本、知识溢出和产业集聚。

1. 人力资本

人力资本是提升技术创新能力的一个重要变量。在创新驱动经济增长的背景下,知识成为推动经济增长的第一要素,而人力资本是知识的首要载体,同时是产生新知识的关键因素。王永华(2015)利用省级面板数据,以电信基础设施为门槛变量,探讨了人力资本与区域技术创新能力之间的非线性关系,认为人力资本仅在电信基础设施完善的条件下对技术创新能力有积极影响。马明等(2018)研究发现,交通基础设施和人力资本对区域技术创新能力均有正向积极作用,但同时交通基础设施还对技术创新能力具有正空间溢出效应,而人力资本的空间溢出效应为负。

2. 知识溢出

新增长理论和新经济地理学都将知识溢出视作技术创新和经济增长的重要概念。知识溢出的存在是创新活动聚集的主要原因,特别是对于那些隐性知识起着重要作用的行业,但知识溢出对区域技术创新的影响具有空间衰减的特性(魏后凯,2006)。知识溢出是一种非竞争性的知识外部效应,这意味着可以通过利用外部环境知识降低科学发现和科学商业化的成本,从而提升自身创新能力(赵勇、白永秀,2009)。大量实证研究为此提供了证据。Bode(2004)对 20 世纪末德国的实证检验发现,知识溢出总体上对区域创新有积极贡献。李婧和何宜丽(2017)运用引力模型测算知识溢出探究知识溢出对区域创新绩效的影响,结果显示知识溢出在不同空间因素作用下均能提升区域创新绩效,其中地理距离的影响作用最强,社会距离次之。

3. 产业集聚

产业集聚对技术创新的影响主要源于创新主体(企业)的地理邻近效应,地理邻近一方面降低了创新活动的不确定性,另一方面激发了企业间信息和知识的碰撞,尤其是隐性知识(Jaffe 等,1993),促进了知识共享和转移。此外,地理集中导致的竞争环境也可能激励企业加强创新。肖仁桥等(2012)认为,产业聚集能够促进隐性知识的交流和传播,且强化了企业的危机意识,从而有助于提升技术创新能力。沈能(2014)利用我国制造业企业数据检验了产业集聚对技术创新影响的规模门槛效应,结果显示专业化集聚和多样化集聚对我国东部地区的技术创新有明显的积极影响，但是溢出效应取决于规模门槛。Ubeda 等(2019)通过研究科技园区内外的企业，探究了企业位置与技术创新绩效的关系，研究表明处于科技园区内对公司的技术创新绩效确实有积极影响，但会受到企业吸收能力的调节作用：企业吸收能力很低时，它在科技园区中的位置并不能提高其技术创新绩效，但若一家企业的吸收能力很高，此时知识的重复性也会减少科技园区对其创新绩效的影响。

除此之外，许多研究还从交通基础设施、文化环境、金融环境、产业结构、贸易开放、制度政策等角度考察了技术创新能力的影响因素。

2.3.2 高速铁路对技术创新能力的影响

高速铁路的网络化发展使得城市边界、城市群边界不断外溢，提高了人才、知识和技术等创新资源的集聚，加速了知识流动和传播，从而影响技术创新能力(王雨飞、倪鹏飞，2016)。

Chen 和 Hall(2011)观察研究了升级的英国城际高铁对英国区域经济地理的影响，认为高速铁路有利于知识创造和商务交流，促进了地方经济向知识经济转型，尤其对距离伦敦 1 小时车程以内的城市的知识密集型活动产生了强烈影响。Chen 和 Vickerman(2017)对比了高铁在欧洲和中国带来的不同影响，认为无论是在后工业化的欧洲，还是在处于工业化中的中国，高铁均有助于常规和知识密集型活动之间的分工，开发知识经济的潜力。

自 2008 年我国开通高速铁路以来，国内学者们在这方面也展开了积极的探讨，大多数学者都关注到了知识溢出这一视角。罗燊(2018)以高铁开通前后乘客出行选择构建旅行时间权重，衡量了知识溢出强度的变化，结果表明高铁缩短了旅行时间，促进面对面交流，提高了隐性知识溢出的邻近性，同时扩大了原有知识节点的辐射范围，并促进知识部门的进一步分工，重塑知识溢出的空间结构。刘芳(2019)利用三类空间权重矩阵构建空间计量模型，发现高速铁路通过加快人才、资本、信息等要素流动过程中知识和技术的溢出，促进了城市创新发展，同时对高铁邻近地区存在溢出效应。徐旭等(2019)基于人力资本流动视角，通过双重差分模型验证了高铁对城市创新能力的促进作用，并指出高铁影响下中心城市的虹吸与外围城市受到的溢出同时存在，对大城市和发达地区的影响要明显高于小城市。杨鸣京(2019)从创新融资约束、创新投资和创新效率三个方面研究了高铁开通对企业技术创新的影响，指出高铁降低了信息收集成本与沟通成本，有助于缓解企业的创新融资约束，并通过促进创新人才引进提升了创新投资水平，高铁还有助于提升创新效率和全要素生产率，实现创新资源的优化配置。此外，由高铁带来的时空压缩和地理效率的提升，促进了软信息的传递，能够吸引更多的风险投资，从而有助于经济转型和推动技术创新。

2.3.3　城市网络中心性对技术创新能力的影响

古往今来，重大的技术变革往往发生在发展相对成熟的大都市。城市作为技术创新的重要空间载体，其发展必然对技术创新能力产生重要影响。随着网络研究范式的兴起，运用社会网络研究方法分析城市网络结构特征和技术创新能力之间的关系激发了学者们的兴趣。学者们开始关注城市在网络中的地位，进而分析其在网络中的创新发展。网络中心性，是衡量网络中节点重要性的度量指标，是网络研究中最重要的结构属性之一(Freeman, 1978)。

基于社会网络视角，学者们已经充分强调了网络中心性对企业技术创新能力的积极影响(Tsai, 2001; Hossain, 2009；谢洪明等，2011)。学者们指出网络中心性赋予了企业“权力”，使其控制着更多关键资源和信息渠道，因此拥有更强的外部知识获取能力和对网络中其他成员获取知识的控制能力，同时，处于网络中心位置的“权力”还能帮助企业实现除知识以外的更加多元、广泛的资源互补。然而，也存在一些不同的声音。有的学者认为太靠近网络中心位置的组织容易受到其自身声誉和网络标准的限制，因此实现突破性创新的可能性更小。此外，信息冗余往往会增加资源筛选的难度和成本(Gilsing & Nooteboom, 2005)，因此很难专注于最相关的知识，从而降低技术创新的效率。

相较于企业层面的研究，关注城市网络中心性对技术创新能力影响的研究略显薄弱。城市网络中心性能够反映节点城市在网络中的影响力，直接影响其调动网络资源或获取信息的能力(盛科荣等，2018)。Huggins 和 Prokop(2017)对英国的研究指出，无论是对企业还是区域而言，与网络中其他成员的互动程度越高的个体越可能处于网络的高度中心位置，并且能够拥有较强的技术创新能力和绩效总体水平。程开明和王亚丽(2013)利用中国城市间航空客运流数据构建城市网络，通过复杂社会网络分析法揭示了城市网络对技术创新的影响，提出创新网络、知识流动及创新扩散是城市网络影响技术创新的三个机制，而城市网络中心性通过影响创新扩散和知识流动对技术创新能力产生正向影响。

实际上，学者们更多地直接着眼于城市(区域)创新网络的形成，并解析其网络结构特征及对创新能力的影响。Guan 等(2015)基于专利数量构建了城市、国家多层级创新协作网络,研究表明城市间创新协作网络中的中心位置对其专利产出呈正向影响,但会受到国家层级的网络中心性的共同作用,具体而言,当国家的中心性很高时,城市网络中心性对创新能力的正面作用就会增强。周灿等(2017)利用城市间联合申请发明专利数据搭建城市创新网络,结果证实了网络结构显著影响城市创新绩效,网络位置决定了城市获取外部知识的能力,从而影响城市创新能力。殷德生等(2019)立足长三角城市群,基于专利转移数据构建了区域创新空间网络,以此探究区域网络结构与技术创新之间的关系,结论表明网络中心性越高意味着城市在网络中拥有越紧密的技术关联。

2.4 文献评述

基于以上文献的梳理,可以发现既有研究对高速铁路、城市网络以及技术创新能力两两之间的关系均有相关探讨,并取得一定进展。然而,鲜有学者将三者结合起来,从城市网络的视角探究高速铁路与技术创新能力之间的关系。

具体来看,高速铁路的相关研究大多聚焦在高铁带来的可达性改善对区域经济发展以及空间组织结构的影响等方面,有关高铁建设对于技术创新能力的影响相关研究相对缺乏。已有的相关研究尚且存在一些不足。首先,研究大多局限在知识溢出的角度,对高铁与技术创新能力之间的内在作用机制的分析还不够全面,缺乏多视角的研究和探讨。其次,现有研究大多使用虚拟变量来反映高铁现状,但随着我国高铁网络的全面覆盖,单纯的开通与否已不再能准确反映城市之间的高铁发展差异,虚拟变量无法体现城市在高铁运输上的密度与强度。最后,高铁的研究范围往往局限在特定某条高铁线路或是特定某个区域(如长三角、珠三角地区),无法全面反映我国高铁发展的现状,缺乏全国性的深入研究。

在城市网络研究方面,西方学者的研究也不过十余载,国内学者在相关领域的研究更是方兴未艾。虽然已有许多文献致力于刻画中国城市网络空间格局,但大多研究都停留在基于某一时间点的静态分析,重在城市网络形态的识别与描述,忽略了城市网络随时间变化的空间演化特征与发展规律,且缺少对城市网络的内部形成机制及影响因素的探究,限制了我国城市网络研究的发展。与高铁类似,我国基于生产性服务业的城市网络研究更多地只关注部分区域而非全国范围的城市网络特征。另外,在结合高速铁路与城市网络的研究中,许多学者依旧遵循着传统的城市体系研究方法,较少采用世界城市网络研究方法。同样,基于世界城市网络方法构建的中国城市网络与技术创新能力的相关研究屈指可数，其内部机理还有待摸索，这块研究领域存在着极大的空白。

基于以上分析，本文将在前人的研究基础上进一步改进，结合城市网络中心性，深入探究全国范围内的高速铁路与技术创新能力之间的内在关系及相互影响。在高速铁路的指标构建上，本文将摒弃利用虚拟变量衡量高铁建设情况的方法，探索性地采用高铁服务强度，即每个地区开通高铁的班次频率，来刻画高铁发展情况。除此之外，借鉴世界城市网络研究的相关理论和方法，收集历年的高级生产性服务业相关数据，构建随时间变化的城市网络空间格局，并结合高铁建设分析城市网络中心性的演变规律，进而研究高速铁路、城市网络中心性对技术创新能力的影响机理。

第3章　理论分析与研究假设

本章将在文献综述的基础上，进一步探究高速铁路、城市网络中心性和技术创新能力之间的内在相互联系，构建研究的理论框架，深入探讨高速铁路和城市网络中心性对技术创新能力间的影响机制和相互作用，并在理论分析的基础上提出本文的研究假设。

3.1　高速铁路与技术创新能力

高速铁路作为一种行驶速度快、载客运量大的新型交通出行工具，跟其他交通基础设施有着一个本质的区别，即高速铁路"只运人不运货"。因此，高速铁路的发展带来的最直观的影响是城市间大规模的人员流动，然而，伴随着大规模人员流动而发生的资本、信息或技术等要素的城际间流动才是影响区域发展的根本原因，在本节我们尝试从三个方面揭示高速铁路影响技术创新能力的内在机理。

1. 高速铁路通过促进劳动力流动，从而影响技术创新能力

劳动力是指人口中有劳动能力的一部分人口。伴随着现代经济活动向着知识经济转型，高素质劳动力已经成为新一代的核心生产要素，劳动力的素质和技能在技术创新和经济增长中发挥的作用越来越重要。高速铁路的开通运营无疑大大缩短了城际间的通行时间，有效促进了跨区域人口流动，从而改变了劳动力在异质性空间中的分布。

首先，高速铁路的发展使得劳动力在区域间的流动阻碍减小，加速了高素质劳动力的跨区域自由流动，这有利于优化人才、知识和技术等创新资源的合理配置，进一步深化传统经济活动和知识密集型活动之间的分工，从而为技术创新能力的整体提升打下牢固的基础。值得关注的是，由高速铁路导致的劳动力的空间分配效应在各区域之间并不是均衡的，劳动力倾向在某些区域集聚，而在另一些区域则趋于分散。由于趋利的本性，高素质劳动力往往选择向工资水平更高

的中心城市转移，换句话说，劳动力倾向集聚在生产率更高的地区。因此，高速铁路的开通，加剧了一些规模较大的中心城市对周边地区的"虹吸效应"，使得劳动力更易流向大城市，并以牺牲小城市的资源为代价。但与此同时，人口的过度聚集也可能导致"拥挤成本"上升，从而迫使中心城市的知识、技术等资本向邻近地区溢出或回流，使得小城市也从中获益。可以肯定的是，高速铁路为劳动力的流动提供了更加便利的交通方式，促进了创新生产要素的集聚，整体上提升了技术创新能力，但在不同地区可能存在异质性影响。

除劳动力的集聚效应之外，高速铁路还激活了高技能劳动力与研发企业的匹配效应。高铁的迅猛发展降低了运输成本，大大提升了人员的运输效率，其中包括高层次人才的流动。高层次人才作为知识的重要载体，其创新能力不仅取决于自身的科研水平，更取决于他们与研发企业之间的匹配质量。匹配质量越高，意味着企业越能够充分发挥人才的效用，对提升技术创新能力的贡献就越大。对企业而言，当区域间的通行成本降低时，其招聘成本也随之降低，因此企业能够接触到更大的劳动力市场，扩大搜寻与选择范围，提高人才与岗位匹配成功的概率。对高层次人才而言，时间成本的降低使其更愿意在区域间频繁流动，其沟通成本和对企业的评估成本也相应降低，因此更有可能接受企业的邀请，同时接触到更丰富的企业资源，从而促进匹配质量的提升。

从劳动力流动的视角，高速铁路降低了区域间的流动成本，加速了人才、知识和技术等创新要素在高铁通车区域的流动和集聚，同时提升了高水平劳动力与研发企业的匹配质量，进而提高技术创新能力。

2. 高速铁路通过影响知识溢出，从而提升技术创新能力

本地知识的积累是提升技术创新能力的重要途径，而由知识的外部性或相互作用产生的知识溢出则是另一个重要途径（殷德生等，2019）。知识溢出是一种非正式的知识扩散，主要通过面对面交流和不断接触等形式产生，尤其是对隐性知识的传播起到重要作用。虽然现代信息通信技术和互联网的发展使得显性知识的传播不再受地理距离的限制，但一些难以进行编码或文字记录的隐性知识的交流依然在很大程度上依赖面对面交流，尤其是对于那些技术知识复杂度高、技术生命周期处于萌芽阶段的产业而言，因此交通基础设施的发展至关重要。

高速铁路能够促进知识溢出已是学者们的共识。一方面，高铁的建设改善了交通基础设施水平，降低了差旅的时间成本，促进了知识和技术的跨区域流动，进一步增进了区域之间的沟通和联系，对各地区来说都存在着积极的知识溢

出效应。对于一些重视时间成本的商务人士和行业精英而言，高速铁路改善了城市间的可达性，极大地压缩了时空距离。这可能会使得他们参与创新研发活动的频率增加，同时引发高层次人才之间更为丰富的思想和经验的交流。此外，拥有不同文化背景和知识技能的劳动力在高铁建设的推动下增加了出行频率，这不仅加速了知识和技能在各区域之间的传递和扩散，提高了知识技术的易得性，还促进了异质性知识或互补性知识的碰撞，更有利于新知识或新想法的诞生。

另一方面，高速铁路通过时空压缩效应改善了城际间的连通性和可达性，从而扩大了知识溢出的空间辐射范围。知识溢出的空间根植性特征使其对区域技术创新的影响随着空间距离的增加而衰减（赵勇、白永秀，2009），但高速铁路的出现压缩了时空距离，延伸了可达性的最优区域范围，大幅降低了知识交流与传播的成本，由此拓宽了知识溢出的空间边界。时间成本和出行成本的降低使得企业、高校等研发机构可以在更大范围内寻找合作伙伴，从而实现更高质量的合作创新。高铁的网络化覆盖也使得一些原本处于偏远地区的城镇不再受限于地理邻近的知识溢出，而同样可以从中心城市的知识溢出中获益。

综上可知，高速铁路加快了区域间知识溢出的频率，同时减缓了知识溢出在空间范围内的衰减速度，扩大了知识溢出的辐射范围，从而弥补了本地创新要素积累的不足，实现技术创新能力的提升。

3. 高速铁路通过促进产业集聚，从而提升技术创新能力

大量研究表明，高速铁路不仅仅促进了劳动力自由流动，加速了人才的聚集，同时也吸引了不少企业在高铁沿线城市集聚。高铁开通后，可达性的改善扩大了生产要素的流动范围，促进了规模经济的同时带动了市场潜能提升，从而改变了高铁沿线城市的区位条件，吸引了大批企业的集聚。对知识密集型产业而言，高速铁路通过压缩时空成本，大大增加了企业间知识交流的频率，降低了沟通成本和合作成本，有效推动了新知识和新技术的研发与应用。此外，高速铁路虽然以客运为主，但高铁在一定程度上释放了高速公路和普通铁路的货运能力，从而降低了货物运输成本，因此也会吸引部分对运输费用敏感的企业进入，形成产业集聚。

高铁促进了产业集聚，进而在多个方面对技术创新能力产生影响。第一，产业集聚导致了研发要素呈现出空间集聚特征，使得企业间知识溢出效应增强，知识在不断累积中形成技术创新的资本，同时还降低了企业技术创新的不确定性和复杂性。第二，产业集聚扩大了市场规模，加剧企业间的竞争效应，有效激励了企业调整自身战略，专注技术创新研发以获取核心竞争力。第三，企业在共享

知识的过程中不断学习，这可以降低技术创新产生和商业化的成本，同时鼓励企业增加创新研发投入，提升自身创新能力。

根据以上分析，本文提出研究假设 1：高速铁路建设促进了技术创新能力的提升，但其影响因区域异质性而存在差异。

3.2　城市网络中心性与技术创新能力

城市网络中心性作为衡量城市在网络中的重要性的指标，体现了城市在网络中的地位以及该城市所掌握的网络权力，其程度的高低不仅反映了该城市在过往发展中取得的成果，更能映射出这个城市未来的竞争力和发展前景。

如今，随着通信技术和交通设施的发展，城市网络已经渐渐替代了地理距离在城市交流互动中扮演的角色，城市网络的邻近性甚至可以跨越地理邻近，起到更好的连通作用，促进知识溢出。城市之间通过建立网络联系，推动着创新主体开展广泛而密切的社会与经济活动，从而优化了创新资源整合，促进了知识的流动，同时城市网络也加速了创新扩散，促成了创新合作，直接影响了创新的效率和产出。

一个城市在网络中的中心地位取决于它和其他节点连接的广度与深度，一个城市连接的节点越多，连接的网络越紧密，其中心性地位则越高，能够接触到的创新资源和信息就越广泛，因此城市网络中心性能够对其技术创新能力产生积极影响。接下来，本文尝试从以下两个角度详细阐述其内在影响机制。

1. 城市网络中心性能够强化资源整合能力，从而提升技术创新能力

首先，处于网络中心位置的城市往往已经拥有强大的资源储备，其本身就具备了良好的资源整合能力，并且更有可能拥有“闲散”资源投入技术创新。网络中心性较高的城市因其丰厚的知识或资源积累，对有价值的高质量信息有着更强的识别和筛选能力，能够从复杂、冗杂的信息中有针对性地选择出最贴合市场需求并且最有利于自身发展的技术或知识进行吸收利用，从而为提升技术创新能力打下基础。

其次，城市的网络中心性意味着该城市处于一个庞大的信息知识网络的中心枢纽位置，能够吸引各方资源和信息在此集聚，因此更应具备强大的资源获取和资源利用能力。随着网络的扩张，各个城市在网络中都不断地与其他城市进行着信息和资源的交换，但是资源在网络中的分布是不均衡的，位于网络中心位置的城市由于与其他网络成员拥有较多直接的连接，占据着多重信息渠道交汇

的有利位置，进而形成了信息资源优势。这表明，网络中城市的中心性越高，其创新主体越容易接触到全面的外部信息和异质性的技术知识，这无形中降低了收集信息和知识的成本，提高了知识吸收利用的效率，从而越有机会孕育出新想法、新知识，以此激发技术创新。同时，信息资源优势意味着高度中心的节点城市能够抢先一步获得与创新相关的关键信息或资源，因此可以抢占先机，优先开展研发活动，从而获得竞争优势。实际上，城市网络中节点之间的连接可以看作是城市间信息传递、技术转移或是服务供需、商品流通等活动的渠道，因此处于中心位置的城市不仅可以接触到丰富的信息和知识流，还能触及更为广泛的除知识以外的多样化资源，这些资源在独特性和互补性上进一步为中心城市的技术创新提供了支持。

最后，具有高度中心性的城市正处于信息传播和创新扩散的主导地位，因此还掌控着资源支配的权力，能够控制网络其他成员的资源获取，从而实现有利于自身发展的资源互换。如前所述，中心城市往往位于多重信息渠道的交会处，也是网络中其他成员之间进行信息传递和交换的最优路径上的必经节点，这赋予了中心城市控制关键资源和信息流的相对权力。也就是说，网络中其他成员为了能够以较低成本获取关键资源信息，很可能需要向中心城市提供其他有利资源作为交换。为了维持长期的互惠关系，中心城市也必须向网络中其他成员传递和扩散具有价值的信息，以此稳固其在资源获取和资源控制上的优势地位，同时进一步加强其他成员对其产生的资源依赖。城市间良好的互惠关系有助于实现资源共享，降低市场变动时面临的风险。同时，城市间长期互动能够不断提高网络中流动的资源和信息的质量，从而推动技术创新。

综上所述，城市网络中心性赋予了城市良好的资源识别与筛选能力，加强了资源获取和资源利用能力，同时还强化了其对网络其他成员的资源控制能力，整体上提高了中心城市对资源的整合能力，有助于进一步提升技术创新能力。

2. 城市网络中心性有助于吸引合作，从而提升技术创新能力

城市网络的中心地位不是一蹴而就的，而是城市在长期的维系和发展中积淀下来的，因此中心性较高的城市也享有较高的声誉和威望，对于寻求合作的城市而言具有较大的吸引力。中心性体现的不仅是城市在网络中的地位，还反映了其自身的品质与能力。由前文可知，具有更高中心性的城市拥有充沛的资源积累，且在创新研发活动中具备较强的抗风险能力，这些优势吸引着网络中更多有潜质的合作伙伴，从而促进了高质量的创新合作，产生协同效应，大大增强了彼此的技术创新能力。

加强网络中的合作从多个方面对技术创新能力起到了积极作用。其中最显而易见的，是网络中各种创新主体的合作有助于城市汲取外部知识。通过与合作伙伴正式或非正式的接触，知识得以在相关创新主体间有效转移或传播，从而推动了创新的扩散。在非正式的合作场合中，隐性知识的溢出更是极大地推动了创新的产生，一方面具有创新意识的隐性知识是创新过程中的催化剂，能够加快吸收和转化有效知识，另一方面隐性知识的共享有助于合作双方加深对彼此的了解，形成认知邻近，进而有利于充分吸收和消化对方的知识，实现知识共享和互补。

另外，在合作过程中建立起的相互信任关系，也有助于降低合作创新成本，促进与合作伙伴的深度互动，从而对技术创新能力产生正向影响。首先，一次愉快的合作能够增强彼此的信任和默契，从而有利于维持长期合作关系，因此降低了违约风险成本和因重复交涉而产生的沟通成本。其次，相互信任机制降低了合作创新过程中的不确定性，从而免去了无谓的督促和监管，大大节约了监督成本。

最后，在中心城市选择合作伙伴时，"马太效应"发挥的作用常常被人们所忽略。"马太效应"指的是"强者越强，弱者越弱"的现象。在城市网络中，具有强中心性的城市因其已经取得的成就和地位，对自身有着更高的要求，因此并不屑于单纯地模仿创造，而是倾向选择与自身同水平或中心性更高的城市合作，向它们学习更先进的知识和技术，从而不断完善自身技术创新能力，实现"强者越强"。

合作是技术创新的重要途径，城市网络中心性通过增强对合作伙伴的吸引力，促进了高水平的创新合作，加快了知识转移，同时有效降低了创新成本，从而有助于技术创新能力的提升。

综上，本文提出研究假设 2：城市网络中心性对技术创新能力的提升有着积极影响。

3.3　高速铁路与城市网络中心性

交通基础设施是"流动空间"中城市相互作用的重要载体，也被认为是城市网络形成的物质基础和必要条件。交通运输技术的发展决定了空间相互作用的深度与广度，因此，高速铁路作为铁路运输技术的重大突破，必然会增强城市间相互作用的强度，从而对城市网络结构产生重要影响。受到高速铁路的作用力，城市在网络中的相对位置产生变动，甚至可能改变城市间相互作用的方向，由此打破原有的城市网络格局，影响城市在网络中的地位。本文认为，高速铁路的通车从多个方面提升了城市的网络地位，重塑了城市网络中心性的空间格局，具体作用机理体现在以下两个方面。

1. 高速铁路通过改善区位条件，加强对外联系，进而提高城市网络中心性

高速铁路最显著的特征是其极大地缩短了城市间通行时间，产生时空压缩效应，在很大程度上改善了城市的可达性，从而增强了城市间的连接。从区位理论上看，高速铁路的扩张惠及了许多外围城市，使得这些城市改善了地理上的相对位置。但由于高铁建设的非均衡性，并非所有城市都能从中受益，而高铁城市的相对区位条件发生改变，获得了更好的区位优势，进而提升了在网络中的等级和地位。此外，高速铁路的网络化建设催生了新的交通枢纽，位于高速铁路交通枢纽上的城市也因此强化了与其他城市的连通性，将会进一步吸引经济活动集聚，在高铁沿线的资源重新配置中拥有更大的选择权，从而通过交通枢纽地位强化网络中心地位。

城市网络是在城市间交流和联系的基础上逐渐形成的，而城市间建立经济联系的概率存在着距离衰减效应，即随着空间距离的增大而减少。因此，借高速铁路的空间收敛作用，城市可以扩大对外交流与合作的范围，增加建立经济联系的可能性，由此获得经济发展的机会与潜力，进而取得网络地位的提升。对于已经建立经济联系的城市而言，高速铁路能够加速城市间商品、人口与劳动力、资金、技术和信息等要素的流动，进一步维系和巩固原有的密切关系。尤其对于高铁沿线的外围城市而言，加强与中心城市的经济往来一方面能够在提供资源和要素的同时释放蕴藏的经济增长潜力，另一方面能够受到中心城市的资源带动，提高自身发展能力，获得更多发展机会。最后，随着经济联系的增强，城市间的社会联系也会更加紧密，从而深化城市网络成员间的关系，进一步加强城市网络中心性。

从中心城市的角度出发，高速铁路不仅强化了与周围城市的密切联系，还扩大了中心城市的对外辐射范围，使得经济实力较强的城市能够更加有效地对更多城市发挥经济辐射作用，从而提升其自身城市网络影响力。此外，由于高铁线路会优先选择中心城市设置站点，因此周边一些未通高铁的城市则需要将中心城市作为交通运输的中转站，从而对中心城市产生依附性，这无形中也强化了中心城市在区域城市网络中的地位。更重要的是，高速铁路在中短距离上带来的便捷性，使得大多城市更倾向“择优连接”，即与少数经济规模大、基础设施完善且资源丰富的中心城市进行联系（盛科荣等，2018）。例如中小城市倾向和区域

或城市群内中心城市进行互动，而区域中心城市则希望与跨区域的中心城市加强交流，故而这些中心城市的地位不断加强，并逐渐成为城市网络的权力核心。

2. 高速铁路通过重塑企业网络，进而影响城市网络中心性

以 Taylor 为首的 GaWC 研究学者们(2002)认为，城市间的联系实际上是由分布在城市中的企业所创造的，企业组织结构的网络格局是构建城市网络空间格局的根基。在基于企业网络构建的城市网络中，高速铁路的建设通过影响企业总部和分支机构的区位选择行为，重塑了企业网络，进而在中观层面上对城市网络的中心性格局产生影响。

首先，交通条件本身就是影响企业区位选择的重要因素。高速铁路的引入改善了城市的交通环境，大大节省了出行的时间成本，使得企业能够更加便捷地接触到公司内其他分部或子公司，及时、全面地了解各个市场的运营情况，减少信息不对称的问题。除增强公司内部的联系之外，高速铁路还能便利企业与外部重要机构的面对面接触，如各级政府、金融机构等，这不仅可以获取信息优势，还有利于建立相互信任关系，助力企业发展。

其次，随着高速铁路的服务半径不断外拓，高铁城市的市场潜力得到加强，成为吸引企业入区的另一个优势。在市场化背景下，市场潜力越大，意味着企业面临的市场需求越大，越有利于扩大市场半径，提高市场辐射范围。同时，选择进入市场潜力较大的区域也意味着企业可以更加接近市场，从而降低运输成本，并且能够及时了解市场反馈和竞争对手的动向，从而对市场的变化作出快速反应。因此，高速铁路建设可以通过提高市场潜力，成为企业总部及其分支机构区位选择的影响要素。

最后，企业的区位选择除要考虑市场因素外，还需考虑企业生产经营所需的各种关键资源，包括但不限于劳动力、资本、技术和信息等。前文已经阐述过，高速铁路的发展势必会促进劳动力和知识等生产要素的流动，同时加剧资源和要素在高铁沿线城市的集聚。基于此，高铁城市将逐渐成为拥有庞大且高质量的劳动力市场和丰富资源禀赋的地区，能够进一步为企业节约大量生产成本，从而成为企业区位的首要选择。

需要特别强调的是，在高速铁路影响企业区位决策进而影响城市网络中心性的过程中，高级生产性服务业因其特殊的经济属性和广泛布局的特征，对推动城市网络发展起到了举足轻重的作用。在服务经济时代，高级生产性服务业企业的进入体现了城市服务功能的提升，是提高城市网络中心性的必要前提，而生产性服务业因其特殊的行业属性，其区位选择和布局更易受到高速铁路的吸引。

一方面，面对面接触对于生产和消费同时进行的生产性服务业而言至关重要，高速铁路能够大幅降低面对面接触的成本，提高服务传递和获取的效率。另一方面，作为典型的人力资本和知识密集型产业，生产性服务业对于高质量信息的获取以及人力资源十分重视，高速铁路不但提升了信息流动的便捷性，而且加速了人才的集聚，从而吸引更多生产性服务企业在高铁城市布局。

综上所述，高速铁路能够明显改善城市的区位优势，增强对企业总部或其分支机构的吸引力，尤其影响高级生产性服务业的战略布局，从而提高城市网络中心性。

从以上两点可以总结出本文研究假设 3：高速铁路建设对城市网络中心性的提升有促进作用。

基于本文前述的理论分析和提出的研究假设，可以发现高速铁路、城市网络中心性和技术创新能力两两之间均存在正向相关关系。从微观层面来看，高速铁路带动了劳动力、资本和信息等创新资源流动，加速了人才和企业在高铁沿线城市聚集，有效促进了知识技术的交流与传播，从而推动技术创新的发展。而聚焦中观层面，可以发现高速铁路大大增强了城市间的连通性，通过改善城市区位条件、重塑企业网络提高了城市的中心地位，进而优化区域创新资源配置，促进创新合作，实现技术创新能力的提升。由此，本文提出研究假设 4：高速铁路通过提高城市网络中心性，进而对技术创新能力起到促进作用，即存在中介效应。

第 4 章　指标构建与实证模型

本章将首先进行相关指标和实证计量模型的构建，为进一步检验高速铁路、城市网络中心性对技术创新能力的影响打下基础。

4.1　数据来源和指标构建

中国第一条高速铁路京津城际铁路于 2008 年正式开通运营，因此本文选取 2006—2012 年的数据进行实证分析。本文的样本数据主要来自《中国区域经济统计年鉴》和《中国城市统计年鉴》中地级及以上城市的相关数据；高铁相关数据来自“极品列车”时刻表软件；专利数据来自国家知识产权局；用于计算城市网络中心性指标的生产性服务业相关数据来自“天眼查”网站，该网站与国家企业信用信息公示系统等权威网站同步更新数据①。本文最终选取了除拉萨、毕节和铜仁等城市以外的 284 个城市为研究样本。

1. 技术创新能力的指标构建

大量研究已经表明，专利数据可以提供最全面的新技术指标(Jaffe 等，1993)，利用专利统计数据衡量技术创新能力已被证实是可靠有力的(Furman 等，2002)。在各种类型的专利当中，发明专利相比于实用新型专利和外观设计专利而言更能体现出技术创新的价值内涵。发明专利审查严格，往往需要 1～2 年才能获得授权，且容易受到专利授权机构工作效率、偏好等外部因素的影响，因此本文选取发明专利申请数作为代理变量，更有利于体现地区当期的技术创新能力。在实证分析中，本文对发明专利申请数取对数，对存在零值的数据加 1 后再取对数。

2. 高速铁路的指标构建

目前，现有研究常常采用高铁是否开通这一虚拟变量来作为高铁的代理变量(刘芳，2019)。然而，虚拟变量仅仅能反映高铁的有无，却无法进一步体现城

① “天眼查”网站(https：//www.tianyancha.com)数据源于国家企业信用信息公示系统、中国裁判文书网、中国执行信息公开网、国家知识产权局、商标局和版权局。

市在高铁运输上的密度与强度。显然，通过这种方法度量的高铁效应忽略了因发车频次增加而产生的贡献，而高铁发挥的主要作用恰恰是通过增加城市间发车频次来实现的(张萌萌、孟晓晨，2014)。因此，本文探索性地使用“高铁服务强度”来衡量各地高速铁路的建设情况，利用“极品列车”时刻表软件统计了每年年末各地区最后一版时刻表中经停该地区的 G 字头高速动车组列车和 D 字头动车组列车班次总数，以此来测算高速铁路的服务强度。

3. 城市网络中心性的指标构建

以连锁城市网络模型(Taylor，2010)为基础，本文将利用国内高级生产性服务业企业的相关数据构建城市网络中心性指标。城市网络是一种连锁网络，城市是网络的“节点”但并非网络形成的主体，处于“次节点”的高级生产性服务业才是关键的主体。连锁城市网络模型是一种间接但注重过程的构建方法，其理论基础是将城市视作“服务中心”。

我们假设有 m 个高级生产性服务企业的办公机构分布于 n 个城市，服务价值 v_{ij} 反映了位于城市 i 的分支机构在企业 j 的办公网络中的相对重要性，由此可以组成一个 $m \times n$ 的服务值矩阵 $\mathbf{V}$。我们用 0～5 的简单整数对总部和各级分支机构分别赋值，对应的服务值越大则表示企业 j 在城市 i 中越重要，例如 5 表示总部所在城市，0 则表示该企业未在此城市设立办事处。这样一来，城市总服务值可以用来简单地衡量城市地位，用城市服务值 C_i 表示：

$$C_i = \sum_j^m v_{ij} \tag{4.1}$$

用同样的方法可以衡量企业服务性的强弱，用企业服务值 F_j 表示：

$$F_j = \sum_i^n v_{ij} \tag{4.2}$$

然而，仅仅用城市服务值 C_i 来衡量城市地位实际上是不充分的。C_i 直观地反映了城市累积的专业知识和服务水平，但无法反映出城市所拥有的“权力”。因此，我们需要转换矩阵 $\mathbf{V}$，通过企业来深入理解城市间的交互。

在网络分析中，服务值矩阵 $\mathbf{V}$ 通常被称为二模网络。在一模网络中，主体是直接互相连接的，而二模网络是通过两个分离的节点数据集连接起来的。服务值矩阵 $\mathbf{V}$ 是将城市和企业连接起来的二模网络，其同一类型的节点之间并没有直接的关联。然而，我们可以利用一个“投影函数”将二模网络映射成一模网络。连锁城市网络模型本质上就是这样一个投影函数，基于不同城市中共同存在的企业的等级信息流动关系来推断城市间的关联，将服务值矩阵 $\mathbf{V}$ 转化为城市相互作用的关联矩阵$\boldsymbol{R}$。

连锁城市网络模型投影函数的关键是定义城际网络连通性r_{ab}。该模型认为，企业内部分支机构之间所产生的联系要大于与同行业其他企业的联系，且某个分支机构越重要，它与其他分支机构之间的连接就越多，从而对城市之间的关系产生乘积效应。因此，基于矩阵$\mathbf{V}$中每一对城市和企业，可以计算得到城市a和城市b之间的连通性：

$$r_{ab}=\sum_{j}^{m}r_{ab,j}=\sum_{j}^{m}v_{aj}\cdot v_{bj}\quad a\neq b \tag{4.3}$$

在这里，$r_{ab,j}$表示城市a和城市b之间通过企业j产生的联系度，r_{ab}反映了城市间所有企业信息与知识交互的真实流动，由此衡量城市之间的网络连接强度。每个城市最多有$n-1$个连接，每个城市的总网络连通性可以通过加总来计算：

$$CNC_a=\sum_{i}^{n}r_{ai}\quad a\neq i \tag{4.4}$$

一个城市的总网络连通性越高，说明其融入整个生产性服务业网络的程度越高。在网络分析中，计算“网络连通性”被视为一种中心性方法。“网络连通性”实际上是一种“点度中心性”的测量，即一个节点所拥有的(带权重的)关系数量的总和，它能够识别出网络中最“重要”的和最“中心”的节点(Taylor & Derudder, 2015)。在世界城市网络的研究中，点度中心性是最简单也最常用的中心性测量方法，同时也是最有效的测量方法之一。

基于以上方法，本文选取银行、证券、保险、会计师、律师、管理咨询和广告等7种生产性服务业为范畴，收集了各行业国内排名前100的企业和在中国设立分支机构的外国跨国企业的相关数据。剔除分支机构少于2个的企业后，共整理出559家企业的总部和分支机构在2006—2012年间的相关信息，每个年份均可形成559×284的服务值矩阵，经转换后可得到每个城市每年的总网络连通性，即城市网络中心性。在实证分析中，本文对城市网络中心性取对数，对存在零值的数据加1后再取对数。

4. 控制变量

本文选取的控制变量包括：① 人口规模(pop)。② 人均国内生产总值($pergdp$)。③ 人力资本存量(hr)。人力资本的积累是技术创新能力的基础，拥有高等教育水平的人们通过正式的学术研讨和各种非正式交流进行知识转移，能够促进经济个体间的技术创新和扩散。本文采用中学及以上专任教师数占总人口比重表示。④ 公路客运量($passenger$)。使用公路客运量来控制其他交通基础设施对技术创新能力产生的影响。⑤ 人均 R&D 支出(*perRDexp*)。人均科研支出能够反映财政对技术创新的支持力度,通过加强科研投入能够营造良好的创新环境。本文通过财政中科学事业支出除以总人口计算得出。⑥ 移动电话用户数(*mobile*)。本文选取移动电话用户数来度量城市的通信技术发展水平。信息通信技术的发展有力提升了知识交流的便利性,促进了远距离的知识溢出,尤其是对显性知识的传播起到重要作用。⑦ 进出口贸易总额(*trade*)。进出口贸易总额反映了城市对外开放水平,附带着先进技术的贸易商品给落后地区带去了模仿与学习的机会,或是通过贸易合作实现技术创新或转移,因此进出口贸易是实现技术创新的重要渠道。

4.2 计量模型设置

1. 基本回归模型

根据理论分析,高速铁路建设和城市网络中心性均会对技术创新能力产生直接影响,我们首先考虑不存在中介效应的情况,计量模型设定如下:

$$\ln patent_{it} = \alpha_0 + \alpha_1 HSR_{it} + \alpha_2 X_{it} + \mu_i + \gamma_t + \varepsilon_{it} \tag{4.5}$$

$$\ln patent_{it} = \delta_0 + \delta_1 \ln CNC_{it} + \delta_2 X_{it} + \mu_i + \gamma_t + \varepsilon_{it} \tag{4.6}$$

其中,i 和 t 分别表示地级城市与年份;$\ln patent_{it}$ 为反映技术创新能力的度量指标;HSR_{it} 表示城市 i 在年份 t 时的高铁服务强度;$\ln CNC_{it}$ 表示城市 i 在年份 t 时的城市网络中心性;X_{it} 为一系列控制变量的集合;μ_i 控制了个体固定效应;γ_t 控制了时间固定效应;ε_{it} 为随机误差项。

2. 中介效应模型

为了进一步检验城市网络中心性的中介效应,即高速铁路通过提高城市网络中心性对技术创新能力起到促进作用,本文依照中介效应检验程序进行检验,计量模型设定如下:

$$\ln CNC_{it} = \beta_0 + \beta_1 HSR_{it} + \beta_2 X_{it} + \mu_i + \gamma_t + \varepsilon_{it} \tag{4.7}$$

$$\ln patent_{it} = \theta_0 + \theta_1 HSR_{it} + \theta_2 \ln CNC_{it} + \theta_3 X_{it} + \mu_i + \gamma_t + \varepsilon_{it} \tag{4.8}$$

检验中介效应首先需要检验高速铁路对城市网络中心性的影响,即式(4.7)。之后将城市网络中心性引入基本回归模型中,构成新的回归方程式(4.8),并观察回归系数的变化。若回归系数 α_1、β_1、θ_2 均显著,且 θ_1 相比 α_1 的系数变小或显著性降低,则说明存在中介效应。

第5章　实证结果与分析

为了实证检验高速铁路和城市网络中心性对技术创新能力的复杂影响是否存在，本章将依据已构建的计量模型对三者分别进行回归检验，并对结果进行深入分析与探讨。

5.1　描述性统计

本文选取了2006—2012年的相关数据作为研究样本，表5-1为主要变量的描述性统计结果。可以看出，发明专利申请数(取对数)的均值为4.42，最大值为10.71，说明不同城市不同年份之间的技术创新能力存在较大差异。基于此，笔者绘制了全国平均发明专利申请数随年份变化的趋势图(图5-1)，并将城市按照等级分类①，观察不同等级城市的技术创新能力变化趋势。图5-1显示，我国一线和二线城市的技术创新能力远远高于全国平均水平，三线城市与全国平均水平基本持平，其余城市的技术创新能力较差。从图中可以看出，我国技术创新能力随着时间不断进步，呈现出良好的发展势态，特别是2012年，各个等级城市的发明专利申请数量都有大幅提升。然而，从发明专利申请数的增长率上看，2012年全国平均增长率达到65%，而一线城市仅有37%，除一线城市外其他城市均实现超过80%的增长率，这表明虽然一线城市的发明专利申请数有明显的数量增长，但因其基数庞大增幅有限。

2008年8月1日，我国第一条具有自主知识产权、世界上第一条运营时速达到350千米的高速铁路——京津城际高速铁路开通运营，标志着我国正式开启"高铁时代"。表5-2列出了2008—2012年期间每年新增的高速铁路线路及高铁通车的城市，成倍增长的运营班次总数反映出我国高速铁路建设在短短5年间实现的跨越式发展。

---

① 城市等级划分标准参照中国知网(cnki.net)中国经济与社会发展统计数据库。

表 5-1 主要变量的描述性统计

变量类型	变 量 名	符 号	单位	样本数	均值	标准差	最小值	最大值
被解释变量	发明专利申请数	ln*patent*	件	1 988	4.42	1.84	0	10.71
解释变量	高铁服务强度	*HSR*	次	1 988	11.19	42.41	0	562
机制变量	城市网络中心性	ln*CNC*	—	1 988	10.72	0.39	8.52	11.99
控制变量	人口规模	ln*pop*	万人	1 988	5.85	0.69	3.01	8.16
	人均 GDP	ln*pergdp*	元	1 988	10.07	0.70	4.60	12.12
	人力资本存量	ln*hr*	人/万人	1 988	2.94	0.76	0.47	6.86
	公路客运量	ln*passenger*	万人	1 988	8.64	0.96	5.10	12.57
	人均 R&D 支出	ln*perRDexp*	元	1 988	2.63	1.43	0.01	6.93
	移动电话用户数	ln*mobile*	户	1 988	14.28	1.32	3.58	17.27
	进出口贸易总额	ln*trade*	万美元	1 988	11.39	2.26	0	17.66

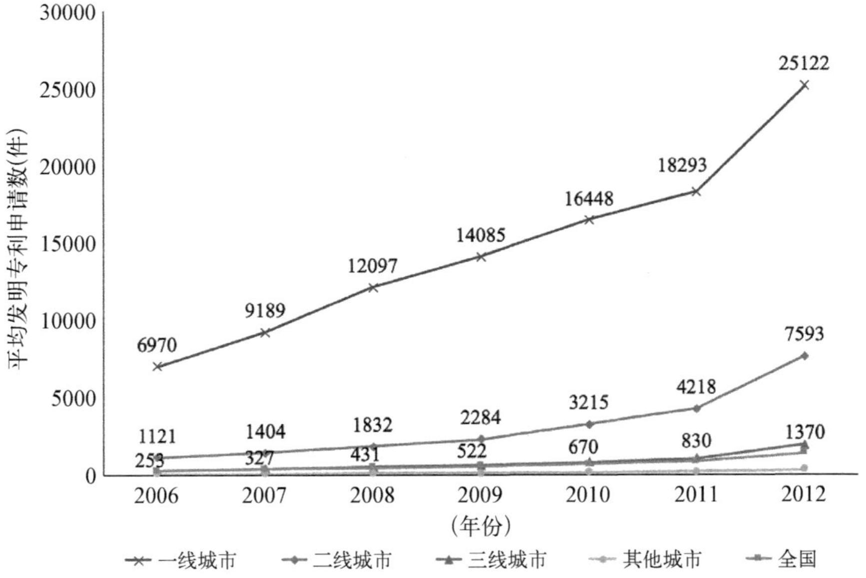

图 5-1 平均发明专利申请数变化趋势图

表 5-2　高速铁路建设发展历程(2008—2012 年)

年份	新开通高铁线路名称	新开通高铁城市	班次总数
2008	京津城际高速铁路、胶济客运专线、合宁客运专线	北京、天津、上海、南京、武汉、青岛、济南、沈阳、秦皇岛、石家庄、保定、哈尔滨、盘锦、邯郸、合肥、滁州、常州、苏州、杭州、嘉兴、南昌、上饶、萍乡等 35 个城市	579
2009	合武铁路客运专线、石太客运专线、甬台温客运专线、温福高速铁路、武广客运专线等	深圳、广州、太原、成都、宁波、福州、绍兴、锦州、温州、唐山、衢州、黄冈、宁德、东莞、遂宁、十堰、随州、六安等 23 个城市	1 918
2010	郑西客运专线、福厦快速铁路、沪宁高速铁路、成灌快速铁路、京九高铁昌九城际铁路、沪杭城际高速铁路、沪汉蓉高速铁路宜万铁路等	重庆、郑州、泉州、清远、洛阳、岳阳、厦门、鞍山、黄石、金华、三门峡、韶关、莆田、九江、泰安、衡阳、郴州、无锡、南充等 22 城市	4 718
2011	京沪高速铁路、广深港高速铁路、海南东环铁路等	三亚、廊坊、佛山、济宁、荆州、新余、中山、株洲、江门、齐齐哈尔、吉林等 12 个城市	6 966
2012	沪汉蓉高速铁路汉宜高铁、石武铁路客运专线、合蚌客运专线、哈大客运专线、京石客运专线、广珠城际轨道交通、沪汉蓉高速铁路遂渝铁路、西宝客运专线等	龙岩、孝感、襄阳、长春、信阳等 5 个城市	8 068

本文利用“连锁城市网络模型”测算了城市网络中心性指标，表 5-3 给出了 2006—2012 年间每三年的城市网络中心性名次，以便观察各个城市在城市网络中的等级变化。由于计算得出的城市网络连通性数值较大，为了便于解释，在表 5-3 中，我们将其转换成与当年最大值的比值。从表 5-3 可知，我国城市网络中心性排名前十的城市在 2006—2012 年间基本没有变动，北京、上海和深圳稳居前三，除此之外东部沿海地区的省会城市比重较大。我国基于高级生产性服务业的城市网络连通性整体上不断提升，说明高级生产性服务业的服务范围逐步扩大。但随着年份变化，城市网络呈现出向少数中心城市集中的趋势，说明随着网络趋于完善，城市间联系更加紧密，中心城市的绝对优势更加突出。

表 5 - 3 城市网络中心性排名前十的城市

名次	2006 年		2009 年		2012 年	
	城 市	相对连通性	城 市	相对连通性	城 市	相对连通性
1	北京市	1.00	北京市	1.00	北京市	1.00
2	上海市	0.92	上海市	0.90	上海市	0.94
3	深圳市	0.85	深圳市	0.82	深圳市	0.84
4	广州市	0.84	杭州市	0.81	广州市	0.82
5	南京市	0.81	成都市	0.80	成都市	0.81
6	济南市	0.80	南京市	0.80	南京市	0.81
7	成都市	0.80	广州市	0.79	杭州市	0.80
8	杭州市	0.79	济南市	0.79	济南市	0.79
9	武汉市	0.78	武汉市	0.78	武汉市	0.78
10	沈阳市	0.77	沈阳市	0.76	沈阳市	0.75

5.2 基准回归结果

5.2.1 高速铁路对技术创新能力的影响及内生性检验

本文探究的核心内容是高速铁路建设对技术创新能力的影响。表 5 - 4 汇报了基本模型的回归结果。首先进行 Hausman 检验，结果显示 p 值为 0.000，表示强烈拒绝原假设，计量模型应选用固定效应模型，本文在模型中控制了省份固定效应。列(2)结果显示，高铁的建设对技术创新能力有显著的促进作用，证实了假设 1。回归结果表明，在其他变量保持不变的情况下，每多开通一趟高铁班次，会使得该地区的技术创新能力提升 0.002%。列(3)在列(2)的基础上加入了时间固定效应，解决了随时间而变的遗漏变量问题，结果显示高铁服务强度的系数依然显著为正，说明高速铁路开通确实对技术创新能力起到促进作用，且高铁建设的规模越大，服务力度越强，对技术创新能力的推动作用越大。

表 5-4 高速铁路基本回归结果

	(1) OLS	(2) OLS	(3) OLS	(4) OLS+IV
HSR	0.007 9*** (0.000 6)	0.001 9*** (0.000 4)	0.001 0*** (0.000 3)	0.000 8** (0.000 4)
ln*pop*	—	1.135 0*** (0.061 9)	1.080 7*** (0.063 1)	1.139 9*** (0.068 4)
ln*pergdp*	—	1.105 9*** (0.047 3)	0.772 9*** (0.057 1)	0.707 0*** (0.059 4)
ln*hr*	—	0.307 4*** (0.026 6)	0.153 5*** (0.027 3)	0.107 4*** (0.026 6)
ln*passenger*	—	0.071 9** (0.029 1)	0.038 8 (0.027 4)	0.012 5 (0.030 4)
ln*perRDexp*	—	0.141 8*** (0.014 9)	0.228 3*** (0.018 5)	0.258 4*** (0.021 9)
ln*mobile*	—	0.062 6*** (0.012 3)	0.045 7*** (0.011 6)	0.045 7*** (0.011 2)
ln*trade*	—	0.066 5*** (0.014 7)	0.075 3*** (0.014 0)	0.116 2*** (0.016 6)
常数项	7.898 6*** (1.272 0)	−17.627 7*** (0.760 2)	−13.349 4*** (0.929 8)	−14.128 1*** (0.966 3)
观测值	1 988	1 988	1 988	1 704
样本数	284	284	284	284
组内 R-squared	0.094 3	0.671 3	0.726 8	0.722 4
省份固定效应	是	是	是	是
时间固定效应	否	否	是	是

注：*、**、*** 分别表示有关变量的系数在 10%、5%和 1%水平上显著异于零；括号中的数值为标准误。

从控制变量的结果上看，人口规模、人均 GDP、人力资本水平、人均科研支出、通信技术水平以及进出口贸易总额系数均显著为正。人口规模和人均 GDP 反映了城市的经济发展水平，两者系数均为正，说明经济发展能为城市提供良好的创新环境，同时在资金物质上的支持也有助于技术创新能力的提升。人力资本水平是技术创新的原动力，更是吸引高技能人才和高新技术产业集聚的重要原因，显然有利于提高技术创新能力。人均科研支出体现了财政对技术创新的支持力度，对科学研究的资金投入能够反映出该地区对技术创新的各方面扶持力度，科研投入越大，越有利于技术创新人才的培养和技术创新规模的提高。通信技术水平在一定程度上突破了交通基础设施在空间范围上的限制，能够实现远距离的非面对面交流，对显性知识的传播和扩散起到重要促进作用。进出口贸易总额意味着良好的对外开放环境，市场越开放，越有利于外来先进技术的渗透，从而有利于实现技术转移或创新。公路客运量体现了其他交通基础设施在人才流动等方面对技术创新能力的贡献，列(2)中公路客运量的系数显著为正，但在加入了时间固定效应之后变得不显著，可能是因为公路客运量随着年份呈现出明显的线性特征，从而导致模型存在共线性。

本文选取发明专利申请数作为被解释变量，可能导致高速铁路建设与技术创新能力之间存在内生性。为了处理内生性问题，本文采用高铁服务强度的一阶滞后项作为工具变量，采用两步法工具变量回归，结果如列(4)所示。结果显示，在考虑了内生性之后，高铁对技术创新能力的系数依然显著为正，这进一步验证了高速铁路对技术创新能力存在正向推动作用。

5.2.2 异质性检验

高速铁路对技术创新能力的整体影响在表 2 中已经得到了检验，然而高铁建设作为一项全国性的大规模项目，对不同区域产生的影响程度必然不尽相同，也就是说，不同城市的异质性特征会导致高速铁路带来的影响存在差异。为了更深入地探究高速铁路对技术创新能力的影响机理，本文将构建城市异质性特征与高速铁路的交互项，进一步识别区域异质性对高铁建设与技术创新能力关系的影响。

基于表 5 - 4 的基本回归结果可知，城市人口规模、经济发展情况、人力资本水平以及通信技术水平均是推动技术创新能力提升的重要因素，同时这些变量也是城市在发展过程中累积形成的异质性特征，因此本文在回归中分别加入这些异质性变量与高速铁路的交互项进行检验，结果见表 5 - 5。观察表 5 - 5 列(1)—(4)的结果可发现，高速铁路与人口规模、经济发展、人力资本和通信技术水平的交互项系数均显著为负，说明这些特征均在一定程度上限制了高速铁路对技术创新能力的促进作用。表 5 - 5 表明，一个城市的人口规模越大、经济发展水平越高、人力资本积累越充实以及通信技术水平越高，则该城市从高速铁路建设中获得的边际效应越小，这同时意味着规模较小、发展相对落后的城市从高铁建设中获得的收益较大。

表 5-5 异质性检验

	(1) 人口规模	(2) 经济发展	(3) 人力资本	(4) 通信技术
HSR	0.011 3*** (0.003 7)	0.017 0** (0.008 1)	0.007 5*** (0.001 1)	0.017 8*** (0.005 9)
ln*pop*	1.077 1*** (0.063 2)	1.078 8*** (0.063 2)	1.091 4*** (0.062 9)	1.074 0*** (0.063 2)
ln*pergdp*	0.773 8*** (0.057 0)	0.770 2*** (0.057 1)	0.757 7*** (0.056 6)	0.769 6*** (0.057 0)
ln*hr*	0.150 9*** (0.027 3)	0.151 1*** (0.027 3)	0.205 8*** (0.028 4)	0.151 0*** (0.027 3)
ln*passenger*	0.040 4 (0.027 4)	0.039 2 (0.027 4)	0.038 4 (0.027 2)	0.040 9 (0.027 4)
ln*perRDexp*	0.225 9*** (0.018 5)	0.229 2*** (0.018 5)	0.223 1*** (0.018 3)	0.227 0*** (0.018 5)
ln*mobile*	0.045 5*** (0.011 5)	0.045 7*** (0.011 6)	0.045 4*** (0.011 4)	0.049 9*** (0.011 6)
ln*trade*	0.075 9*** (0.014 0)	0.075 3*** (0.014 0)	0.072 3*** (0.013 9)	0.075 8*** (0.014 0)
HSR_pop	−0.001 5*** (0.000 5)	—	—	—
HSR_pergdp	—	−0.001 4** (0.000 7)	—	—
HSR_hr	—	—	−0.001 7*** (0.000 3)	—
HSR_mobile	—	—	—	−0.001 0*** (0.000 4)

续　表

	(1) 人口规模	(2) 经济发展	(3) 人力资本	(4) 通信技术
常数项	−13.026 2*** (0.936 5)	−13.271 1*** (0.931 3)	−13.376 9*** (0.926 2)	−13.151 2*** (0.932 0)
观测值	1 988	1 988	1 988	1 988
样本数	284	284	284	284
组内 R-squared	0.728 4	0.728 0	0.732 3	0.728 7
省份固定效应	是	是	是	是
时间固定效应	是	是	是	是

注：*、**、*** 分别表示有关变量的系数在 10%、5%和 1%水平上显著异于零；括号中的数值为标准误。

基于异质性检验的结果分析，本文认为高速铁路对技术创新能力的促进作用受城市原本的技术创新水平影响。由于人口规模、经济条件、人力资本和通信技术水平在高铁建设之前就已经为技术创新能力打下了坚实的基础，因此在这些指标发展良好的地区，其技术创新能力已经到达了一定的高度，上升空间有限，通常需要更大的投入才能实现增长。另外，人口规模大、经济发达的城市往往已经拥有较完善的交通基础设施网络，因此在劳动力流动、加强知识溢出等方面受到高速铁路建设的影响并不显著。对于人力资本密集、通信技术水平高的地区而言，信息和知识均已得到高效、广泛的传播，原有知识资本的累积足以支撑技术创新能力的发展，此时高速铁路仅能起到锦上添花的作用。然而，对于许多小城市而言，其经济条件、人力资本或是通信技术设施的发展还处于落后水平，技术创新能力基础相对薄弱，因此在高速铁路建设的强刺激下能够大大增强与外界的联系，获得更多学习机会，从而取得较显著的提升。

需要注意的是，发达城市的这些特征并非不利于技术创新能力的提升。实际上，在人口规模大、经济发达、人力资本密集、通信技术水平高的城市，高铁建设对实际发明专利申请数的数量增长有着较大的影响，但因其庞大的基数而增长率相对小，从而凸显了高铁建设对落后地区的影响，该结果与 Chen(2019)的研究结论相契合，同时也与前述发明专利申请数随时间变化的趋势相符。从异质性检验的结果可以看出，高速铁路的建设有利于缩小高铁沿线城市技术创新能力的差距，但却加深了高铁城市和非高铁城市之间技术创新能力的差异。

5.2.3　稳健性检验

本文从三个方面进行稳健性检验：① 剔除核心城市。直辖市、省会城市与计划单列市在高铁建设方面存在一定程度的优先权，因此剔除这些核心城市并再次进行回归，得到结果如表 5-6 列(1)所示。② 替换高速铁路变量。将原本的高铁服务强度替换成高速铁路是否开通虚拟变量，结果见表 5-6 列(2)。③ 替换被解释变量。采用发明专利的授权数替换发明专利申请数作为技术创新能力的衡量指标。考虑到高铁对发明专利授权数的影响存在滞后效应，因此对高速铁路采取滞后一期处理，结果如表 5-6 列(3)所示。结果均表明，高速铁路对技术创新能力存在显著的正向促进作用，说明本文的研究结论是稳健可靠的。

表 5-6　稳健性检验

	(1) 剔除核心城市	(2) 替换高速铁路变量	(3) 替换被解释变量
HSR	0.003 0*** (0.000 5)	—	—
HSR_dummy	—	0.147 9*** (0.045 1)	—
L.HSR	—	—	0.000 8** (0.000 4)
ln *pop*	0.672 4*** (0.071 5)	1.090 2*** (0.062 9)	0.360 1** (0.147 3)
ln *pergdp*	0.553 5*** (0.060 1)	0.767 4*** (0.056 8)	−0.100 9 (0.072 6)
ln *hr*	0.075 5** (0.030 5)	0.150 9*** (0.027 4)	−0.004 1 (0.027 7)
ln *passenger*	0.055 2* (0.029 5)	0.037 7 (0.027 4)	−0.039 6 (0.031 4)
ln *perRDexp*	0.185 1*** (0.019 4)	0.229 3*** (0.018 5)	0.077 7*** (0.024 4)
ln *mobile*	0.037 8*** (0.011 9)	0.045 9*** (0.011 6)	0.034 3*** (0.011 0)

续 表

	(1) 剔除核心城市	(2) 替换高速铁路变量	(3) 替换被解释变量
ln*trade*	0.073 6*** (0.016 0)	0.076 1*** (0.014 0)	0.026 8 (0.018 5)
常数项	−9.423 5*** (0.748 0)	−13.238 4*** (0.926 9)	2.928 8 (2.178 2)
观测值	1 743	1 988	1 704
样本数	249	284	284
组内 R-squared	0.745 7	0.728 2	0.700 7
省份固定效应	是	是	是
时间固定效应	是	是	是

注：*、**、*** 分别表示有关变量的系数在 10%、5%和 1%水平上显著异于零；括号中的数值为标准误。

5.3 中介效应回归结果

5.3.1 城市网络中心性对技术创新能力的影响

接下来对城市网络中心性和技术创新能力之间的关系进行验证，回归结果见表 5 - 7。表 5 - 7 前三列的结果均显示，城市网络中心性能够显著提高技术创新能力，证实了假设 2。加入了省份固定效应和时间固定效应的列(3)表明，在其他变量不变的情况下，城市网络中心性每提升 1%，该地区的技术创新能力能够提升 1.16%。控制变量的结果与前文基本一致。

表 5 - 7　城市网络中心性基本回归结果

	(1) OLS	(2) OLS	(3) OLS	(4) OLS+IV
ln*CNC*	2.692 6*** (0.051 5)	0.609 7*** (0.094 8)	1.156 9*** (0.131 0)	1.560 1*** (0.198 0)
ln*pop*	—	0.980 3*** (0.067 5)	0.793 8*** (0.070 5)	0.697 5*** (0.088 0)

续　表

	(1) OLS	(2) OLS	(3) OLS	(4) OLS+IV
ln*pergdp*	—	0.926 2*** (0.055 5)	0.616 1*** (0.057 9)	0.513 5*** (0.062 2)
ln*hr*	—	0.317 0*** (0.026 5)	0.123 0*** (0.027 2)	0.068 5** (0.026 7)
ln*passenger*	—	0.074 9*** (0.029 0)	0.048 5* (0.027 0)	0.025 4 (0.029 7)
ln*perRDexp*	—	0.097 3*** (0.016 9)	0.201 3*** (0.018 5)	0.218 7*** (0.022 2)
ln*mobile*	—	0.060 2*** (0.012 3)	0.040 4*** (0.011 4)	0.042 8*** (0.011 0)
ln*trade*	—	0.061 6*** (0.014 6)	0.057 5*** (0.013 9)	0.089 6*** (0.016 6)
常数项	−21.471 6*** (0.941 5)	−20.395 8*** (0.840 6)	−21.470 8*** (1.284 5)	−25.072 3*** (1.667 7)
观测值	1 988	1 988	1 988	1 704
组内 R-squared	0.576 3	0.670 6	0.727 8	0.723 5
样本数	284	284	284	284
省份固定效应	是	是	是	是
时间固定效应	否	否	是	是

注：*、**、*** 分别表示有关变量的系数在 10%、5%和 1%水平上显著异于零；括号中的数值为标准误。

城市网络中心性和技术创新能力之间同样可能存在反向因果关系。技术创新能力强的城市在创新产出上会有更好的表现，因此更希望扩大技术应用市场范围，从而需要加强区域间合作，主动占据更高的网络中心地位（殷德生等，2019）。另外，技术创新能力越强的地区越容易吸引大量关键创新资源集聚，影响产业结构变动，进一步加深城市网络中心性的分化。本文利用城市网络中心性的一阶滞后项作为工具变量进行两阶段最小二乘回归，结果如列(4)所示，回归结论依然成立，城市网络中心性能够显著提高技术创新能力。

5.3.2 城市网络中心性的中介效应检验

根据中介效应计量模型的设定，引入城市网络中心性进一步检验高速铁路、城市网络中心性和技术创新能力三者之间的关系。表 5－8 报告了中介效应模型的实证结果，观察回归结果可以发现，列(1)至列(3)中高速铁路的系数均显著为正（$\alpha_1=0.001$、$\beta_1=0.0003$、$\theta_1=0.0007$），且列(3)中高铁的系数相比列(2)的数值和显著性水平均有所下降，同时观察到列(3)中引入的城市网络中心性对技术创新能力存在显著正向影响（$\theta_2=1.1236$），结果验证了研究假设 3 和 4，说明中介效应存在，高速铁路对技术创新能力的改善能够通过提高城市网络中心性来实现。

表 5－8　中介效应模型回归结果

	(1) ln*CNC*	(2) ln*patent*	(3) ln*patent*
HSR	0.000 3*** (0.000 1)	0.001 0*** (0.000 3)	0.000 7** (0.000 3)
ln*CNC*	—	—	1.123 6*** (0.132 0)
ln*pop*	0.231 3*** (0.013 0)	1.080 7*** (0.063 1)	0.790 5*** (0.070 5)
ln*pergdp*	0.103 2*** (0.009 9)	0.772 9*** (0.057 1)	0.631 7*** (0.058 4)
ln*hr*	0.020 7*** (0.004 3)	0.153 5*** (0.027 3)	0.121 0*** (0.027 2)
ln*passenger*	−0.007 8* (0.004 3)	0.038 8 (0.027 4)	0.045 1* (0.027 0)
ln*perRDexp*	0.019 6*** (0.003 0)	0.228 3*** (0.018 5)	0.200 4*** (0.018 5)
ln*mobile*	0.003 4* (0.001 8)	0.045 7*** (0.011 6)	0.041 2*** (0.011 4)
ln*trade*	0.012 1*** (0.002 3)	0.075 3*** (0.014 0)	0.057 8*** (0.013 9)

续　表

	(1) ln*CNC*	(2) ln*patent*	(3) ln*patent*
常数项	7.756 9*** (0.199 8)	−13.349 4*** (0.929 8)	−21.359 8*** (1.285 5)
观测值	1 988	1 988	1 988
组内 R-squared	0.931 0	0.726 8	0.728 4
样本数	284	284	284
省份固定效应	是	是	是
时间固定效应	是	是	是

注：*、**、*** 分别表示有关变量的系数在 10%、5%和 1%水平上显著异于零；括号中的数值为标准误。

第6章 结论与政策建议

6.1 主要结论

本文构建了高速铁路、城市网络中心性与技术创新能力的理论框架，深入探讨了高速铁路和城市网络中心性对技术创新能力的影响机制，并提出城市网络中心性在高速铁路和技术创新能力之间具有中介作用。基于理论分析，本文以2006—2012年我国284个地级及以上城市作为研究样本，结合专利数据和高铁服务强度实证检验了高速铁路对技术创新能力的影响，并采用GaWC连锁城市网络模型测算了每个城市基于高级生产性服务业的城市网络中心性，量化评估了城市网络中心性的中介效应。研究结果表明：

(1) 高速铁路建设对技术创新能力的提升有显著的促进作用。高速铁路作为当代必不可少的交通出行工具，实现了客运高速化，极大地促进了以“人”为核心的商务活动变化(董艳梅、朱英明，2016)，带动了人才、知识和技术等创新要素在城际间的集聚与扩散。高速铁路的时空压缩效应使得面对面交流更加频繁，加速了知识溢出，同时进一步拓宽了知识溢出的空间边界，弥补了本地创新要素积累的不足，从而实现技术创新能力的提升。另外，高速铁路还会通过吸引产业集聚，降低企业技术创新的一系列成本，从而刺激企业提升创新能力。在此基础上，本文进一步探究了城市异质性特征对高速铁路作用的影响，结果表明，在同样新增一趟班次的情况下，高速铁路对人口规模越大、经济发展水平越高、人力资本积累越充实以及通信技术水平越高的城市产生的影响反而越小。这是因为高速铁路对技术创新能力的促进作用受城市原本的技术创新水平影响，创新条件较好的城市受高速铁路建设的改善并不显著，而创新能力基础相对薄弱的城市在高速铁路的强刺激下能取得较显著的提升。

(2) 城市网络中心性对技术创新能力存在积极的影响作用。城市网络中心性体现了城市在网络中的连通性，反映了其接触创新资源和信息的难易程度。城市的中心性地位越高，越容易吸引各方资源集聚，从而形成信息资源优势，不仅有利于降低收集信息和知识的成本，提高自身创新效率，还有助于强化对网络其他成员的资源控制能力，从而实现有利于自身发展的资源互换。此外，城市网络中心性还是城市品质与能力的体现，能够吸引更多高水平的合作伙伴，建立深厚的信任关系，从而促进高质量的创新合作，进而增强技术创新能力。

(3) 高速铁路能够显著加强城市网络中心性，进而对技术创新能力产生积极影响，实证结果表明城市网络中心性存在中介效应。高速铁路建设打破了原本的城市网络结构，通过改变城市间相互作用的强度或方向影响了城市在网络中的相对位置。由于高铁建设的非均衡性，高铁城市相对于非高铁城市而言改善了区位条件，从而有助于加强对外经济联系和社会联系，因此在城市网络中的地位得到提升，有利于进一步发展技术创新能力。除此之外，高速铁路的发展影响了企业总部和分支机构的区位决策，通过重塑企业网络，改变了城市网络的中心性格局。尤其是对高级生产性服务业而言，高速铁路成为吸引企业在高铁城市布局的一大优势，从而进一步加强了高铁城市的网络连通性，推动了其城市网络中心性的提升。实证结果可以说明，高速铁路对技术创新能力的促进作用是通过提高城市网络中心性来实现的，也就是说，城市网络中心性在高速铁路与技术创新能力之间发挥了中介作用。

6.2　政策建议

(1) 加快高速铁路基础设施建设，完善高速铁路交通网络，全面提高城市间互连水平，促进城市协同发展。高铁打破了城市间的往来壁垒，加速了劳动力、信息和资本在城市间的流动，有效促进了各类创新资源的重新分配。政府及政策制定者们应主动推进高铁建设，加强高铁与其他交通方式的衔接，构建一体化交通网，充分发挥高铁优势，着力打造创新型城市。

(2) 结合地区经济发展水平与发展需求，合理规划高铁线路和站点设置，把握发展机遇，避免可能产生的负面影响。我国各地区资源分布不均，经济发展水平存在较大差异，高速铁路增强了城市间的联系，但同时可能造成外围的中小城市资源流失。因此，应准确客观地评估高速铁路的经济效益和作用范围，使其最大限度地带动边缘地区经济发展，缩小区域差距，同时应重视边缘地区的人才引进，加大研发投入力度，完善信息基础设施建设，营造良好的创新环境。

(3) 提高城市网络连通性，强化城市之间的分工协作，实现优势互补、协同创新。城市网络的发展打破了行政区划和地理邻近对城市间联系的束缚，应鼓励引导更多城市积极融入网络，获取网络中更多资源，并不断提升在网络中的地位，以便在更大空间尺度上推进城市间创新合作。城市间的分工与合作有利于各城市充分发挥比较优势，实现资源效益最大化，形成互利共赢的发展局面，推动区域经济协调发展。

（4）进一步强化中心城市网络地位，扩大其对外辐射范围，加快带动周边地区发展。为了带动边缘地区经济发展，应考虑优先建设区域中心城市，使其有足够能力在更大范围内发挥示范引领和辐射带动作用，从而实现资源的流通和优化配置。通过提高中心城市地位，不断发展和完善以中心城市为核心的城市网络结构，增强城市节点技术创新能力，推动区域一体化发展。

6.3 不足与展望

本文从城市网络的视角，针对高速铁路对技术创新能力的影响路径和机理展开了一定的探讨，但受到数据可得性和研究期限等条件限制，现有研究仍存在以下三个方面的不足，有待未来进一步改进。

（1）在高速铁路对技术创新能力的影响机制方面，本文仅从城市网络中心性的角度进行了实证检验，对高速铁路作用机理的考察不够全面详尽，同时未考虑到高速铁路的空间溢出效应，因此估算结果可能存在偏差。

（2）在城市网络中心性的指标测算方面，连锁网络模型有待进一步完善。其一，连锁网络模型仅以生产性服务业为研究对象，缺乏对制造业等其他行业的深入探索。其初衷是为了测算世界城市间的联系，但可能并不适用于某些发展中国家和新兴制造业城市。其二，连锁网络模型未考虑到要素在企业内部的流动方向，忽略了企业链接的不对称性，仅通过简单加权将有向网络转化成无向网络，造成了信息损失，从而导致城市网络结构特征出现偏差。其三，现实中的企业联系存在等级性和地域性，跨等级或跨区域的办公机构之间是否能够建立联系，以及联系强度是否能够以统一标准量化都有待进一步的研究。

（3）在解释城市网络的空间格局和结构演变时，本文仅重点阐述了高速铁路在其中发挥的作用，后续可以考虑结合航空、高速公路等交通方式，更加全面、深入地探讨交通网络与城市网络之间的关系。除此之外，历史地位、地理位置、行政等级和制度环境等均可能是影响城市网络中心性的重要因素，在未来的研究中可以考虑将这些因素纳入分析框架，为城市网络研究提供更广阔的视野。

参 考 文 献

[1] BANISTER D, BERECHMAN Y. Transport investment and the promotion of economic growth[J]. Journal of Transport Geography, 2001, 9(3): 209－218.

[2] BEAVERSTOCK J V, SMITH R G, TAYLOR P J. A roster of world cities[J]. Cities, 1999, 16(6): 445－458.

[3] BODE E. The spatial pattern of localized R&D spillovers: An empirical investigation for Germany[J]. Journal of Economic Geography, 2004, 4(1): 43－64.

[4] BONNAFOUS A. The regional impact of the TGV[J]. Transportation, 1987, 14(2): 127－137.

[5] CASTELLS M. The rise of the network society[M]. Cambridge, MA: Blackwell Publishers, 1996.

[6] CHEN C L, HALL P. The impacts of high-speed trains on British economic geography: A study of the UK's InterCity 125/225 and its effects[J]. Journal of Transport Geography, 2011, 19(4): 689－704.

[7] CHEN C L, HALL P. The wider spatial-economic impacts of high-speed trains: A comparative case study of Manchester and Lille sub-regions[J]. Journal of Transport Geography, 2012, 24: 89－110.

[8] CHEN C L, LOUKAITOU-SIDERIS A, DE UREÑA J M, et al. Spatial short and long-term implications and planning challenges of high-speed rail: A literature review framework for the special issue[J]. European Planning Studies, 2019, 27(3): 415－433.

[9] CHEN C L, VICKERMAN R. Can transport infrastructure change regions' economic fortunes? Some evidence from Europe and China[J]. Regional Studies, 2017, 51(1): 144－160.

[10] CHEN G N, DE ABREU E SILVA J. Estimating the provincial economic impacts of high-speed rail in Spain: An application of structural equation modeling[J]. Procedia-Social and Behavioral Sciences, 2014, 111: 157－165.

[11] CHEN Z H, HAYNES K E. Impact of high-speed rail on regional economic disparity in China[J]. Journal of Transport Geography, 2017, 65: 80－91.

[12] CHEN Z H. Measuring the regional economic impacts of high-speed rail using a dynamic SCGE model: The case of China[J]. European Planning Studies, 2019, 27(3):

483 - 512.

[13] CHONG Z H, QIN C L, CHEN Z H. Estimating the economic benefits of high-speed rail in China: A new perspective from the connectivity improvement[J]. Journal of Transport and Land Use, 2019, 12(1): 287 - 302.

[14] DERUDDER B, TAYLOR P. The cliquishness of world cities[J]. Global Networks, 2005, 5(1): 71 - 91.

[15] FREEMAN L C. Centrality in social networks conceptual clarification[J]. Social Networks, 1978, 1(3): 215 - 239.

[16] FRIEDMANN J, WOLFF G. World city formation: An agenda for research and action [J]. International Journal of Urban and Regional Research, 1982, 6(3): 309 - 344.

[17] FURMAN J L, PORTER M E, STERN S. The determinants of national innovative capacity[J]. Research Policy, 2002, 31(6): 899 - 933.

[18] GILSING V, NOOTEBOOM B. Density and strength of ties in innovation networks: An analysis of multimedia and biotechnology[J]. European Management Review, 2005, 2 (3): 179 - 197.

[19] GIVONI M. Development and impact of the modern high-speed train: A review[J]. Transport Reviews, 2006, 26(5): 593 - 611.

[20] GONZÁLEZ-GONZÁLEZ E, NOGUÉS S. Regional polycentricity: An indicator framework for assessing cohesion impacts of railway infrastructures[J]. European Planning Studies, 2016, 24(5): 950 - 973.

[21] GUAN J C, ZHANG J J, YAN Y. The impact of multilevel networks on innovation [J]. Research Policy, 2015, 44(3): 545 - 559.

[22] HALL P. Magic carpets and seamless webs: Opportunities and constraints for high-speed trains in Europe[J]. Built Environment, 2009, 35(1): 59 - 69.

[23] HALL P. The world cities[M]. New York: McGraw-Hill, 1966.

[24] HOSSAIN L. Effect of organisational position and network centrality on project coordination[J]. International Journal of Project Management, 2009, 27(7): 680 - 689.

[25] HUGGINS R, PROKOP D. Network structure and regional innovation: A study of university-industry ties[J]. Urban Studies, 2017, 54(4): 931 - 952.

[26] JAFFE A B, TRAJTENBERG M, HENDERSON R. Geographic localization of knowledge spillovers as evidenced by patent citations[J]. The Quarterly Journal of Economics, 1993, 108(3): 577 - 598.

[27] KIM K S. High-speed rail developments and spatial restructuring[J]. Cities, 2000, 17 (4): 251 - 262.

[28] KRUGMAN P. Increasing returns and economic geography[J]. Journal of Political Economy, 1991, 99(3): 483 - 499.

[29] LEE J, KIM S. Exploring the role of social networks in affective organizational commitment: Network centrality, strength of ties, and structural holes[J]. The American Review of Public Administration, 2011, 41(2): 205 - 223.

[30] LI H C, STRAUSS J, HU S X, et al. Do high-speed railways lead to urban economic growth in China? A panel data study of China's Cities[J]. The Quarterly Review of Economics and Finance, 2018, 69: 70 - 89.
[31] MONZON A, LOPEZ E, ORTEGA E. Has HSR improved territorial cohesion in Spain? An accessibility analysis of the first 25 years: 1990—2015[J]. European Planning Studies, 2019, 27(3): 513 - 532.
[32] MURAYAMA Y. The impact of railways on accessibility in the Japanese urban system [J]. Journal of Transport Geography, 1994, 2(2): 87 - 100.
[33] ORTEGA E, LÓPEZ E, MONZÓN A. Territorial cohesion impacts of high-speed rail at different planning levels[J]. Journal of Transport Geography, 2012, 24: 130 - 141.
[34] PAN F H, BI W K, LENZER J, et al. Mapping urban networks through inter-firm service relationships: The case of China[J]. Urban Studies, 2017, 54(16): 3639 - 3654.
[35] QIN Y. "No County left behind?" The distributional impact of high-speed rail upgrades in China[J]. Journal of Economic Geography, 2017, 17(3): 489 - 520.
[36] SASAKI K, OHASHI T, ANDO A. High-speed rail transit impact on regional systems: Does the Shinkansen contribute to dispersion? [J]. The Annals of Regional Science, 1997, 31(1): 77 - 98.
[37] SASSEN S. The global city: New York, London, Tokyo[M]. Princeton, NJ: Princeton University Press, 1991.
[38] TAYLOR P J, CATALANO G, WALKER D R F. Measurement of the world city network[J]. Urban Studies, 2002, 39(13): 2367 - 2376.
[39] TAYLOR P J, DERUDDER B. World city network: A global urban analysis[M]. London: Routledge, 2015.
[40] TAYLOR P J. Specification of the world city network[J]. Geographical Analysis, 2010, 33(2): 181 - 194.
[41] TSAI W. Knowledge transfer in intraorganizational networks: Effects of network position and absorptive capacity on business unit innovation and performance[J]. Academy of Management Journal, 2001, 44(5): 996 - 1004.
[42] UBEDA F, ORTIZ-DE-URBINA-CRIADO M, MORA-VALENTÍN E M. Do firms located in science and technology parks enhance innovation performance? The effect of absorptive capacity[J]. The Journal of Technology Transfer, 2019, 44(1): 21 - 48.
[43] UREÑA J M, MENERAULT P, GARMENDIA M. The high-speed rail challenge for big intermediate cities: A national, regional and local perspective[J]. Cities, 2009, 26(5): 266 - 279.
[44] WILLIGERS J, VAN WEE B. High-speed rail and office location choices. A stated choice experiment for the Netherlands[J]. Journal of Transport Geography, 2011, 19(4): 745 - 754.
[45] WU J H, NASH C, WANG D. Is high speed rail an appropriate solution to China's rail

capacity problems? [J]. Journal of Transport Geography, 2014, 40: 100 - 111.

[46] YIN M, BERTOLINI L, DUAN J. The effects of the high-speed railway on urban development: International experience and potential implications for China[J]. Progress in Planning, 2015, 98: 1 - 52.

[47] ZHAO J, ZHAO Y Y, LI Y. The variation in the value of travel-time savings and the dilemma of high-speed rail in China[J]. Transportation Research Part A: Policy and Practice, 2015, 82: 130 - 140.

[48] 陈存友,刘厚良,詹水芳.世界城市网络作用力：评 Taylor 等人的相关研究[J].国外城市规划,2003,18(2)47 - 49.

[49] 程开明,王亚丽.城市网络激发技术创新的机理及证据[J].科学学研究,2013,31(9)1399 - 1411,1440.

[50] 董艳梅,朱英明.高铁建设能否重塑中国的经济空间布局：基于就业、工资和经济增长的区域异质性视角[J].中国工业经济,2016(10)：92 - 108.

[51] 方大春,孙明月.高铁时代下长三角城市群空间结构重构：基于社会网络分析[J].经济地理,2015,35(10)：50 - 56.

[52] 高鹏.长江中游城市群网络结构演变研究：兼论交通网络可达性的影响[D].上海：华东师范大学,2016.

[53] 焦敬娟,王姣娥,金凤君,等.高速铁路对城市网络结构的影响研究：基于铁路客运班列分析[J].地理学报,2016,71(2)：265 - 280.

[54] 冷炳荣,杨永春,李英杰,等.中国城市经济网络结构空间特征及其复杂性分析[J].地理学报,2011,66(2)：199 - 211.

[55] 李婧,何宜丽.基于空间相关视角的知识溢出对区域创新绩效的影响研究：以省际数据为样本[J].研究与发展管理,2017,29(1)：42 - 54.

[56] 李琴,任福,朱一姝,等.高铁班次统计视角下的城市等级和空间联系格局分析[J].测绘地理信息,2017,42(3)：83 - 87.

[57] 刘承良,许佳琪,郭庆宾.基于铁路网的中国主要城市中心性的空间格局[J].经济地理,2019,39(3)：57 - 66.

[58] 刘芳.高速铁路、知识溢出与城市创新发展：来自 278 个城市的证据[J].财贸研究,2019,30(4)：14 - 29.

[59] 路旭,马学广,李贵才.基于国际高级生产者服务业布局的珠三角城市网络空间格局研究[J].经济地理,2012,32(4)：50 - 54.

[60] 罗燊.基于知识溢出理论的高速铁路与区域发展研究[D].北京：北京交通大学,2018.

[61] 马明,薛晓达,赵国浩.交通基础设施、人力资本对区域创新能力影响的实证研究[J].北京理工大学学报(社会科学版),2018,20(1)：95 - 101.

[62] 孟德友,冯兴华,文玉钊.铁路客运视角下东北地区城市网络结构演变及组织模式探讨[J].地理研究,2017,36(7)：1339 - 1352.

[63] 聂春祺.基于企业组织网络的泛长三角地区城市网络结构演变研究[D].上海：华东师范大学,2018.

[64] 齐心.北京的城市地位：基于世界城市网络的分析[M].北京：经济日报出版社,2016.

[65] 沈能.空间集聚、规模门槛与技术创新：基于中国制造业企业普查数据的实证分析[J].管理工程学报,2004,28(04)：21－27.
[66] 盛科荣,杨雨,孙威.中国城市网络中心性的影响因素及形成机理：基于上市公司500强企业网络视角[J].地理科学进展,2019,38(2)：248－258.
[67] 盛科荣,张红霞,佀丹丹.基于企业网络视角的城市网络研究进展与展望[J].人文地理,2018,33(2)：11－17.
[68] 盛科荣,张红霞,佀丹丹.中国城市网络中心性的空间格局及影响因素[J].地理科学,2018,38(8)：1256－1265.
[69] 谭一洺,杨永春,冷炳荣,等.基于高级生产者服务业视角的成渝地区城市网络体系[J].地理科学进展,2011,30(6)：724－732.
[70] 汤晋.高速铁路影响下的长三角时空收缩与空间结构演变[D].南京：东南大学,2016.
[71] 唐子来,赵渺希.经济全球化视角下长三角区域的城市体系演化：关联网络和价值区段的分析方法[J].城市规划学刊,2010(1)：29－34.
[72] 汪明峰,高丰.网络的空间逻辑：解释信息时代的世界城市体系变动[J].国际城市规划,2007,22(2)：36－41.
[73] 汪明峰,宁越敏.城市的网络优势：中国互联网骨干网络结构与节点可达性分析[J].地理研究,2006,25(2)：193－203.
[74] 王宝平,徐伟.城市网络：价值生产的空间组织[M].北京：科学出版社,2017.
[75] 王崇锋.知识溢出对区域创新效率的调节机制[J].中国人口·资源与环境,2015,25(7)：77－83.
[76] 王聪,曹有挥,陈国伟.生产性服务业视角下长三角城市网络特征分析[J].经济地理,2013,33(7)：74－80.
[77] 王聪,曹有挥,宋伟轩,等.生产性服务业视角下的城市网络构建研究进展[J].地理科学进展,2013,32(7)：1051－1059.
[78] 王姣娥,丁金学.高速铁路对中国城市空间结构的影响研究[J].国际城市规划,2011,26(6)：49－54.
[79] 王姣娥,焦敬娟,金凤君.高速铁路对中国城市空间相互作用强度的影响[J].地理学报,2014,69(12)：1833－1846.
[80] 王蔚.高速铁路对沿线城市等级影响研究[D].北京：北京交通大学,2019.
[81] 王永华.我国人力资本与区域创新能力的非线性关系研究——基于面板门槛模型的经验证据[J].经济问题,2015(6)：47－50.
[82] 王雨飞,倪鹏飞.高速铁路影响下的经济增长溢出与区域空间优化[J].中国工业经济,2016(2)：21－36.
[83] 魏后凯.论我国产业集群的自主创新[J].中州学刊,2006(03)：30－34,261.
[84] 肖仁桥,钱丽,陈忠卫.中国高新技术产业创新效率及其影响因素研究[J].管理科学,2012,25(5)：85－98.
[85] 谢洪明,冯建新,程聪.网络中心性对技术创新的影响：知识流出的视角[J].技术经济,2011,30(7)：14－18.
[86] 徐旭,俞峰,钟昌标.人力资本流动视角下高铁与城市创新关系的研究[J].软科学,2019,

33(5)：1-5,28.
[87] 薛俊菲.基于航空网络的中国城市体系等级结构与分布格局[J].地理研究，2008，27(1)：23-32，242.
[88] 杨鸣京.高铁开通对企业创新的影响研究[D].北京：北京交通大学，2019.
[89] 杨永春，冷炳荣，谭一洺，等.世界城市网络研究理论与方法及其对城市体系研究的启示[J].地理研究，2011，30(6)：1009-1020.
[90] 殷德生，吴虹仪，金桩.创新网络、知识溢出与高质量一体化发展：来自长江三角洲城市群的证据[J].上海经济研究，2019，31(11)：30-45.
[91] 尹俊，甄峰，王春慧.基于金融企业布局的中国城市网络格局研究[J].经济地理，2011，31(5)：754-759.
[92] 张萌萌，孟晓晨.高速铁路对中国城市市场潜力的影响：基于铁路客运可达性的分析[J].地理科学进展，2014，33(12)：1650-1658.
[93] 张晓明.长江三角洲巨型城市区特征分析[J].地理学报，2006，61(10)：1025-1036.
[94] 张晓明，汪淳.长江三角洲巨型城市区城镇格局分析：高级生产者服务业的视角[J].城市与区域规划研究，2008，1(2)：43-64.
[95] 赵渺希，刘铮.基于生产性服务业的中国城市网络研究[J].城市规划，2012，36(9)：23-28，38.
[96] 赵勇，白永秀.知识溢出：一个文献综述[J].经济研究，2009，44(1)：144-156.
[97] 郑伯红.现代世界城市网络化模式研究[M].长沙：湖南人民出版社，2005.
[98] 钟业喜，陆玉麒.基于铁路网络的中国城市等级体系与分布格局[J].地理研究，2011，30(5)：785-794.
[99] 周灿，曾刚，曹贤忠.中国城市创新网络结构与创新能力研究[J].地理研究，2017，36(7)：1297-1308.
[100] 周一星，胡智勇.从航空运输看中国城市体系的空间网络结构[J].地理研究，2002，21(3)：276-286.

第六篇

人口老龄化对我国科技创新的影响分析

王留瑜

第1章 绪　　论

人口老龄化是当前世界面临的严重问题之一。社会观念引致的生育率降低和医疗卫生条件改善带来的预期寿命延长，令西方发达国家较早进入了老龄化社会。根据联合国老龄化评定标准——65岁及以上人口占比达7%，自2000年以来我国也正式步入老龄化社会，并成为世界上老年人口最多的国家。我国的老龄化与西方发达国家的老龄化进程大不相同，"未富先老""未城先老""未备先老"等特点给我国的经济发展带来了极大的压力，人口老龄化形势尤为严峻；"人口红利"逐渐消失，经济增长速度放缓，新常态下的中国经济亟须转变经济发展驱动力，提高科技创新水平，实现要素驱动向创新驱动转型。

创新最本质的因素在于人，人才资源是创新最为活跃、最为积极的因素。经验告诉我们：一个国家的人口结构变动将会影响个人、企业乃至整个经济体的创新能力。因此，在经济增速变慢，亟须转变经济增长方式的同时，不禁要思考：日益加深的人口老龄化是否会对科技创新产生影响。如果有，那将会产生什么样的影响，以及通过什么样的作用机制产生影响，我们又该如何应对这些影响。本文将围绕这些问题，进行全面深入的探讨。

1.1　研究背景与意义

1.1.1　研究背景

随着出生率衰退、死亡率下降以及预期寿命延长，人口老龄化已经成为世界上大多数国家面临的重大挑战之一。《联合国2019年世界人口数据展望报告》显示：2018年，全世界65岁及以上人数首次超过了5岁及以下儿童的数量，预计到2050年全球65岁及以上的人口将超过15亿人，是5岁及以下儿童的两倍多，约占总人口的比重为16%，老龄化问题空前严重。目前，世界上大多数国家正处于或即将步入老龄化社会，但在老年人口增长速度和比例上存在较大差异。发达国家较早进入老龄化，老龄人口的比例大于发展中国家，而发展中国家的老年人口数量和老龄化速度大于发达国家。

中华人民共和国成立以来，计划生育政策随着社会发展形势需要经历过几次大的变动，社会生育观念也随之改变，再加上医疗保障措施逐步完善带来的预期寿命延长，人口老龄化不可避免。虽然从时间上看中国的人口老龄化出现得较晚，但从社会经济发展水平上看，我国的人口老龄化较西方发达国家出现得更“早”，自 2000 年以来，我国正式进入老龄化社会，“未富先老”“未备先老”“未城先老”给我国的社会发展提出了更高的要求。同时，中国的人口基数大，老龄人口总量多，老龄化发展迅速，具体情况如图 1－1 所示。2000 年 11 月底的人口普查数据显示，我国 60 岁及以上的人口占比为 10.20％，65 岁以上的人口比重为 7％，老年抚养比为 9.90％。到 2018 年末，我国 60 岁及以上的人口占比为 17.90％，约 2.49 亿人；65 岁以上的人口比重为 11.90％，约 1.67 亿人，整个社会的老年抚养比为 16.80％，65 岁及以上的老龄人口数量首次超过少儿数量。

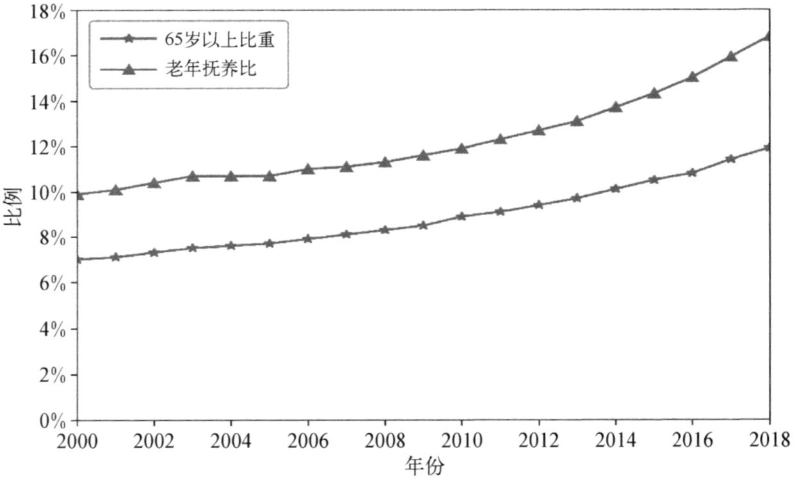

图 1－1　人口老龄化的进程

全国老龄办在《中国人口老龄化发展趋势预测研究报告》中指出，21 世纪的中国将是一个不可逆转的老龄化时代。第一阶段，2001—2020 年快速老龄化阶段，这个时期中国老龄人口年均增长速度达到 3.38％，每年平均新增 596 万老年人口，到 2020 年老龄化水平将达到 17.17％，老年人口数量将达到 2.48 亿人，80 岁及以上的高龄人口将达到 3 067 万人，占全部老年人口数量的 12.37％。第二阶段，2021—2050 年快速老龄化阶段，这个阶段是 20 世纪 60 年代到 70 年代的婴儿潮进入老年的时期，预计老年人口平均每年将增加 620 万人，到 2050 年老龄化比重将达到 30%以上，老年人口总数将超过 4 亿，80 岁以上的老年人口预计将达 9 448 万人，占老年人口的 21.78%。第三阶段，2051—2100 年是稳定的重度老龄化阶段，这一阶段老龄化水平将稳定在 31%左右，老年人口规模将稳定在 3 亿—4 亿人，80 岁以上人口占总的老龄人口比重将维持在 25%～30%的水平。同时，出生率水平逐步降低，2018 年新生儿人口较 2017 年减少 200 万人，出生率仅为 10.94‰，中国的老龄化与少子化并存，由此带来的问题也更加严重。而 21 世纪是检验中国“两个一百年计划”是否能够顺利实现的重要时期，应该积极应对人口老龄化带来的挑战，加快经济发展驱动转变，大力发展科技创新事业，为经济增长提供源源动力。

因此，本文将基于中国的特殊国情，探究人口老龄化对我国科技创新的影响，并进一步厘清人口老龄化影响科技创新的内在作用机制，以提出应对老龄化挑战的更加精准的策略。

1.1.2　研究意义

1. 理论意义

自从我国进入人口老龄化阶段以来，很多学者都对人口老龄化问题进行了研究。学者们关于人口老龄化的影响研究大多集中在人口老龄化如何影响储蓄、劳动力供给、人力资本投资、政府公共支出、社会保障以及经济增长等方面，对于人口老龄化如何影响区域创新的研究还比较少。从现有的几篇文献来看，一些研究发现人口老龄化对技术创新既有积极影响，又有消极影响，也有学者发现人口老龄化对我国技术创新的影响不显著。同时，国内外研究人口老龄化更多的是从人的身体机能和认知能力的角度进行研究，认为个人的创新能力与年龄结构呈现倒 U 形的关系，很少有人从整个国家层面研究人口老龄化通过怎样的途径影响我国的科技创新，仅有的几篇关于中国人口老龄化对科技创新影响的宏观研究主要关注线性关系，且未得出一致结论。因此，本文进一步探究人口老龄化对科技创新的关系及其内在影响机制，并纳入空间因素分析人口老龄化对我国科技创新空间溢出效应，有利于丰富现有的文献研究，为我国建设创新型国家提供借鉴意义。

2. 现实意义

本文通过定性和定量两个角度去分析人口年龄结构影响科技创新的内在机制。一方面，可以为政府在人口老龄化的大环境下实施创新驱动发展战略提供理论指导，如政府可以通过实施政策干预影响途径，减缓人口老龄化产生的负面影响，更好地应对老龄化社会带来的机遇与挑战；另一方面，本文将进一步分析人口老龄化在对创新影响区域差异，方便政府和社会民众对比不同地区人口结构影响创新的现状，帮助政府在实施创新驱动发展战略时，充分考虑各区域的比较优势、人口老龄化的现存状况，促进各地区的平衡发展，更快、更准地采取措施提升我国的创新能力。

1.2 文献综述

老龄化是人类社会发展史上出现的一种特殊现象，也是必经阶段。人口老龄化现象最早出现在西方发达国家，目前学术界关于人口老龄化的学术研究也是西方居多，直至中国开始正式进入老龄化社会，适龄劳动力数量减少，用工成本上升，老龄化带来的社会问题逐步显现，学者们才开始越来越多地关注中国人口老龄化的问题。田雪原等(1990)通过赴日考察及学术交流，认为老龄化对日本的科技创新既有正面的影响，又有负面的影响。韩振秋(2017)则认为，老龄化对科技创新的影响是有条件和时限的，并且影响的程度也有大小之分，需要结合具体的国情进行分析。所以，从不同的国情、研究角度出发，可能会有不一样的发现。

1.2.1 个人层面的年龄效应

关于人口老龄化对科技创新的影响，目前学术界尚无一致的结论。不少学者从个人的直观感受和社会经验出发，在理论和实证方面，对个体的年龄效应进行研究。

从个体人力资本角度上看，一方面，人的身体机能随着生命周期的演变呈现出由弱到强，再由强至弱的变化过程；另一方面，人的知识和技能也经历投资形成、投入使用、最终淘汰的过程。因此，大多数学者认为个体的年龄老化会对创新能力带来不利的影响。他们认为年龄的增长与身体的势必会带来一系列身体机能的下降，如肌肉强度、有氧代谢能力、灵活性等(Mazzeo & Tanaka, 2001)，认知能力也会随着个人趋于老化而退步(Czaja & Lee, 2007)，老年人对于新知识的学习就会变得越来越困难，很难适应新的技术产品。Rybash等(1986)研究发现，随着劳动者年龄的增加，其人力资本类型越来越与其从事的某项工作相联系，转换工作变得困难，当采用新技术需要产生新的工作岗位时，老年人难以适应新的工作，从而不利于创新。Myerson 等(1990)也得出了类似的结论，其指出老龄员工的人力资本缺陷性更强，个人工作效率的下降会随着工作的复杂性提高而增加。

科技创造的最佳年龄理论指出，科技创新活动是体力、脑力以及创新思维的结合体，不仅需要旺盛的精力和大量的知识积累，而且需要与时俱进的创造力、理解力和思辨力，这些能力达到最优配置状态所处的时期通常称之为最佳年龄时期。而随着年龄的增长，创造的最佳年龄时期就会逝去，老年人的创新能力就会下降。Lehman(2017)发现，科学发明的创造性能力在 30～40 岁之间达到顶峰，虽然这种峰值在不同的学科之间存在差异，但是各个学科领域的创新能力基本都会随着年龄结构的变化而发生对应改变。这可能是因为在中年时期人的思想较年轻时更为成熟，较年老时更为活跃，个人的生产力处于最优的状态。因此，个人的创新能力在成长初期较低，到 30～40 岁的年龄段达到峰值，随后下降，呈现倒 U 形的关系。Verhagen 和 Salthous(1997)对研究个人在整个生命周期中的心智能力发展和变化的 91 篇文献进行聚类分析，发现认知能力到 50 岁会严重退化，例如记忆、推理和信息加工的速度等。国内学者闫钟(2000)指出，年龄的增长使得老年人不能与时俱进地学习新知识，陈旧的知识结构不利于科技创新。向志强(2002)认为，个人的人力资本存量存在几个更替周期，中年以后属于快速下降期。一方面旧的人力资本存量会随着年龄的增长消耗殆尽，另一方面新的人力资本存量积累缓慢，难以与科技进步的速度相适应。

以上文献大都证明了个体的创新能力会在中年后出现衰退，但仍有少部分学者对此持有不同的看法。Schwartzman 等(1987)发现，个人的语言能力随年龄老化下降缓慢，当某份工作需要更多的语言技能和经验储备时，高龄员工的工作能力、工作效率可能要高于年轻人(Skirbekk, 2004)。Henseke 和 Tivig(2009)利用 2003 年对德国 410 位发明家的逐个调研，也发现在信息技术和生物技术等知识密集型的行业，年龄—发明曲线峰值出现得较早，而在农业和冶金业等这类经验密集型的行业，科研成果的高峰期出现在 40 岁的晚期，并且在 60 岁左右还会出现一个小高峰。因此，年龄对个人创新能力的影响会随着行业、岗位的不同而存在差异，在需要更多经验的工作岗位上，高龄员工的效率更高。

从老年人对待创新的态度上来讲，个人开发动机随着年龄的增加而降低。

经济学中著名的职业生涯考虑理论发现：年轻人倾向努力干活，突出表现，以便于在市场上找到高工资的工作;老龄人一方面享受年轻时的努力带来的报酬,另一方面觉得自己的职业生涯即将结束,因此相比年轻人就会降低积累知识的动力,减少卖力工作动机(Gibbons & Murphy, 1992)。Kanfer 和 Ackerman(2000)构建了个人工作动机在整个生命周期内的演变模型,结合工作环境变化及激励机制等因素,从理论的角度上论证了年龄和个人的工作动机之间存在倒U形关系。在实证研究方面,Levin 和 Stephan(1991)利用拥有博士学位的物理学家的产出数据说明了年龄衰老会使得高龄员工对未来的收益预期降低,从而产出下降,创新动力不足。Lancia 和 Prarolo(2009)发现相比于老年人,预期寿命的延长使得年轻人更愿意赞成某种新技术的开发运用。总而言之,老年群体自身的身体机能、推理分析以及研发动机较年轻群体有所降低,不利于新技术的产生及运用。

1.2.2 企业层面的年龄效应

Rouvinen(2002)通过对芬兰企业部门的生产过程创新研究发现,企业的创新可能性会随着整体员工的平均年龄增加而减弱。一方面可能是因为个体的身体机能、创新动机导致,另一方面可能是因为整个社会的大环境也不利于高龄员工积累人力资本。Asplund(2004)发现,私人企业部门更愿意为年轻员工提供培训机会,高龄员工参与正规培训的机会较少,以至于不能及时有效地学习新的知识技术,导致自身的人力资本水平有限,工作效率较低。此后,Behaghel 和 Greenan(2010)从信息时代要求的计算机技能角度出发,虽然企业会给高龄员工提供学习新型计算机技术的培训机会,但这些机会主要集中在能力要求高的工作职位,低技能职位的员工不能获得相关培训。而科技创新需要与时俱进,如果企业员工不能跟上知识技术进步的速度,势必会影响整个企业的工作效率。

老龄化背景下“人口红利”消失,用工成本上升。Noda(2011)在理论研究层面认为,研发员工的薪酬上涨带来企业开发成本增加,可能会削弱企业的研发动机。但该项研究只是针对研发类员工用工成本增加带来的影响,而老龄化背景下工资普遍上升,带来的总体效应还需要进一步研究。Irmen(2009)利用内生经济增长的世代交叠模型,发现老龄化到来使得劳动力相对于资本更加稀缺。企业为了节约成本,要么采用资本替代劳动,要么进行技术创新。这符合要素投入的边际报酬递减规律,资本不能无限制地替代劳动,必然会促使企业进行创新以提升竞争力。

除此之外,不少学者从老龄化对企业劳动生产率的角度进行研究,发现企业年龄结构与劳动生产率之间存在“驼峰”关系,Prskawetz 等(2006)研究发现,峰值大概出现在 30～49 岁之间，企业高龄员工的比率越高，其劳动生产率就越低，但年龄结构对劳动生产率的影响存在行业异质性。Giuri 等(2007)研究发现，经验密集型行业创新的平均年龄要比知识密集型行业产出创新年龄水平高。Malmberg 等(2008)基于瑞典 1985—1986 年的雇主—员工匹配面板数据，将员工按照年龄进行分组，发现虽然个人劳动生产率通常在青壮年时期达到峰值，但在制造业中高龄员工比重增加并没有降低企业的劳动生产率。所以，老龄化对企业的生产效率的影响应该根据具体的工作特点进行研究。

1.2.3　国家层面的年龄效应

从国家层面上看，国外学者主要研究劳动力年龄结构对一国的生产力和技术进步水平的影响。Feyrer(2007)基于多国的面板数据研究发现，年龄结构的变化对一国的生产率产生重大影响，总体上表现出倒 U 形关系，其中 40～49 岁之间的劳动力比重增加会促进该国生产率的提升，该研究认为人口统计数据部分解释了 1960—1990 年富国和穷国之间的生产率差异。Werding(2008)将发达国家和发展中国家的数据组合成一个面板数据集，同样证实了 Feyrer 的早期研究结果，并且指出年龄结构与生产率之间倒 U 形关系主要是通过全要素生产率(TFP)起作用，并且这种作用比在微观层面上观察到的更强。但 Ilmakunnas 等(2004)曾经指出，在全要素的生产率计算方面存在很大的不确定性，如何确定生产函数的形式、资本和劳动的份额，以及如何合理地解决内生性问题，这些都是计算中的难点。鉴于此，也有学者以专利数量代表科技创新水平来进行研究。Frosch 和 Tivig(2009)研究了宏观层面上劳动力年龄结构与商业专利数量的关系，发现无论是年轻劳动力比重增加还是年老劳动力比重增加均对专利申请数量有积极影响。但当劳动力比重与人力资本水平相联系时，年轻劳动力比重增加与专利申请数量正相关，50 岁以上的年老员工比重增加对专利数量的影响不显著，因此认为这可能是由于老年员工工作经验与年轻员工的新知识相结合，从而促进了创新。

国内学者的研究主要是从人口老龄化现象出发，研究其对科技创新水平的影响，存在三种不同的观点。第一，消极影响。胡伟略(1991)从宏观、微观角度出发，用老年抚养比量化老龄化程度，提出养老负担的加重会对技术进步产生不利影响。姚东旻等(2017)等基于 2003—2012 年的省际面板数据研究，发现人口老龄化不利于科技创新。汪伟和姜振茂(2017)等采用 DFA 方法测度我国 29 个省份的创新能力，认为人口老龄化会对科技创新产生两种对立的结果，一方面人口老龄化会提高科研工作者的工作效率，另一方面人口老龄化会降低人力资本投资和加重养老负担，但总体表现出负向作用。第二，积极影响。王笳旭等(2017)利用1997—2014的省级面板数据模型，基于要素禀赋转变的视角，发现人口老龄化通过提升人力资本要素质量以及改善“资本—劳动”结构对科技创新具有正反馈机制，认为老龄化会促进科技创新。邓翔等(2019)选用OECD成员国的跨国面板数据作为研究样本，发现人口老龄化对全要素生产率的影响显著为正。第三，倒U形影响。高越(2017)基于中国省级面板数据，采用老年抚养比作为老龄化指标，发现人口老龄化与科技创新水平之间存在倒U形影响。杨校美(2018)利用G20国家的面板数据，也发现人口老龄化与技术创新呈现倒U形关系。

1.2.4 文献评述

国内外学者分别从个人层面、企业层面和国家层面研究了人口老龄化对科技创新的影响，主要以国外研究居多，立足于中国国情的研究较少。个人层面上的年龄结构与科技创新水平的驼峰关系几乎得到一致认同；企业层面主要认为高龄员工比重增加不利于创新，但也有学者指出老龄化带来的劳动力稀缺会“倒逼”企业进行科技创新；国家层面上，国外学者主要研究各个年龄段的劳动力对科技创新的影响，国内学者主要从老龄化现象本身出发，研究人口老龄化对科技创新的影响。现有的文献已经从多层次、多角度、多方法进行分析，在理论与实证方面均作出了重大贡献，具有很强的借鉴价值。

然而，通过文献梳理发现，现有的研究还有可丰富之处。首先，立足中国国情研究人口老龄化对科技创新的影响的文献较少，并且尚未得到一致结论。而根据文献分析可知，人口老龄化在宏观层面上既有正面效应，也有负面效应，因此本文将在前人研究的基础上，对此问题进一步探讨，研究老龄化与科技创新水平之间的非线性关系。

其次，大多数文章只是简单地分析了人口老龄化与科技创新水平之间的关系，并未深入探讨其内在的影响机制，仅有的几篇研究老龄化影响科技创新水平作用机制的实证研究，主要在线性模型的基础上引入作用机制代表变量与老龄化水平指标的交叉项，若交叉项显著则认为传导机制成立，但连续变量的交叉项更多的是解释联动效应，而非传导机制。因此，本文将采用中介效应两步法模型，进一步探究人口老龄化影响科技创新的内在机制。

最后，国内外研究宏观层面上老龄化如何影响科技创新水平时，忽略了科技创新本身的空间相关性。根据地理学第一定律：地理事物在空间分布上存在相关性，近处的东西比远处的东西的相关性更强，并且内生经济增长理论中也提出了知识水平具有溢出效应。鉴于本文采用省级面板数据，故进一步纳入科技创新水平的空间影响因素，建立空间面板回归模型，探究人口老龄化影响科技创新水平的空间溢出效应。

1.3　研究目标和研究内容

1.3.1　研究目标

本文研究的核心在于人口老龄化对科技创新的影响及其内在作用机制。

从人口转变理论和经济增长理论出发，阐述人口老龄化的成因和科技创新的重要性；从人力资本水平和资本—劳动力禀赋两个途径归纳人口老龄化影响科技创新水平的理论机制；从地理学第一定律出发，阐述科技创新的空间相关性及溢出效应理论；分析人口老龄化和科技创新水平的发展现状及区域分布情况，并利用省级面板数据进行实证检验。研究问题可以细化为：① 人口老龄化对科技创新的直接效应；② 人口老龄化影响科技创新的中介效应分析，将人力资本水平和资本—劳动力结构作为中介变量；③ 人口老龄化对科技创新影响的空间溢出效应；④ 人口老龄化对不同类型科技创新影响的异质性分析；⑤ 人口老龄化对科技创新影响的区域异质性分析。

1.3.2　研究内容

第 1 章为绪论。主要说明人口老龄化日益加深，"人口红利"逐渐消失，新常态的中国经济发展亟须从要素驱动向创新驱动转变；阐述了研究人口老龄化对我国科技创新影响的现实背景和研究意义、相关研究的文献综述、研究内容、研究方法以及本文的创新点与研究不足。

第 2 章为相关概念界定与理论综述。分三个部分：第一，对本文主要的研究对象，即人口老龄化与科技创新水平的概念给出明确的界定；第二，介绍人口转变理论、人口红利理论、经济增长理论以及给出人口老龄化影响科技创新的理论机制；第三，结合地理学第一定律，阐述科技创新的空间溢出效应理论，为下文的实证研究奠定理论基础。

第 3 章为我国人口老龄化与科技创新的现状分析。从国家和省级两个层面入手，从整体上观察老龄化演变的趋势，以及伴随老龄化进程带来的各种社会特征,从省级层面观察老龄化的现状及区域分布差异。对于科技创新发展现状的研究亦是如此,从国家宏观层面观察老龄化进程中科技创新的发展趋势,从省级层面观察科技创新的现状及区域分布不平衡的状态。

第 4 章为人口老龄化对科技创新影响分析的实证研究。主要为变量设置、模型构建、数据来源与描述性统计、实证结果分析以及稳健性检验。将 65 岁以上人口占总人口的比重作为衡量老龄化的指标,采用各地区的专利申请数量作为科技创新的代理变量,使用面板数据进行回归分析。研究当前国情下,人口老龄化对科技创新产生的影响,采用中介效应两步法模型验证人口老龄化影响科技创新的内在作用机制。建立邻接矩阵,结合莫兰指数初步判断各省份的科技创新水平之间是否存在空间相关性,并绘制莫兰散点图观察各省份空间相关性的分布情况,接着建立空间面板回归模型,探究人口老龄化对科技创新影响的空间溢出效应。进一步探讨人口老龄化影响科技创新的异质性分析,主要包括创新类型的异质性和地区异质性,在此基础上,采用 Bootstrap 方法和替换核心解释变量的方法对上述回归分析进行稳健性检验。

第 5 章为结论、政策建议与未来展望。首先,将理论分析和实证结果进行汇总,得出本文的研究结论;其次,在本文现状分析与研究结论的基础上,提出应对老龄化时期带来的挑战,合理有效地促进科技创新的相关建议;最后,在前人文献研究和本文研究的基础上,对人口老龄化对科技创新影响的研究方面提出进一步的展望,希望能够在未来进一步丰富对该问题的研究。

1.4 研究方法与技术路线

1.4.1 研究方法

本文采取理论与实践相结合、定性与定量相结合的研究方法,前 3 章主要以理论分析为主,第 4 章是本文的实证研究部分。

(1) 文献研究法。本文从理论和实证方面,收集国内外关于人口年龄结构的变化与创新能力之间关系的文献,从个人、企业和国家层面梳理人口年龄结构变化带来的影响,从前人的文献中找到本文研究的重点,并以此作为理论和实证分析的基础,确定人口老龄化与科技创新能力的选取指标。

(2) 理论研究方法。根据内生经济增长理论,发现技术进步是经济增长的源泉,并非外生给定,而是与资本和劳动耦合共振。结合人口转变理论,分析人口老龄化给整个经济社会带来的影响,从人力资本水平和资本—劳动力禀赋两方面梳理人口老龄化影响科技创新的机制。

(3) 计量分析方法。本文首先采用 STATA13 进行实证分析，通过相关检验选取合适的计量分析方法，研究人口老龄化对我国科技创新的影响。其次，采用中介效应两步法模型进行影响机制验证，将人口老龄化作为解释变量，探究其对中介变量的影响，然后再将中介变量作为解释变量，研究其对科技创新水平的作用。再次，运用空间计量经济学的研究方法，分析人口老龄化对科技创新的空间溢出效应。然后，针对不同地区和不同创新类型进行异质性分析。最后针对以上估计结果进行稳健性检验。主要用到了普通最小二乘法(OLS)、固定效应组间估计量法(FE)、最小二乘虚拟变量法(LSDV)、IV - GMM 估计、空间面板回归模型、Bootstrap 方法。

1.4.2　技术路线

本文根据现实背景提出问题，然后按照文献综述—理论分析—现状分析—建立模型—实证检验—得出结论环节进行分析论证，最后结合本文的研究情况，得出结论，并提出政策建议与未来展望(图 1 - 2)。

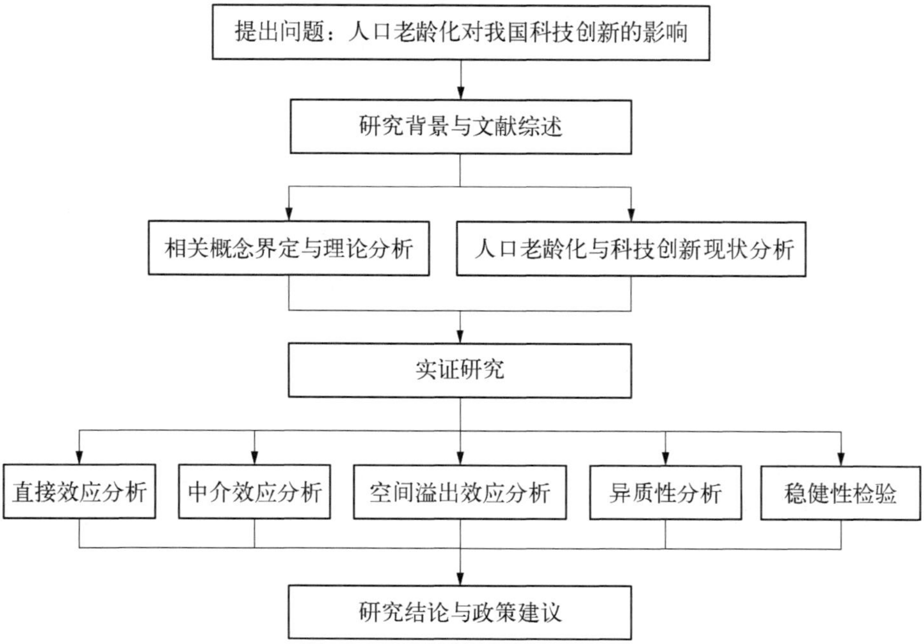

图 1 - 2　技术路线

1.5 创新与不足之处

1.5.1 创新之处

通过相关文献整理分析发现，关于人口老龄化对科技创新影响的文献国外居多，国内研究主要从理论角度分析人口老龄化可能会对科技创新水平带来的影响，仅有几篇实证对这个问题进行了研究，但并未得到统一的结论。本文立足于我国的基本国情，在已有研究的基础上，进一步探究人口老龄化对科技创新水平的影响及其内在作用机制，具有以下三个方面的创新。

(1) 多数学者主要研究老龄化对社会储蓄、劳动力供给、消费结构以及社会保障方面的影响，而本文主要研究人口老龄化对我国科技创新的非线性影响，并进一步根据理论机制，用实证检验其内在的影响途径。主要分析老龄化与人力资本水平、资本—劳动力禀赋的关系，以及人力资本水平和资本—劳动力禀赋的变化如何影响科技创新水平。研究不仅聚焦人口老龄化与科技创新水平两者之间的直接关系，还致力于探索其可能的影响路径。

(2) 本文主要采用专利申请受理数代表科技创新水平，聚焦创新的成果而非潜在能力；并按照专利申请的难易程度将科技创新划分为原发性创新和经验性创新。分析人口老龄化对不同创新类型的影响的异质性，同时考虑到中国区域发展不平衡的特点，将样本划分为东部和中西部地区，探究人口老龄化对科技创新的区域异质性影响。

(3) 运用空间计量经济学的方法，研究人口老龄化对科技创新影响的空间溢出效应。通过建立邻接矩阵，计算全局莫兰指数初探科技创新水平的空间相关性，并绘制莫兰散点图观察科技创新的分布情况，最后运用空间面板回归模型验证人口老龄化对科技创新水平的空间溢出效应。

1.5.2 不足之处

① 限于数据和技术问题，本文主要采用的是省级面板数据，但省级层面的数据较为宽泛，没有细化数据单元。② 宏观层面上人口老龄化对科技创新的需要考虑多个复杂因素，本文仅通过文献、理论梳理人力资本途径和资本—劳动力禀赋途径，并进行实证检验，未考虑其他的影响路径。

第 2 章　相关概念界定与理论分析

既有研究对于“老龄”有不同的界定，有的认为 50 岁就处于老龄阶段，有的认为是 60 岁；对于创新的理解也是大有不同，有学者采用数据测算全要素生产率用来代表创新能力，也有学者采用专利的数量来衡量。因此非常有必要在本章交代清楚人口老龄化与科技创新水平在本文中的定义。

经济增长理论指出，资本、劳动和技术进步是影响经济增长的重要因素。同时，技术进步并非外生给定，相关文献研究显示人口年龄结构的变化会影响整个社会的创新能力。因此，厘清人口因素与创新的相关理论知识可以为本文的人口老龄化与对我国科技创新水平的影响研究奠定理论基础。

2.1　相关概念的界定

2.1.1　人口老龄化的概念

一个国家或地区的人口总是由不同的年龄段人群组成，各个年龄段人口占总人口的比重会随着经济社会发展条件的变化而变化，进而对经济社会的发展产生影响。一般来讲，个人的身体机能和剩余工作年限会随着生理年龄的增大而降低，人口学家常常根据人的生理年龄将人口划分为若干组别，进而观察人口结构的变化发展趋势及其带来的社会影响。那什么是老龄化呢？老龄化按照字面的意思来看有两层含义：一种是指个人的年龄逐渐增加并且老化的过程，另一种则是从宏观层面上反映一个国家或地区中老年人的比重逐渐增加的过程，在经济学中老龄化通常指的是宏观层面上人口结构的变化。那到底根据什么来判断这个人进入了“老年”呢？以及以何种标准来判断一个国家或社会的老年人占总人口的比重超过多少表示进入老龄化呢？不同的历史时期有不同的划分标准。

联合国公布的数据显示，1950—1955 年，世界人口的平均预期寿命为 46.5 岁。而在 1995—2000 年，全球人口出生预期寿命已经达到 65.5 岁。自 2000 年以来，预期寿命仍进一步提高，2000—2016年，全球人口出生时的预期寿命提高到72.0岁。预期寿命的显著提高，使得整个社会经济体的年龄结构后移，让以前被划分为“老龄”的老年人的余寿大为延长，老年人的绝对数量增加。不仅如此，随着人类社会的发展进程，妇女的生育率较之前降低，少子化、老龄化导致整个社会上的老年人比重增加，适龄劳动力人口减少。为了方便各个国家研究老龄问题以及观察老龄化的严重程度，国际上通常认为：当一个国家或地区60岁及以上的人口比重超过10%，或65岁以上的老年人口占总人数的比重超过7%，即认为这个国家或地区处于老龄化社会。因此，本文将按照国际上通用惯例并结合我国实行的延迟退休政策，将年龄超过65岁以上的人界定为老年人，采用65岁以上人口占总人口的比重作为本文衡量老龄化程度的代理指标，其计算公式如下：

$$\text{老龄人口比重}=\frac{65\text{岁以上人口数量}}{\text{总人口比重}} \tag{2.1}$$

同时，老年人的工作能力下降，基本要靠年轻人来进行抚养，也有学者采用老年人口抚养比来衡量老龄化的程度，所以，在老龄化背景下，老龄抚养比也是能够体现一个地区或国家人口结构变化的重要指标，因此本文将选用老龄人口抚养比的指标进行稳健性检验，其计算方法如下：

$$\text{老年人口抚养比}=\frac{65\text{岁以上人口数量}}{14\text{—}65\text{岁人口数量}} \tag{2.2}$$

2.1.2 科技创新的概念

创新是一个国家稳步发展的不竭动力。当前我国的经济发展水平较中华人民共和国成立初期取得了飞速发展，人民日益增长的美好生活需要和不平衡不充分的发展之间的矛盾日益突出，海外代购成热潮，国内需求大都流向海外市场。同时，中美贸易战的爆发，美国中断向中国出售芯片等高新技术产品，也让国人进一步认识到科技创新的重要性。

根据定义，创新的核心是“新”，本质在于“突破”现有的事物，可以体现为具体的功能、外观或新的理论知识等。在不同的领域有不同的表现形式，职业领域主要表现为管理制度创新，生产行为领域主要体现为技术创新，学科领域主要体现在知识理论创新。而创新要引领经济发展，还需要将创新联系实际，转化为实实在在的生产力。

考虑到本文重点关注创新的实际成果而非潜力，结合以往的文献选取各省份（自治区、直辖市）当年的专利申请受理数量作为各地区总体创新产出的代理指标，并按照创新的难易程度，将发明型专利定义为原发性创新，将实用新型专利和外观设计专利的数量和定义为经验性创新。虽然也有学者选择专利授权数量作为地区当年创新水平的代表，但笔者认为选用专利授权数量作为创新的代理变量存在一定的缺陷，因为：① 专利从申请到授权一般都要经历 1～3 年的时间，因此选用专利申请数量更能体现一个地区当期的创新水平；② 授权专利还需要一定的限制条件，并非所有的创新产品都能授予专利；③ 专利从申请到授权需要经过机构的层层审核，所以选用专利申请数量可以在很大程度上避免由于专利机构工作效率、偏好等外部因素带来的影响。

2.2　人口理论与经济增长理论

资本、劳动、技术是影响一个国家或地区经济增长的重要生产要素，而技术的发展又是人的主观能动性的表现，科技创新最本质的因素在于人。当一个国家或地区的经济发展达到一定的水平之后，总是不可避免地出现人口老龄化的现象。老年人口比重增加势必会带来适龄劳动力人口的减少，消费动机的变化，而劳动投入比例的变动势必会影响资本和技术水平的变化。因此，本节主要梳理研究人口老龄化相关问题的相关理论。

2.2.1　人口转变理论

随着人类社会从农业到工业发展的迈进，人口转变一直在进行。当前世界各国的人口表现出的巨大差异，往往是因为它们正在经历着人口转变的不同阶段。人口转变理论，以法国的人口学家郎德里对欧洲人口变化的描述为依据，经美国的人口学家汤姆逊润色加工，由美国人口学家诺特斯坦在 1945 年引进“转变”一词，全面发展为一套人口理论。其主要是对西欧、北美的人口死亡率和生育率下降的历史过程进行描述和总结，在此基础上解释这种变化的原因，用以对世界其他国家的人口变化趋势进行预测。

法国人口学家郎德里于 1909 年对法国人口演变的发展趋势进行研究，发现欧洲人口几百年来由高生育率、高死亡率向低生育率、低死亡率转变，为了进一步探究人口转变的原因，其将人口转变按照社会发展的角度分为三个阶段。第一阶段：人口的增长主要受制于死亡率的高低。在人类社会体制发展不完善的早期，政治、经济以及法律在这个时期都不会对人口的出生率造成影响，在这个阶段表现出的是高出生率，死亡率主要由社会经济、医疗卫生条件水平决定，人口的增长率决定于死亡率。第二个阶段，人类社会逐步发展，相关文明逐步完善，预期寿命较之前有了很大的延长，人们的生育观念开始转变，出生率较之前降低。在第三个阶段，科学进步的发展以及生产力水平的提升，改变了传统的依靠大量年轻劳动力进行生产的发展模式，并且在这个阶段人们更加向往美好的生活，婚内生育率进一步降低，人口增长率开始呈现自然增长率的特征。

美国人口学家汤普森在郎德里提出的理论上进行润色加工，试图将欧洲的人口发展理论应用到世界其他国家。他按照各个国家 1908—1927 年的人口数据变化所显示出的人口增长模式将全球的国家划分为三类。第一类是发达地区，主要包括美国、北欧和西欧，这些国家的经济发展水平较高，人们更加注重追求精神文明，人口自然增长率在此期间大规模下降，并预计不久将出现人口数量停滞甚至下降的局面。第二类国家是相对欠发达的地区，具体包括西班牙、意大利以及中欧的一些地区，整个社会的经济发展水平已经大幅度提升，尽管出生率和死亡率都有了一定程度的降低，但医疗卫生条件的大幅度改善使得死亡率会在未来的一段时间里下降得更快，所以整体的人口发展趋势还是会呈现出增长的态势。第三类国家是除这些国家之外的世界上其他国家，也即指的是经济发展水平较为低下的国家，缺乏相关政策、法律控制出生率和死亡率，这类国家的人口增长主要决定于生存手段，只要能满足人们生存所必需的物质资料，这些国家的人口就会增加。

1945 年，美国人口学家诺特斯坦在汤普森的理论基础上，按照经济社会发展规律将空间上的三种发展模式拼接为时间上的三种转变阶段。依次为：潜在高增长型，在这个时期生育率高且预期不会下降，死亡率水平高但存在一定程度的波动，人口数量取决于死亡率；转变增长型，生育率和死亡率依然较高，人口数量增长速度快，但有充分的迹象表明出生率预期下降；早期下降型，生育率已经或即将降到人口的更替水平以下。这三种转变阶段，很好地解释了一个国家从高出生率、高死亡率，走向低出生率、低死亡率的过程。诺特斯坦在工业化进程的基础上，将三阶段理论进一步拓展为四阶段理论。第四阶段理论主要描述了技术水平的发展带来人的生产、生活方式以及生育观念的转变，出生率和死亡率仍然处于低水平，对应极低的人口增长，发生人口转变。

根据社会发展的经验可知，死亡率的下降是人口转变的动因。科学技术的进步带来的一系列福利，如农业、工业和医疗卫生水平等的发展，实现了人类一直追求的长寿梦想。由于长寿的实现取决于生理和技术水平的高低，而生育率的下降更多地要靠国家政策和人的心理，因此生育率的降低往往滞后于死亡率的降低，生育率的降低主要伴随着一些社会发展效应，如个人存活水平增加，追求更好的生活，城市化进程的推进带来孩子养育的高成本低收益（Szreter，1993）。一旦这些条件形成，生育率的下降程度就会远快于死亡率的下降程度，最终导致老年人口绝对数量及比例大量增加，人口年龄结构趋于老龄化。蔡昉（2010）研究指出，三次人口转变的更替是经济社会发展的必然结果，因此我国人口生育观念的转变，预期寿命的延长也是经济与社会发展的必然产物。

2.2.2 人口红利理论

Bloom 和 Williamson（1998）在研究亚洲四小龙的经济增长奇迹中使用了“人口红利理论”，当时文中采用的是“Demographic Gift”一词，论述了人口年龄结构对于经济发展的促进作用。人口红利是一个经济学术语，通常指的是一个国家或地区会经济发展会带来生育率下降、死亡率降低，老龄化时代到来之前，会经历一个适龄劳动力人口占比上升，总抚养比下降的“黄金时期”，在这个时期劳动力的供给充足，社会负担较轻，丰富的劳动力资源和成本优势会为一个国家的经济增长提供强大的动力。

通过人口红利的定义，我们可以看出并不是纯粹的劳动力数量多就一定会为经济增长带来额外的收益，如非洲地区。人口红利的存在需要一个特定的时空背景，这种背景是经济增长的一个重要的基础和前提。许多人在研究中国近几十年来的经济增长“奇迹”时，总是认为“人口红利”是带来经济增长的最重要的原因。这是因为中国人口在改革开放之前处于高生育率，人口增长迅速，人口结构年轻。改革开放之后，计划生育政策开始实行，人口总抚养比低，增长速度缓慢，适龄劳动力资源充足。改革开放为中国的发展送来春风，适龄的劳动力资源让中国在世界市场上占据成本优势，中国发展的时代特点为“人口红利”创造了必要的条件，让充足的劳动力资源成为促进经济增长的动力。而如今有利于经济发展的人口年龄结构和劳动力数量占比发生变化，传统依靠人口数量形成的红利可能要转向注重提升人口质量，这可能也会带来另类的“人口红利”。张俊良和张兴月（2018）曾指出，人口红利从本质上讲，是用来描述可能有助于经济增长的劳动力数量和质量的一种情况，并不是真正用来量化财富的一种指标。结合特定的经济社会发展条件，该阶段的劳动力质量或数量对经济增长产生了巨大的促进作用，只能说明成功实现了人口红利，而不是指人口红利本身。

2.2.3 经济增长理论

经济增长是研究经济增长规律及其影响因素的理论，通常指的是一个国家或地区生产商品和劳动能力的增长，这种不断上升的能力是建立在先进技术以及所需要的制度和思想意识调整基础上的。随着人类社会的发展进步，经济学家们不断探索经济增长的影响因素，试图通过建立经济增长模型来解释经济增长的制约要素。

1. 哈罗德—多马经济增长模型

当代经济学中第一个广为流行的经济增长模型是哈罗德—多马经济增长模型。该模型假定经济社会只生产一种产品，生产要素只有资本 K 和劳动 L，且两者之间不能相互替代，技术水平是外生给定的，不考虑资本折旧，资本产出比始终保持不变，该国的储备能够有效地转化为投资，并且对外国的资本转移具有足够的吸引能力。基于以上的假设，哈罗德将经济增长抽象为三个宏观经济变量之间的函数关系，表示为：

$$g = s/v \tag{2.3}$$

式(2.3)中，g 表示经济增长率，s 是资本积累率(储蓄率)，v 表示资本与产出之间的比。从经济方程式中可以看出，一国的经济增长与储蓄率成正比，与资本产出成反比。另外，该模型将经济增长率分为三种，分别是实际增长率、均衡增长率以及自然增长率。其中，实际增长率就是一个社会实际生产能够达到的生产率，均衡增长率指的是有保证的增长率，对应资源充分利用，既无失业也无通货膨胀，自然增长率指的是人口和技术都不发生变化的情况下，整个社会所能达到的最大增长率。当实际增长率与均衡增长率不同时会带来经济的短期波动，而当均衡增长率与自然增长率出现偏差时，会带来经济的长期波动。只有这三个经济增长率相同，经济才会实现稳定增长，而在现实中很难达到三个增长率相等，该模型得到的经济增长是不稳定的，被称为是“刀刃上的增长”。由于该模型假定条件与现实世界存在很大的出入，因此不被认为是经济增长的正统理论。

2. 索洛经济增长模型

索洛经济增长模型既汲取了哈罗德—多马经济增长模型的优点，又摒弃了资本劳动比固定的特点。在索洛模型中，其假定生产函数是规模报酬不变的，存在中性的技术进步，并且劳动和资本存在替代关系，两者按照其边际实物生产力付报酬，且满足稻田条件，其生产函数的表达式如下：

$$Y(t)=F(A(t),\ K(t),\ L(t))=K^{\alpha}(t)(AL)^{1-\alpha}(t) \tag{2.4}$$

式(2.4)中，K 表示资本，L 表示劳动，A 代表技术进步，Y 代表产出，t 为时间。劳动与资本分别以外生给定的增长率 n，g 进行增长，同时资本以 δ 的比率进行折旧，n，g，δ 三者的和始终大于 0。索洛模型发现只有资本的变动才会带来产出的增长，各个国家或地区的经济增长是向稳态进行发展的，稳态点既确定了内生变量人均资本存量的水平，又确定了内生变量人均产量的水平，这样的稳态与各国或各地区的人口变化、教育水平以及储蓄情况有关系。

索洛经济增长模型确定的稳态是稳定的，并且不受储蓄率的影响。储蓄率的增加只有水平效应，即能改变稳态对应的收入水平，但不改变稳态增长率，只有技术进步才会改变稳态增长率。

3. 内生经济增长理论

内生经济增长理论是在新古典经济模型的基础上发展而来的。该理论认为储蓄率、技术进步以及人口增长率在很大程度上受到宏观政策和人们主观行为的影响。第一，从生命周期理论的角度上讲，各个年龄段的人口在不同的生命时期内其经济行为不同，如老年人倾向消费而不是储蓄，所以当一个经济社会中的人口结构发生变化，必定会影响该地区的储蓄水平。第二，人口的增长率并不是外生固定的，因为人口不是独立于经济体系之外的，一国的生育率、死亡率会受到这个国家经济发展水平、政策制度、城市化水平以及教育水平等多个因素的影响，是由经济活动内生决定的变量。Becker(1960)指出，父母的生育动机一般来自两个方面：一种是将孩子作为投资品，养儿防老；另一种就是将孩子看作纯粹的消费品，生育孩子完全是为了延续后代。Willis(1987)研究认为，这两种动机到底哪一种占据优势，一般与资本市场的完美程度相关。第三，内生经济增长理论否认了技术进步外生给定，其中最著名的就是“干中学”和人力资本模型，阿罗指出，“干中学”模型认为知识是获得经验和学习的产物，并且具有溢出效应。人力资本模型是由卢卡斯提出的，他指出家庭会在人口数量与人力资本积累速度之间权衡，这就决定了人口增长速度以及人力资本的积累水平，影响技术进步的快慢。

由此可见，内生经济理论通过引入生命周期理论、生育动机理论以及人力资本理论等将储蓄率、人口增长率以及技术进步内生化，并且指出技术进步在经济增长中的核心地位，将人口因素、技术进步与经济增长相联系在一起，为下文研究老龄化对科技创新能力的影响奠定了理论基础。

2.3 人口老龄化影响科技创新的理论机制

一个国家人力资本水平与该国的科技创新水平基本上呈现出正相关关系，而人口老龄化又是影响人力资本水平积累的重要因素。同时，人口年龄老龄化比重增加意味着适龄劳动力人口比重减少，带来资本—劳动力投入比例发生改变，进而影响科技创新。因此，本文将从以下两个方面梳理人口老龄化影响技术创新的理论机制。

2.3.1 人力资本效应

人力资本指的是个人拥有的所有能够用于生产的劳动能力，主要包括身体机能、知识积累和经验技能三个方面。首先，个人的身体机能随着年龄的增长出现不同程度的下降，学习能力、认知能力以及理解能力都会在衰老的过程中出现不同程度的弱化。

其次，在知识积累方面，高龄员工知识结构陈旧，且学习动机不足。职业生涯理论指出，年轻人倾向努力干活，突出表现，以便在市场上找到高工资的工作；老龄人一方面享受年轻时努力带来的报酬，另一方面觉得自己的职业生涯即将结束。因此相比年轻人就会降低积累知识、卖力工作的动机（Gibbons & Murphy，1992），年轻的员工更容易接受新的知识，而年老的员工不易接受改变。向志强（2002）研究发现，老龄化导致高龄员工一方面消耗殆尽原先累计的人力资本存量，而另一方面又不能有效地吸收新知识提升自己的人力资本质量，从而很难跟上技术进步的速度。Lancia 和 Prarolo（2009）发现了类似的观点，证明老龄人一般倾向否决某种新技术的应用。除此之外，Asplund（2004）指出私人企业通常也倾向为老龄员工提供更少的正规培训，不利于老年人积累新知识。所以拥有年轻员工多的公司更易于采用新技术，而拥有高龄员工多的公司不利于新技术的运用。

最后，从经验技能方面上看：老龄员工随着工作年限的增加会产生“干中学”效应。1962 年 Arrow 最早提出了“干中学”概念，指的是人们在工作过程中也在不断地积累经验、知识，从而有助于增加知识总量和提高生产效率，极大地促进生产发展。Bloom 和 Sousa-Poza（2013）发现，劳动力年龄结构老化的确能够使高龄员工发挥“干中学”效应，促进创新，但“干中学”效应积累的工作经验具有局限性。一旦技术创新替代了原有的工作岗位，老年人的人力资本将很难在不同的工作之间进行转换。老龄化不仅意味着员工年龄结构老化，也会带来高龄员工的大量退休，造成企业短期或长期的知识流失。在中国老龄化人口基数大，出生率水平低的国情下，大规模的老年人口退出工作岗位，人力资本将很难在短时间内得到补充。

人力资本与科技创新之间存在明显的正向作用机制。无论是充沛的体力，还是丰富的知识积累和工作经验，都是科技创新过程中重要的影响因素，一个国家科技创新能力强弱在很大程度上取决于人力资本水平的高低（Nelson & Phelps，1966；Romer，1990）。

2.3.2　要素禀赋效应

要素禀赋指的是一个国家或地区拥有的各种生产要素的数量，主要包括资本、劳动力、土地和企业家才能。老龄化时代对资本—劳动力要素结构造成了很大影响，中国人口老龄化同样伴随着少儿比重的逐渐降低。2000—2018 年我国老年人口比重逐渐增大，2018 年我国 65 岁以上的老年人口达到 16 658 万人，与 2000 年相比增加了 7 837 万人，平均每年增加 435.39 万人。而 2000—2018 年我国的出生率，除 2016 年“二胎政策”的实行带来短暂上升外，整体呈现下降趋势。2018 年我国（不含港澳台数据）全年出生率为 10.94‰，出生人口为 1 523 万人，较 2017 年减少 200 万人。中国人口年龄结构改变使得我国劳动力市场出现了供给不足的“新常态”（肖文，2019），劳动力供不应求以及劳动保护制度日益完善带来了用工成本持续上升（魏浩、郭也，2013；阳立高等，2014）。Irmen（2009）利用内生经济增长的世代交叠模型，也发现老龄化到来使得劳动力相对于资本更加稀缺。企业为了节约成本，要么采用资本替代劳动，要么进行技术创新。在“人口红利”时期，劳动力资源丰富，国家不需要投入过多的资本进行研发，只需要扩大生产规模，充分利用劳动力，符合经济发展“后发优势”特点。但“刘易斯拐点”的到来，让中国工业及制造业集中的地区出现用工荒现象，企业转而投向引入工业机器人，填补原有的劳动力空缺。根据国际机器人联合会（IFR）发布的统计数据显示，2018 年中国工业机器人的安装量为 13.32 万台，连续 6 年稳居全球第一。同时，廉价劳动力成本优势消失，企业开始投入大量资本进行技术创新，提升市场竞争力，资本—劳动力的比值呈现逐年提高的状态。经典的经济学理论指出，随着一种生产要素相对于另一种生产要素投入比例增加，就会使得第一种生产要素的边际报酬递减，所以不能无限制地用资本替代劳动，这必然会引起整个社会重视技术进步，催生出新科技成果（汪伟、姜振茂，2016）。蔡昉（2013）也提出了类似的观点，认为劳动力成本的上升会迫使企业更加注重全要素生产率提高,以保持利润。

但科技创新并非外生给定,其本身也是一种知识产出,并非独立于生产要素,而是与资本和劳动耦合共振。资本、劳动作为投入要素应该符合边际报酬递减规律,考虑投入成本与取得收益的关系,高投入不一定能够带来高产出。Edquist 和 Mckelvey(1994)指出,国家内部创新体系可能存在系统失灵,投入企业的资本由于效率损失而无法得到预期收益。杨武等(2019)基于中国国情研究发现,资本投入会先促进技术创新,而后抑制,而人员投入对技术创新的正向影响显著,目前普遍处在最优和次优区间。中国是制造业大国,老龄化时期劳动力的稀缺的确会刺激人们加大资本投入,促进偏向节约劳动型技术进步的产生,而这些创新的产生也需要高质量劳动力的参与。当前我国的就业系统存在低端锁定,大量劳动力漂移在低端就业市场,且大规模工业化资本积累导向模式的任务主要在于进行产品生产而非知识技术生产。资本—劳动力禀赋的改变会“倒逼”企业进行科技创新,但并非盲目地重资本、轻劳动,而应该将要素比例控制在一个合适的范围,在加大资本投入的同时,注重提升劳动力的效率,增加实际劳动供给。

2.4 科技创新的空间溢出效应理论

地理学第一定律曾经指出,任何事物都是相互关联的,只不过相近的事物关联更为紧密。内生经济增长理论中提出了人力资本以及知识具有溢出效应,之后学者们便开始意识到技术进步具有外部性。因为技术创新具有非竞争性和部分非排他性,也就是说一个地区的科技成果可以惠及其他没有参与这些科技成果研究的其他区域,同时该地区也会享用其他地区的科技成果,距离越近的区域共享科技创新成果的可能性越大,相互间密切的技术交流有利于创新的进一步发展,空间计量经济学的发展为学者们研究科技创新提供了条件。

大量经验研究表明,区域、城市范围内的知识生产具有显著的外部性表现(Audretsch & Feldman, 1996)。Fischer 和 Varga(2003)用空间计量的方法证明了知识具有空间溢出效应,并发现随着地理距离的延长,这种效应逐渐衰减。Lim(2003)利用空间计量的经济学方法,基于美国都市区的专利数据,发现创新行为具有高度的空间集中。吴玉鸣(2006)分别采用空间常系数和变系数回归模型验证了省域的创新具有溢出效应,地理距离是溢出效应强弱的重要影响因素。张玉明和李凯(2007)对中国 31 省、自治区及直辖市创新产出的相关性进行研究。区位基尼系数和莫兰指数表明,中国省际区域创新产出分布不是随机的,而是呈现出空间集聚和空间依赖的特点。潘文卿(2012)采用1988—2009年的数据,研究各省区人均GDP的空间分布格局和特征,发现中国区域经济发展的空间溢出效应,认为空间溢出效应是中国区域经济发展的重要影响因素。刘和东(2013)分析1998—2008年的省级面板数据,发现地理特征对区域创新溢出效应具有显著正的影响,地理距离近的影响更为显著。白俊红和蒋伏心(2015)利用中国省级面板数据,从区域间创新要素的流动视角建立空间矩阵,实证检验了区域间创新要素的动态流动有利于知识的空间溢出效应,从而促进区域间的创新产出。姚丽和谷国锋(2015)基于2001—2011年中国省区面板数据,利用空间计量模型发现区域技术创新的空间溢出效应会随着地区间距离的增大而减少。魏新颖等(2019)基于2000—2016年中国高技术产业的省级面板数据的分析,发现中国各省份的高技术产业的创新存在正的空间关联且关联程度呈上升态势。因此,本文认为一个地区的老龄化水平在影响本地科技创新能力的同时,也会通过科技创新水平空间关联性和溢出效应间接影响其他地区的科技创新水平。

第3章　人口老龄化与科技创新的现状分析

当前我国经济发展步入新常态，经济持续增长需要寻找新的动力。前文梳理了人口老龄化影响科技创新的文献研究进程以及相关理论，指出人口年龄结构的老化会降低劳动者个人的身体机能，影响劳动者的人力资本素质，不利于科技创新。同时，人口老龄化意味着劳动力资源的短缺，进而引发整个社会对劳动节约型技术进步的需求，"倒逼"企业进行科技创新，但其边际效用会逐渐降低，应注意资本、劳动的合理搭配。由此可见，老龄化对科技创新的影响亦正亦负。本章将着重介绍当前经济社会下，人口老龄化的发展现状及相关趋势，以及在中国不同地区人口老龄化的分布差异。同时，阐述老龄化背景下科技创新能力的发展现状，以及不同地区科技创新能力的差异，并进一步指出当前我国科技创新存在的问题。

3.1　人口老龄化的现状分析

3.1.1　人口老龄化的发展趋势

人口老龄化现象是经济社会发展过程中不可避免的一个阶段，其最早出现在西方发达国家，中国于2000年也开始正式成为老龄化社会(按照联合国设立的65岁以上老龄人口的比例超过7%计算)。国家统计局的数据显示，2018年我国人口总数达139 538万人(不含港澳台数据)，其中65岁以上的老年人口为16 658万人，占总人口的比重为11.90%。65岁的老年人口与2017年相比增加了827万人，与2000年相比增加了7 837万人，平均每年增加435.39万人。15～64岁的人口为99 357万人，占总人口的比重为71.20%，比2017年减少472万人。2000—2018年65岁以上的人口数量一直在增大，具体情况如图3-1所示。

根据图3-1可知，从2000年开始我国65岁以上的人口数以及人口比重呈现出逐年上升的态势。人口老龄化的产生主要是由出生率和死亡率共同决定的，2018 年我国全年出生率为 10.94‰，出生人口数达到 1 523 万人，较 2017 年出生人数减少 200 万人，2000—2018 年我国人口的出生率如图 3－2 所示。

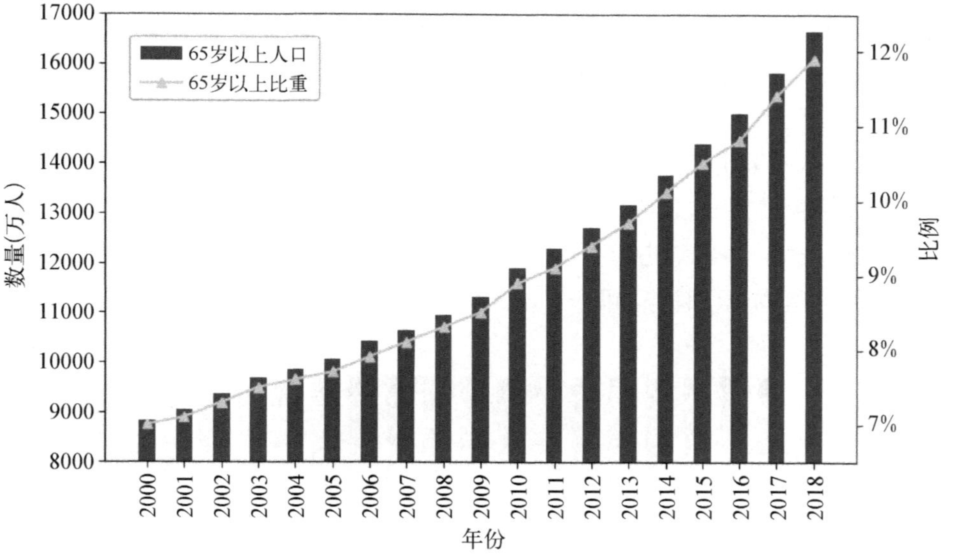

图 3－1 我国 65 岁以上人口数及比重

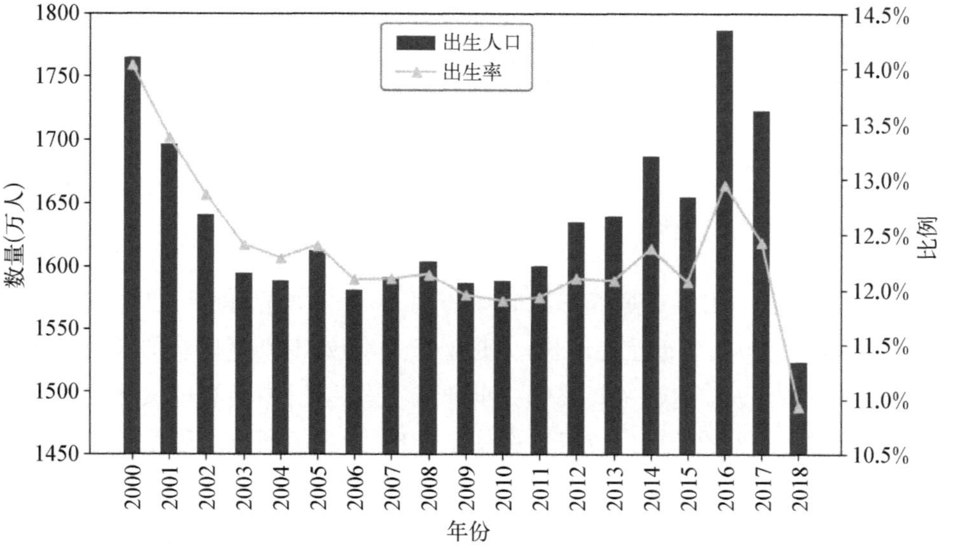

图 3－2 2000—2018 年我国出生人口数和出生率

根据图 3-2 可以看出，2000—2018 年每年的出生人口数呈现先下降后上升的趋势，但人口的出生率整体呈现下降的趋势，只有在 2016 年出现大幅度反弹。这是因为 2016 年 1 月 1 日，我国正式实施“全面二孩”政策，所以 2016 年的出生率和出生人数出现大幅度增长，“二孩”政策累计效应释放后出生人口和出生率逐渐回落。可以看出，即使国家实行全面二孩政策，在一定程度上缓解了出生率低的情况，但生育率水平在政策效应之后并未持续提升。这主要是因为经济社会的发展带来的社会观念、生存压力、家庭习俗的改变也是影响生育率水平的重要因素，政策实施只能调节，并不能从根本上进行改变。生育率观念的转变以及预期寿命的延长，使得近年来我国人口结构呈现 65 岁人口占总人口的比重逐渐增加，0～14 岁人口占总人口的比重呈现下降的趋势，2000—2018 年我国人口年龄结构组成变化趋势如图 3-3 所示。

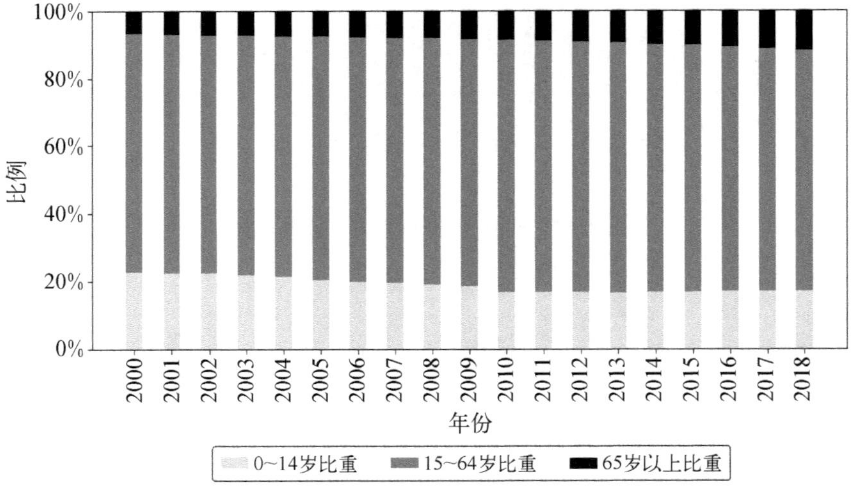

图 3-3　2000—2018 人口年龄结构变化

联合国经济与社会事务部于 2019 年 6 月 17 日发布的《世界人口展望 2019》显示，虽然全球的人口仍然在增长，但是增长速度较 1950 年以来的任何时期都更为缓慢。并且人口增长主要集中在全球最不发达地区，而有些发达国家的总人口已经出现减少的情况。该报告进一步指出，世界上所有的国家其实都正在经历着老龄化，2018 年全球 5 岁以下的儿童的数量首次低于 65 岁以上人口的数量。随着医疗卫生条件的改善以及人口生育观念的转变，预计到 2050 年全球 65 岁以上的人口将会超过 15～64 岁的少年和青年人口数量。在世界人口老龄化的总数量中，中国老龄人口数量占据相对大的比重。该报告预计，中国未来的人口结构中，65 岁以上的老龄人口比重逐渐上升，适龄劳动力人口呈下降趋势，少儿人口的占比趋于较小波动状态。但预期到 2030 年，65 岁的人口占总人口的比重将达到 1.69％，到 2050 年达到 26.10％。由于我国于 1980 年实施的计划生育政策以及受西方发达国家生育观念的影响，少儿抚养比呈现出下降趋势，老年抚养比却稳步上升。2010 年至今，社会总抚养比上升(图 3－4)。老龄人口的增加数量远超过少儿人口的增加数量，说明我国的老龄化发展速度快、基数大。在未来的几十年里，中国的老龄化进程只会加剧，不会减轻。届时大量的老龄人口会给社会带来巨大的养老负担，特别是经济不发达的地区，因此我们应该大力关注老龄化带来的问题，寻找合理有效的措施应对老龄化带来的挑战。

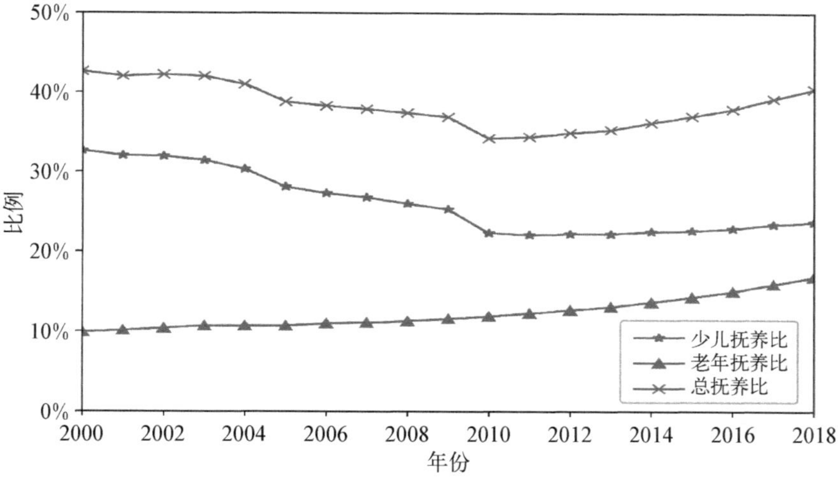

图 3－4 2000—2018 年我国少儿抚养比、老年抚养比以及总抚养比

3.1.2 我国人口老龄化的区域分布情况

我国的人口老龄化不仅具有基数大，未富先老的特点，还具有区域发展不平衡以及城乡差异的特点。一方面，由于我国特殊的地理区域情况，东部沿海地区的经济发展水平远优于中西部地区，东部沿海地区受西方发达国家的生育观念的影响也较中西部地区多，所以同世界上大多数国家人口变化的趋势一样，东部地区比中西部地区更早进入老龄化社会。如东部地区的上海于 1979 年就开始进入老龄化社会，但西部地区的宁夏 65 岁以上的人口比重在 2013 年才首次突破 7％，这两个城市正式进入老龄化时期相差 34 年之久。另一方面，20 世纪 80

年代，计划生育的实行导致城镇生育率较农村生育率水平低，但是近年来越来越多的年轻劳动力从农村向城市移动，城镇化水平逐渐提高，导致农村老龄化的问题越来越严重，出现越来越多的“空心村”和“空巢老人”，老龄化出现了城乡倒置。

表 3-1　2018 年我国各地区人口结构、少儿抚养比及老年抚养比

地区	省份(自治区、直辖市)	0～14 岁	15～64 岁	65 岁以上	少儿抚养比	老年抚养比
东部地区	北京	10.47	78.28	11.25	13.37	14.38
	天津	10.27	78.81	10.92	13.03	13.85
	河北	18.48	68.83	12.69	26.85	18.43
	辽宁	10.15	74.87	14.98	13.56	20.00
	上海	9.84	75.21	14.95	13.08	19.88
	江苏	13.73	71.97	14.30	19.08	19.86
	浙江	13.69	73.32	12.99	18.68	17.71
	福建	16.72	73.79	9.49	22.66	12.86
	山东	18.01	66.83	15.16	26.95	22.69
	广东	16.91	74.83	8.26	22.60	11.04
	海南	19.18	72.62	8.21	26.42	11.30
中部地区	山西	15.59	74.08	10.32	21.05	13.94
	吉林	12.29	75.34	12.37	16.31	16.42
	黑龙江	10.56	77.23	12.21	13.67	15.83
	安徽	18.59	68.21	13.20	27.25	19.35
	江西	20.29	69.98	9.73	28.99	13.91
	河南	21.30	67.64	11.06	31.49	16.34
	湖北	15.35	72.16	12.49	21.27	17.31
	湖南	19.49	68.03	12.49	28.65	18.36

续　表

地区	省份(自治区、直辖市)	0～14岁	15～64岁	65岁以上	少儿抚养比	老年抚养比
西部地区	广西	21.86	68.11	10.03	32.09	14.72
	重庆	16.93	68.60	14.47	24.68	21.09
	四川	16.37	68.65	14.99	23.84	21.83
	贵州	22.24	66.42	11.34	33.49	17.08
	云南	18.08	72.34	9.57	24.99	13.24
	陕西	14.38	74.46	11.16	19.31	14.99
	甘肃	17.59	71.09	11.32	24.74	15.92
	青海	19.56	72.86	7.58	26.83	10.42
	宁夏	20.06	70.95	8.99	28.29	12.67
	新疆	22.63	70.22	7.16	32.22	10.19
	西藏	23.54	70.78	5.68	33.23	8.04
	内蒙古	13.28	76.88	9.85	17.27	12.81

数据来源：中国国家统计局，东部、中部、西部地区按照国家统计局的划分标准进行划分

表3-1的数据显示，当前我国的人口老龄化现象空前严重，除西藏外，其余各省份65岁以上的老龄人口占总人口的比重均达到了联合国设立的老龄化标准7%。其中有六个省市65岁以上人口占总人口的比重超过14%，进入深度老龄化社会，分别是辽宁省、山东省、江苏省、上海市、四川省和重庆市。造成这些省市老龄化严重的原因有两方面，一方面是人口自然增长率低，如上海市、江苏省和山东省等地；另一方面是由于人口迁移，比如重庆市、四川省是我国人口净迁出的大省市，迁出的人口大部分是青壮年劳动力，导致老年人口占比提高。辽宁省近些年由于经济发展相对滞后，也面临大量向外迁移的现状，有大量的辽宁人去海南务工，导致人口老龄化急剧加深。全国范围内各省份的老龄化程度存在较大差异，区域分布不平衡，但从总体上来看，大致呈现出东部地区老龄化程度较高，西部地区的老龄化程度相对较低的状态。

根据国家统计局的抽样数据可知,2018 年东部地区 0～14 岁少儿人口的比重平均为 14.31%,15～64 岁青年人口的比重平均为 73.58%,65 岁以上老年人口的比重为 12.11%;中部地区少儿 0～14 岁人口的比重平均为 16.68%,15～64 岁青年人口的比重平均为 71.58%,65 岁以上老年人口的比重平均为 11.74%;西部地区 0～14 岁少儿人口的比重平均为 18.45%,15～64 岁青年人口的比重平均为 70.96%,65 岁以上老年人口的比重平均为 10.59%。西部地区的少儿人口比重比东部地区少儿人口比重高出 4.14 个百分点,老龄人口比重比东部地区低 1.52 个百分点。

3.2 科技创新的现状分析

20 世纪 80 年代实行的人口调控政策一方面遏制了人口的飞速增长,另一方面导致了适龄青年劳动力的逐年减少。2003 年东南沿海地区更是出现了用工荒现象,这反映了当前我国快速的城市化进程需要相当数量的劳动力,而人口老龄化到来以及农村剩余劳动力的不断释放,使得劳动力资源紧缺,迫切需要资源节约型和劳动节约型的技术进步。2008 年金融危机的爆发,也使西方发达国家认识到经济发展不能脱实向虚,纷纷开始重新重视实体经济。2018 年中美贸易摩擦更让国人进一步认识到技术创新的重要性,国内外的双重压力都在倒逼中国企业、社会加快技术创新。

3.2.1 科技创新的发展趋势

Freeman 与 Huang(2015)研究发现,在过去的几十年里,中国从全球科学与工程的小角色一跃成为最大的科学与工程毕业生来源国、第二大研发支出国和第二大科学论文生产国。作为现代科学和工程的后来者,中国在大学和研究质量方面都落后于美国和其他发达国家。但是从 2010 年开始,这两个方面都有所改善,这主要得益于中国在科学教育与研究开发上的投入。首先在教育方面,2006 年 6 月中华人民共和国全国人民代表大会常务委员会修订通过了《中华人民共和国义务教育法》,少年儿童都可以免费实行九年义务教育,在很大程度上解决了农村孩子上学难上学贵的现象,让更多的孩子能够进入学校接受教育。不仅如此,国家还向表现优秀的高等教育学生提供奖学金和助学贷款,扩大高等教育的招生人数。根据国家统计局的数据,2018 年我国普通高等毕业生数为 753.31 万人,而 2004 年我国普通高等毕业生的人数只有 239.12 万人,高校毕业生人数在14年的时间里增加了514.19万人，平均每年增加36.73万人。研究生人数从2004年的15.08万人增长到了2018年的60.44万人，平均每年增长3.24万人（图3-5）。国家不仅注重教育事业，更是加大了对研发方面的投入。截至2018年，研究与试验发展（R&D）折合全时人员数为438.14万人年，是2000年研究与试验发展（R&D）折合全时人员数的4.75倍，增加了近345.94万人年。在研发支出投入方面，不仅数额逐年增长，而且占GDP的占比重也呈现增长趋势。2000年研究与试验发展（R&D）经费支出占GDP的比例为1%，2018年该项支出占GDP的比例翻了2倍以上，达到2.19%（图3-6）。高等教育人才数量的增多，研发投入的增加都显示出国家对于科技创新事业的重视与支持。

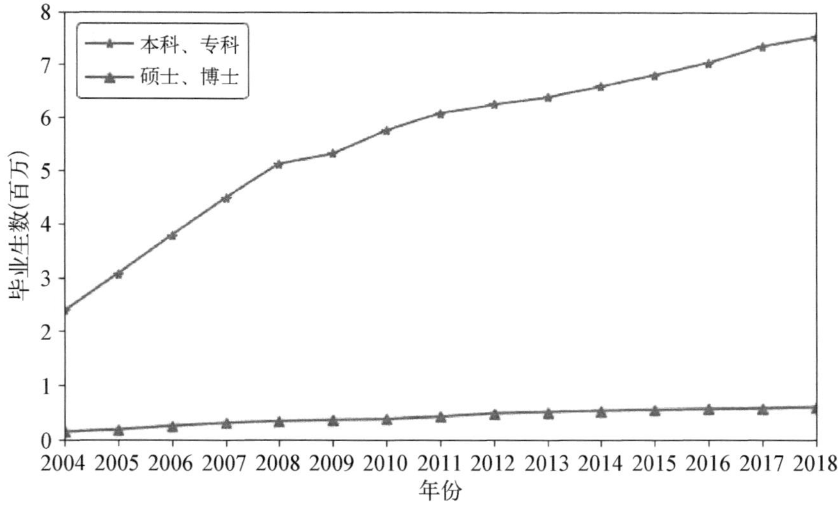

图3-5　2004—2018高等教育毕业生数量

国家对科技创新的大力支持，带来了创新产出方面的显著成果。从专利水平的角度来看，无论是三种专利申请数量总和，还是具有重大经济效益的发明专利都呈现大幅度增长趋势。2000年我国的专利申请总数量为17.07万件，2018年我国专利申请数量达到432.31万件，是2000年申请数量的25.33倍，增长了近415.24万件。2000年我国发明专利的申请数量为0.52万件，2018年发明专利的申请数量达到154.20万件，增加了149.03万件。从图3-7可以看出，以专利水平衡量的直接创新产出在2000—2018年取得了数量的大幅增长。

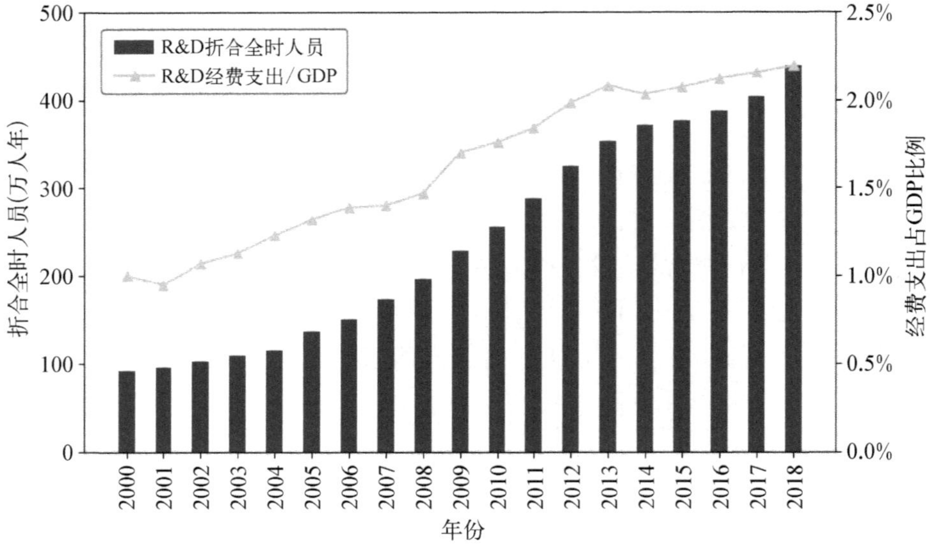

图 3－6　2000—2018 年 R&D 折合全时人员、经费支出占 GDP 的比例

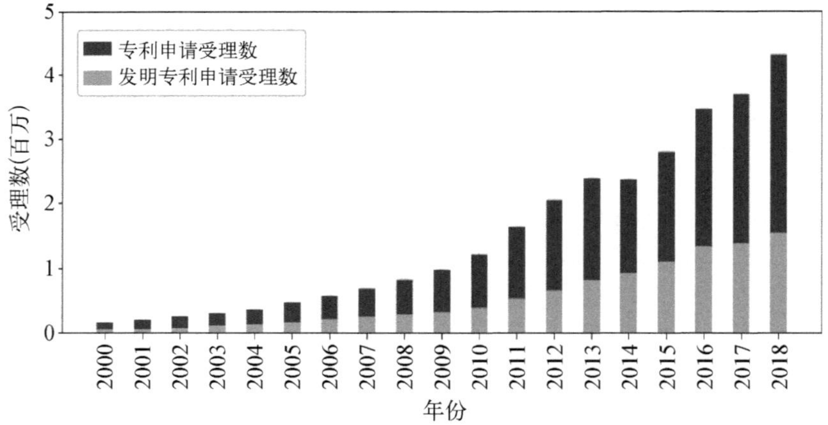

图 3－7　2000—2018 专利申请受理数、发明专利申请受理数

3.2.2　我国科技创新发展存在的问题

随着我国对技术创新的投入和重视程度逐渐增大，科技创新产出方面也取得了重大成就，但也暴露出当前我国科技创新事业存在的一些问题。首先，2018年的“中兴”事件让我们认识到：当前我国的高科技技术产品主要依靠进口，存在很多诸如“缺芯少核”的卡脖子问题。其次，我国的知识产权保护体系还不够完善，经常出现山寨产品，不利于激发科技创新动力。再者，创新资源配置不平等，通常来讲国有企业在获得创新贷款方面要远远优于民营企业。最后，创新能力存在很大的区域发展差异。区域之间存在的创新能力的差异基本上与各个地区的经济发展水平呈现正相关的分布，东部地区的创新水平普遍要高于中西部地区。《中国区域创新能力评价报告 2019》（数值大都依据 2017 年的数据）显示，创新能力排名前十的地区分别是广东、北京、江苏、上海、浙江、山东、重庆、湖北、天津、安徽（图 3－8）。

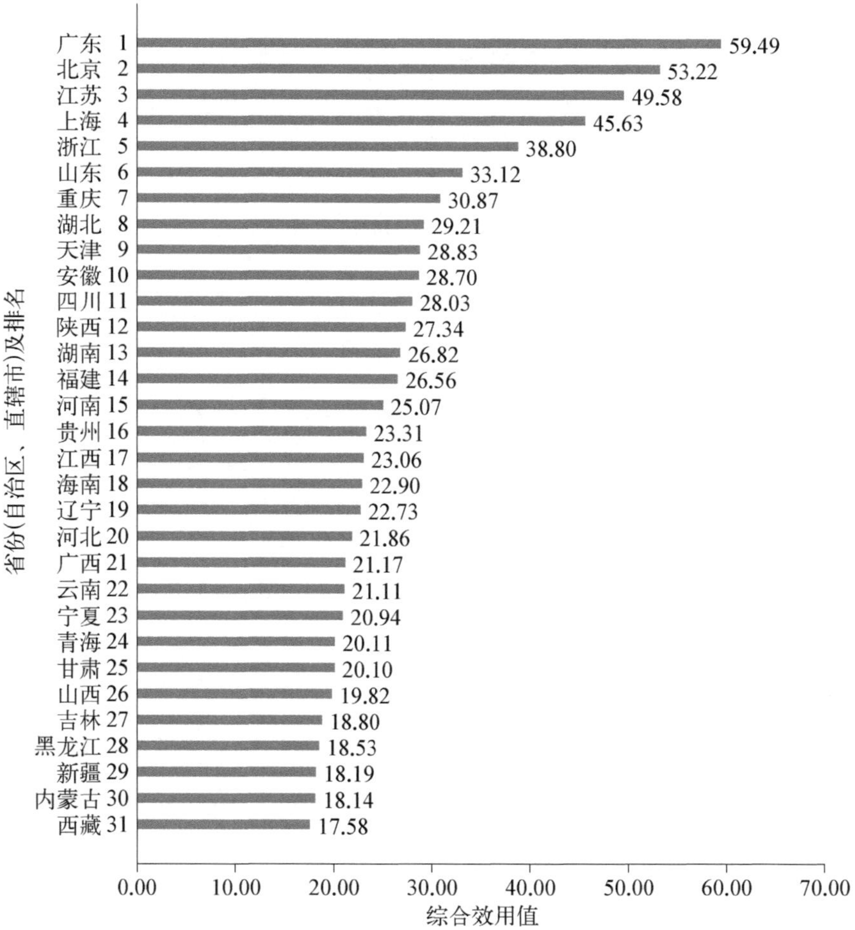

图 3－8　2019 年区域创新能力综合效用值

图 3－8 的数据来源于中国科技发展战略研究小组于 2019 年出版的《中国区域创新能力评价报告 2019》。该区域的综合效用值计算纳入了大量的统计数

据，通过给大量的指标赋予不同的权重，人为构建计算体系得来。虽然更加综合地纳入了更多的可以影响或代表创新能力的指标，但其计算体系的构建在一定程度上存在主观性。为了更加客观地比较我国科技创新的产出水平，需进一步观察各地区的专利申请受理数。由表 3－2 可知，专利申请数量依旧是东部地区整体上高于中西部地区，地区之间的创新能力差异相差较大，区域协调发展任重而道远。

表 3－2　2018 年各地区专利申请受理数

地区	专利申请数量	排名	地区	专利申请数量	排名
广东	793 819.00	1	重庆	72 121.00	17
江苏	600 306.00	2	辽宁	65 686.00	18
浙江	455 590.00	3	贵州	44 508.00	19
山东	231 585.00	4	广西	44 224.00	20
北京	211 212.00	5	云南	36 515.00	21
安徽	207 428.00	6	黑龙江	34 582.00	22
福建	166 610.00	7	甘肃	27 882.00	23
河南	154 381.00	8	山西	27 106.00	24
四川	152 987.00	9	吉林	27 034.00	25
上海	150 233.00	10	内蒙古	16 426.00	26
湖北	124 535.00	11	新疆	14 647.00	27
天津	99 038.00	12	宁夏	9 860.00	28
湖南	94 503.00	13	海南	6 451.00	29
江西	86 001.00	14	青海	4 439.00	30
河北	83 785.00	15	西藏	1 469.00	31
陕西	76 512.00	16	—	—	—

数据来源：中国统计年鉴

第4章　人口老龄化对我国科技创新影响的实证分析

4.1　模型构建

1. 基准模型

文献梳理发现人口老龄化对科技创新既有正面影响，也有负面影响。在前人研究的基础上，建立以下基准模型：

$$\ln allpat_{it} = \beta_0 + \beta_1 oldrate_{it} + \beta_2 oldrate_{it}^2 + X\beta + \varepsilon_{it} \tag{4.1}$$

式(4.1)中，下标 i 表示样本中的各个省份(自治区、直辖市)，t 表示样本中各个时间。$\ln allpat$ 表示本文研究的被解释变量科技创新水平，$oldrate$ 是本文研究的核心解释变量老龄化水平，X 代表本文所选用的控制变量矩阵，ε 表示随机干扰项。

2. 中介效应模型

在理论分析的基础上，为了进一步研究老龄化对科技创新水平影响的内在作用机制，结合前文理论机制分析，采用中介效应两步法建立如下模型进行检验：

$$\ln shijirl_{it} = \alpha_0 + \alpha_1 oldrate_{it} + X\alpha + \varepsilon_{it} \tag{4.2}$$

$$\ln allpat_{it} = \phi_0 + \phi_1 \ln shijirl_{it} + X\phi + \varepsilon_{it} \tag{4.3}$$

$$\ln zbld_{it} = \nu_0 + \nu_1 oldrate_{it} + X\nu + \varepsilon_{it} \tag{4.4}$$

$$\ln allpat_{it} = \psi_0 + \psi_1 \ln zbld_{it} + \psi_2 \ln zbld_{it}^2 + X\psi + \varepsilon_{it} \tag{4.5}$$

$\ln shijirl$ 和 $\ln zbld$ 是中介变量，其中 $\ln shijirl$ 表示人力资本水平，$\ln zbld$ 表示资本与劳动力的比值。式(4.2)和式(4.3)联合用来检验人口老龄化影响科技创新水平的人力资本途径，如果 α_1 和 ϕ_1 显著，则说明人力资本影响途径存在；式(4.4)和式(4.5)联合用来检验人口老龄化影响科技创新水平的资本—劳动力禀赋途径，如果 ν_1 和 ψ_2 显著，则说明资本—劳动力禀赋影响途径存在。

4.2 变量设置

被解释变量($\ln allpat$)：选取各省份(自治区、直辖市)当年的专利申请受理数量作为各地区创新能力的代理指标。

核心解释变量：人口老龄化程度($oldrate$)，选用65岁以上人口占总人口的比重表示。

中介变量：① 人力资本水平($\ln shijirl$)。劳动经济学认为人力资本是可以被市场化的劳动能力，其主要包括个人的能力、知识、技能，但这些能力是否能够转化为生产力还会受到个人工作意愿的影响，因此对于我国各地区具体人力资本的测算相对复杂。长期以来，大多数文献采用平均受教育程度度量人力资本水平，但这似乎不能完全综合地反映人力资本的状况。本文选用中央财经大学李海峥(2018)的研究成果——《中国人力资本报告2018》中的劳动力人力资本水平作为代理变量。该报告中的人力资本水平是采用微观调查数据和省级层面的数据与Mincer方程相结合，对国际上广泛使用的Jorgenson-Fraumenni收入计算法(以下简称J-F方法)进行改进，最终使用改进后的J-F方法，更加全面综合地计算中国的人力资本存量。② 资本—劳动力要素禀赋($\ln zbld$)。选用实际固定资产存量与年末就业人口数的比值作为代理变量，借鉴单豪杰(2008)的永续盘存法(PIM)计算年末资本存量：

$$K_t = K_{t-1}(1-\delta) + I_t \tag{4.6}$$

其中，K 表示资本存量，δ 为折旧率，统一取10.96%(单豪杰，2008)。I 为每年新增固定资产实际投资额，采用名义固定资产形成额除以平减指数计算得到。考虑到基期的选择越早对后续年份的估计误差影响越小，因此选择正式进入老龄化社会的2000年为基期，采用永续盘存法的公式进行后续资本存量的计算，2000年的资本存量采用2001的固定资产实际形成额比上平均折旧率10.96%与2001—2005年间实际固定资产投资增长率的平均值(0.197)之和得到(表4-1)。

表4-1 2001—2005实际固定资产投资增长率

年 份	2001	2002	2003	2004	2005	平均增长率
增长率	0.128	0.167	0.250	0.201	0.240	0.197

控制变量：根据相关文献，主要选取一些其他影响科技创新水平的变量（表4-2）。① 经济发展水平（ln *gdp*）。选用该地区的GDP表示，经验表明一国的经济发展水平越高，越有利于科技创新。② 城镇化水平（*cityrate*）。目前我国正在推进城市化进程，城市化水平高的地方容易吸引更多的知识型人才，也更容易形成产业集聚，有利于形成"知识溢出"效应，从而有利于创新。③ 技术市场活跃程度（*markegdp*），选用科技市场成交量与GDP的比值表示。需求是一切经济活动的起点，活跃的科技成交市场能够使企业的创新成果快速转变为收益，从而激励公司进行科技创新。④ 对外开放程度（ln *open*），采用各地区按经营单位所在地划分的货物进出口总额与该地区的GDP比值衡量，该比重越大，说明经济对外依赖程度越高。一方面，当前我国的自主创新能力还不强，许多高精尖产品还需要从国外进口，有利于引进国外先进生产技术；另一方面出口能够增加我国的GDP水平，有利于经济增长，从而为科技创新提供良好的经济环境。⑤ 引进外资水平（ln *fdi*），以外商投资企业注册资本中直接来自外商部分的数额表示。外商直接投资一般都具有针对性，一方面可以通过技术溢出效应直接促进创新，另一方面外资进入可以弥补国内资金空缺，有助于研发资金投入。

表4-2　基本模型所用变量说明

变量类别	符号	变量名称	变量说明
被解释变量	ln *allpat*	科技创新水平	总专利申请受理数量
解释变量	*oldrate*	人口老龄化程度	65岁以上人口比重
中介变量	ln *shijirl*	人力资本水平	实际劳动力人力资本水平
	ln *zbld*	资本—劳动力要素禀赋	实际固定资产投资存量/年末就业人口数
控制变量	ln *gdp*	经济发展水平	国内生产总值
	cityrate	城镇化水平	城镇人口比重
	markegdp	技术市场活跃程度	技术市场成交金额/GDP
	ln *open*	对外开放程度	货物和服务进出口/GDP
	ln *fdi*	引进外资水平	外商投资企业注册资本中外方金额

4.3 数据来源与描述性统计

样本数据是以省份为单元的面板数据集，选取 2006—2016 年省级面板数据进行计量分析。基础数据主要来源于中国国家统计局、各省份统计年鉴、《中国人口与就业统计年鉴》及 Wind 数据库，人力资本水平来源于中央财经大学发布的《中国人力资本报告 2018》，资本—劳动力禀赋变量由笔者借鉴前人方法计算获得。西藏由于部分数据的缺失而被剔除，因此最终选用中国 30 个省份 2006—2016 年的平衡面板数据。表 4-3 是所用到变量的描述性统计。

表 4-3 主要变量的描述性统计

变　　量	样本数	均值	标准差	最小值	最大值
ln*allpat*（专利申请受理数）	330	9.843	1.565	5.784	13.147
ln*exper*（经验性创新专利申请受理数）	330	9.432	1.577	5.505	12.803
ln*faming*（原发性创新专利申请受理数）	330	8.667	1.578	4.369	12.126
ln*shiyong*（实用专利申请受理数）	330	8.968	1.557	4.585	12.224
ln*waiguan*（外观专利申请受理数）	330	8.285	1.682	4.304	12.451
oldrate（人口老龄化程度）	330	9.415	1.794	5.473	14.415
oldexp（老年抚养比）	330	12.771	2.499	7.440	20.040
ln*gdp*（经济发展水平）	330	9.362	0.938	6.474	11.200
ln*open*（对外开放程度）	330	2.907	0.981	1.160	5.148
markegdp（技术市场活跃程度）	330	1.016	2.255	0.017	15.353
ln*fdi*（引进外资水平）	330	5.457	1.425	2.398	8.534
cityrate（城镇化水平）	330	0.530	0.138	0.275	0.896
ln*shijirl*（人力资本水平）	330	7.722	0.872	5.159	9.402
ln*zbld*（资本—劳动力要素禀赋）	330	2.319	0.644	0.785	3.885

根据表 4 - 3 的分析结果，2006—2016 年，我国人口老龄化的平均值为 9.42%。老龄化水平最低的是宁夏，均值为 6.63%。老龄化水平最高的是重庆市，均值为 12.56%。2006—2016 年，中西部地区的人口老龄化比重均值为 9.1%，东部地区的人口老龄化比重均值为 9.83%，可以看出在 2006—2016 年东部地区的人口老龄化比中西部地区的人口老龄化更加严重。很大可能的原因是：在东部较为发达的地区，计划生育政策落实得比较完善，大多数家庭都响应了“一孩”政策，但是中西部地区还有相当大部分的家庭有两个及以上的孩子。

4.4　实证结果分析

4.4.1　直接效应

经过阅读相关文献，在前人研究的基础上，本文建立了以上基准模型式(4.1)，采用 STATA 软件对该模型进行回归分析，表 4 - 4 报告了式(4.1)的估计结果，为了初步检验科技创新水平与老龄化比重之间的关系，第(1)列只纳入老龄化指标，采用普通最小二乘法(OLS)估计，发现 $oldrate^2$ 系数在 1%的水平上显著为负，初步验证了科技创新水平与人口老龄化之间存在倒 U 形关系。第(2)列引入其他控制变量，发现老龄化指标对科技创新水平的影响不显著，这可能是因为面板数据存在显著的个体效应导致估计结果不准确，后经 Hausman 检验最终采用固定效应模型进行回归分析。第(3)列报告了固定效应模型组间估计量法的回归结果，$oldrate^2$ 系数仍然在 1%的显著性水平上为负，为了避免遗漏变量带来的偏误，第(4)列在第(3)列的基础上控制时间效应，$oldrate^2$ 系数在 5%的显著性水平上为负。由于组间估计量方法无法估计不随时间而变的变量之影响，所以进一步采用最小二乘虚拟变量法(LSDV)进行固定效应模型估计，第(5)列报告了 LSDV 方法的双固定效应模型估计，$oldrate^2$ 系数在 1%的显著性水平上为负，证明了科技创新水平与老龄化比重之间先增加后下降的倒 U 形关系。同时，为了避免科技创新水平与 GDP 水平同期反向因果关系导致的内生性问题，有必要使用工具变量对第(5)列进行重新估计，第(6)列报告了采用 GDP 滞后一期作为工具变量的 GMM 估计结果，$oldrate^2$ 估计系数仍然在 1%的显著性水平上显著为负。

表 4-4 人口老龄化对科技创新水平的直接影响

被解释变量	(1) ln*allpat*	(2) ln*allpat*	(3) ln*allpat*	(4) ln*allpat*	(5) ln*allpat*	(6) ln*allpat*
oldrate	1.616*** (0.305)	0.130 (0.120)	0.399*** (0.113)	0.320** (0.130)	0.320*** (0.099)	0.388*** (0.098)
$oldrate^2$	−0.057*** (0.015)	0.000 (0.006)	−0.018*** (0.005)	−0.016** (0.006)	−0.016*** (0.005)	−0.019*** (0.005)
cityrate	—	0.385 (0.384)	6.385*** (1.349)	5.033*** (1.485)	5.033*** (0.876)	4.218*** (0.914)
ln*open*	—	0.281*** (0.055)	0.118 (0.064)	0.202** (0.091)	0.202*** (0.060)	0.204*** (0.056)
markegdp	—	0.053*** (0.010)	0.049 (0.036)	0.036 (0.030)	0.036* (0.020)	0.022 (0.019)
ln*gdp*	—	1.356*** (0.047)	0.960*** (0.132)	0.678** (0.306)	0.678*** (0.204)	0.845*** (0.239)
ln*fdi*	—	−0.079* (0.047)	0.098 (0.884)	0.016 (0.095)	0.106 (0.061)	−0.026 (0.067)
_cons	−1.756 (1.562)	−4.755*** (0.704)	−5.528*** (0.884)	−1.710 (2.553)	−3.021* (1.809)	−3.133 (2.190)
Province effect	NO	NO	YES	YES	YES	YES
Time effect	NO	NO	NO	YES	YES	YES
R-squared	0.362	0.914	0.917	0.928	0.984	0.985
Method	OLS	OLS	FE	FE	LSDV	IV-GMM
Observations	330	330	330	330	330	300

注：*、**、*** 分别代表估计系数在 10%、5%和 1%的水平上显著；括号内为稳健标准误

表 4-4 中的模型在控制时间和个体的固定效应后，均显示出人口老龄化与我国的科技创新水平之间存在显著的倒 U 形关系，其经济含义在于：当宏观层面上的人口老龄化水平较低时，人口老龄化的加深会促进科技创新的产生；当人口老龄化程度超过某个拐点时，就会对科技创新产生不利影响。本文研究中拐点对应的老龄化水平大约为 10.21%。除此之外，回归结果显示出城镇化水平、

对外开放程度以及当地经济发展水平都会在1%的水平上对我国的科技创新产生促进作用，所以在人口老龄化进程中应该继续推进城镇化水平建设，注重对外开放，促进经济增长。

4.4.2　中介效应

前文分析了人口老龄化与科技创新水平呈现倒U形关系，有必要进一步探究其内在的影响机制。根据上文理论机制分析，人口老龄化会通过人力资本途径和资本—劳动力禀赋途径对科技创新水平产生影响，因此采用中介效应两步法模型逐一检验作用机制是否成立，表4-5报告了对计量模型式(4.2)(4.3)和计量模型式(4.4)(4.5)的回归分析结果。

表4-5　中介效应分析

被解释变量	人力资本效应		要素禀赋效应			
	(1) ln*shijirl*	(2) ln*allpat*	(3) ln*zbld*	(4) ln*allpat*	(5) ln*allpat*	(6) ln*allpat*
oldrate	−0.017*** (0.006)	—	0.025*** (0.008)	—	—	—
ln*shijirl*	—	0.815*** (0.190)	—	—	0.814*** (0.208)	—
ln*zbld*	—	—	—	0.631*** (0.221)	—	0.889*** (0.239)
ln*zbld*^{2}	—	—	—	−0.126*** (0.043)	—	−0.136*** (0.044)
cityrate	0.656 (0.142)	4.483*** (0.777)	2.291*** (0.455)	3.489*** (1.035)	3.614*** (0.801)	2.197** (1.022)
ln*open*	−0.021* (0.013)	0.186*** (0.057)	0.030 (0.023)	0.127** (0.050)	0.177*** (0.053)	0.134*** (0.048)
markegdp	0.055*** (0.015)	−0.014 (0.017)	0.004 (0.006)	0.036* (0.019)	−0.025 (0.017)	0.022 (0.017)
ln*gdp*	0.061 (0.068)	0.527** (0.216)	0.622*** (0.083)	0.517** (0.245)	0.603** (0.250)	0.564* (0.296)

续 表

被解释变量	人力资本效应		要素禀赋效应			
	(1) ln*shijirl*	(2) ln*allpat*	(3) ln*zbld*	(4) ln*allpat*	(5) ln*allpat*	(6) ln*allpat*
ln *fdi*	0.095*** (0.022)	−0.044 (0.060)	−0.195*** (0.032)	0.039 (0.069)	−0.039 (0.062)	0.035 (0.074)
_cons	6.025*** (0.489)	−5.177** (2.018)	−4.184*** (0.638)	0.804 (1.868)	−4.389* (2.283)	1.823 (2.387)
Province effect	YES	YES	YES	YES	YES	YES
Time effect	YES	YES	YES	YES	YES	YES
R-squared	0.996	0.985	0.988	0.984	0.985	0.985
Method	LDSV	LSDV	LSDV	LSDV	IV - GMM	IV - GMM
Observations	330	330	330	330	300	300

注：*、**、*** 分别代表估计系数在10%、5%和1%的水平上显著；括号内为稳健标准误

表4-5中第(1)列中 *oldrate* 的回归系数在1%的显著性水平上为负，表明人口老龄化的加剧确实会降低人力资本水平，第(2)列 ln *shijirl* 的回归系数显著为正，表明劳动力人力资本水平与科技创新水平之间存在显著的正向促进作用，证明人口老龄化进程加深会降低劳动力人力资本水平，从而不利于科技创新的产生。第(3)列中人口老龄化 *oldrate* 系数在1%的水平上显著为正，表明人口老龄化加深会增大资本—劳动力的比值。这主要是因为老龄化比重加大，一方面适龄的年轻劳动力人口减少；另一方面劳动力资源因稀缺而变得昂贵，用工成本上升，企业为了节约成本就会采用资本替代劳动。第(4)列中 $\ln zbld^2$ 系数在1%的显著性水平上为负，表明资本—劳动力禀赋与科技创新水平之间存在倒U形关系。在老龄化时期，劳动力减少，资本投入加大，会在一定程度上促进创新，但其边际效应递减，当投入的资本—劳动力超过一定的比值时，边际效应小于0，就会带来生产的无效率，从而不利于科技创新的产生。总体上表现为资本—劳动力比重与科技创新水平呈现出先促进、后抑制的倒U形关系。为了避免科技创新和经济发展水平带来的反向因果关系，第(5)列和第(6)列进一步采用IV-GMM估计对第(2)列和第(4)列的模型估计，依旧表明人力资本对科技

创新水平之间存在显著的正向促进关系，资本—劳动力禀赋与科技创新水平之间的倒 U 形关系依然成立。

4.4.3　空间溢出效应

早在内生经济增长理论中就证明了知识具有溢出效应，张玉明，李凯(2007)利用区位基尼系数和莫兰指数表明中国省际区域创新产出分布不是随机的，而是呈现空间集聚和空间依赖的特点。因此，我们有必要在基准模型中加入空间因素，探究人口老龄化对科技创新水平影响的空间溢出效应。

1. 空间相关性分析

在确定能否使用空间计量模型之前，需要判断研究数据之间是否存在显著的空间依赖性。目前，在研究空间关联性方面最流行的是“莫兰指数”。莫兰指数的取值通常在−1 到 1 之间，当莫兰指数大于 0 时，表示正相关；当莫兰指数小于 0 时，代表负相关。本文借鉴 Bavaud(2010)的方法构建邻接 0—1 矩阵 $\boldsymbol{W}$。当两个地区相邻时，则该权重矩阵的对应元素取值为 1；当两个地区不相邻时，该权重矩阵的对应元素取值为 0。具体表示如下：

$$\boldsymbol{W}_{ij}=\begin{cases}1 & 当地区\ i\ 与地区\ j\ 相邻时\\0 & 当地区\ i\ 和地区\ j\ 不相邻时\end{cases}\tag{4.7}$$

基于以上空间权重矩阵计算中的科技创新的全局莫兰指数如表 5 - 1 所示，2006—2016 年中国各省份的科技创新能力均显著为正，说明中国各省份的高技术产业存在正的空间相关性，表明中国各省份之间的科技创新能力分布并不随机，而是呈现“高值—高值”或“低值—低值”的分布特征。从全局莫兰指数来看，随着时间的推移莫兰指数大致呈现增大趋势，显示出各省科技创新空间关联性越来越强。

表 4 - 6　科技创新的全局莫兰指数

年份	莫兰指数	P - value	年份	莫兰指数	P - value
2006	0.243***	0.009	2009	0.280***	0.004
2007	0.251***	0.007	2010	0.297***	0.002
2008	0.265***	0.005	2011	0.300***	0.002

续 表

年份	莫兰指数	P - value	年份	莫兰指数	P - value
2012	0.294***	0.002	2015	0.344***	0.001
2013	0.294***	0.002	2016	0.376***	0.000
2014	0.325***	0.001	—	—	—

在全局莫兰指数显示出科技创新水平之间存在相关性后，进一步将空间权重矩阵标准化处理，利用 STATA13.0 计算局部莫兰指数并通过莫兰散点图的形式展示，绘制了 2006 年和 2016 年专利申请数量和其空间滞后分布值之间的莫兰散点图(图 4 - 1、图 4 - 2)。

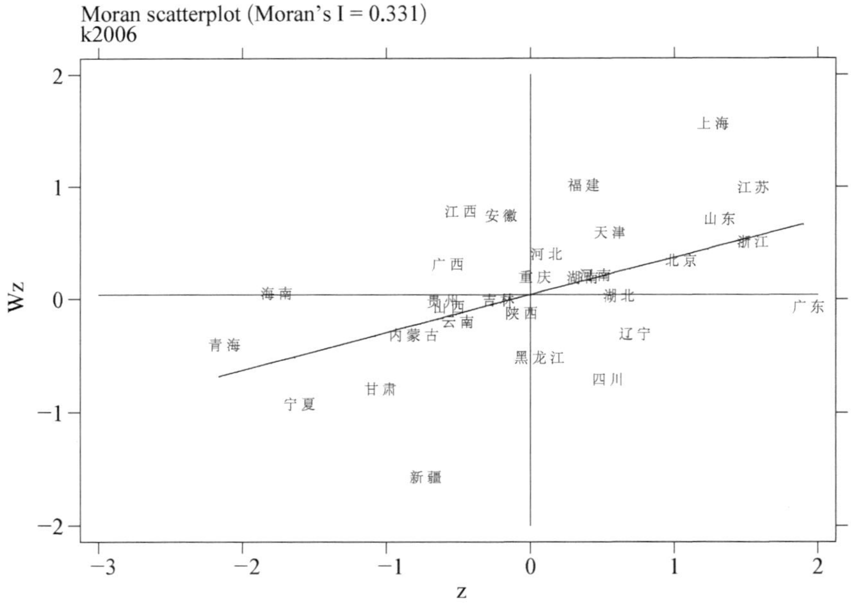

图 4 - 1　2006 年科技创新的莫兰散点图

莫兰散点图一共有四个象限，将我国各个区域科技创新的空间关系分为四种形式：第一象限主要表示“高值—高值”的正相关关系，即科技创新能力高的省份被科技创新能力高的省份包围；第二象限表示“低值—高值”的关系，即表示的是自身科技创新能力低，但其周围聚集的是科技创新能力高的省份；第三象限代表“低值—低值”的关系，表示科技创新能力低的省份被科技创新能力低的省份包围；第四象限代表“高值—低值”关系，即该省份自身的创新能力水平高，但与其相邻的省份的科技创新水平比较低。

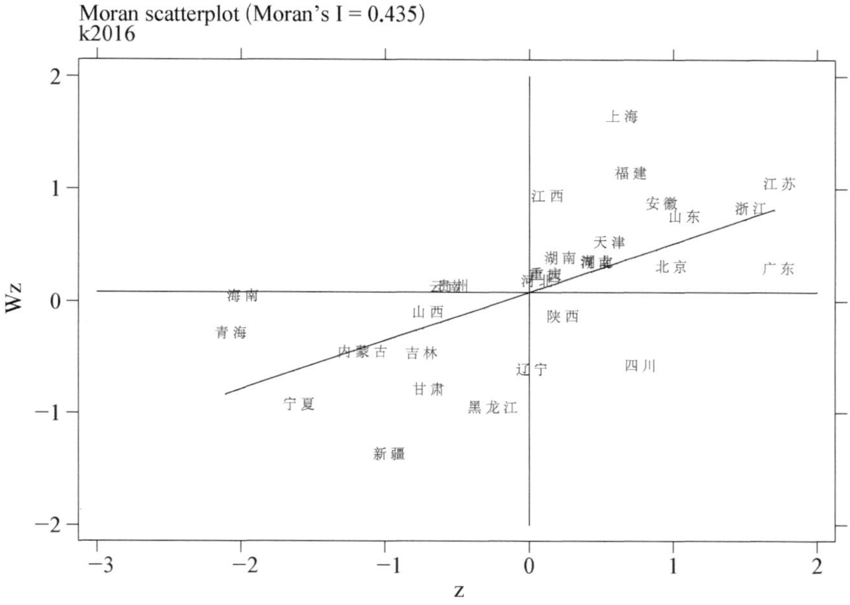

图 4－2　2016 年科技创新的莫兰散点图

由图 4－1 绘制的 2006 年的莫兰散点图可知，北京、天津、山东、上海、江苏、浙江、福建、河南、河北、湖北、湖南属于“高值—高值”省份（直辖市），表明它们之间科技创新水平表现出强烈的正相关关系，科技创新的溢出效应显著。第二象限中属于“低值—高值”关系的省份（自治区）包括江西、安徽和广西，它们与其相邻的省份相比科技创新能力较低。第三象限的“低值—低值”的省份（自治区）包括云南、吉林、内蒙古、甘肃、陕西、新疆、贵州、宁夏和青海，这些地区大多数位于西部，其自身的科技创新水平和其周边的科技创新水平均较低，表现出“低值—低值”正相关的空间溢出效应。第四象限中属于“高值—低值”的省份有辽宁、四川、广东，这些地区自身的创新能力比较强，但其周围地区的创新能力比较弱，主要是因为在经济社会发展中，人力、资金等各种资源流向创新能力强，经济发展水平高的地区，形成“极化效应”（王丽英，2010）。到 2016 年，广东、湖北、江西、重庆和广西这四个省份（自治区、直辖市）跻身于“高值—高值”创新类型，说明其科技创新能力增长较快；在“低值—高值”类型中是云南和贵州；第三象限中的

“低值—低值”类型的省份未发生较大变化，大多数仍然是西部地区；第四象限中“高值—低值”类型中广东省退出，跻身于第一象限。四川、陕西未发生变化，辽宁省的创新能力相对降低。无论是2006年，还是2016年的莫兰散点图，都揭示了东部地区的创新能力比西部地区强，东部地区主要呈现出“高值—高值”的空间正相关关系，西部地区主要呈现出“低值—低值”的正相关关系。而从时间的发展来看，科技创新水平的集聚效应越发明显。

总的来说，中国各省份（自治区、直辖市）之间科技创新水平存在一定的空间集聚效应，珠江三角区、长江三角区以及京津冀区域的科技创新能力较强，这些地区内部的空间正相关性较强，并且对周边中部地区的科技创新水平的提高具有较强的正向促进作用。而西部地区绝大部分的科技创新水平处于较低水平，虽然各地区相互之间也存在着正向的空间溢出效应，但溢出效应要远小于东部地区。

2. 模型设定与计量结果分析

以上莫兰指数检验说明了科技创新水平在我国各省份（自治区、直辖市）之间存在显著的空间相关性，因此本文将在基准模型式（4.1）的基础上，引入空间因素，进一步检验人口老龄化对我国科技创新的影响的空间溢出效应。建立空间自回归模型（SAR）如下：

$$\ln allpat_{it} = \beta_0 + \beta_1 oldrate_{it} + \beta_2 oldrate_{it}^2 + \rho \sum_{j=1}^{n} w_{ij} \ln allpat_{jt} + X\beta + \varepsilon_{it} \tag{4.8}$$

式（4.8）中，w_{ij} 表示空间权重的邻接矩阵，ρ 表示科技创新的水平的空间相关系数，代表其他地区的科技创新对本地科技创新水平的影响。其余各项与前文定义一致。基于此模型进行回归分析，考虑到模型中的数据由于空间相关性而不独立存在，故采用最大似然估计方法进行回归分析，具体结果如表4-7所示。

表4-7 空间溢出效应

	SAR	SEM	SDM
oldrate	0.337*** (0.115)	0.379*** (0.121)	0.309*** (0.116)
oldrate^2	−0.015*** (0.006)	−0.017*** (0.006)	−0.014** (0.006)

续 表

	SAR	SEM	SDM
cityrate	5.516*** (1.331)	5.867*** (1.398)	6.061*** (1.204)
ln*open*	0.135** (0.065)	0.146** (0.069)	0.185** (0.079)
markegdp	3.903 (3.238)	4.173 (3.544)	3.686 (2.782)
ln*gdp*	0.801*** (0.152)	1.014*** (0.123)	0.734*** (0.151)
ln*fdi*	0.072 (0.086)	0.094 (0.088)	0.052 (0.081)
spatial ρ	0.168*** (0.057)	—	0.147** (0.061)
Spatial λ	—	0.167* (0.089)	—
R - squared	0.918	0.917	0.922
Observations	330	330	330

注：*、**、*** 分别代表估计系数在10%、5%和1%的水平上显著；括号内为稳健标准误

空间自回归模型(SAR)的估计结果显示出科技创新的空间相关系数 ρ 在1%的显著性水平上为正，$oldrate^2$ 系数在1%的显著性水平上为负，表明人口老龄化与科技创新水平之间存在倒U形关系。考虑到空间因素还可能以其他形式存在，故采用空间误差模型(SEM)和空间杜宾模型(SDM)进行进一步检验。空间误差模型显示各地区的随机干扰项在10%的显著性水平上正相关，空间杜宾模型显示在考虑了部分邻居自变量的影响后，科技创新的空间相关系数在5%的显著性水平上为正相关。三种形式的空间回归模型均验证了人口老龄化与科技创新水平之间的倒U形关系显著。空间自回归模型和空间杜宾模型的空间系数 ρ 显著为正，说明了科技创新水平存在正的空间溢出效应。所以，人口老龄化不仅会影响本地的科技创新水平，还会通过科技创新本身的空间溢出效应对其他地区的科技创新水平造成影响。

4.5 异质性分析

4.5.1 创新类型异质性

本文选用每年的专利申请数量作为科技创新的代理变量，但不同类型的专利申请难易程度不同。因此，我们按照难易程度的不同将发明型专利代表的创新定义为原发性创新(ln *faming*)，将实用新型和外观设计型专利代表的创新定义为经验性创新(ln *exper*)，分别探究人口老龄化对不同类型的创新能力的影响。

表 4-8 创新类型的异质性分析

被解释变量	(1) ln *faming*	(2) ln *exper*	(3) ln *shiyong*	(4) ln *waiguan*	(5) ln *faming*	(6) ln *exper*
oldrate	0.039 (0.106)	0.398*** (0.120)	0.239** (0.101)	0.508** (0.215)	0.095 (0.104)	0.475*** (0.120)
$oldrate^2$	−0.002 (0.005)	−0.019*** (0.006)	−0.013*** (0.005)	−0.023** (0.010)	−0.005 (0.005)	−0.023*** (0.006)
cityrate	6.260*** (0.862)	4.662*** (1.039)	4.340*** (0.862)	7.157*** (1.917)	5.486*** (0.871)	3.851*** (1.125)
ln *open*	0.128 (0.078)	0.187*** (0.054)	0.116** (0.051)	0.272*** (0.096)	0.122 (0.070)	0.196*** (0.052)
markegdp	−0.003 (0.023)	0.059** (0.024)	0.035* (0.019)	0.080* (0.041)	−0.018 (0.021)	0.049** (0.024)
ln *gdp*	0.816*** (0.234)	0.497** (0.245)	0.569** (0.225)	−0.003 (0.467)	1.182*** (0.296)	0.548* (0.305)
ln *fdi*	0.009 (0.093)	0.070 (0.070)	0.089 (0.058)	0.042 (0.144)	−0.019 (0.100)	0.020 (0.077)
Province effect	YES	YES	YES	YES	YES	YES
Time effect	YES	YES	YES	YES	YES	YES
R-squared	0.977	0.979	0.985	0.936	0.977	0.980
Method	LSDV	LSDV	LSDV	LSDV	IV-GMM	IV-GMM
Observations	330	330	330	330	300	300

注：*、**、*** 分别代表估计系数在 10%、5%和 1%的水平上显著；括号内为稳健标准误

表 4-8 报告了老龄化对不同类型的科技创新的影响。第(1)列中人口老龄化的一次项系数和二次项系数估计值均不显著，表明老龄化时期的到来并未对我国的原发性创新产生严重影响，这可能是因为当前我国高科技行业比例偏低，核心技术发明水平还比较低。如果一个国家现阶段的高科技行业占比较低，根本性创新偏低，那么老龄化的影响将会是有限的。虽然从个人角度上看，很多研究都从理论及实证的角度上证明了科学家发明能力最强的处在 25～40 岁左右的中年时期，但从整个社会层面来看，能够进行原发性创新的人数占比很小，并且有的行业的原发性创新，从有想法到申请专利受理需要很长时间，如医药行业。因此，多方原因综合导致了老龄化并未对我国的原发性创新产生较为显著的影响。第(2)列中人口老龄化变量前的二次项系数在 1%的显著性水平上为负，表明人口老龄化对科技创新的倒 U 形影响主要体现在经验性创新中，这与前面的理论分析基本一致。因为老年人会利用“干中学”积累工作经验，熟能生巧，在工作过程中改进技术，而当年龄进一步加大后整个身体的机能弱化，导致工作能力逐渐降低，在整个社会层面上就体现为老龄化的逐步加深带来经验性创新能力的先增加后减少。进一步将经验性创新分解为经验性技术创新和经验性外观创新，用实用新型专利的申请数量代表经验性技术创新($\ln shiyong$)，用外观专利的申请数量代表经验性外观创新($\ln waiguan$)，第(3)列和第(4)列的回归分析结果显示：人口老龄化二次项系数均显著为负，但显著性水平不同。第(3)列中的老龄化二次项系数估计值在 1%的显著性水平上显著，第(4)列中 $oldrate^2$ 的系数估计值在 5%的显著性水平上显著。并且第(3)列中老龄化影响科技创新能力的拐点较第(4)列出现得更早，表明经验性外观创新能够承受更高程度的老龄化，这可能是因为经验性外观创新所需要的理解能力和分析能力更低，在申请专利方面较为容易，因此在更高的老龄化水平上才会呈现出负面影响。为了避免科技创新与经济发展水平的同期双向因果关系，第(5)列和第(6)列采用 IV-GMM 估计方法对人口老龄化与原发性创新和经验性创新的影响进行估计，结果与前文保持一致。

4.5.2　地区异质性

中国经济发展具有不平衡性，科技创新水平的分布亦是如此，接下来本文将分区域进一步考察人口老龄化与我国科技创新水平之间的关系。在式(4.1)的基础上，将样本分为东部、中西部两个子样本进行双固定效应回归，得到的回归结果如表 4-9 所示，发现人口老龄化对技术进步存在明显的地区差异。

表 4 - 9　区域异质性分析

被解释变量	东部地区			中西部地区		
	ln*allpat*	ln*exper*	ln*faming*	ln*allpat*	ln*exper*	ln*faming*
oldrate	0.244* (0.146)	0.287 (0.186)	0.149 (0.133)	0.295** (0.137)	0.382** (0.156)	−0.009 (0.167)
$oldrate^2$	−0.012* (0.007)	−0.015* (0.009)	−0.006 (0.006)	−0.018*** (0.006)	−0.021*** (0.007)	−0.004 (0.008)
cityrate	5.488*** (1.010)	5.196*** (1.378)	7.584*** (0.966)	2.834 (1.896)	3.113 (2.108)	2.877 (1.952)
ln*open*	0.148*** (0.044)	0.201*** (0.057)	0.029 (0.039)	0.253*** (0.076)	0.203** (0.079)	0.195* (0.102)
markegdp	0.059** (0.024)	0.093*** (0.029)	0.013 (0.024)	−0.033 (0.035)	−0.004 (0.040)	−0.075 (0.056)
ln*gdp*	0.969*** (0.265	1.331*** (0.355)	0.135 (0.339)	0.349 (0.443)	−0.357 (0.539)	1.589*** (0.480)
ln*fdi*	0.115 (0.118)	0.128 (0.116)	0.131 (0.215)	0.016 (0.095)	0.120 (0.105)	−0.069 (0.135)
Province effect	YES	YES	YES	YES	YES	YES
Time effect	YES	YES	YES	YES	YES	YES
R - squared	0.993	0.987	0.991	0.975	0.968	0.962
Observations	110	110	110	190	190	190

注：*、**、*** 分别代表估计系数在 10%、5%和 1%的水平上显著；括号内为稳健标准误

考虑到双向因果的关系，表 4 - 9 采用 IV - GMM 方法对东部地区和中西部地区进行回归分析。无论是东部地区，还是西部地区，其老龄化程度均与科技创新水平呈现倒 U 形关系，并且这种关系主要体现在经验性创新中，在原发性创新中不明显。但东部地区的 $oldrate^2$ 的系数估计值在 10%的水平上显著为负。而中西部地区 $oldrate^2$ 的系数估计值在 1%的水平上显著为负，并且东部地区拐点对应的老龄化程度比西部地区高，表明东部地区的科技创新水平能够承受更高的老龄化程度。这主要是因为东部地区的经济发展水平较高，受教育程度较中西部地区更高，每年会吸引大量的优质中西部青年来东部地区就业，促进东部

地区的产业发展，在一定程度上缓解了老龄化带来的影响。

4.6 稳健性检验

为了进一步对前文实证结果的稳健性进行检验，在保持之前计量方程不变的基础上，采用 Bootstrap 方法和替换核心解释变量进行稳健性检验。

4.6.1 Bootstrap 方法

考虑到本文选取的样本数量有限，应用 T 检验进行显著性推断所得出的结论可能缺乏稳健性问题，故采用 Bootstrap 方法进行 1 000 次的自主抽样进行稳健性检验。Bootstrap 方法也称为“自举法”或“自助法”。其主要是采用重复抽样技术从原始样本中抽取一定的数量，然后根据抽出的样本计算待估计的统计量 T，重复上述抽样 N 次，得到 N 个统计量 T 的方差，以此来估计统计量 T 的方差，得到回归结果如表 4 - 10、表 4 - 11 所示。

表 4 - 10 稳健性检验 1 - 1

被解释变量	ln*allpat*	ln*faming*	ln*exper*
oldrate	0.320*** (0.105)	0.039 (0.112)	0.398*** (0.129)
$oldrate^2$	−0.016*** (0.005)	−0.002 (0.005)	−0.019*** (0.006)
cityrate	5.033*** (0.976)	6.260*** (1.003)	4.662*** (1.168)
ln*open*	0.202*** (0.067)	0.128 (0.089)	0.187*** (0.063)
markegdp	0.036 (0.023)	−0.003 (0.027)	0.059** (0.026)
ln*gdp*	0.678*** (0.224)	0.816*** (0.252)	0.497* (0.269)
ln*fdi*	0.016 (0.071)	0.009 (0.103)	0.070 (0.079)

续 表

被解释变量	$\ln allpat$	$\ln faming$	$\ln exper$
Province effect	YES	YES	YES
Time effect	YES	YES	YES
A R - squared	0.982	0.973	0.976
抽样次数	1 000	1 000	1 000

注：*、**、*** 分别代表估计系数在 10%、5%和 1%的水平上显著；括号内为稳健标准误

表 4-11　稳健性检验 1-2

被解释变量	人力资本效应		资本—劳动力要素禀赋效应	
	$\ln shijirl$	$\ln allpat$	$\ln zbld$	$\ln allpat$
oldrate	-0.017*** (0.006)	—	0.025*** (0.008)	—
$\ln shijirl$	—	0.815*** (0.215)	—	—
$\ln zbld$	—	—	—	0.616*** (0.220)
$\ln zbld^2$	—	—	—	-0.123*** (0.046)
cityrate	0.656*** (0.478)	4.483*** (0.881)	2.285*** (0.504)	3.494*** (1.071)
$\ln open$	-0.021 (0.016)	0.186*** (0.063)	0.030 (0.025)	0.127** (0.057)
markegdp	0.055*** (0.015)	-0.014 (0.021)	0.004 (0.008)	0.036* (0.021)
$\ln gdp$	0.061 (0.075)	0.527** (0.232)	0.624*** (0.086)	0.518** (0.261)
$\ln fdi$	0.095*** (0.024)	-0.044 (0.068)	-0.195*** (0.035)	0.039 (0.075)

续　表

被解释变量	人力资本效应		资本—劳动力要素禀赋效应	
	ln*shijirl*	ln*allpat*	ln*zbld*	ln*allpat*
Province effect	YES	YES	YES	YES
Time effect	YES	YES	YES	YES
A R - squared	0.996	0.982	0.986	0.982
抽样次数	1 000	1 000	1 000	1 000

注：*、**、*** 分别代表估计系数在 10%、5%和 1%的水平上显著；括号内为稳健标准误

在采用 Bootstrap 方法进行稳健性检验时，表 4 - 10 报告了人口老龄化与科技创新水平之间确实存在着明显的倒 U 形关系，并且这种关系主要体现在经验性创新中，对原发性创新的影响不显著。在对模型进行中介效应检验时，表 4 - 11 报告的结果也与前文的估计一致，表明人力资本效应和资本—劳动力要素禀赋效应确实是影响科技创新能力的两个途径。

4.6.2　替换核心解释变量方法

为了进一步增强本文结论的稳健性，除采用以上纯统计学的方法进行稳健性检验外，本文还采用了替换核心解释变量的方法再次进行稳健性检验，即采用老年抚养比代替 65 岁以上老龄人口的比重。表 4 - 12 和表 4 - 13 报告了替换核心解释变量方法的回归估计结果。表 4 - 12 中科技创新水平与经验性创新水平对老年抚养比进行回归，$oldexp^2$前的估计系数在 1%的显著性水平上为负，原发性创新与老年抚养比进行回归分析，$oldexp^2$前的系数不显著，这表明老龄抚养比与科技创新能力之间存在倒 U 形的关系，并且这种关系只存在于经验性创新中，老年抚养比的变化对发明型创新影响不显著。表 4 - 13 中介效应的回归估计结果仍与前文的结论一致，说明了老年抚养比的增加会带来人力资本水平的减少，同时也会带来资本—劳动力比重增加。替换核心解释变量后，东部地区和中西部地区的估计结果仍与前文估计一致。表 4 - 14 中科技创新水平的空间相关系数 ρ 显著为正，同时 $oldexp^2$前的估计系数显著为负，说明在纳入空间因素后人口老龄化与科技创新的倒 U 形关系依然存在，也进一步验证了人口老龄化对我国科技创新影响的空间溢出效应。

表 4 - 12　稳健性检验 2 - 1

被解释变量	(1) lnallpat	(2) lnfaming	(3) lnexper	(4) lnallpat	(5) lnfaming	(6) lnexper
oldexp	0.235*** (0.064)	0.025 (0.070)	0.302*** (0.072)	0.260*** (0.062)	0.046 (0.069)	0.331*** (0.301)
$oldexp^2$	−0.009*** (0.002)	−0.001 (0.003)	−0.011*** (0.003)	−0.010*** (0.002)	−0.002 (0.002)	−0.012*** (0.003)
cityrate	5.355*** (0.879)	6.344*** (0.875)	5.061*** (1.037)	4.579*** (0.912)	5.594*** (0.877)	4.286*** (1.113)
ln*open*	0.210*** (0.062)	0.128 (0.080)	0.197*** (0.056)	0.210*** (0.059)	0.120* (0.072)	0.205*** (0.054)
markegdp	0.035* (0.020)	−0.003 (0.023)	0.058** (0.024)	0.020 (0.019)	−0.018 (0.020)	0.047** (0.024)
ln*gdp*	0.670*** (0.202)	0.813*** (0.232)	0.493** (0.240)	0.822*** (0237)	1.169*** (0.294)	0.528* (0.301)
ln*fdi*	0.023 (0.061)	0.009 (0.093)	0.079 (0.069)	−0.012 (0.066)	−0.014 (0.099)	0.036 (0.075)
Province effect	YES	YES	YES	YES	YES	YES
Time effect	YES	YES	YES	YES	YES	YES
R - squared	0.985	0.977	0.980	0.985	0.977	0.980
Method	LSDV	LSDV	LSDV	IV - GMM	IV - GMM	IV - GMM
Observations	330	330	330	300	300	300

注：*、**、*** 分别代表估计系数在 10%、5%和 1%的水平上显著；括号内为稳健标准误

表 4 - 13　稳健性检验 2 - 2

被解释变量	中介效应		东部地区	中西部地区
	ln*shijirl*	ln*zbld*	ln*allpat*	ln*allpat*
oldexp	−0.013*** (0.004)	0.017*** (0.005)	0.235** (0.101)	0.152* (0.086)

续　表

被解释变量	中介效应		东部地区	中西部地区
	ln*shijirl*	ln*zbld*	ln*allpat*	ln*allpat*
$oldexp^2$	—	—	−0.009** (0.004)	−0.008*** (0.003)
cityrate	0.663 (0.445)	2.300*** (0.456)	5.828*** (1.009)	3.150* (1.858)
ln*open*	−0.021* (0.013)	0.030 (0.022)	0.142*** (0.040)	0.263*** (0.074)
markegdp	0.055*** (0.015)	0.004 (0.006)	0.061** (0.026)	−0.038 (0.034)
ln*gdp*	0.058 (0.067)	0.629*** (0.085)	0.875*** (0.272)	0.343 (0.444)
ln*fdi*	0.094*** (0.022)	−0.194*** (0.032)	0.085 (0.120)	0.012 (0.093)
Province effect	YES	YES	YES	YES
Time effect	YES	YES	YES	YES
R - squared	0.996	0.988	0.993	0.976
Method	LSDV	LSDV	IV - GMM	IV - GMM
Observations	330	330	110	190

注：*、**、*** 分别代表估计系数在10%、5%和1%的水平上显著；括号内为稳健标准误

表4-14　稳健性检验2-3

被解释变量	ln*allpat*	ln*allpat*
oldexp	0.256*** (0.073)	0.237*** (0.074)
$oldexp^2$	−0.009*** (0.003)	−0.009*** (0.003)

续 表

被解释变量	ln*allpat*	ln*allpat*
cityrate	5.813*** (1.362)	6.373*** (1.233)
ln*open*	0.140** (0.067)	0.191** (0.081)
markegdp	0.038 (0.033)	0.036 (0.028)
ln*gdp*	0.789*** (0.148)	0.718*** (0.148)
ln*fdi*	0.084 (0.084)	0.064 (0.079)
spatial ρ	0.170*** (0.055)	0.149*** (0.060)
Spatial λ	—	—
R - squared	0.920	0.923
Method	SAR	SDM
Observations	330	330

注：*、**、*** 分别代表估计系数在 10%、5%和 1%的水平上显著；括号内为稳健标准误

第5章　结论、政策建议与未来展望

5.1　结论

当前我国经济发展进入新常态，人口红利逐渐消失，传统依靠廉价劳动力实现经济增长的方式已经不可持续，必须转变经济增长方式，以创新引领经济增长。创新最本质的因素在于人，要推进科技创新的大力发展必须要有充足的劳动力，以及更好的教育和知识水平。当前我国已经进入了人口老龄化社会，截至2018年底，65岁以上的人口占总人口的比重已经达到11.90%，大约有1.67亿的老龄人口，如此庞大的老龄人口给我国的经济社会发展带来了巨大的压力，那么人口年龄结构老化是否会对我国的科技创新产生影响？如果会产生影响，其内在的作用机制如何？立足当下基本国情，围绕这些问题，本文运用理论与实证相结合的方法展开深入细致的讨论，并得到以下结论。

(1) 从总体上看，人口老龄化与我国的科技创新水平之间存在倒U形的关系。本文选用各地区专利申请数量作为科技创新水平的代理变量，选用65岁以上人口占总人口的比重作为人口老龄化的代理变量。通过Hausman检验，基于双固定效应模型和IV-GMM模型，最终验证了人口老龄化与科技创新水平之间倒U形关系的存在，说明了人口年龄结构老化是影响科技创新水平的重要因素。

(2) 人力资本水平和要素禀赋变化是人口老龄化影响科技创新水平的两个途径。理论层面上指出个人创新能力会随着年龄结构的老化而衰减，对应表现为人力资本水平的下降，从而不利于创新；同时，在整个社会层面上，人口老龄化带来劳动力的稀缺，企业加快向技术、资本密集型转变，倒逼企业技术革新。但科技创新本身也是一种知识产出，资本—劳动力作为投入要素，需要满足边际报酬递减的规律。基于理论机制分析，本文实证检验了人口老龄化影响科技创新水平的中介效应。研究发现：一方面，人口老龄化与人力资本水平存在显著的负向关系，同时人力资本水平与科技创新水平之间表现为正相关，证明了人口老龄化降低了人力资本水平，不利于科技创新；另一方面，人口老龄化的加深带来资本—劳动力比值增加，同时回归分析显示出资本—劳动力比重与科技创新水平之间存在倒U形关系，说明人口老龄化加深导致适龄劳动力人口的减少，资本投资加大，要素禀赋发生改变，在一定程度上“倒逼”企业进行技术创新。但资本—劳动力比重对科技创新水平的边际效用会随着其比重的增加而减少，当其边际效用小于0时，会对科技创新产生不利影响。

（3）人口老龄化对我国科技创新的影响存在显著的空间溢出效应。构建邻接矩阵，采用莫兰指数法初探科技创新水平的空间相关性，发现各省份（自治区、直辖市）之间的科技创新能力存在显著的正相关关系。进一步绘制莫兰散点图，观察科技创新水平的空间分布状态，发现东部地区省份存在较明显的“高值—高值”关系，西部地区只有个别省份科技创新水平高，如四川省，其余各省份之间存在较为明显的“低值—低值”的关系。接着建立空间面板回归模型，发现人口老龄化与科技创新水平之间的倒U形关系在引入空间因素后依然显著成立，同时科技创新水平的空间相关系数显著为正，说明人口老龄化不仅会影响本地的科技创新水平，还会通过科技创新本身的空间溢出效应对其他地区的科技创新水平造成影响。

（4）人口老龄化对不同类型的科技创新能力的作用效果不同。人口老龄化对我国科技创新的影响主要体现在经验性创新中，在原发性创新中影响不显著。进一步，将经验性创新分为经验性技术创新和经验性外观创新，发现人口老龄化与二者均呈现倒U形关系，但经验性技术创新中拐点出现对应的老龄化程度较经验性外观创新更小，这主要是因为经验性外观创新所需要的理解能力和分析能力更低，在申请专利方面较为容易，因此在更高的老龄化水平上才会呈现出负面影响。

（5）人口老龄化对科技创新的影响存在地区差异。中国的经济发展水平和科技创新能力都具有地区发展不平衡的特点，东部地区的创新能力远高于中西部地区。将样本分为东部、中西部两个子样本进行回归分析发现，人口老龄化无论是在东部地区还是在中西部地区，都与科技创新呈倒U形的关系，但对中西部地区的影响更为显著。同时中西部地区倒U形拐点对应的老龄化程度要低于东部地区。出现这种结果的可能原因是：外来年轻劳动力涌入东部地区以及东部地区自身的优越的教育水平，减缓了老龄化带来的影响。

5.2　政策建议

转换经济增长动能，以创新引领经济发展是当前我国重要的发展战略。人口老龄化已经成为当下中国人口年龄结构发展的必然趋势，结合本文研究的人口老龄化影响科技创新的理论和实证检验的结果提出以下几点政策建议。

（1）提高全民受教育程度，加快人力资本水平积累。实证结果表明：人口老龄化加深会带来人力资本水平下降，因此在老龄化时期应该注重国民人力资本水平积累。人力资本可以分为受教育程度和职业技能水平：在受教育程度方面，应注重教育资源在区域之间的平衡发展，提高整个社会受教育程度；在职业技能培养方面，应该注重建立相关职业学院，真正培养专业技能。并且在职业教育方面，可以充分发挥老龄人口再就业，将在特定领域富有经验的老龄人引入职业高校，促进老龄人与年轻人之间的信息交流，在缓解劳动力不足的同时，提高人力资本存量。

（2）适当延长退休年龄、促进老龄人口再就业。为了缓解适龄劳动力减少带来的资本—劳动力比值过大，我国可以效仿日本等老龄化严重的国家，适当延长工作人员退休年龄，同时提供一些老龄人口能够从事的岗位，号召具备工作能力的老龄人口实现再就业，一方面能够增加就业人数，另一方面能够让老龄人口继续为经济发展作出贡献，减轻老龄化带来的社会负担。

（3）提高工作效率，优化资源配置。固定资产投资形成的资本积累逐年增加，适龄劳动力逐渐减少是当前中国发展不可否认的现状。为了充分利用现有的资本存量，国家或企业应该注重人才培养，建立更加完善的考核制度和薪酬制度，让就业者在岗位上发光发热，通过提高劳动效率增加实际就业劳动量。同时，优化科研领域的组织机制建设，缩短科技项目审批流程，加强科研项目的后续监督管理，让资源能够得到合理配置。

（4）加强交流合作，促进区域协同创新。充分利用科技创新的空间正向溢出效应，搭建地区间交流平台，促进信息、技术等创新资源的充分自由流动。完善知识产权保护法律制度，充分确保创新者的合法权益，推动区域间合作交流，实现各地区间创新资源互补、共享的发展局面，促进科技创新水平的提升。

（5）提高城镇化水平，促进经济发展。实证结果显示，城镇化比率增加以及经济发展水平提高均有利于提高科技创新水平。城市人口增加势必会带来产业结构转化，第一产业比重逐渐减少，二、三产业比重加大，因而可以在提高城镇化水平的同时，顺应老龄化进程，大力发展“银发经济”，刺激老龄人口消费，让老年群体的需求成为拉动经济发展的新动力。

5.3 未来展望

本文采用省级层面的宏观数据，以各省份专利申请数量作为科技创新水平的代理变量，研究人口老龄化与我国科技创新水平之间的关系，主要发现了人力资本水平和资本劳动禀赋是人口老龄化影响科技创新的两个途径。通过莫兰指数检验了科技创新水平的空间关联性，将空间因素纳入模型，验证人口老龄化对我国科技创新影响的空间溢出效应。最后，进一步研究了当下人口老龄化对不同创新类型的创新水平的影响差异及地区的异质性。因此进一步的工作可以从以下两个方面展开。

（1）从微观角度，探究人口老龄化对科技创新水平的影响。本文采用的是宏观层面的数据，后续研究可采用更加微观层面的数据，如行业数据，探究老龄化对不同行业科技创新的影响的差异。

（2）进一步探究人口老龄化影响创新水平的其他作用机制。本文验证了人口年龄结构老化会通过人力资本和资本—劳动力禀赋影响科技创新，但人口老龄化仍有可能通过其他途径影响科技创新，对此仍需要进一步探索，为应对老龄化社会的到来做好更加充分的准备。

参考文献

[1] ASPLUND R. The provision and effects of company training: A brief review of the literature[J]. Nordic Journal of Political Economy, 2004, 31: 47－73.

[2] AUDRETSCH D B, FELDMAN M P. R&D spillovers and the geography of innovation and production[J]. The American economic review, 1996, 86(3): 630－640.

[3] BAVAUD F. Models for spatial weights: A systematic look[J]. Geographical Analysis, 2010,30(2): 153－171.

[4] BECKER G S. An economic analysis of fertility, demographic and economic change in developed countries: A conference of the universities[J]. National Bureau Commitee for Economic Research, 1960, 209.

[5] BEHAGHEL L, GREENAN N. Training and age-biased technical change[J]. Annals of Economics and Statistics, 2010(99/100): 317.

[6] BLOOM D E, SOUSA-POZA A. Aging and productivity: Introduction[J]. Labour Economics, 2013, 22: 1－4.

[7] BLOOM D E, WILLIAMSON J G. Demographic transitions and economic miracles in emerging Asia[J]. The World Bank Economic Review, 1998, 12(3): 419－455.

[8] CZAJA S J,LEE C C. The impact of aging on access to technology[J]. Universal Access in the Information Society, 2007, 5(4): 341－349.

[9] EDQUIST C, MCKELVEY M D. The Swedish paradox: High R&D intensity without high tech products[M]//NEILSEN K, JOHNSON B. Institutions and Economic Change: New Perspectives on Markets, Firms and Technology. Cheltenham: Edward Elgar Publishing, 1994.

[10] FEYRER J. Demographics and productivity[J]. Review of Economics and Statistics, 2007, 89(1): 100－109.

[11] FISCHER M M, VARGA A. Spatial knowledge spillovers and university research: Evidence from Austria[J]. The Annals of Regional Science, 2003, 37(2): 303－322.

[12] FREEMAN R B, HUANG W. China's "great leap forward" in science and engineering [M]//Global Mobility of Research Scientists.Amsterdam: Elsevier, 2015: 155－175.

[13] FROSCH K, TIVIG T. Age, human capital and the geography of innovation[M]// Labour Markets and Demographic Change, 2009: 137－146.

[14] GIBBONS R, MURPHY K J. Optimal incentive contracts in the presence of career

concerns: Theory and evidence[J]. Journal of Political Economy, 1992, 100(3): 468-505.

[15] GIURI P, MARIANI M, BRUSONI S, et al. Inventors and invention processes in Europe: Results from the PatVal-EU survey[J]. Research Policy, 2007, 36(8): 1107-1127.

[16] HENSEKE G, TIVIG T. Demographic change and industry-specific innovation patterns in Germany[M]//Labour Markets and Demographic Change, 2009: 122-136.

[17] ILMAKUNNAS P, MALIRANTA M, VAINIOMÄKI J. The roles of employer and employee characteristics for plant productivity[J]. Journal of Productivity Analysis, 2004, 21(3): 249-276.

[18] IRMEN A. Population aging and the direction of technical change[J]. SSRN Electronic Journal, 2009. DOI: 10.2139/ssrn.1532690.

[19] KANFER R, ACKERMAN P. Individual differences in work motivation: Further explorations of a trait framework[J]. Applied Psychology, 2000, 49(3): 470-482.

[20] LANCIA F, PRAROLO G. Life expectancy, human capital accumulation, technological adoption and the process of economic growth[M]//KUHN M, OCHSEN C. Labour Markets and Demographic Change. New York: Springer, 2009: 169-189.

[21] LEHMAN H C. Age and achievement[M]. Princeton, NJ: Princeton University Press, 2017.

[22] LEVIN S, STEPHAN P E. Research productivity over the life cycle: Evidence for academic scientists[J]. The American Economic Review, 1991, 81: 114-132.

[23] LIM U. The spatial distribution of innovative activity in U. S. metropolitan areas: Evidence from patent data[J]. The Journal of Regional Analysis and Policy, 2003, 33: 84-126.

[24] MALMBERG B, LINDH T, HALVARSSON M. Productivity consequences of workforce aging: Stagnation or horndal effect? [J]. Population and Development Review, 2008, 34: 238-256.

[25] MAZZEO R S, TANAKA H. Exercise prescription for the elderly[J]. Sports Medicine, 2001, 31(11): 809-818.

[26] MYERSON J, HALE S, WAGSTAFF D, et al. The information-loss model: A mathematical theory of age-related cognitive slowing[J]. Psychological Review, 1990, 97(4): 475-487.

[27] NELSON R R, PHELPS E S. Investment in humans, technological diffusion, and economic growth[J]. The American economic review, 1966, 56(1/2): 69-75.

[28] NODA H. Population aging and creative destruction[J]. Journal of Economic Research, 2011, 16(1): 29-58.

[29] PRSKAWETZ A, MAHLBERG B, SKIRBEKK V, et al. The impact of population ageing on innovation and productivity growth in Europe[M]. Wien: Vienna Institute of Demography, 2006.

[30] ROMER P M. Endogenous technological change[J]. Journal of Political Economy, 1990, 98(5, Part 2): S71 - S102.

[31] ROUVINEN P. Characteristics of product and process innovators: Some evidence from the Finnish innovation survey[J]. Applied Economics Letters, 2002, 9(9): 575 - 580.

[32] RYBASH J M, HOYER W J, ROODIN P. Adult cognition and aging: Developmental changes in processing, knowing and thinking[M]. New York: Pergamon Press, 1986.

[33] SCHWARTZMAN A E, GOLD D, ANDRES D, et al. Stability of intelligence: A 40-year follow-up[J]. Revue Canadienne De Psychologie, 1987, 41(2): 244 - 256.

[34] SKIRBEKK V. Age and individual productivity: A literature survey[J]. Vienna Yearbook of Population Research, 2004, 1(2004): 133 - 154.

[35] SZRETER S. The idea of demographic transition and the study of fertility change: A critical intellectual history[J]. Population and Development Review, 1993, 19(4): 659.

[36] VERHAEGHEN P, SALTHOUSE T A. Meta-analyses of age-cognition relations in adulthood: Estimates of linear and nonlinear age effects and structural models[J]. Psychological Bulletin, 1997, 122(3): 231 - 249.

[37] WERDING M. Ageing and productivity growth: Are there macro-level cohort effects of human capital? [J]. SSRN Electronic Journal, 2008. DOI: 10. 2139/ssrn. 1088635.

[38] WILLIS R J. What have we learned from the economics of the family? [J]. The American Economic Review, 1987, 77(2): 68 - 81.

[39] 白俊红,蒋伏心.协同创新、空间关联与区域创新绩效[J].经济研究,2015,50(7):174 - 187.

[40] 蔡昉.人口转变、人口红利与刘易斯转折点[J].经济研究,2010,45(4):5 - 14.

[41] 蔡昉.中国经济增长如何转向全要素生产率驱动型[J].中国社会科学,2013(1):56 - 71,206.

[42] 单豪杰.中国资本存量 K 的再估算:1952—2006 年[J].数量经济技术经济研究,2008,25(10):17 - 31.

[43] 邓翔,张卫,万春林.人口老龄化与技术进步:凛冬将至吗——来自 OECD 国家的经验证据[J].广东财经大学学报,2019,34(6):11 - 23.

[44] 高越.人口老龄化影响了科技创新吗? 基于中国省级面板数据的实证研究[J].科技进步与对策,2017,34(17):46 - 51.

[45] 韩振秋.人口老龄化与科技创新关系研究述评与优化[J].自然辩证法研究,2017,33(10):80 - 84.

[46] 胡伟略.关于人口老龄化与技术进步的关系问题[J].数量经济技术经济研究,1991,8(11):27 - 34.

[47] 李海峥.中国人力资本报告 2018[R].北京:中央财经大学,2018.

[48] 刘和东.区域创新内溢、外溢与空间溢出效应的实证研究[J].科研管理,2013,34(1)28 - 36.

[49] 潘文卿.中国的区域关联与经济增长的空间溢出效应[J].经济研究,2012(1):54 - 65.

[50] 田雪原,胡伟略,杨永超.日本人口老龄化与经济技术进步:赴日考察及学术交流报告[J].中国人口科学,1990(6):59 - 62.

[51] 汪伟,姜振茂.人口老龄化对技术创新的影响机制分析：基于 DFA 方法的创新评价和动态面板模型[J].上海财经大学学报(哲学社会科学版),2017,19(6)：4 - 17.

[52] 汪伟,姜振茂.人口老龄化对技术进步的影响研究综述[J].中国人口科学,2016(3)：114 - 125.

[53] 王笳旭,王淑娟.人口老龄化、技术创新与经济增长：基于要素禀赋结构转变的视角[J].西安交通大学学报(社会科学版),2017,37(6)：33 - 44.

[54] 王丽英.市场化程度与区域经济增长的实证研究：基于省际面板数据的分析[J].经济体制改革,2010(2)：133 - 136.

[55] 魏浩,郭也.中国制造业单位劳动力成本及其国际比较研究[J].统计研究,2013,30(8)：102 - 110.

[56] 魏新颖,王宏伟,徐海龙.高技术产业技术创新的空间关联与溢出效应[J].经济问题探索,2019(10)：155 - 164.

[57] 吴玉鸣.空间计量经济模型在省域研发与创新中的应用研究[J].数量经济技术经济研究,2006,23(5)：74 - 85,130.

[58] 向志强.人力资本生命周期与人力资本投资[J].中国人口科学,2002(5)：13 - 19.

[59] 肖文,薛天航.劳动力成本上升、融资约束与企业全要素生产率变动[J].世界经济,2019,42(1)：76 - 94.

[60] 闫钟.人口老龄化与科技进步[J].山西科技,2000(4)：35 - 36.

[61] 阳立高,谢锐,贺正楚,等.劳动力成本上升对制造业结构升级的影响研究：基于中国制造业细分行业数据的实证分析[J].中国软科学,2014(12)：136 - 147.

[62] 杨武,杨大飞,雷家骕.R&D 投入对技术创新绩效的影响研究[J].科学学研究,2019,37(9)：1712 - 1720.

[63] 杨校美.人口老龄化会影响技术创新吗? ——来自 G20 的经验证据[J].华东经济管理,2018,32(6)：115 - 123.

[64] 姚东旻,宁静,韦诗言.老龄化如何影响科技创新[J].世界经济,2017,40(4)：105 - 128.

[65] 姚丽,谷国锋.区域技术创新、空间溢出与区域高技术产业水平[J].中国科技论坛,2015(1)：91 - 95.

[66] 张俊良,张兴月.人口红利理论与中国人口红利问题研究[J].社会科学研究,2018(6)：119 - 126.

[67] 张玉明,李凯.中国创新产出的空间分布及空间相关性研究：基于 1996—2005 年省际专利统计数据的空间计量分析[J].中国软科学,2007(11)：97 - 103.

第七篇

家庭杠杆、杠杆结构与消费支出

张仁杰

第1章　绪　　论

1.1　研究背景和意义

在经济增速放缓的“新常态”下，消费是我国进入后工业化时代经济增长的主要动力，保持消费需求稳步增长、推动结构转型升级是实现“高质量”发展目标的重要支撑。一个需求稳定的社会，消费拉动型才是真正可持续的经济增长方式(Porter，1990；赵昌文，2015)。我国正在进行第三次消费结构转型升级，驱动“文教娱乐”相关产业的发展，带动新一轮经济增长。然而，我国居民消费支出水平和结构与发达国家相比仍存在较大差距，不容乐观。第一，从居民消费支出总量上看，我国居民消费支出年增长率由2013年的9.57%下降至2017年的6.54%，呈下降态势。我国居民消费支出占GDP的比重由2000年的46.86%下降至2017年的38.86%，不仅远远低于美国、英国、德国等西方发达国家，也显著低于与我国具有相似文化和传统的东亚国家，如日本和韩国等，仅为世界居民消费率平均水平的一半(Park & Rhee, 2005; Horioka, 2007；何兴强、史卫，2014)。第二，从居民消费支出结构上看，我国居民衣食消费占比从2013年的39%下降到2017年的36%，但仍占比较高，为同期美国的4倍左右，并且在文教娱乐方面消费占比由2013年的10.57%增加为2017年的11.39%，低于同期美国(约18%)、韩国(约22%)、日本(约16%)等国家，我国居民消费升级态势延续，但增速却较缓慢。已有研究对我国居民消费需求不足的原因进行了探讨，主要归结为：① 金融市场不发达引发的流动性约束影响；② 消费观念禁锢，受到家庭偏好、文化及习惯等的制约；③ 人口老龄化趋势致使消费倾向整体下移(Modigliani & Cao, 2004; Chamon & Prasad, 2010；杭斌、郭香俊，2009；杨汝岱、陈斌开，2009)。虽然这些研究成果在一定程度上解释了消费不足的原因，却忽视了家庭(债务)杠杆的影响。

近年来我国家庭债务水平迅速攀升，家庭贷款余额占GDP的比重已从2005年的16.86%上升到2017年的48.98%。以往学术界关注的焦点主要集中在企业、金融机构和政府部门，而对家庭杠杆的研究偏少。家庭杠杆攀升是不是造成消费需求增长以及升级缓慢的一项主要根源，不同类型的杠杆与家庭的表现存在哪些差异，家庭部门是否应该"去杠杆"以及又该如何"去杠杆"等问题没有得到关注。

鉴于此，本文在借鉴相关理论模型并加以改进的基础上，分析家庭杠杆与消费支出之间的理论关系，并结合样本数据开展多维度系统性实证检验，厘清了当前我国家庭杠杆水平攀升与消费需求增速放缓关系的特征事实，丰富了该领域的研究。

1.2 研究思路和技术路线

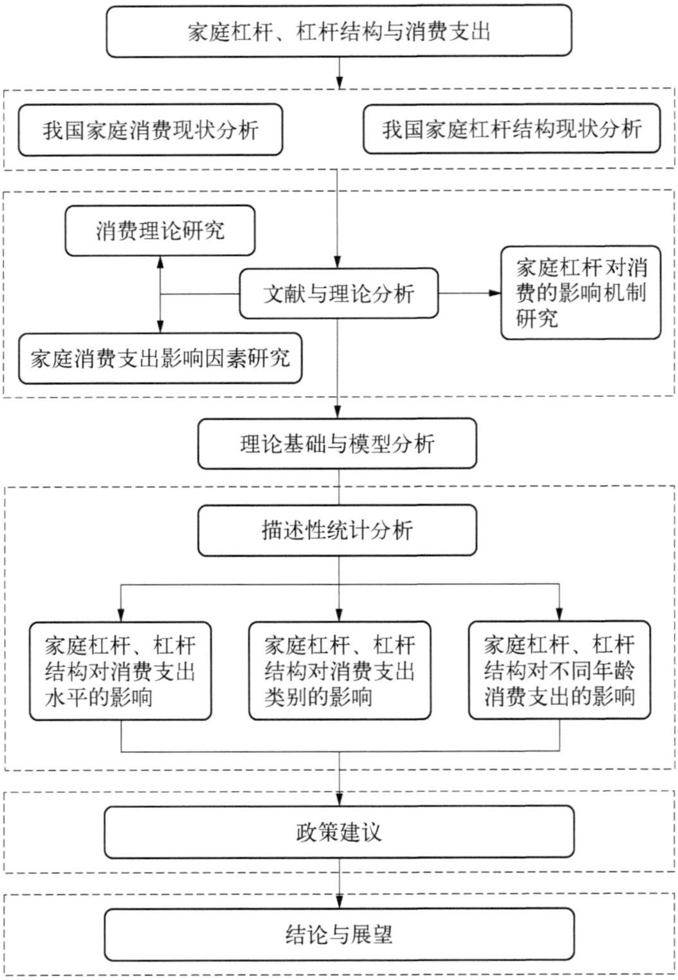

图 1-1　研究技术路线

本文在将收入和资产作为重要变量纳入消费行为分析的L-P理论基础上，对Ogawa和Wan(2007)的两期理论模型进行拓展，考虑不同家庭收入异质性影响，引入家庭杠杆变量进行了改进。选取我国2010—2016年中国家庭追踪调查(CFPS)家庭微观面板数据，筛选出5 173个样本，并进行描述性统计分析，从消费支出结构、杠杆结构对比分析我国家庭消费与债务的基本情况。构建固定效应回归模型对家庭杠杆、杠杆结构和消费支出的关系进行验证，并将我国家庭消费支出类型、户主年龄层次分别进行结构性划分，从多个角度更为系统地验证家庭杠杆与消费支出之间的关系(图1-1)。

1.3　研究方法和创新点

1.3.1　研究方法

本文围绕家庭消费这一核心概念，归纳总结了国内外学者对家庭消费理论研究、家庭消费支出影响因素以及家庭杠杆对消费支出的内在影响机制相关文献，通过模型推导与实证分析，考察了家庭杠杆、杠杆结构对家庭消费支出的影响。

(1) 文献分析法。通过整理、阅读和分析国内外与家庭消费支出相关的文献，结合我国家庭消费与家庭杠杆的实际情况，从家庭消费理论研究、家庭消费支出影响因素以及家庭杠杆对消费支出的内在影响机制三个方面对国内外学者的研究成果进行总结，奠定了本研究的理论基础。

(2) 理论模型分析法。以L-P理论为基础，对Ogawa和Wan(2007)的两期模型进行拓展，引入家庭(绝对)债务水平/家庭年收入，即家庭杠杆变量，衡量家庭的债务水平和偿还债务的能力，分析了家庭杠杆对消费支出的影响及其传导机制，为实证结果提供理论依据。

(3) 实证分析法。构建固定效应实证模型，对样本分杠杆结构、消费支出类型和户主年龄层次展开比较研究，从多个方面对实证结果进行对比分析，同时，尝试找出研究结论与前人的相关研究的异同点，试图解释出现异同点的原因。

1.3.2　创新点

本文的“边际贡献”主要表现在以下两个方面：一是理论解释上，以L-P理论为基础，对Ogawa和Wan(2007)的两期模型进行拓展，考虑家庭收入异质性影响，引入家庭杠杆变量，衡量家庭的债务水平和偿还债务的能力，探讨了家庭杠杆对消费的影响及其传导机制;二是实证视角上,对我国家庭杠杆、消费支出类型、户主年龄层次分别进行结构性划分,同时测度房屋杠杆、非房屋杠杆对“青、中、老”三类年龄层次的家庭不同类型消费支出的影响值,从多角度验证家庭杠杆与消费支出之间的关系。

第2章 文献综述

2.1 消费理论研究

消费理论在经济学理论中具有重要的地位,对政府宏观经济调控也具有指导意义。自 20 世纪 30 年代以来,关于消费的代表性理论有:绝对收入理论、相对收入理论、生命周期理论和持久收入理论(朱信凯、骆晨,2011)。绝对收入理论和相对收入理论拓展了消费理论的研究思路,但均难以解释储蓄率的长期稳定性现象。生命周期理论和持久收入理论重点研究了消费者在一生拥有的总资源的约束下的消费决策,并对储蓄的稳定性进行了合理的解释。

1. 绝对收入理论

凯恩斯首先提出“消费函数”这一概念,将“收入”变量引入“消费函数”中,建立绝对收入理论,确立了凯恩斯主义在宏观经济理论中的主导地位。绝对收入理论认为,消费支出和现期收入之间具有“稳定”的函数关系,增加的现期收入会以特定的比例转化为储蓄和消费,且随着现期收入的不断增加,转化为储蓄的比例不断增加,转化为消费的比例逐渐减小,凯恩斯将这一规律定义为边际消费倾向(MPC)递减规律,即 MPC 与现期收入水平成反比。根据绝对收入理论,现期收入的分配会影响消费者的消费支出和储蓄,一个人的收入水平越高,消费支出的比重越低,社会有效需求不足将不可避免。凯恩斯主义认为,家庭部门消费需求总量不足、储蓄率过高是导致经济增长陷入周期性波动甚至停滞的重要原因。若采取有效的收入分配和保障制度,有利于家庭部门将收入更多地转化为消费支出,释放消费需求。凯恩斯主义的确立和不断发展首次将“收入”引入消费理论研究,着眼于收入和消费之间的关系,成为消费理论研究的开山之作。

在凯恩斯提出绝对收入理论之后,学者们经过大量的实证检验,试图估计消费函数的具体形式并验证这一论断。实证经验表明,消费支出的确与现期收入之间具有稳定的函数关系。然而,战后初期,凯恩斯消费函数对于消费支出、收入和美国国内需求的预测却出现了偏差,受到了学术界的质疑。同时,Kuznets

(1942)基于美国国内宏观经济发展数据实证检验发现,储蓄与现期收入之间没有呈现显著的正相关关系,储蓄率不会随现期收入的增加持续上升,而是保持长期的稳定性,即著名的“库兹涅茨反论”。经验研究通过数据和计量经济模型对理论进行统计检验,助推着理论的进步与革新,凯恩斯消费函数出现的矛盾逐渐明确,绝对收入理论受到学术界更多的质疑和挑战,需要新的关于消费支出的理论解释(陈璋等,1988)。

2. 相对收入理论

Duesenberry(1949)和 Modigliani(1949)提出相对收入理论,将“过去收入”这一变量引入消费函数,丰富了消费理论的研究和发展,成为继绝对收入理论之后又一个重要的消费理论。他们认为,消费支出与消费者过去收入的峰值以及身边的人的消费行为习惯有关。相对收入理论认为,当现期收入水平发生改变时,消费者受过去收入峰值的“棘轮效应”的影响,不会立即调整消费行为适应新的收入水平,而是偏好于维持现有的生活水平和消费习惯,即消费具有“黏性”(Hagen, 1955)。此外,尽管收入水平不同,身边的人的消费行为和习惯也会对消费者起到一定的“示范效应”,主要体现在收入较高的消费者的消费行为对相对低收入消费者的消费行为的影响。相对收入理论引入“棘轮效应”和“示范效应”,将过去收入纳入消费函数的影响变量,重点关注消费者行为,丰富了消费理论的研究,为后续研究提供了重要的借鉴意义,但相对收入理论仍未解释绝对收入理论存在的矛盾,即储蓄的长期稳定性,受到了学术界的质疑。

3. 生命周期和持久收入理论

绝对收入理论和相对收入理论始终不能完美地解释储蓄率的长期稳定性,相继受到学术界的质疑和挑战,使得消费函数的研究在很长时间内没有坚实的理论支撑,必须找到新的理论框架来分析居民消费行为。为了进一步完善消费函数的理论研究,一些学者倾向在消费模型中加入时间序列变量或者不同性质的变量,企图发现影响消费支出的其他重要因素。直到生命周期理论和持久收入理论的出现,消费函数的理论研究才发生了重大的变革(朱信凯、骆晨,2011;孙凤,2001)。

生命周期理论认为,尽管消费者的收入水平在一生中具有较大的不确定性,一个典型的消费者总是在一定的资源约束条件下力争平滑一生消费支出,追求一生效用的最大化(Modigliani & Brumberg, 1954)。通过在年轻时增加储蓄,退休后消耗储蓄,熨平一生消费支出的波动。在此理论框架下,消费者在收入高时进行储蓄,用于退休后养老,储蓄的动机源于生命周期的特征变化,与收入水平无关，收入分配不影响储蓄和消费，对储蓄率的长期稳定性进行了合理的解释。同时，生命周期理论将消费函数研究的着眼点转向储蓄对经济增长的影响，国民储蓄是资本积累的基础，资本是经济增长的核心要素，储蓄与经济增长存在正向因果关系。稳定增长的经济体需要拥有稳定增长的储蓄率，而储蓄率的高低可以从消费行为的角度理解，其中重要的决定因素是消费者的工作年限。

持久收入理论关注消费者在一生中消费支出与收入变动的动态关系（Friedman，1957）。该理论认为，收入既包括预期的持久收入，又包括当期的暂时性收入。消费支出不受当期的暂时性收入的变动影响，而主要由预期的持久收入决定。持久收入理论与生命周期理论的相似点在于，持久收入可以理解为生命周期理论中消费者一生拥有的资源。与持久收入理论不同，生命周期理论更多地专注消费者在生命周期中出现的特征变化，研究这种变化对消费支出带来的影响，而持久收入理论打破了短期消费行为的局限，重点关注消费者一生中消费支出与收入变动的动态关系（Modigliani，1986）。L-P理论的发展，进一步推动了消费理论模型的研究。

2.2　家庭消费支出影响因素研究

已有研究对我国消费支出影响因素进行了探讨，主要有流动性约束、消费文化、人口老龄化、家庭杠杆等影响因素。

1. 流动性约束

家庭拥有的总资源对家庭消费支出具有约束作用，资源主要包括劳动力资源和非劳动力资源。其中，劳动力资源主要体现为劳动收入，非劳动力资源主要体现为消费者拥有的各项资产，包括房产、金融资产、企业资产等（Angerer & Lam，2009）。

在拥有的总资源的约束下，家庭可以通过金融市场从跨期和风险两个角度对已有资源进行最优化配置，达到一生效用最大化（LeRoy & Werner，2001）。当家庭现期收入高于消费支出时，多余的部分可以形成储蓄或投资。通过储蓄获得稳定的利息，补偿资金的时间价值；也可以通过股票、债券、保险等金融市场投资工具，利用现有资源获取未来现金流，实现超额收益，进一步扩大家庭拥有的资源和财富。当家庭现期收入不能满足消费支出时，短缺的部分可以通过借贷或利用现有资产及未来收入抵押融资进行弥补（王江等，2010）。金融借贷和抵押工具繁多且复杂,具有不同的风险特性和成本特征。家庭平滑各期消费支出的能力主要取决于家庭的金融知识储备和金融市场的发达程度(宋全云等,2017;尹志超等,2014)。金融市场具有资金融通功能,金融环境(如利率、监管、金融工具种类等)影响家庭资产负债决策(Guardia,2000)。消费者通过更发达的金融市场能够更加高效便捷地获得信贷支持并实现收益与风险相匹配的投资选择,进行资源和收入的跨期配置,从而平滑各个时期的消费支出,实现一生效用的最大化。当家庭无法通过金融市场满足自身投资及信贷需求时,家庭会出现由于金融市场不发达引发的流动性约束。

万广华等(2001)基于我国改革开放以来的数据研究认为,流动性约束型消费者占所有消费者的比重持续上升是消费内需不足和消费支出增长减慢的主要原因。叶海云(2000)建立了"短视消费模型",结合我国基本国情,分析指出金融市场发达程度、运行效率、流动性约束是影响我国消费需求不足的主要因素,研究发现促进金融市场快速发展、推动消费信贷工具创新等,有利于增加居民信贷供给,增加家庭部门流动性,促进消费支出增加。裴春霞和孙世重(2004)构建动态模型,对 20 世纪 80 年代以来我国家庭消费数据分析发现,流动性约束和预防性储蓄对消费支出具有重要的抑制作用,是消费低迷的主要原因;他们认为国内金融市场大发展和开放有利于提升金融服务水平和效率,减轻因流动性约束带来的对家庭消费支出增加的不利影响。

2. 消费文化

消费者行为存在显著的文化特征,消费文化通过影响消费环境和消费者的心理因素进一步影响消费行为,消费行为能够反映出深刻的社会根源(Fisher,1930)。东亚国家,尤其是中国、日本和韩国等,深受儒家思想熏陶,在消费和储蓄行为中,倾向于节俭内敛。早在春秋时期,孔子就指出"奢则不孙,俭则固。与其不孙也,宁固"。受儒家思想的长期影响,人们往往勤俭节约,将多余的收入用于储蓄,抑制了消费。与东亚国家相比,欧美国家倾向释放消费欲望、超前消费等,主要原因有:随着金融创新特别是消费信贷的普及,家庭可以通过金融市场便利,进行资源的跨期和风险配置,达到一生效用的最大化;随着工业革命后物质水平的大幅提升,人们的生活质量得以提高,收入水平和消费能力提升;20 世纪 30 年代的经济大萧条,推动凯恩斯主义理论的发展,主张通过刺激消费需求促进经济增长,提出"消费即爱国"的口号,消费主义得以盛行(叶德珠等,2012)。

近年来,我国消费增速放缓、消费支出总量不足的问题引起社会的广泛关注,国内外学者从我国当下社会经济发展的不同特征对家庭消费支出增速放缓现象进行了解释，其中，一些学者开始关注消费文化对消费行为的影响，研究我国特有的消费文化及消费文化变迁与消费支出的关系。Harbaugh(2004)针对我国高储蓄率问题的研究发现，消费者决策的国别差异一部分源于消费文化、习惯性坚持等因素。文化对储蓄有很强的影响，文化信仰通过代代相传，对消费者行为和思想产生潜移默化的影响(Al-Awad & Elhiraika, 2003)。文化差异是消费者选择偏好的重要决策因素，相对于欧美国家，东亚国家的消费者更倾向于"禁欲"型的消费选择(Briley、Morris & Simonsoni, 2000)。消费行为受消费习惯左右，消费文化促进特定的消费习惯的养成。通常情况下，消费习惯具有很强的惯性，体现在即使收入大幅增长，消费者也很难在短时间内改变消费习惯，而是继续保持以前的消费习惯(李文星等，2008)。改革开放以来，我国经济体制也在不断变革，经济模式来到追求"高质量"发展的新时代，居民生活水平和质量得到不断提高，消费目标从"各个时期平滑稳定"逐渐转向"保持消费长期稳定增长"。与此同时，随着进一步发展和开放国内金融市场、提升金融服务的效率和水平，我国的消费文化逐渐向欧美靠拢，倾向于借助消费信贷，超前消费，追求每个时期都能达到效用最大化(陈东、刘金东，2013)。不可忽视的是，经济变革、市场化取向改革虽为经济发展注入原动力，却改变了"高就业、铁饭碗"的局面，社会保障制度也打破传统模式，发生了深刻的变革，比如：住房福利制度大范围取消，医疗保险取代公费医疗，子女教育费攀升，等等。消费者主要依赖储蓄来应对风险，抵御未来潜在的流动性冲击(杭斌、郭香俊，2009)。因此，若要提倡积极的消费文化、营造开放的消费环境、保证家庭消费支出总量和增速稳定提高，必须深化改革，促进国内金融市场发展和开放，提升金融领域的服务效率和水平，进一步减轻由于社会保障制度变革对消费环境造成的不利影响。

3. 人口老龄化

随着中老年人口占比持续攀升，我国社会逐渐步入老龄化进程，经济发展必然会面对与年龄有关系的经济变量(如收入、消费支出等)产生的一定影响(蔡昉，2010)。人口年龄结构影响消费支出，主要通过两个方面：收入分配和产业结构(王芳，2013)。一方面，收入是消费函数中的重要影响变量，收入与年龄有明显的相关性，收入随着年龄的增加先升后降。年轻时，刚参加工作，收入较低，储蓄也较低；步入中年，事业成熟，收入达到顶峰，倾向增加储蓄；随着年纪增大，退出劳动力市场，收入大幅度下降，储蓄不断消耗。因此，老龄人口在人口结构中占比增加，会通过收入分配进而影响家庭消费支出。当老龄人口占比较高，抚养比增大，中年人刚性支出增加，就倾向增加预防性储蓄，应对未来流动性冲击，并且节省当期开支，抑制非刚性消费支出。同时，参与劳动总人口比例下降，全社会的劳动收入相对下降，消费行为会被抑制（汪伟、艾春荣，2015）。另一方面，根据经济增长模型，劳动力资源是重要的经济增长要素之一，产业结构调整升级依赖人力资源的投入，人力资源老化通过就业结构、人力资源的投入等间接影响各产业的产值（王德文等，2004；Mason，2007）。

人口老龄化和消费支出之间关联密切。Samuelson（1958）和 Neher（1971）提出家庭储蓄需求模型，认为可以将孩子看作家庭储蓄的替代品，孩子数量增加会显著减少家庭的储蓄需求，而当孩子数量较少时，人口老龄化加剧，家庭倾向抑制消费支出，增加储蓄用于养老。袁志刚和宋铮（2000）通过数值模拟法研究人口结构对消费支出的影响，发现人口年龄结构发生变化会显著影响社会的最优储蓄率，由此推断，20 世纪 80 年代计划生育政策导致的人口年龄结构的变化是造成后期家庭部门平均消费倾向出现较大幅度下降的重要原因。Modigliani & Cao（2004）研究发现，我国储蓄率、经济增长率及老年抚养比三个变量之间存在显著的协整关系，我国高储蓄率的主要原因是经济增长率高和人口老龄化。国际货币基金组织（2004）基于对世界 115 个国家和地区 40 年的数据进行研究分析表明，劳动适龄人口数量正向影响人均 GDP 增长率，而老龄化比例负向影响经济增长率，一个社会的人口年龄结构与经济增长之间具有显著的关联性。一国劳动力资源多，创造的经济价值绝对数就高，可促进经济发展，因此，在一个社会中，当老年抚养比太高时，经济增长将受到一定的抑制，消费需求低迷。

4. 家庭杠杆

既有研究表明家庭杠杆对宏观经济稳定具有重要影响。Mian 和 Sufi（2010a）认为，家庭杠杆在解释宏观经济波动的过程中发挥着重要的作用。Cecchetti 等（2011）通过测算 18 个 OECD 国家主要经济部门杠杆数据发现，家庭杠杆对于经济影响存在阈值，当低于阈值水平时，对经济增长具有显著促进作用，而家庭杠杆一旦达到阈值水平以上，将会对经济增长造成显著的负面影响。关于家庭杠杆与消费关系的研究也从宏观数据层面进行了证实。Glick 和 Lansing（2010）选取 16 个发达国家的宏观经济数据进行实证检验发现，在金融危机期间家庭杠杆增长最快的国家的消费支出下降得最多。Mian 和 Sufi（2010b）选取美国 2002—2006 年数据实证检验发现，家庭债务占年收入比重增长越快，耐用品消费支出的减少越多，受经济危机的影响越严重。

然而，针对宏观数据层面的研究具有一定局限性，忽略了理论上的“可加性”和计量上的“内生性”问题（Dynan，2012；李涛、陈斌开，2014）。近些年有研究选取家庭微观数据进行实证检验，在丰富的样本量和指标类别的基础上，更为精确地揭示家庭杠杆与消费之间的微观作用机制与效应，解决了宏观数据存在的样本量少、指标设计宽泛、实证可信度低等问题。Brown 等(2012)选取东欧国家家庭 LITS(Life in Transition Survey)微观数据，发现 2008 年全球金融危机前经历了家庭债务杠杆的快速攀升，有房屋抵押贷款的家庭会更多地抑制消费需求。Dynan(2012)选取了美国家庭经济动态调查(PISD)2007 年、2009 年两期微观数据，在控制了财富和收入等因素后，发现债务占资产比重较高的高杠杆家庭会显著抑制消费。Ogawa 和 Wan(2007)选取 20 世纪 90 年代日本经济泡沫期间及后续时间内家庭微观数据研究发现，与房屋有关的家庭杠杆和消费之间有显著的负向关系。潘敏(2018)选取中国家庭追踪调查(CFPS)2010 年、2012 年两期微观数据，分析发现，以家庭“总资产/总负债”作为家庭杠杆的衡量指标，发现家庭杠杆对城镇家庭消费支出有负向影响，而对农村家庭消费支出有正向影响。

2.3　家庭杠杆对消费的影响机制研究

学术界还就家庭杠杆影响消费支出的传导机制进行了讨论，主要表现在以下三个方面。

第一，财富效应。财富效应是指当家庭资产价值发生变化时，消费支出会不会随之波动。根据 L-P 理论，家庭通过资源的最优配置，将家庭拥有的资源“平滑”地分配到各个时期的消费中，因此家庭拥有的总财富水平越高，生命周期各个阶段分配的消费支出越多(Ludvigson & Steindel, 1998)。家庭财富的增加会显著促进家庭消费支出，存在财富效应(Mehra，2001)。通过微观数据实证研究，财富效应进一步得到证实。家庭财富与消费支出之间具有同向变动关系，家庭消费支出会随着财富的积累而显著增加，反之则相反。当家庭财富减少为负值时，家庭债务与消费支出之间呈负相关关系，家庭债务的累积会促使家庭削减消费支出。

第二，信贷约束。信贷约束的衡量指标主要有实际贷款获得率、有效信贷需求、信贷规模约束等。Shaw(1973)提出了信贷约束和金融深化理论，认为发展中国家经济发展的主要制约因素在于金融体制的不完善和家庭受到的信贷约束。不同地区收入水平和金融发展程度的差异会对家庭信贷约束的程度产生影响(巩师恩、范从来，2012)。Stiglitz 和 Weiss(1981)基于以往研究，得出家庭信贷约束的原因主要有：信贷双方存在信息不对称、贷款的客观不确定性以及高交易费用。信贷提供者由于信息不对称，在制定信贷分配政策时倾向财富水平高、具有优质抵押物的家庭，家庭杠杆率高的家庭无法提供办理信贷所需的必要抵押物，从金融机构获取信贷资源变得困难(张龙耀、张海宁，2013)。当家庭借贷出现困难时，家庭无法通过金融市场满足自身信贷需求，导致一部分家庭远离金融市场。因此，家庭杠杆较高的消费者受到明显的信贷约束，一方面抑制了家庭的流动性水平，另一方面引发家庭对未来信贷可得性的担忧，不能完全平滑各期消费行为，导致消费支出波动明显(陈晓光、张宇麟，2010；Dynan & Edelberg, 2013)。

第三，预防性动机。债务的积累使家庭在面对未来风险时变得更加脆弱，债务支出会使得家庭成员感到压力，因此高杠杆家庭往往为了预防未来风险，具备更强的储蓄动机，从而进一步限制消费(Eurobarometer，2014)。同时，家庭脆弱性抑制着家庭的消费欲望，一般说来，越脆弱的家庭越渴望提高生存条件和应对风险的能力，消费欲望容易受到抑制(何平等，2010)。宋铮(1999)较早地运用预防性储蓄假说研究我国居民的消费支出，得到我国居民存在预防性储蓄的论断。面临较高风险的家庭(如家庭杠杆率较高、失业率较高等)有相当比例(39%～46%)的财富积累来源于预防性储蓄。凌晨和张安全(2012)选取了我国 26 个省份 2004—2010 年的城乡消费数据进行实证研究，发现我国城乡居民对消费存在较强的预防性动机。通常情况下，债务负担较重的家庭应对外生冲击的能力较弱，预防性储蓄动机较强，家庭通过抑制消费需求增加储蓄，分散未来风险。

综上，学术界分别从宏观和微观层面上对家庭消费理论研究、家庭消费支出的影响因素、家庭杠杆与消费支出之间的作用机制进行了一些探讨，具体包括以下三个方面。第一，在消费理论研究中，凯恩斯提出绝对收入理论，创造性地引入收入变量，从此收入一直成为消费理论研究的核心。经验研究通过数据和计量经济模型对理论进行统计检验，助推着理论的进步与革新，随着旧理论不断受到质疑和挑战，新的消费理论趋向于更多地关注消费者行为和面临的不同的约束条件。理论演绎结合经验研究成为消费理论研究的显著特征。第二，在家庭消费支出影响因素研究中，已有研究对我国消费支出影响因素进行了探讨，主要是流动性约束、消费文化、人口老龄化、家庭杠杆等方面，关注点既包括消费者作为“人”的年龄特征和思想观念，又有金融市场发达程度以及家庭杠杆等，从传统的宏观视角慢慢转向偏好选取家庭微观数据，通过大量的实证模型检验，在丰富的样本量和指标类别的基础上，更为精确地揭示家庭消费支出的影响因素。第三，在家庭杠杆对消费支出的影响机制的研究中，学术界就家庭杠杆影响消费支出的传导机制进行了讨论，主要体现在财富效应、信贷约束和预防性动机三个方面。从理论研究框架出发，试图演绎推导出相应结果，并基于时间序列数据或截面数据进行统计检验，研究家庭债务杠杆对消费者资源跨期配置、金融市场约束、未来不确定性等方面的影响，进而探究家庭杠杆影响消费支出的传导机制。

既有研究对消费理论研究、家庭消费支出的影响因素、家庭杠杆与消费支出之间的作用机制的探讨，为本文研究提供了一定的理论基础和借鉴意义，不过仍然存在一些亟待解决的问题。首先，关于家庭债务和消费支出之间存在何种关系还存在一定争议，尚未形成确定性结论，需要更多的样本证据检验。其次，既有研究多属于实证研究，对家庭杠杆的研究缺乏严谨的理论模型支撑。最后，过多考虑了不同家庭债务水平变化对消费支出的影响，相对忽视了家庭杠杆结构对不同类型家庭消费水平及消费升级的潜在影响。因此，本文在借鉴相关理论模型并加以改进的基础上，分析家庭杠杆与消费支出之间的理论关系，并结合样本数据开展多维度实证检验，进一步厘清二者的关系。

第 3 章 家庭杠杆与消费支出：理论模型与改进

3.1 基于 L-P 理论消费行为的理论解释

在 L-P 理论框架下，消费者的收入水平在一生的各个时期内可能不断地出现波动，但是一个典型的消费者总是试图使一生中各个时期的消费支出均处于平滑状态，合理解释了储蓄率的稳定性。L-P 假说是近些年来研究消费的主要理论框架，为消费模型的构建提供了理论基础。

具体地说，L-P 理论的出发点是在一生拥有的总资源的约束下，典型的消费者总是通过规划一生各个时期的消费支出以实现一生效用的最大化（叶海云，2000）。假设 T 表示消费者一生的时长，$C_t(t=0, 1, \cdots, T)$ 表示一个消费者在 t 时期的消费支出，y_t 表示消费者在 t 时期获得的收入，A_0 表示消费者在当期拥有的初始财富水平。那么，在一个消费者的一生中，各个时期收入的折现值和当期拥有的初始财富水平的总和应不低于消费者在各个时期的消费支出的折现值，即

$$\sum\nolimits_0^T C_t/(1+r)^t \leqslant \sum\nolimits_0^T y_t/(1+r)^t + A_0 \tag{3.1}$$

其中，折现利率为 r，假设一生中 r 保持不变。

假设一个消费者在 t 时期的效用函数为 $U=U(C_t)$，根据效用函数理论，$\acute{U}(\cdot)>0$，$\ddot{U}(\cdot)<0$。消费者的问题是在满足式(3.1)的条件下，通过选择各期消费支出，即 $C_t(t=0, 1, \cdots, T)$，实现一生效用最大化。假设效用函数 U 具有可加性，即

$$U=\sum\nolimits_0^T \left[\frac{U(C_t)}{(1+u)^t}\right] \tag{3.2}$$

其中，u 为效用折现率(discount rate)，假设一生中 u 保持不变。消费者的

跨期选择问题表示为：

$$\max U = \sum_{0}^{T} \left[\frac{U(C_t)}{(1+u)^t} \right] \tag{3.3}$$

$$st.\ \sum_{0}^{T} \frac{C_t}{(1+r)^t} \leqslant \sum_{0}^{T} y_t/(1+r)^t + A_0 \tag{3.4}$$

如果 $u=r$，由式(3.3)、式(3.4)，得

$$C_0 = \left[\sum_{0}^{T} y_t/(1+r)^t + A_0 \right] \Big/ \left[\sum_{0}^{T} 1/(1+r)^t \right] \tag{3.5}$$

即消费者的当期消费支出 C_0 是由一生中各个时期的收入 y_t 的折现值与拥有的初始财富 A_0 决定的，消费者的选择依赖其一生的收入和财富。

L-P 假说认为，典型的消费者将自己一生的资源分配在生命的每一时期，即在给定的一个时期里，个人的消费不是由当期收入决定的，而是由个人一生的劳动收入和资产水平决定的。根据 L-P 假说，消费者将力争“熨平”一生中各个时期的消费支出波动。L-P 假说将收入和资产作为重要变量纳入消费行为分析，为研究收入和资产变动对消费行为的影响提供了理论依据。

3.2　家庭杠杆的内涵与影响

家庭杠杆主要对家庭的债务情况进行度量，通常表现为各种债务比率。债务在公司金融中有着重要的地位，与净资产共同构成了公司经营过程中的两大资金来源。对于家庭来说，家庭债务表示家庭全部成员欠非家庭成员的全部债务，包括银行贷款、民间借款、应付账款等，是家庭用以调节、推动资源优化配置的重要工具和手段。家庭债务按到期时间长短可以划分为流动债务和长期债务，根据债务内容不同又可以划分为房屋贷款、消费贷款、应付利息等。

从宏观层面，可以直接用家庭部门信贷余额占 GDP 的比重测度家庭部门宏观杠杆率水平，衡量家庭部门债务情况。然而，宏观数据口径的统计指标具有一定局限性，在实证研究中存在样本量少、指标设计宽泛、实证可信度低等问题。利用家庭微观数据测度家庭杠杆，可以在丰富的样本量和指标类别的基础上，更为精确地衡量家庭杠杆的结构性水平和趋势性波动。从微观视角定义家庭杠杆，主要体现为债务与资产之比、债务与收入之比、债务与净资产之比等，以及上述比率的倒数；并对家庭债务类型进行划分，区分家庭杠杆的结构性特征，比如，

利用家庭债务利息/收入衡量短期内家庭承受的债务杠杆压力，利用与房屋有关的债务/有形资产衡量与房屋有关的杠杆率水平等。本文将家庭杠杆定义为家庭债务/家庭年收入，原因在于家庭主要通过每年的收入偿还债务，家庭年收入是家庭偿债能力的重要体现（Mian & Sufi，2011），家庭债务/家庭年收入这一指标可以更好地衡量家庭的债务水平和偿还债务的能力。同时，对家庭债务进行结构性划分，将家庭杠杆区分为房屋杠杆和非房屋杠杆，其中房屋杠杆表示“与房屋有关的债务/家庭年收入”，非房屋杠杆表示“与房屋无关的债务/家庭年收入”，可以辨析家庭债务内容，测度家庭结构性杠杆对消费支出的影响。相对于家庭绝对债务水平，家庭杠杆考虑了不同家庭收入、资产等异质性影响，可以更恰当地衡量家庭的债务水平，同时，在一定程度上也反映了家庭流动性水平、财富积累等，体现了家庭偿还债务的能力。其次，相对于直接区分不同类型家庭（绝对）债务，家庭杠杆的结构性划分可以衡量不同类型的债务对家庭施加的压力及家庭相应的偿债能力，反映家庭债务影响消费支出的传导机制。因此，利用家庭杠杆测度家庭债务水平，能够更好诠释变量之间的关系。

在L-P理论框架下，消费者的选择依赖其一生的收入和财富。当财富水平为负时，体现为家庭（绝对）债务水平。构造家庭（绝对）债务水平/家庭年收入，从而引入家庭杠杆。家庭杠杆对消费支出的影响机制主要体现在以下三个方面。其一，财富效应。财富效应是指当家庭资产价值发生变化时，消费支出会不会随之波动。根据L-P理论，理性消费者在当期的消费支出由终身拥有的财富决定，而不依赖当期的绝对收入。家庭通过资源的最优配置，将家庭拥有的资源“平滑”地分配到各个时期的消费中，因此家庭拥有的总财富水平越高，生命周期各个阶段分配的消费支出越多；当家庭“债台高筑”时，由于财富效应的存在，家庭倾向于削减消费支出。其二，信贷约束。金融市场存在道德风险和逆向选择，信贷提供者由于信息不对称，在制定信贷分配政策时，倾向于财富水平高、具有优质抵押物的家庭，并根据家庭的债务状况对高杠杆家庭设置信贷约束。信贷约束会增加家庭的流动性约束，家庭出现“钱紧”（short of money）的现象，抑制了家庭消费水平的提高。同时，高杠杆家庭出于对未来信贷可得性的担忧，通常会作出保守的消费决策，削减消费支出。其三，预防性动机。家庭收入除分配于整个生命周期中，平滑各期消费之外，还要防范未来不确定事件发生带来的冲击。预防性储蓄理论认为，潜在冲击会导致家庭面临预期收入减少或意外支出增加的情况，家庭通过自我保障和社会保障面对未来风险，当社会保障体系不完善时，家庭的预防性储蓄动机增加。对于杠杆率高的家庭，债务的积累使家庭在面对未来风险时变得更加脆弱，家庭脆弱性抑制着家庭的消费欲望，家庭应对外生冲击的能力较弱，预防性储蓄动机较强，家庭通过抑制消费需求增加储蓄。

3.3　对两期消费模型的改进与推论

Ogawa 和 Wan(2007)以 L-P 模型为基础，构建了两期理论模型，分析了家庭债务对消费支出的影响及其传导机制。

假设未来价格和利率保持稳定，排除未来价格和利率波动对消费支出的影响。家庭当期 ($t=0$) 期初的净资产为 A_0，当 $A_0>0$ 时，表示正资产；当 $A_0<0$ 时，表示负资产(即绝对债务)。由于本文关注的是家庭(债务)杠杆对消费支出的影响，因而仅考虑 $A_0<0$ 的情况。当期家庭收入为 Y_0，当期期末家庭拥有的净资产为 A_1，C_t 表示家庭在第 t 期的消费水平 ($t=\{0,1\}$)，则家庭在当期的预算约束为：

$$Y_0+A_0=C_0+A_1 \tag{3.6}$$

式(3.6)展现了家庭绝对债务对消费支出的影响，却忽视了家庭收入异质性表现。不同家庭的收入水平存在差异，家庭主要通过年收入偿还债务，体现了偿债能力大小(Mian & Sufi, 2011)，而相对于家庭绝对债务水平，家庭杠杆(即家庭绝对债务/年收入)体现了家庭相对债务水平，可以更恰当地衡量家庭的债务水平和偿还债务的能力。因此，由式(3.6)左端提取 Y_0，引入家庭杠杆变量：

$$Y_0(Lev_0+1)=C_0+A_1 \tag{3.7}$$

其中，$Lev_0=A_0/Y_0$，表示当期期初家庭杠杆水平。

假设一期家庭收入为 Y_1、利息支出(收入) A_1R 完全用于消费。其中，R 为利率。一期家庭的预算约束为：

$$A_1(1+R)+Y_1=C_1 \tag{3.8}$$

根据跨期选择理论，理性消费者力图实现当期与一期消费的组合最大效用。假设家庭效用函数为：

$$U=U(C_0)+\beta U(C_1) \tag{3.9}$$

其中，$U(C_0)$ 表示家庭的即期效用函数，由各期消费水平决定，且

$U'(C_0)>0$, $U''(C_0)<0$; β 表示贴现率[$0<\beta<1$, $\beta=1/(1+u)$, u 为时间偏好率]。

在信贷市场中，信贷提供者为降低风险，通常对债务负担重的家庭设置信贷约束，降低放贷额度。信贷约束是家庭杠杆影响消费支出的重要传导机制。区分两种情况分别讨论：

当不存在信贷约束时，家庭的跨期选择问题表示为：

$$\max U(C_0)+\beta U(C_1) \tag{3.10}$$

$$s.t.\ Y_0(Lev_0+1)=C_0+A_1,\ A_1(1+R)+Y_1=C_1 \tag{3.11}$$

由式(3.10)、式(3.11)，得：

$$-U'(C_0)+\beta(1+R)U'(C_1)=0 \tag{3.12}$$

根据效用函数的性质，假设效用函数为：

$$U(C)=\frac{1}{\alpha}C^{\alpha} \tag{3.13}$$

其中，$0<\alpha<1$。由式(3.8)—(3.9)、式(3.12)—(3.13)，得：

$$C_0=\frac{1}{1+[\beta(1+R)]^{\frac{1}{1-\alpha}}(1+R)^{-1}}\left(Y_0\cdot Lev_0+Y_0+\frac{Y_1}{1+R}\right) \tag{3.14}$$

由式(3.14)，当家庭不存在信贷约束时，家庭当期消费取决于家庭跨期总财富。其中，家庭跨期总财富包括当期期初净资产 ($Y_0\cdot Lev_0$) 和跨期收入的折现值 [$Y_0+Y_1/(1+R)$]。当家庭当期期初为负资产时，即 $A_0<0$，家庭债务杠杆通过影响跨期总财富影响消费支出。求一阶导：

$$\frac{\partial C_0}{\partial Lev_0}=\frac{Y_0}{1+[\beta(1+R)]^{\frac{1}{1-\alpha}}(1+R)^{-1}}>0 \tag{3.15}$$

由式(3.15)，当 $Lev_0<0$ 时，$|Lev_0|$ 与 C_0 负相关，表明在不存在信贷约束的情况下，随着当期期初杠杆增加，家庭跨期总财富减少导致消费支出减少。

当家庭存在信贷约束时，信贷约束 B 与家庭当期期初杠杆 Lev_0 负相关，即 $B=B(Lev_0)$, $B'(Lev_0)<0$，同时 $A_1\geq B$。由式(3.8)，可得当期消费最大值为：

$$C_0=Y_0(1+Lev_0)-B(Lev_0) \tag{3.16}$$

由式(3.16)，当家庭存在信贷约束时，家庭当期消费取决于当期财富(即当期期初净资产和当期收入)和信贷约束。当家庭当期期初为负资产时，家庭债务杠杆影响当期财富和信贷约束，并影响消费支出。求一阶导：

$$\frac{\partial C_0}{\partial Lev_0}=Y_0-B'(Lev_0)>0 \tag{3.17}$$

由式(3.17)，当家庭存在信贷约束时，当期期初家庭杠杆率水平的增加通过影响当期财富和信贷约束，促使家庭削减消费支出。

根据以上模型结果实现对实证的结论预估。一方面，在实证中，无论家庭是否有信贷约束，从全样本角度看，家庭总杠杆、结构性杠杆与家庭消费支出应该均会发现比较明显的负向关系。另一方面，在现实中，杠杆率较高的家庭面临更大的流动性约束，通常会削减在文教娱乐方面的支出。由以上讨论，可以得到推论：

推论 1：家庭杠杆、结构性杠杆和消费支出之间均存在负向关系。

推论 2：随着家庭杠杆增加，家庭会相应地削减文教娱乐支出，抑制消费升级。

第4章　家庭杠杆对消费支出影响的实证分析

4.1　实证过程设计与模型

本文实证过程分为三个步骤：① 检验家庭杠杆、杠杆结构对消费支出的影响；② 检验家庭杠杆、杠杆结构对消费支出类别的影响；③ 对家庭杠杆、杠杆结构与不同户主[①]年龄的家庭消费支出的关系进行实证分析。

结合理论模型与改进，以家庭杠杆、家庭年收入、家庭资产作为影响家庭消费的主要变量，构建固定效应面板回归模型：

$$\ln(c_{it}) = \alpha_0 + \alpha_1 lev_{it-1} + \alpha_2 \ln(y_{it}) + \alpha_3 \ln(asset_{it-1}) + \beta Z_{it} + \mu_i + \tau_t + \varepsilon_{it} \tag{4.1}$$

其中，i 表示单个家庭，t 表示时间；μ_i 和 τ_t 分别表示家庭和时间固定效应误差项，减小家庭选择偏好、外部经济震荡等遗漏变量对回归的影响。对家庭消费支出、年收入以及资产进行对数化处理，消除异方差和非线性的影响[②]。

被解释变量 $\ln(c_{it})$表示家庭消费支出水平，包括基础类消费支出(basic)和升级类消费支出(eec)。其中，将家庭与衣、食有关的支出归类为“基础类支出”，将文教娱乐类支出归为“升级类支出”。

主要解释变量 lev_{it-1}衡量了滞后一期的家庭杠杆水平，表示期初家庭杠杆对下一期的家庭消费支出的影响。当期家庭杠杆通常因为家庭成员消费需求产生，因此同期家庭杠杆和消费支出之间可能存在正相关关系，无法避免由于被解释变量对于解释变量的影响而产生的内生性问题(Andersen 等，2016)。同时，将家庭杠杆(lev)区分为房屋杠杆(hlev)和非房屋杠杆(nhlev)[③]，其中房屋杠杆

---

① 本文将 CFPS 问卷中的财务回答人定义为户主。

② 在直接取对数时，家庭资产存在大量零值，为避免对回归结果造成影响，采用 $\ln(asset) = \ln(asset + 1)$。

③ 根据 CFPS 问卷对于家庭负债的分类，将过去一年，家庭用于建房、购房的贷款额或借款额定义为“与房屋有关的债务”，将除房贷和购房或建房借款以外，家庭尚未还清的贷款总额和民间及亲友借贷总额定义为“与房屋无关的债务”。

表示"与房屋有关的债务/家庭年收入",非房屋杠杆表示"与房屋无关的债务/家庭年收入",可用于区分不同类型杠杆影响消费支出的作用机制。此外,选取债务存量作为解释变量,相比债务流量,能够更好地反映家庭的债务情况,衡量家庭杠杆对消费支出的影响。

控制可能会影响家庭消费支出的其他因素,如家庭年收入 $\ln(y_{it})$、滞后一期的家庭资产 $\ln(asset_{it-1})$等。其中,家庭资产包含流动资产($asset_1$)、总资产($asset_2$)和净资产($asset_3$)①;Z_{it}为其他控制变量,包含家庭人口数(famsz)、除自住房以外的其他房屋数量(sumoh)、户主年龄(age)、户主最高学历(edu)、户主性别(gd)、户主是否失业(emp)等家庭特征因素;ε_{it} 为误差项。

4.2　数据与描述性统计

选取家庭微观数据进行检验,在丰富的样本量和指标类别的基础上,更为精确地揭示家庭杠杆与消费之间的微观作用机制与效应,解决了宏观数据存在的样本量少、指标设计宽泛、实证可信度低等问题。本文数据源自中国家庭追踪调查(CFPS)数据库。CFPS 数据库从微观视角通过个体、家庭、社区三个层面收集追踪我国社会变迁数据,反映了我国经济发展、人口结构、家庭金融等的演进和发展,为社科、经济等学术领域的研究提供坚实的数据基础,与本文数据要求相契合,非常适合对家庭杠杆和消费支出问题进行研究。根据模型设定,本文选取同时参加 2010 年、2012 年、2014 年、2016 年四期调查的家庭,构建平衡面板数据进行实证分析。剔除数据缺失的家庭样本,得到有效样本 5 173 个。

主要变量的描述性统计结果详见表 4－1。

表 4－1　主要变量的描述性统计

变　量	定　　义	平均值	标准差
c	家庭消费支出(元)	37 284	45 201
basic	基础类消费支出(元)	15 266	15 890

① 流动资产包括存款余额、金融资产、别人未归还的借款,总资产包括流动资产和总房产市值,净资产等于总资产减去未偿还债务。

续 表

变 量	定 义	平均值	标准差
eec	升级类消费支出(元)	4 079	10 022
lev	家庭杠杆	1.657	84.710
hlev	房屋杠杆	1.105	83.970
nhlev	非房屋杠杆	0.544	11.220
y	家庭年收入(元)	42 966	62 417
asset1	家庭流动资产(元)	29 200	94 831
asset2	家庭总资产(元)	267 864	612 306
asset3	家庭净资产(元)	251 015	603 504
sumoh	除自住房以外的其他房屋数量(个)	0.171	0.448
famsz	家庭规模(人)	3.815	1.728
gd	户主性别(1=男,0=女)	0.610	0.488
age	户主年龄(岁)	55.050	19.420

由表 4-1 可知,家庭消费支出的平均值为 37 284 元,占家庭年收入的 80%以上。在家庭消费支出结构中,基础类消费支出的平均值为 15 266 元,占比较大;升级类消费支出的平均值为 4 079 元,与张浩等(2017)研究得到的值大致相同[①],表明我国家庭升级类消费支出保持相对稳定。宏观家庭杠杆值(家庭部门贷款/GDP)在 2017 年仅为 48.98%,远低于 Cecchetti 等(2011)测算的 85%的警戒阈值,但在微观层面上,我国家庭杠杆已高达 165.7%,已达到甚至超过 2008 年金融危机前欧美国家水平。从家庭杠杆数据中可知,房屋杠杆是导致家庭杠杆过高的主要原因。房屋杠杆的平均值达到 110.5%,而非房屋杠杆的平均值仅有 54.4%,表明我国家庭举债多用于房贷支出。家庭总资产的平均值为 267 864 元,标准差较大,不同家庭在拥有的总财富数量上确实存在较大差异。家庭平均

① 张浩等(2017)使用 2010—2012 年 CFPS 调查数据,得出家庭文教娱乐支出的平均值为 4 288 元。

房产拥有量为 1.171 套，与社科院的相关统计结果基本一致[①]，且家庭人口规模在 3～4 人，基本符合我国现实，适合本研究需要。

4.3 实证结果分析

4.3.1 家庭杠杆、杠杆结构对消费支出水平的影响

我国家庭杠杆、杠杆结构与消费支出之间的关系中，第（Ⅰ）（Ⅱ）（Ⅲ）列分别表示以家庭总杠杆、房屋杠杆和非房屋杠杆作为主要解释变量的回归结果（表 4－2）。

表 4－2　家庭杠杆结构对消费支出影响的回归结果

变　量	ln(c)		
	（Ⅰ）	（Ⅱ）	（Ⅲ）
lev	−0.000 18*** (0.000 05)	−0.000 17*** (0.000 06)	−0.007 50* (0.000 06)
ln(y)	0.135 00*** (0.015 10)	0.135 00*** (0.015 10)	0.133 00*** (0.015 30)
ln(*asset1*)	0.002 02 (0.003 00)	0.002 02 (0.003 00)	0.001 90 (0.002 99)
ln(*asset2*)	0.000 67 (0.016 00)	0.000 60 (0.016 00)	0.002 78 (0.016 00)
ln(*asset3*)	−0.014 20 (0.014 90)	−0.014 20 (0.014 90)	−0.016 20 (0.014 80)
sumoh	0.111 00*** (0.028 60)	0.111 00*** (0.028 60)	0.110 00*** (0.028 60)
famsz	0.112 00*** (0.014 00)	0.112 00*** (0.014 00)	0.112 00*** (0.014 00)
gd	0.053 40* (0.028 60)	0.053 30* (0.028 60)	0.052 50* (0.028 60)

① 据社科院相关统计，从 2008 年开始，整体户均住房已经达到或者超过了一套。

续 表

变 量	ln(c)		
	(Ⅰ)	(Ⅱ)	(Ⅲ)
age	−0.004 59** (0.001 85)	−0.004 59** (0.001 85)	−0.004 69** (0.001 85)
emp	0.001 21 (0.013 10)	0.001 21 (0.013 10)	0.001 13 (0.013 10)
edu	0.014 90 (0.010 90)	0.014 90 (0.010 90)	0.015 10 (0.010 90)

注：*、**、*** 分别表示在10%、5%和1%显著性水平下显著；括号中数字为统计的异方差稳健标准误。下同。

由表4-2可知，无论是家庭总杠杆还是结构性杠杆的增加，均会抑制家庭消费支出的增加，与推论1一致。其中，家庭总杠杆、房屋杠杆与消费支出之间存在显著的负相关关系，二者增加会显著抑制消费支出；非房屋杠杆对家庭消费支出也存在一定的抑制效应。主要原因是：随着债务的积累，一方面，家庭财富减少，可用于消费支出的资源减少；另一方面，家庭从金融机构获得信贷的难度增加，面对未来风险的承受能力减弱，家庭通常会变得更加“脆弱”。家庭成员出于对当前流动性约束和未来信贷可得性的担忧，会选择降低消费意愿、削减消费支出，以应对外生冲击、预防未来风险。

此外，其他影响因素还有以下几个方面：第一，家庭年收入的系数显著为正，表明家庭年收入越高，消费支出越大。家庭收入增加了家庭净财富水平，降低了偿债压力，并缓解“钱紧”造成的流动性约束，促进了家庭消费支出增加。第二，家庭拥有的房屋数量增加也会显著促进家庭消费水平的提升。随着房产价值的提高，房产作为抵押品的价值随之提高，减少了家庭对未来信贷可得性的担忧（Aron & Muellbauer, 2006; Campbell & Cocco, 2007; Leth-Petersen, 2010）；房屋数量的增加使家庭成员感受到资产增加带来“富有”的安全感和满足感，即“财富幻觉”，激发家庭的消费欲望(Poterba, 2000)。房产由于具有较高的财富凝聚性，形成对家庭预防性储蓄的替代，有助于提高居民消费的动机与能力。第三，户主年龄与家庭消费支出存在显著的负相关关系，户主年龄越小，家庭消费支出越大。在消费意愿上，相对于年轻人常见的从众、攀比消费心理，老年人通常出于“勤俭节约”的传统消费理念，在消费过程中更善于观察分析和比较，且消费倾向较低，主要集中在满足衣食、生活用品等需要方面。在消费能力上，高科技的发展给消费生活提供了越来越多的便利，消费模式更加多元化和复杂化，认知能力高的个体将会获得更多的信息（Banks 等，2011），而老年人较低的认知能力难以适应复杂的消费模式，因此抑制了老年人的家庭消费（李雅娴、张川川，2018）①。

4.3.2　家庭杠杆、杠杆结构对消费支出类别的影响

分别以家庭基础类消费支出和升级类消费支出作为被解释变量，实证检验家庭杠杆结构对消费升级的影响。第（Ⅰ）—（Ⅲ）列分别表示家庭总杠杆、房屋杠杆和非房屋杠杆对基础类消费支出的影响，第（Ⅳ）—（Ⅵ）列分别表示对升级类消费支出的影响（表 4 - 3）。

表 4 - 3　家庭杠杆结构对消费支出类别影响的回归结果

变　量	ln(c)（基础类消费支出）			ln(c)（升级类消费支出）		
	（Ⅰ）	（Ⅱ）	（Ⅲ）	（Ⅳ）	（Ⅴ）	（Ⅵ）
lev	−0.000 10*** (0.000 02)	−0.000 10*** (0.000 02)	−0.003 70 (0.003 70)	−0.000 06** (0.000 03)	−0.000 06** (0.000 03)	−0.000 85 (0.007 91)
ln(*y*)	0.124 00*** (0.015 00)	0.124 00*** (0.015 00)	0.123 00*** (0.014 90)	0.049 10 (0.037 10)	0.049 00 (0.037 00)	0.047 00 (0.036 20)
ln(*asset1*)	−0.003 10 (0.002 89)	−0.003 10 (0.002 89)	−0.003 16 (0.002 89)	−0.001 99 (0.007 03)	−0.001 99 (0.007 03)	−0.001 96 (0.007 02)
ln(*asset2*)	0.008 58 (0.014 90)	0.008 55 (0.014 90)	0.009 59 (0.015 00)	0.003 96 (0.036 30)	0.003 93 (0.036 30)	0.004 24 (0.036 50)
ln(*asset3*)	−0.008 80 (0.013 50)	−0.008 76 (0.013 50)	−0.009 77 (0.013 50)	−0.005 51 (0.032 60)	−0.005 48 (0.032 60)	−0.005 82 (0.032 70)
sumoh	0.021 30 (0.023 70)	0.021 30 (0.023 70)	0.021 00 (0.023 80)	0.008 40 (0.058 30)	0.008 41 (0.058 30)	0.008 58 (0.058 30)
famsz	0.089 70*** (0.012 90)	0.089 70*** (0.012 90)	0.089 90*** (0.012 90)	0.168 00*** (0.037 40)	0.168 00*** (0.037 40)	0.169 00*** (0.037 40)

① 根据 CFPS 2010—2016 年微观数据库，户主年龄≤35 岁、35<户主年龄≤60 岁、户主年龄>60 岁的家庭年平均消费支出分别为 34 927 元、34 819 元、33 400 元，随户主年龄的增加呈递减趋势。

续 表

变 量	ln(c)(基础类消费支出)			ln(c)(升级类消费支出)		
	(Ⅰ)	(Ⅱ)	(Ⅲ)	(Ⅳ)	(Ⅴ)	(Ⅵ)
gd	0.052 80* (0.028 10)	0.052 80* (0.028 10)	0.052 30* (0.028 10)	−0.015 00 (0.062 80)	−0.015 00 (0.062 80)	−0.015 70 (0.062 70)
age	−0.006 89*** (0.001 75)	−0.006 89*** (0.001 75)	−0.006 94*** (0.001 75)	−0.006 10 (0.003 75)	−0.006 10 (0.003 75)	−0.006 13 (0.003 74)
emp	0.001 33 (0.011 80)	0.001 33 (0.011 80)	0.001 27 (0.011 80)	−0.017 00 (0.023 80)	−0.017 00 (0.023 80)	−0.017 00 (0.023 80)
edu	0.017 30* (0.009 98)	0.017 30* (0.009 98)	0.017 40* (0.009 99)	0.022 80 (0.021 00)	0.022 80 (0.021 00)	0.022 80 (0.021 00)

注：同上表。

由表 4－3 可知，家庭总杠杆、房屋杠杆对家庭基础类消费支出均存在显著的抑制作用，而非房屋杠杆对家庭基础类支出无显著影响。家庭总杠杆水平的增加会促使家庭削减升级类消费支出，不利于消费升级，推论 2 得到验证。其中，房屋杠杆对家庭升级类消费支出存在显著的负向影响，而非房屋杠杆则无显著影响。

由此可见，家庭总杠杆水平增加，对家庭基础类和升级类消费支出均存在挤出效应，体现了财富效应、信贷约束、预防性动机的综合影响。从杠杆结构的角度分析，房屋杠杆是抑制家庭消费支出及其结构升级的主要原因。当家庭因购房（或建房）借贷时，显著削减了家庭在衣、食方面的基础类消费支出，以及文教娱乐方面的升级类消费支出，造成了“房奴效应”①。而与房屋无关的债务对家庭基础类和升级类消费支出的影响，需要考虑举债的目的作出判断。当前金融部门为消费金融和家庭借贷的发展提供了更便利的条件和服务，家庭通过借贷满足消费需求，提升生活水平、改善子女教育环境、获得更高层次的服务等，对家庭基础类和升级类消费支出存在一定的正向促进效应。

4.3.3 家庭杠杆、杠杆结构对不同年龄层次家庭消费支出的影响

考虑到户主年龄对于消费的非线性影响，按照户主年龄划分为三个子样本：

① “房奴效应”既包括为购买住房而极力储蓄对消费的挤出，也包括购买住房后因偿还住房贷款对消费形成的长期挤出（颜色等，2013）。

青年家庭(户主年龄≤35 岁)、中年家庭(35<户主年龄≤60 岁)、老年家庭(户主年龄>60 岁)[①],分别对三个样本组回归,回归结果见表 4-4。

表 4-4　家庭杠杆结构对不同年龄层次家庭消费支出影响的回归结果

变　量	ln(c)		
	(Ⅰ)青年家庭	(Ⅱ)中年家庭	(Ⅲ)老年家庭
lev	−0.010 80** (0.004 60)	−0.000 16*** (0.000 05)	−0.017 10*** (0.004 55)
hlev	−0.011 60*** (0.003 82)	−0.000 16*** (0.000 06)	−0.008 56 (0.013 60)
nhlev	0.005 38 (0.042 60)	−0.002 51 (0.006 13)	−0.022 80*** (0.004 72)

注:同上表。

由表 4-4 可知,第一,对于青年和中年家庭,家庭总杠杆、房屋杠杆系数均显著为负,对两类家庭的消费支出均存在显著的抑制效应。此外,青年家庭的总杠杆和房屋杠杆的系数分别为−0.010 80、−0.011 60,均高于中年家庭的−0.000 16、−0.000 16,对青年家庭的消费支出的抑制作用更强。另外,非房屋杠杆对两类家庭的消费支出均无显著影响。第二,对于老年家庭,总杠杆、非房屋杠杆对于家庭消费支出存在显著的负相关关系,房屋杠杆对消费支出无显著影响,表明老年家庭消费支出主要受到家庭总杠杆、非房屋杠杆的影响。

依据L-P理论,家庭债务具有显著的年龄特征。青年家庭由于收入水平低,通过金融市场借贷进而平滑消费支出;随着年龄增长,家庭收入增加,资产不断积累,家庭偿债能力不断增强,债务率逐步降低;当家庭步入老年阶段,收入水平降低,储蓄减少,家庭支出减少,家庭债务也将进一步下降。图 4-1 描述了不同年龄阶段家庭杠杆情况,与生命周期理论相符。在青年和中年家庭中,家庭杠杆水平较高,且房屋杠杆所占比重较大,分别为 80.22%和 77.80%,反映了两类家庭债务的主要来源均与房产相关。房价攀升对居民消费产生显著的抑制效应,并在不同群体间差异明显。对于有未婚男性的中年家庭,或者已经有房且现

① 根据国务院、国家统计局的统计口径,青年的年龄上限为 35 周岁。

有住房价值较低的青年家庭等，购房的可能性更高，因购房而承担的债务压力更大，房价对消费的抑制效应也更强(谢洁玉等，2012)。而在老年家庭中，家庭杠杆水平较低，约为86.50%，由于购房需求较小且受到住房信贷的年龄限制，房屋杠杆仅占家庭杠杆的21.73%。因此，老年家庭的消费支出主要受非房屋杠杆的抑制作用，房屋杠杆对其影响并不显著。

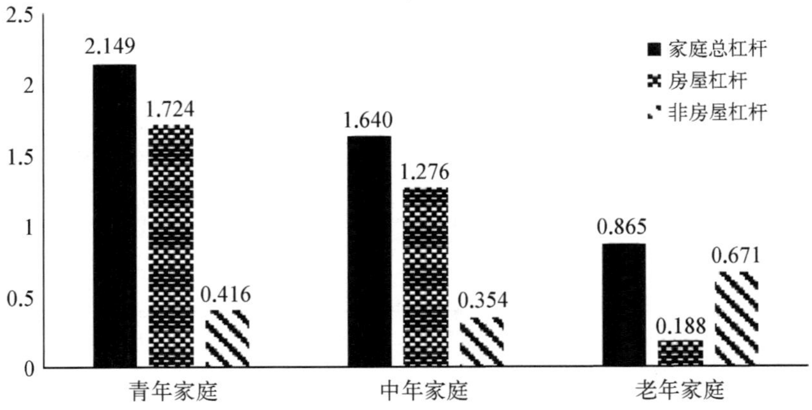

图4-1 不同户主年龄结构的家庭杠杆水平

4.4 稳健性检验

4.4.1 窄样本检验

为了排除样本中极大值和极小值对样本结果的干扰，对家庭总杠杆、房屋杠杆和非房屋杠杆最低和最高各1%的样本进行剔除后，考察窄样本数据是否与总体结果一致。回归结果见表4-5，(Ⅰ)—(Ⅲ)列分别表示家庭总杠杆、房屋杠杆和非房屋杠杆与家庭消费支出的关系。

表4-5 稳健性检验结果统计

变 量	ln(*c*)		
	(Ⅰ)	(Ⅱ)	(Ⅲ)
lev	−0.033 20***	−0.055 00***	−0.035 20**

注：同上表。

由表 4－5 可知，家庭总杠杆、房屋杠杆和非房屋杠杆的系数显著为负，表明窄样本中家庭总杠杆、结构性杠杆的增加对消费支出具有挤出效应，与全样本估计的结果一致。

4.4.2　分地区检验

我国经济具有区域经济发展不平衡、金融市场地区差异较大的显著特征，因此，家庭杠杆在不同区域也存在明显差异（陈斌开、李涛，2011）。根据 2017 年我国统计局相关数据，按照人均 GDP 从高到低的次序，将全样本数据中 25 个省（自治区、直辖市）划分为：高收入地区、中等收入地区和低收入地区。其中，高收入地区包括北京、上海、天津、江苏、浙江、福建、广东、山东；中等收入地区包括重庆、湖北、陕西、吉林、辽宁、湖南、河北、河南、江西、四川；低收入地区包括安徽、黑龙江、广西、山西、贵州、云南、甘肃。对 2017 年统计数据分别进行回归分析，检验家庭杠杆在经济发展水平不同的地区对于家庭消费支出的影响。回归结果见表 4－6，（Ⅰ）—（Ⅲ）列分别表示高收入地区、中等收入地区和低收入地区家庭杠杆与家庭消费支出的关系。

表 4－6　稳健性检验结果统计

变　量	ln(c)		
	（Ⅰ）	（Ⅱ）	（Ⅲ）
lev	−0.239 50*	−0.076 00***	−0.042 60*

注：同上表。

由表 4－6 可知，作为核心解释变量，家庭总杠杆的系数符号稳定为负，对家庭消费支出抑制性均显著。由此可见，家庭杠杆对于家庭消费支出的抑制作用不随地区经济发展水平的变化而变动。

4.4.3　替换变量检验

家庭金融资产是指以债权、权益及其他形式存在的资产，在家庭总资产中占有重要的地位，是家庭偿还债务的一项来源。以“家庭债务/金融资产”替换“家庭债务/年收入”，作为家庭杠杆变量，回归结果见表 4－7。（Ⅰ）—（Ⅲ）列分别表示家庭杠杆对家庭消费支出、基础类消费支出和升级类消费支出的影响。

表 4－7　稳健性检验结果统计

变　量	ln(*c*)		
	（Ⅰ）	（Ⅱ）	（Ⅲ）
lev	−0.000 003**	−0.000 002	−0.000 004*

注：同上表。

由表 4－7 可知，以“家庭债务/金融资产”作为家庭杠杆解释变量，系数符号显著为负，表明对家庭消费支出、升级类消费支出存在显著的抑制作用，与前文结论一致。但是，对基础类消费支出抑制性不显著，主要原因是金融资产包括债券投资、权益投资、票据等具有投资性质的金融工具，此类资产价值变动的财富效应主要体现在“文教娱乐”升级类消费上，而对饮食等日常基础类消费影响较小。对于收入水平相对较低的我国家庭，“文教娱乐”升级类消费多寡是居民生活水平与质量高低的一个显著标志，易受到外在冲击。基础类消费品通常是家庭多年消费习惯养成的、与家庭生活密切相关的日用商品，其需求具有长期稳定性，会随着居民收入的增长而稳定增长，资产收益率的变动对此类商品的需求影响较小，不会由于资产收益率风险的外在冲击发生巨大的改变。

第5章　政策建议

在经济增速放缓的“新常态”下，消费是我国进入后工业化时代经济增长的主要动力，保持消费需求稳步增长、推动结构转型升级是实现“高质量”发展目标的重要支撑。近年来我国家庭杠杆率水平迅速攀升，特别是房屋杠杆对消费支出以及结构优化升级均具有显著的抑制作用。因此，强调对当前我国家庭部门的“去杠杆”措施，或能有效实现拉动居民消费，扩大内需，助力消费驱动型的经济增长目的。

5.1　多层次、分结构地加强家庭部门杠杆的动态管理

由于家庭债务来源的不同，家庭杠杆在结构上具备复杂性和多重性。家庭举债既有可能产生偿债压力、流动性约束等抑制消费支出，也有可能满足家庭刚性消费需求、刺激家庭超前消费、增加消费支出，不同杠杆对家庭消费支出的影响不一。因此，应多层次、分结构地加强家庭部门杠杆的动态管理，逐步推进家庭部门“去杠杆”工作，分析家庭杠杆的结构性特征，辨别不同杠杆对消费支出总量和结构的影响，不能搞“一刀切”。一方面，青年家庭和中年家庭的债务水平远高于老年家庭，房屋杠杆占家庭杠杆的比重相对较高，房屋杠杆是青年家庭和中年家庭“债台高筑”的主要根源，也是我国家庭部门杠杆水平攀升、抑制消费的主要原因所在；另一方面，对于老年家庭，总杠杆、非房屋杠杆对于家庭消费支出存在显著的负相关关系，房屋杠杆对消费支出无显著影响，表明老年家庭消费支出主要受到家庭总杠杆、非房屋杠杆的影响。

因此，为了降低房屋杠杆对青年家庭和中年家庭消费支出及结构优化的抑制作用，政府部门应加快建立部署科学合理的房地产市场调控措施，将调控政策有效地传导至房地产市场链条的每一环节，积极应对家庭部门购房债务迅速攀升的问题。首先，房地产税制改革尚未健全，仍存在多种问题，比如，征税体系不科学、税制结构不合理等。房地产征税制度的进一步改革深化、征税要素的合理健全、税制结构的科学均衡，有助于促进房地产市场未来长期的健康发展。其

次，租房制度深化改革是确保房地产市场各个环节有效流转、均衡发展的重要机制，妥善管理租房市场有助于进一步精准调控房地产市场供需两端，引导房地产行业预期回归至理性范围。最后，实行不同群体或同一群体不同时期的差异化、区别化的购房贷款政策，加速实现市场经济这只“无形的手”对土地资源配置的决定作用，敦促地方政府不断减少对“土地财政”的依赖，从根源上抑制住房价格的持续上涨，确保房屋杠杆一直维持在稳健合理的范围内，降低房屋杠杆对青年家庭和中年家庭消费支出的抑制作用，加速消费结构转型升级。

为了缓解非房屋杠杆对老年家庭消费需求的抑制作用，政府部门应研究制定创新型多渠道社会保障制度，建立健全社会保障服务体系，扩大对于养老体系的财政补助，优化社会保险、商业保险等全方位养老保险体系，推进医疗卫生改革。随着我国逐步步入老龄化社会，养老服务是关系到国泰民安的民生大事，也是社会保障体制的重要组成部分。应通过不断优化改善养老服务体系，减轻中年人口养老压力，保障老年人口消费需求，全面推动内需刺激经济。

5.2 合理调控家庭部门借贷数量的增长速度与结构分布

推进家庭部门去杠杆、刺激居民消费支出，需合理调控家庭部门借贷数量的增长速度与结构分布：第一，政府部门应加大力度引导家庭部门学习金融知识、提升金融素养，帮助家庭合理使用金融工具进行投资和借贷，避免金融市场投机，保持家庭资产负债表健康稳健。第二，政府部门和企业部门应携手加强家庭信用信息采集、共享和管理，建立健全社会信用体系，严格规范信用环境，规避信用风险，尤其加强对以房产作为抵押品进行借贷投机活动的监管，约束家庭在金融市场借贷投机等行为。第三，金融机构应坚定贯彻落实国家金融方针政策，加快利率市场化改革，使得政策利率更有效地传导到房地产行业。根据家庭杠杆的规模和增速，结合当下经济发展形势，科学合理地设计家庭部门信贷模式，调控家庭部门信贷规模，设置符合当下经济环境、风险可控的信贷约束，通过有效合理调控家庭部门借贷数量的增长速度和结构分布，保障家庭部门杠杆风险温和可控，为经济“高质量”发展披上一层坚实可靠的盔甲。

5.3 加强居民杠杆情况监测分析，提前预警杠杆风险

近年来我国家庭部门总杠杆和结构性杠杆水平迅速攀升，家庭部门杠杆风

险引发关注。因此，需动态监测分析家庭杠杆率水平，加强对家庭杠杆结构性风险的提前预警，做到风险早发现、早处置。一方面，加强对家庭杠杆、杠杆结构与消费支出的分析与研究，推进消费升级理论创新，细化家庭部门金融数据统计的分类指标，构建风险评估模型，重点关注家庭加杠杆风险。另一方面，政府部门、金融机构及监管机构应加强合作、紧密沟通，深入开展数据交换机制，加大对影子银行、消费信贷平台的监管和调查力度，构建家庭金融微观数据库，全面掌握家庭在金融市场借贷、投机规模，调查研究各地区家庭杠杆与消费支出实时数据，重点监测房地产行业信贷规模动态变化，动态监测不同地区各收入阶层、各年龄阶层的家庭加杠杆行为，重点关注家庭杠杆趋势性变化，及时发现问题，进行监测预判。

5.4　完善收入分配制度和社会保障制度

稳定持续的收入来源，有助于提升家庭的财富水平，提高家庭的偿债能力，缓解高杠杆家庭的流动性约束，是化解家庭债务风险、促进家庭去杠杆的基础和关键。为保障家庭部门的收入持续稳定，一是要优化经济发展环境，营造良好营商环境，改善就业环境。保持经济增长稳定持续，加快供给侧结构性改革，加快利率市场化改革，发挥税收调节作用，增加企业融资渠道，减轻中小企业的纳税和融资负担，促进整个劳动力市场的繁荣创新，提升社会就业率，扩大家庭部门收入来源渠道，保证家庭收入的稳定持续和可增长性。二是要进一步深化劳动收入分配制度改革，“坚持按劳分配，鼓励多种分配方式”，收入分配政策制定还应更多地考虑房价高企对不同收入群体的影响，充分发挥政府利用行政手段优化资源配置的作用，通过税收、转移支付等再分配机制，从制度上帮助家庭提高可支配收入水平，保持对未来收入稳定持续的预期。三是要建立健全社会保障和医疗保障等制度，切实解决“看病难、看病贵”的问题，优化养老体系建设，减轻中低收入人群看病、养老等压力，降低由于担心未来风险冲击而形成的预防性储蓄动机，释放消费动力，促进消费升级。

第6章　结论与展望

6.1　主要结论

在 Ogawa 和 Wan(2007)两期理论模型的基础上，考虑不同家庭收入异质性影响，本文引入家庭杠杆变量并进行改进。选取我国 2010—2016 年中国家庭追踪调查(CFPS)家庭微观面板数据，构建固定效应回归模型对家庭杠杆、杠杆结构和消费支出的关系进行验证，并就消费支出类型以及不同户主年龄的家庭分样本讨论。主要研究结论有以下四点。

(1) 我国家庭杠杆整体水平较高，并且家庭总杠杆、房屋杠杆和非房屋杠杆与消费支出均存在显著的负相关关系。家庭债务的积累通过财富效应、信贷约束、预防性动机等传导机制影响家庭成员的消费决策，抑制家庭消费支出。同时，房屋杠杆会抑制家庭基础类和升级类消费支出的增加，对家庭消费结构升级存在不利影响，非房屋杠杆对家庭基础类和升级类消费支出无显著影响。自 1998 年我国实现住宅商品房市场化改革以来，住房价格不断上涨，而大中城市的房价上涨速度则更快。并且随着我国城市化进程深入，居民住房刚性需求上升，住房贷款迅速发展，家庭举债买房，房屋杠杆飙升，降低家庭消费意愿的同时，也大幅限制了家庭消费能力。在此背景下，家庭文教娱乐类消费支出增幅较小，虽然消费升级态势延续，但增速放缓。

(2) 随着户主年龄的增加，家庭杠杆水平呈递减趋势。户主年龄低于 60 岁的青年家庭和中年家庭的债务水平远高于老年家庭，房屋杠杆占家庭杠杆的比重也相对较高，分别为 80.22%和 77.80%，房屋杠杆是青年家庭和中年家庭“债台高筑”的主要根源，也是我国家庭部门杠杆水平攀升的主要原因所在。青年与中年家庭的刚性购房需求和改善性购房需求较高，购房可能性增加，房屋杠杆对两类家庭的消费支出具有抑制作用，且青年家庭受到的抑制作用更强。而老年家庭的消费支出主要受到非房屋杠杆的抑制性影响。此外，户主年龄与家庭消费支出存在显著的负相关关系，户主年龄越小，家庭消费支出越大。在消费意愿上，相对于年轻人常见的从众、攀比消费心理，老年人通常出于“勤俭节约”的传统消费理念，在消费过程中更善于观察分析和比较，且消费倾向较低，主要满足衣食、生活用品等需要；在消费能力上，高科技的发展给消费生活提供了越来越多的便利，消费模式更加多元化和复杂化，认知能力高的个体将会获得更多的信息，而老年人较低的认知能力难以适应复杂的消费模式，因此抑制了老年人的家庭消费。家庭消费支出与户主年龄存在负相关关系，青年与中年家庭消费能力显著强于老年家庭，作为扩大内需、拉动消费的主力军，短期内这两类家庭消费水平的扩大受到了房贷债务的“拖累”。

(3) 家庭年收入与消费支出存在显著正向关系，表明家庭年收入越高，消费支出越大。预防性储蓄理论认为，当家庭收入水平较低时，意味着家庭用于抵御未来风险的资产和现金流较少，甚至面临着更严苛的信贷约束，因此，家庭面对未来风险遭遇的流动性冲击可能更大。家庭试图依赖增加预防性储蓄抵御未来风险。当家庭收入水平较高时，增加的收入也增加了家庭净财富水平，减少了偿债压力，并缓解“钱紧”造成的流动性约束，减轻了家庭的脆弱性，促进了家庭消费支出增加。因此，采取积极有效的措施提高家庭的可支配收入、缩小居民收入分配差距，我国家庭总体消费支出水平则有望提高。

(4) 家庭拥有的房屋数量增加也会显著促进家庭消费水平的提升。首先，根据L-P理论，家庭会将一生的资源，包括各个时期的收入和资产，转化为各期的消费，试图熨平一生中各个时期消费支出的波动，实现资源的最优配置，以达到一生效用的最大化。因此，房屋数量的增加显著增加了家庭拥有的财富，使得家庭能够转化为消费支出的资源增加，促使家庭增加消费支出。其次，金融机构提供信贷时，常常需要借贷者提供抵押品作为增信工具。保值增值性使得房产成为优良的抵押品。随着房屋数量的增加，家庭拥有的抵押品价值随之增加，家庭可以更加便捷地在金融市场获取信贷，减轻对未来流动性的担忧，释放消费需求。再次，房屋数量的增加使家庭成员感受到资产增加带来“富有”的安全感和满足感，即财富幻觉，激发家庭的消费欲望。最后，家庭为抵御未来风险会增加预防性储蓄，预防性储蓄既体现在银行存款，也可以表现为房产等其他资产，房产价值的提高形成对预防性储蓄存款的替代，增加消费者的消费动机和能力。

6.2 研究展望

本文对我国家庭杠杆、杠杆结构和消费支出的关系进行了理论与实证分析，然而仍旧存在一些不足。第一,随着我国城镇化进程的逐步推进以及供给侧结构性改革的不断深入,家庭金融市场参与率提高,家庭杠杆的趋势性变化可能有所不同,对家庭消费支出及结构升级的影响也可能与本文研究的结论存在差异。第二,考虑到我国经济具有区域经济发展不平衡、金融市场地区差异较大的显著特征,后续可以开展对家庭杠杆、消费支出区域性特征的细致分析。为此,需要对我国家庭消费支出和金融微观数据开展实时跟踪调研,在全面掌握家庭部门消费支出、金融市场借贷规模结构动态变化的基础上,分析不同地区各收入阶层、各年龄阶层的家庭加杠杆行为,以及细化区域分类指标,探讨家庭杠杆、消费支出的区域性特征,"因地制宜"地提出针对不同区域家庭部门去杠杆、振消费的政策建议。

参 考 文 献

[1] AL-AWAD M, ELHIRAIKA A. Cultural effects and savings: Evidence from immigrants to the united Arab emirates[J]. The Journal of Development Studies, 2003, 39(5): 139-151.

[2] ANDERSEN A L, DUUS C, JENSEN T L. Household debt and spending during the financial crisis: Evidence from Danish micro data[J]. European Economic Review, 2016, 89: 96-115.

[3] ANGERER X, LAM P S. Income risk and portfolio choice: An empirical study[J]. The Journal of Finance, 2009, 64(2): 1037-1055.

[4] ARON J, MUELLBAUER J. Estimates of household sector wealth for South Africa, 1970—2003[J]. Review of Income and Wealth, 2006, 52(2): 285-307.

[5] BANKS J, O'DEA C, OLDFIELD Z. Cognitive function, numeracy and retirement saving trajectories[J]. Economic Journal (London, England), 2011, 120(548): F381-F410.

[6] BRILEY D A, MORRIS M W, SIMONSON I. Reasons as carriers of culture: Dynamic versus dispositional models of cultural influence on decision making[J]. Journal of Consumer Research, 2000, 27(2): 157-178.

[7] BROWN M, RALPH D H, PAULINE G. Household Debt and Economic Vulnerability During the Great Recession[R]. London: The European Bank for Reconstruction and Development, 2012.

[8] CAMPBELL J Y, COCCO J F. How do house prices affect consumption? Evidence from micro data[J]. Journal of Monetary Economics, 2007, 54(3): 591-621.

[9] CECCHETTI S G, MOHANTY M S, ZAMPOLLI F. The real effects of debt[J]. Social Science Electronic Publishing, 2011, 68(3): 145-196.

[10] CHAMON M D, PRASAD E S. Why are saving rates of urban households in China rising? [J]. American Economic Journal: Macroeconomics, 2010, 2(1): 93-130.

[11] DUESENBERRY J S. Income, saving, and the theory of consumer behavior[M]. Cambridge: Harvard University Press, 1949.

[12] DYNAN K, EDELBERG W. The relationship between leverage and household spending behavior: Evidence from the 2007—2009 survey of consumer finances[J]. Review, 2013, 95(5): 425-448.

[13] DYNAN K. Is a household debt overhang holding back consumption? [J]. Brookings Papers on Economic Activity, 2012, 2012(1): 299-362.
[14] EUROBAROMETER. Eurobarometer Qualitative Study-COPING WITH THE CRISIS-Aggregate Report[M]. Brussels: European Union, 2014.
[15] FISHER I. The Theory of Interest[M]. New York: Macmillan, 1930.
[16] FRIEDMAN M. A theory of the consumption function[M]. Princeton: Princeton University Press, 1957.
[17] GLICK R, LANSING K J. Global household leverage, house prices, and consumption [J]. FRBSF Economic Letter, 2010, 1: 1-5.
[18] GUARDIA N D. Consumer credit in the European union[M]. Brussels: European Credit Rearsh Institute, 2000.
[19] HAGEN E E. The consumption function: A review article[J]. The Review of Economics and Statistics, 1955, 37(1): 48-54.
[20] HARBAUGH R. China's high savings rates[J]. The Rise of China Revisited: Perception and Reality, 2004, 18: 12.
[21] HORIOKA C. A survey of household saving behavior in Japan[M]//Coulmas F, Conrad H, Schad-Seifert, et al. The Demographic Challenge — A Handbook about Japan, Leiden: Brill Academic Publishers, 2007.
[22] KUKK M. How did household indebtedness hamper consumption during the recession? Evidence from micro data[J]. Journal of Comparative Economics, 2016, 44(3): 764-786.
[23] KUZNETS S. National income and taxable capacity[J]. The American Economic Review, 1942, 32(1): 37-75.
[24] LEROY S F, WERNER J. Principles of financial economics[M]. Cambridge: Cambridge University Press, 2001.
[25] LETH-PETERSEN S. Intertemporal consumption and credit constraints: Does total expenditure respond to an exogenous shock to credit? [J]. American Economic Review, 2010, 100(3): 1080-1103.
[26] LUDVIGSON S C, STEINDEL C. How important is the stock market effect on consumption? [M]. New York: Federal Reserve Bank of New York, 1998.
[27] MASON A. Demographic dividesnds: The past, the present, and the future[M]. na, 2007.
[28] MCKINNON R I. Money and capital in economic development[M]. Washington: Brookings Institution, 1973.
[29] MEHRA Y P. The wealth effect in empirical life-cycle aggregate consumption equations [J]. FRB Richmond Economic Quarterly, 2001, 87(2): 45-68.
[30] MIAN A, SUFI A. Household leverage and the recession of 2007—2009[J]. IMF Economic Review, 2010, 58(1): 74-117.
[31] MIAN A, SUFI A. House prices, home equity-based borrowing, and the US household

leverage crisis[J]. American Economic Review, 2011, 101(5): 2132 - 2156.
[32] MIAN A, SUFI A. The great recession: Lessons from microeconomic data [J]. American Economic Review, 2010, 100(2): 51 - 56.
[33] MODIGLIANI F, BRUMBERG R. Utility analysis and the consumption function: An interpretation of cross-section data [M]//KURIHARA K K. Post-Keynesian Economics. Brunswick: Rutgers University Press, 1954.
[34] MODIGLIANI F, CAO S L. The Chinese saving puzzle and the life-cycle hypothesis [J]. Journal of Economic Literature, 2004, 42(1): 145 - 170.
[35] MODIGLIANI F. Fluctuations in the saving-income ratio: A problem in economic forecasting[M]//Conference on Research in Income and Wealth. Studies in income and wealth. NBER, 1949.
[36] MODIGLIANI F. Life cycle, individual thrift, and the wealth of nations[J]. Science, 1986, 234(4777): 704 - 712.
[37] NEHER P A. Peasants, procreation, and pensions[J]. The American Economic Review, 1971, 61(3): 380 - 389.
[38] NEHER P A. Peasants, procreation, and pensions: Reply[J]. The American Economic Review, 1972, 62: 452.
[39] OGAWA K, WAN J M. Household debt and consumption: A quantitative analysis based on household micro data for Japan[J]. Journal of Housing Economics, 2007, 16(2): 127 - 142.
[40] PARK D, RHEE C. Saving, growth, and demographic change in Korea[J]. Journal of the Japanese and International Economies, 2005, 19(3): 394 - 413.
[41] PORTER M E. The competitive advantage of nations[M]. New York: Free Press, 1990.
[42] POTERBA J M. Stock market wealth and consumption [J]. Journal of Economic Perspectives, 2000, 14(2): 99 - 118.
[43] SAMUELSON P A. An exact consumption-loan model of interest with or without the social contrivance of money[J]. Journal of Political Economy, 1958, 66(6): 467 - 482.
[44] SHAW E S. Financial deepening in economic development[M]. New York: Oxford University Press, 1973.
[45] STIGLITZ J, WEISS A. Credit rationing in markets with imperfect information[J]. The American economic review, 1981, 71(3): 393 - 410.
[46] 蔡昉.人口转变、人口红利与刘易斯转折点[J].经济研究,2010,45(4): 4 - 13.
[47] 陈斌开,李涛.中国城镇居民家庭资产-负债现状与成因研究[J].经济研究,2011,46(S1): 55 - 66,79.
[48] 陈东,刘金东.农村信贷对农村居民消费的影响:基于状态空间模型和中介效应检验的长期动态分析[J].金融研究,2013(6): 160 - 172.
[49] 陈晓光,张宇麟.信贷约束、政府消费与中国实际经济周期[J].经济研究,2010(12): 48 - 59.

[50] 陈璋,刘霞辉,陈国栋.经济研究的实证方法：现代西方消费理论研究过程的启示[J].经济研究,1988,23(4)：43-47.
[51] 巩师恩,范从来.收入不平等、信贷供给与消费波动[J].经济研究,2012,47(S1)：4-14.
[52] 国际货币基金组织.世界经济展望：全球人口变化[M].赵耀,等译.北京：中国金融出版社,2004.
[53] 杭斌,郭香俊.基于习惯形成的预防性储蓄：中国城镇居民消费行为的实证分析[J].统计研究,2009,26(3)：38-43.
[54] 何平,高杰,张锐.家庭欲望、脆弱性与收入-消费关系研究[J].经济研究,2010,45(10)：78-89.
[55] 何兴强,史卫.健康风险与城镇居民家庭消费[J].经济研究,2014,49(5)：34-48.
[56] 李涛,陈斌开.家庭固定资产、财富效应与居民消费：来自中国城镇家庭的经验证据[J].经济研究,2014,49(3)：62-75.
[57] 李文星,徐长生,艾春荣.中国人口年龄结构和居民消费：1989—2004[J].经济研究,2008,43(7)：118-129.
[58] 李雅娴,张川川.认知能力与消费：理解老年人口高储蓄率的一个新视角[J].经济学动态,2018(2)：65-75.
[59] 凌晨,张安全.中国城乡居民预防性储蓄研究：理论与实证[J].管理世界,2012(11)：20-27.
[60] 潘敏,刘知琪.居民家庭“加杠杆”能促进消费吗？——来自中国家庭微观调查的经验证据[J].金融研究,2018(4)：71-87.
[61] 裴春霞,孙世重.流动性约束条件下的中国居民预防性储蓄行为分析[J].金融研究,2004(10)：26-32.
[62] 宋全云,吴雨,尹志超.金融知识视角下的家庭信贷行为研究[J].金融研究,2017(6)：95-110.
[63] 宋铮.中国居民储蓄行为研究[J].金融研究,1999(6)：46-50,81.
[64] 孙凤.预防性储蓄理论与中国居民消费行为[J].南开经济研究,2001(1)：54-58.
[65] 万广华,张茵,牛建高.流动性约束、不确定性与中国居民消费[J].经济研究,2001(11)：35-44,94.
[66] 汪伟,艾春荣.人口老龄化与中国储蓄率的动态演化[J].管理世界,2015(6)：47-62.
[67] 王德文,蔡昉,张学辉.人口转变的储蓄效应和增长效应：论中国增长可持续性的人口因素[J].人口研究,2004,28(5)：2-11.
[68] 王芳.人口年龄结构对居民消费影响的路径分析[J].人口与经济,2013(3)：12-19.
[69] 王江,廖理,张金宝.消费金融研究综述[J].经济研究,2010,45(S1)：5-29.
[70] 谢洁玉,吴斌珍,李宏彬,等.中国城市房价与居民消费[J].金融研究,2012(6)：13-27.
[71] 颜色,朱国钟.“房奴效应”还是“财富效应”？——房价上涨对国民消费影响的一个理论分析[J].管理世界,2013(3)：34-47.
[72] 杨汝岱,陈斌开.高等教育改革、预防性储蓄与居民消费行为[J].经济研究,2009,44(8)：113-124.
[73] 叶德珠,连玉君,黄有光,等.消费文化、认知偏差与消费行为偏差[J].经济研究,2012

(2)：80 - 92.
[74] 叶海云.试论流动性约束、短视行为与我国消费需求疲软的关系[J].经济研究，2000，35(11)：39 - 44.
[75] 尹志超，宋全云，吴雨.金融知识、投资经验与家庭资产选择[J].经济研究，2014，49(4)：62 - 75.
[76] 袁志刚，宋铮.人口年龄结构、养老保险制度与最优储蓄率[J].经济研究，2000，35(11)：24 - 32，79.
[77] 张浩，易行健，周聪.房产价值变动、城镇居民消费与财富效应异质性：来自微观家庭调查数据的分析[J].金融研究，2017(8)：50 - 66.
[78] 张龙耀，张海宁.金融约束与家庭创业：中国的城乡差异[J].金融研究，2013(9)：123 - 135.
[79] 赵昌文，许召元，朱鸿鸣.工业化后期的中国经济增长新动力[N].中国经济时报，2015 - 08 - 05(5).
[80] 朱信凯，骆晨.消费函数的理论逻辑与中国化：一个文献综述[J].经济研究，2011，46(1)：140 - 153.

第八篇

党组织治理参与、海外并购与国有资产保值增值

李　伟

第1章　绪　　论

1.1　研究背景和意义

1.1.1　研究背景

近年来中国企业海外并购的热度不减，中国国有企业已经成为海外并购中的重要参与方，但是在并购实践中，中国国有企业却往往因为治理结构不完备、市场化程度不够高、法律文化差异及并购整合难度大等造成巨额损失，导致严重的国有资产流失问题。国有企业并购一直是政府监管的重点，存在较强的政治干预，但政治干预对并购结果的影响尚未有统一定论，学界亦褒贬不一，如何合理运用“有形的手”防止并购中的国有资产流失、促进国有资产保值增值，成为理论与实践中亟待解决的问题。

海外并购作为一种重要的资本运作方式，有助于企业实现资源重配、规模扩张、市场开拓及盘活国有资产，那么能否促进国有资产实现保值增值呢？海外并购作为企业重大的投资行为，需要获得企业内部决策程序的批准及外部行政程序的审批，而国有企业更会受到企业党组织的审核与监督，那么在党组织治理参与下能否促进海外并购向好向优发展，实现国有资产保值增值呢？以上问题迄今尚未有研究给出清晰的判断与结论。本文旨在以海外并购收购方的视角，考察国有企业的国有资产在国有企业党组织治理参与下是否实现了保值增值，通过对国有企业党组织治理参与的有效性检验，为进一步深化国有企业改革、促进国有资产保值增值提供经验论据。

1.1.2　研究意义

（1）理论意义

首先，从我国“党管企业”这一特色鲜明的特征出发，研究党组织参与国有企业治理这一政治干预对企业的影响，深化了“党管企业”的理论基础。其次，检验了党组织参与国有企业治理的影响，印证了国有企业党组织治理参与这一政治干预的有效性，拓宽了政治干预与公司治理领域的研究。最后，创造性地将国有资产保值增值这一研究落脚点放在党组织治理参与这一政治干预情形下，并结合海外并购这一具体事件，为政治干预促进国有资产保值增值拓宽了研究思路。

（2）现实意义

本文从海外并购收购方的视角，考察国有企业的国有资产在国有企业党组织治理参与下是否实现了保值增值，旨在回答两大具有现实意义的问题：海外并购作为一种重要的资本运作方式，能否促进国有资产实现保值增值？党组织治理参与下能否促进海外并购向好向优发展，实现国有资产保值增值？本文的研究结论检验了国有企业党组织治理参与这一政治干预的有效性，肯定了“党管企业”的优势，尤其是对于党组织参与海外并购等“三重一大”决策提供了理论线索，对于进一步深化国有企业改革提供了具体的政策指向。

1.2 研究思路和技术路线

本文通过梳理党组织治理参与的制度背景，明晰了党组织治理参与这一政治干预的作用机制；通过梳理国有资本保值增值的制度背景，进一步坚持了“国有资本”的研究观点，并从其制度背景中选取了既体现现实情况又反映制度背景的衡量指标：国有资本保值增值率、净资产收益率、资产负债率。本文进一步确立了以党组织治理参与程度这一解释变量，纳入了支付方式、交易对价、专业顾问等控制变量，并以并购完成后的当年为短期情形，并购完成后 1 年为中期情形，并购完成后的 2～3 年为长期情形，通过考量 2006 年至 2016 年间中国企业海外并购完成后的短、中、长期衡量指标所代表的国有资产保值增值的状况，来探讨企业党组织治理这一政治干预的有效性，并通过对比各衡量指标的差异，剖析国有资产保值增值的差异性结果的原因，为进一步深化国有企业改革、促进国有资产保值增值提供经验论据。

本文的研究技术路线见图 1－1。

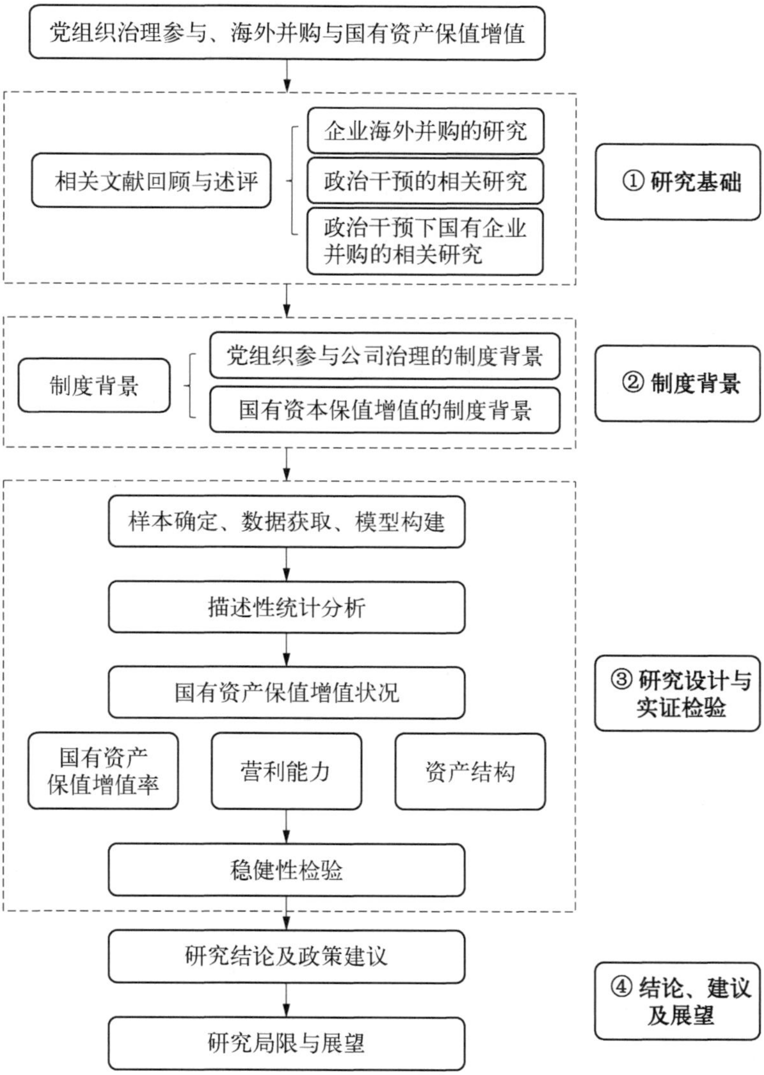

图 1－1　研究技术路线图

1.3　研究方法和创新点

1.3.1　研究方法

本文基于国有企业作为海外并购中收购方的数据，考察党组织的参与国有企业治理对国有资本在海外并购中保值增值状况的影响。综合运用了文献分析方法、规范分析方法、计量分析方法及对比分析方法等方法，对我国国有企业党组织参与公司治理的作用路径以及影响效果进行了理论分析和实证检验。

(1) 文献分析方法。通过整理、阅读和分析国内外与海外并购、政治干预相关的文献，结合中国党组织治理的实际情况，从党组织治理参与、国有资本保值增值的内涵、定义、测度和计量方法等方面对国内外学者的研究成果进行总结，奠定了本文的理论基础。对应内容为第 2 章中关于海外并购、政治干预的相关研究梳理。

(2) 规范分析方法。本文对党组织参与公司治理、国有资本保值增值的制度背景进行系统的总结分析，剖析党组织参与公司治理的作用机制、探求国有资本保值增值的深刻内涵，这其中都用到了规范分析方法。对应内容为第 4 章。

(3) 计量分析方法。实证分析以 2006 年 1 月 1 日至 2016 年 12 月 31 日期间并购已完成的中国企业海外并购事件为样本池确立最终海外并购样本，逐一匹配党组织的治理参与这一指标，衡量党委会参与公司治理的程度。同时，本文坚持用国有资本保值增值的内涵去考量国有资产的保值增值问题，以企业年度财务决算报告为结果确认的依据，在充分考虑了我国国有资产保值增值的现实情况与制度背景的情况下，以国有资本保值增值率等指标作为衡量海外并购完成后国有资产状况的衡量变量。通过对数据进行处理以及对所要研究的变量的描述性统计，能够了解各变量的基本数据特征，并进一步进行实证分析，探讨党组织治理参与这一政治干预情形下，海外并购这一具体事件能否促进国有资产保值增值这一问题。对应内容为第 5 章中样本、数据、模型及实证分析内容。

(4) 对比分析方法。本文选取国有资本保值增值率、净资产收益率、资产负债率等多角度衡量国有资产保值增值状况，并对党组织治理参与情形下各不同角度情形加以对比分析，分析党组织治理参与情形下所带来的差异化影响。对应内容为第 5 章中实证分析及稳健性检验部分内容。

1.3.2 本文的创新点

(1) 国有企业作为海外并购收购方的情形是近年来中国国有企业“走出去”最普遍的情形，鲜有文献探讨政治干预对海外并购的相关影响，尚未有文献考察在企业党组织治理这一政治干预的角度下，海外并购中国有资产保值增值的相关问题。正是在这种学术背景下，本文旨在考察国有企业党组织治理参与对海外并购中国有资产保值增值状况的影响，拟从海外并购收购方的视角来探讨在企业党组织参与治理的情况下，国有企业的国有资产是否实现了保值增值，提供了创新性的研究视角。

（2）为政治干预相关研究提供了新的研究视角。现有关于政治干预的相关文献多关注通过政府部门监管、国有控股股东决策两种方式对企业施加干预的影响，较少有文献从企业党组织这一干预形式开展研究。本文从党组织参与国有企业公司治理的现实情况出发，试图考察党组织参与公司治理在海外并购这一重大事项决策的作用，并验证党组织这一国有企业内部组织形式对国有企业进行干预的存在，力求印证党组织参与国有企业治理这一政治干预的有效性，为我国国有企业党组织深度参与公司治理，进一步发挥“党管企业”的优势奠定理论基础。

第2章　文献综述

2.1　企业海外并购的研究

2.1.1　企业海外并购动因研究

企业经营规模在不断扩大的过程中，通过海外并购实现国际化经营，帮助企业巩固、形成自身的竞争优势一直是驱动企业进行海外并购的重要原因。从产品生命周期的角度来看待企业开展海外并购活动，开展海外并购有助于企业在其他国家拓宽自身的竞争优势。通过并购获得协同效应，从而强化各自的竞争优势，使得海外并购本身成为企业构建新的竞争优势的重要目标。诸多学者对寻求这一竞争优势下的具体动机进行了研究，并总结出战略资产获取（strategic-assets seeking）、资源获取（resource seeking）和市场获取（market seeking）三种主要动机。

Chen 和 Findlay(2003)认为，专利资产获取、扩张生产、寻求新市场是海外并购的驱动因素。Almeida 和 Phene(2004)研究发达国家企业对发展中国家企业的并购发现，在并购中发达国家企业往往是为了获取标的企业所拥有的关键性生产要素或资产；而发展中国家企业往往追求获取诸如知识、技能等在内的生产要素，从而提升各自的竞争优势。Dunning(1998)研究发现，企业通过海外并购的方式获取研发、技术、专利、商标等稀缺的战略性资产，从而为收购方带来竞争优势。刘青等(2017)研究发现，中国海外并购表现出市场寻求和矿产金属资源寻求特征，并随着经济发展逐渐表现出战略资产寻求动机。Zhang 等(2018)研究发现，价值链扩展和技术获取构成了中国上市药企的主要并购动因。

2.1.2　企业海外并购影响因素研究

企业海外并购绩效及成败受并购交易方案、宏观制度、文化差异、并购后整合等多种因素影响。并购交易方案设计将在资产转移、规避政策风险等方面带来较大影响。Huang 等(2016)研究发现，股权支付方式能够减少并购溢价、规避东道国制度风险，优于现金支付方式，但也存在影响并购成功的可能。而在宏观制度和文化层面，母国和东道国制度差异越大将导致交易复杂性越大，原有并购所积累的经验将更难向子公司转移（Cho & Ahn，2017）。无论是在宏观层面，还是在微观企业层面，税收政策以及规制政策等制度的不确定性对于并购活动具有显著的负面影响，东道国的政策环境成为企业开展海外并购决策的重要考量因素（Bonaime 等，2018）。Luo 和 Tung（2018）的研究同样认为，文化差异、制度差异将对海外并购绩效产生重要影响，增大并购的不确定性。Maung 等（2019）研究发现东道国投资环境状况越好，并购带来溢价更高。此外，较多学者关注到完善的金融体系的重要性，一个国家的金融市场越发展，那么对于企业开展海外并购的积极促进作用越明显，完善的金融体系对于一个国家的对外直接投资具有显著的促进作用（Alfaro 等，2004）。这其中，活跃的股票市场成为推动企业开展海外并购的决定因素之一（Giovanni，2005）。

诸多学者强调了并购后整合层面的重要影响，不论是发达国家企业还是发展中国家企业，并购后的整合决定了海外并购的成败（Peng，2012）。这一点在技术获取型的海外并购中尤为明显，会显著影响并购方的技术创新能力（侯汉坡、刘峰，2007）。而并购方企业的知识吸收能力对并购后整合产生了重要影响，组织学习在知识吸收能力形成过程中起到关键作用（梁力军、孟凡臣，2011）。此外，部分学者强调并购方的国际化经验对并购交易完成后的知识、资源整合及海外并购的成败具有显著作用。

2.1.3　企业海外并购绩效研究

现有文献关于企业海外并购绩效的研究主要集中在短期绩效、经营绩效和创新绩效三个方面。

短期绩效即财富创造效应，财富创造效应通常使用并购完成后并购方的短期股票收益率来体现，现有研究在海外并购能够为并购方企业带来积极的财富创造效应上结论较为一致。程惠芳、张孔宇（2006）研究发现，中国企业海外并购在发生前后 20 天内具有显著的财富创造效应，并且这一财富创造效应大小与母国经济增长率、支付方式选择等因素密切相关。Bhagat 等（2011）用并购宣告日的股票累计异常收益率来衡量短期绩效，将研究对象选取为新兴市场国家企业的海外并购，研究发现财富创造效应为正。危平、唐慧泉（2016）利用双重差分方法对 1993—2015 年间海外并购和同期国内并购样本进行研究发现，海外并购能够为收购方股东创造财富，这一效应在金融危机后尤为明显。

海外并购对并购方企业经营绩效的影响效果尚无统一定论。部分学者认为海外并购对企业经营绩效存在积极影响。Fukao 等(2008)研究日本企业的海外并购样本发现,海外并购显著提升了并购方企业的资产收益率,同时,资产收益率的提升在非制造业行业企业中更为显著。Zhang(2009)研究美国银行业的海外并购发现,海外并购普遍改善了企业的经营绩效。顾露露和 Robert Reed (2011)认为,在中国政府“走出去”战略的推动下,中国企业海外并购无论是并购后的短期市场绩效还是中长期的超常回报率,相关绩效都是非负的,海外并购整体是成功的。另一方面,也有学者的研究指出海外并购对企业经营绩效存在消极影响。王海(2007)、杜群阳和徐臻(2010)对联想集团、海尔集团等海外并购案例的研究发现,并购对收购方绩效的改善是负面的。Correa(2009)采用净资产收益率等指标综合考量经营绩效,同样发现并购并未使得收购方经营绩效得到改善。

战略资产获取是海外并购的重要动因。获取战略资产,并经过整合产生协同效应,亦是企业海外并购重要目的之一。与经营绩效方面的结论类似,学界对是否存在创新绩效同样有不同看法。Desyllas 和 Hughes(2008)、Tsai 和 Wang (2009)研究发现,技术获取后,并购的收购方往往研发意愿较低,并购完成后,内部研发意愿及投入可能进一步弱化,并购行为对并购方企业的技术创新有消极影响。而 Stiebale(2013)对德国企业的并购事件研究结论与此恰恰相反,研究发现并购方企业的内部研发投入随着并购交易完成而增加,并对专利数量的提高大有益处。Cefis 和 Marsili(2015)认为,并购外部战略资源将增加非创新型企业向创新型企业转变的可能性,提高创新行为的持续性。

2.2 政治干预的相关研究

2.2.1 政治干预相关理论

政府这一“有形的手”与市场这一“无形的手”的分工、政府在经济发展中应该扮演的角色等问题一直是理论界争论的焦点。凯恩斯主义的政治干预理论认为自由市场并不是完全有效的,会存在外部性、公共物品、垄断等问题,单纯依靠“无形的手”无法使资源得到有效配置,存在“市场失灵”。因此,政府需要对市场进行必要的、适度的干预,用“有形的手”来校正“市场失灵”,促进社会福利实现帕累托最优。学者们通过市场失灵理论、信息不对称理论、外部性理论等对政府干预的动机加以论述。

1. 市场失灵理论

古典自由主义经济学派认为市场是有效配置资源的最重要甚至是唯一的力量，市场这只“无形的手”可以实现福利的最大化。然而大萧条时期经济学家充分认识到这一观点的局限和不足：市场并不是万能的，公共商品、负外部性等情况会引起市场失灵，带来环境污染、贫富两极化等社会问题。因此，不能盲目将市场视作配置资源的唯一方式，需要政府这只“有形的手”加以干预，纠正市场失灵，通过适时、适当的干预促使失灵的市场回归理性。

2. 信息不对称理论

信息不对称是造成市场失灵的一个重要因素，真实的市场交易上，信息不对称不仅是真实存在的，而且几乎是无处不在的，信息不对称理论直接推翻了交易双方拥有完全对称的信息这一完全竞争市场理论中必要的假设前提。信息不对称使得总有一方在交易中具有信息优势，并利用其优势地位在交易中获利，从而使信息劣势方丧失信心，造成交易成本上升，甚至产生道德风险和逆向选择。因此，信息不对称所带来的市场失灵需要适当的政府干预，达到较少交易成本进而提高资源配置效率的目标。

3. 外部性理论

“外部性”由马歇尔在《经济学原理》中首次提出，经济主体在自己的活动中可能产生正外部性，也可能产生负外部性，负外部性情形下对他人带来不利影响却无须赔偿，会使得人们以损害他人或公众利益的方式追求自己的利益，造成“公地悲剧”，因此需要政府进行干预。科斯认为产权界定不清晰是“公地悲剧”存在的主要原因，产权的界定需要具有公信力的政府加以干预，通过确权消除负外部性，进而提升整个社会的福利水平。

2.2.2　政治干预动机研究

政治干预是公共治理的需要。公共治理目标主要涵盖政府的经济目标、社会目标和政治目标（谭劲松等，2009）。经济目标即政府对企业进行干预的目的就是实现 GDP 增长等相关经济指标。张曙光（2005）研究发现，政府一方面通过干预国有企业实现地方财政收入，另一方面也会加大对国有企业的投资，通过国有企业进一步实现地方财政收入和经济增长。社会目标主要包括充分就业、社会稳定等，其中“稳就业”是社会稳定的基础。杨记军等（2010）研究认为，政府通过对大型国企享有控制权，会促使其吸纳更多的人就业，带来人员冗余。林毅夫和李志赟（2004）、薛云奎和白云霞（2008）基于政治干预动机的研究亦得到了类似的结论。政治目标是政府对企业进行干预的重要原因。林毅夫等(2003)认为政府会基于所制定的战略发展方向对企业经营加以干预,迫使企业进入一些非优势的行业或市场。周雪光(2005)研究发现,地方政府会为实现自身公共设施建设及其他政绩目标而对企业施加影响,迫使企业成为实现这些目标的出力人。陆磊和李世宏(2004)研究发现,政策性任务同样存在于国有银行中,并且这一任务来自多个层次。杨记军等(2010)也发现,正是基于种种政治上的考虑,政府在国有股权转让的过程中并不会放弃某些特定企业的控制权。

政治干预同时也是官员实现利益的需要。官员作为一个独立的个体,其追求的利益目标与政府的利益并不完全一致,因此,政府行为除公共治理的需要外,还有可能是为了实现其官员的个人目标(谭劲松、郑国坚,2004)。对政府官员来说,企业的控制权收益是非常重要的资源(谭劲松等,2009)。基于对企业的控制,官员通过利用企业的种种决策来实现自身的利益,甚至通过权钱交易加以敛财(杨瑞龙、周业安,1997)。部分学者进一步关注了官员的特定特征对企业的影响,张军和高远(2007)、王贤彬和徐现祥(2008)等从晋升、任期、个人特征等出发研究其对企业经营的影响,研究结果均指出特定的特征形成了政府官员对企业施加干预的动机,这一动机促使政府官员对企业的各项经营决策施加影响,进而实现自身利益。

2.2.3 政治干预路径研究

政治干预的路径一般有银行贷款、资本市场监管、政府补贴和税收优惠、投资并购行为监管等几种路径。

国有银行的贷款投放是国家对金融进行管制的重要着力点。具有政治关联的企业比没有政治关联的企业更容易通过关系获得银行贷款。此外,即便无政治关联企业获得贷款,往往面临更高的贷款利率。同样,中国企业的政治关联可以为企业带来更优惠的银行贷款。

资本市场监管事关企业融资,是实现政治干预的重要途径。企业政治关联对 IPO 有明显的关系,具有政治关联的企业能获得更高的 IPO 发行价格及更低的发行费用。马连福、曹春方(2011)从地方政府干预和制度环境的视角对我国企业 IPO 募集资金变更进行了研究,研究发现“党管干部”“行政命令”等政治干预手段可能是在国有企业产权不完善的情况下对公司治理的一个替代机制。

政府对企业进行财政补贴和税收优惠是实现政治干预的常见途径。周业安等(2004)研究认为,分税制改革导致地方政府与中央政府间收入结构大变而支出结构变动不大,本质上中央政府对地方政府进行了经济分权,赋予了地方政府较大的事权与可控资源,地方政府成为发展经济、稳定社会的主要执行者,中央政府仅通过转移支付、绩效考核等方式对地方政府决策加以约束,地方政府可以自主地给予企业相关补贴。余明桂等(2010)将政治关联和企业获得政府补贴的关系进行检验,研究发现具有政治关联的企业更易获得政府补贴。

通过对并购的监管实现政治干预亦是政治干预常见途径之一。地方政府会通过干预其控制的企业并购来满足地方政府本身降低失业率、对地方企业扶持等政治目标(陈信元、黄俊,2007)。潘红波等(2008)也认为政治关联可以作为法律的替代机制对企业产权进行保护。也有研究发现,具有政治关联的企业会显著增加异地市场的拓展,政治关联有助于企业打破区域壁垒。

企业的投资行为同样容易受到政府的干预。程仲鸣等(2008)研究发现,地方国有上市公司中存在着因政府干预而导致的过度投资现象。钟海燕等(2010)研究发现,行政干预虽然可能导致非经济效率,但市场机制尚不完善时,行政干预是缺失的市场机制的一个较好的替代,国有企业的投资行为在行政干预强这一情况下的表现反而优于内部人控制的情形。

2.2.4　政治干预后果研究

政治干预对企业的绩效是正向还是负向影响,学界尚存在"支持之手"和"掠夺之手"两种不同的观点。"支持之手"认为政治干预提高了企业的绩效,与政党有关联的企业的股票回报率随着政党掌握权力的增加而表现出异常的上升。潘红波和余明桂(2011)也通过地方国企异地并购概率及并购的经济后果来考察政府干预对并购的影响,研究发现,地方国企异地并购相比同地并购所获政治支持减少,从而导致负面经济后果,研究结论支持了"支持之手"的观点。

另一方面,"掠夺之手"认为政治干预对企业的绩效有负向作用。国有企业承受了太多政府施加的政策性负担,并存在非硬性的预算约束,这一约束方式可能诱发经理人的道德风险,并进一步恶化政策性负担导致的国有企业的无效率,形成恶性循环。陈信元和黄俊(2007)研究发现,政治干预的程度与区域内上市公司多元化经营程度有正向关系,政府出于其政治目标的考虑对公司的多元化经营施加影响,这一政治干预降低了企业的绩效。余明桂等(2010)研究发现,政治干预通过影响政府补贴进而降低了公司绩效。

2.3 政治干预下国有企业并购的相关研究

2.3.1 政治干预下国内并购研究

针对国内并购的研究，相关研究着重考察政治干预在企业并购动因、过程决策选择及并购绩效中的作用。并购动因是研究并购的先决问题，已嵌入了政治干预的基因，多起并购案例表明政府主导下的多方利益博弈构成了企业并购的真正动因，政治干预对于推动并购起到很大作用（谭劲松等，2005）。而在决策层面上，一方面，政治干预从政府影响层级上制约着并购地域的选择，不同“政治基因”（political gene）的国有企业被赋予了不同的“显性优势”（revealed advantage）。由地方政府控制的企业异地并购相比同地并购所获政治支持较少，更易进行本地并购，而由中央政府控制的企业则较易突破地方政府设置的障碍实现异地并购（方军雄，2008；潘红波、余明桂，2011）。另一方面，政治干预层级加深亦影响着并购行业的选择。地方政府和非政府控制企业更易发生多元化并购，而中央政府控制企业更易发生专业化并购（方军雄，2008；汪炜、陆帅，2015）。此外，政治干预给国企并购绩效带来了怎样的影响？李善民和朱涛（2006）指出，政治关联程度与多元化并购绩效正相关；潘红波等（2008）发现，政治关联对营利国企并购绩效有负的影响，对亏损国企并购绩效有正的影响；而张雯等（2013）研究发现，政治关联显著影响了上市公司的并购行为，对并购绩效有负面影响。可见，政治干预对于并购绩效的影响尚有争议。部分学者试图从更多的角度探讨这一影响，陈仕华和卢昌崇（2014）从避免“国有资产流失”的角度肯定了党组织治理参与在国内并购中的正向作用。王砚羽等（2014）认为，企业发展历史中由于各种政治关联产生的政治特色具有路径依赖性，在并购中呈现非理性的控制倾向，对企业并购绩效产生消极作用，从历史因素的角度探讨了政治干预负向作用的原因。

2.3.2 政治干预下海外并购研究

国有企业的海外并购同样带有政治影响的“烙印”，被认为政治干预起着重要推动作用。相关支持性政策及国有企业在并购中的主导性作用极大地推动了企业的海外直接投资，存在明显的政治关联特征（Morck 等，2008）。而国有企业海外并购常被认为是为了实现政府的意愿，存在政治干预而不是完全市场化的资本运作，通过委任国企高管、行政审批及低息贷款等方式综合施加影响，主要投向技术密集型和能源、自然资源等行业，因而遭受了一些目标国的政治阻力（张建红等，2010；Gu & Reed，2013）。也有研究从海外并购结果的视角探讨了政治干预的影响。在“走出去”战略推动下，并购后的短期市场绩效和中长期的超常回报率都是可观的，政府推动下的海外并购整体是成功的（顾露露、Robert Reed，2011；邵新建等，2012）。部分学者还分别从金融危机、国有制的身份（徐晓慧、李杰，2016；朱华，2017）等视角肯定了政治干预的积极作用。但是，高厚宾和吴先明（2018）发现，政治关联在寻求创新的新兴市场企业海外并购中存在“诅咒效应”（curse effect），在海外并购异质性与创新绩效的关系中产生负向调节作用。可见，政治干预对于海外并购结果的影响同样是富有争议的。

2.4　文献评析

企业寻求通过战略资产获取、资源获取和市场获取强化、形成自身竞争优势，在探寻企业海外并购动因的基础上，诸多学者也对影响海外并购绩效的因素进行了探讨，他们从母国及东道国制度文化差异、并购交易方案、并购后整合等多种因素角度进行了分析，并对并购完成后短期绩效、经营绩效和创新绩效进行了探讨，在最终企业海外并购对企业绩效的影响上仅在海外并购促进短期绩效这一观点达成一致，经营绩效和创新绩效是否获益于海外并购尚无定论。

在政治干预的相关研究中，学者指出政府出于实现经济目标、社会目标和政治目标等公共治理目标及官员自身利益目标对企业施加干预，涵盖银行贷款、资本市场监管、政府补贴和税收优惠、投资并购行为监管等多种路径，而在最终政治干预对企业的绩效上，学界尚未形成一致结论。

进一步梳理政治干预产生的根源，可能会对争议解决提供新的研究视角。国有企业普遍担负着国家社会性和战略性政策责任，这是中国国有企业问题的根源，这也意味着国有企业长期存在着政治干预（林毅夫、李志赟，2005）。从政治干预的具体类别上来看，Chang 和 Wong（2004）指出，中国企业面临的政治干预主要来自三个方面：一是政府部门。尽管中国积极推动政企分离，但政府通过审批、低息贷款等方式影响公司决策，实现政府部门的政策性负担乃至助力政府官员的政治晋升，因此政府部门对企业仍旧保持着较强的干预动机。二是国有控股股东。政府的国有企业股东身份赋予了政府委任高管、参与企业重大决策的权利，更便于影响企业决策。三是企业党组织。企业党组织成员通过“双向进入、交叉任职”的领导任命机制参与公司治理，尤其是参与公司重大事项的决策，影响企业内部战略决策并直接作用于经营行为。

现有关于企业并购行为中政治干预的研究主要集中于政府部门、国有控股股东两方面，鲜有文献从企业党组织治理的角度去探讨。而在中国市场经济改革的实践中，虽然经历了数次变革和制度调整，“党政合一”的政治体制及党组织在企业中的政治核心地位始终未变（马连福等，2013）。陈仕华和卢昌崇（2014）虽从该角度切入，但重点考察的是国有企业作为国内并购资产出让方的情形，而国有企业作为海外并购收购方恰恰是近年来“走出去”战略实施最普遍的情形。此外，现仅有少数研究，如杨波（2014）从国有资产的视角探讨了海外并购可能带来的影响，其他多为理论与制度方面的定性分析，缺乏相关实证检验证据，未澄清在政治干预的情况下海外并购对国有资产的作用机制与效果。

第3章　党组织参与公司治理对海外并购的影响：制度背景与测度指标

3.1　党组织参与公司治理的制度背景

3.1.1　党组织参与公司治理的制度沿革

党组织参与国有企业公司治理具有深刻的制度背景。1997年《中共中央关于进一步加强和改进国有企业党的建设工作的通知》(以下简称《通知》)中明确要求充分发挥国有企业党组织的政治核心作用,国有企业党组织参与发展规划、资本运作、管理人员选拔等重大问题的决策,坚持党对国有企业的领导。

1999年中国共产党十五届四中全会通过的《中共中央关于国有企业改革和发展若干重大问题的决定》中首次对国有企业中党委的领导权限给出了较为明确的界定,初步确立了"双向进入、交叉任职"[①]的领导体制。这一规定从组织架构上初步确立了党委会参与企业决策的途径和方式,为党委会干预公司决策奠定了制度基础。

2004年中共中央办公厅下发《中央组织部、国务院国资委党委关于加强和改进中央企业党建工作的意见》,要求继续"坚持党对中央企业的领导,并建立健全企业党组织参与企业重大问题决策的体制和机制,发挥党组织政治核心作用,坚持和完善'双向进入、交叉任职'的企业领导体制",并对党组织参与国有企业重大问题决策的主要内容作出了规定。《中央组织部、国务院国资委党委关于加强和改进中央企业党建工作的指导意见》(以下简称《指导意见》)中进一步将国有企业重大问题决策情形分为干部的选拔、企业经营方针和重大改革重组问题、贯彻落实党和国家方针政策三大方面。

2010年中共中央、国务院印发《关于进一步推进国有企业贯彻落实"三重一

① 1999年中国共产党十五届四中全会通过的《中共中央关于国有企业改革和发展若干重大问题的决定》并未明文提出"双向进入、交叉任职"的领导机制,这一机制在2015年印发的《中共中央、国务院关于深化国有企业改革的指导意见》中明确确立。

大”决策制度的意见》(以下简称《意见》)进一步为国有企业党组织参与“三重一大”事项[①]决策提供了制度依据,通过党委会参与职责权限内的“三重一大”事项的集体决策施加管理。而企业并购,尤其是海外并购,多属于企业“三重一大”事项,这一制度为企业内部党组织直接、有力地干预企业海外并购等重大事项的决策提供了强力的制度保证。

2015 年的《中共中央、国务院关于深化国有企业改革的指导意见》进一步坚持和完善了“双向进入、交叉任职”的领导体制,在原有董事会、监事会与党委会间双向进入的框架下,进一步规定符合条件的党组织领导班子成员可以通过法定程序进入经理层,经理层成员在满足相关规定和程序时亦可进入党组织领导班子,适度交叉任职范围拓展到经理层。该规定明确确立了“双向进入、交叉任职”的领导机制:董事会、监事会、经理层与党委会双向进入,主要人员交叉任职(党委书记与董事长一般由 1 人担任)的完整框架,为党组织参与公司治理确立了途径和方式。

2019 年,修订后的《党政领导干部选拔任用工作条例》作为重要的党内法规,再次明确了“党管干部”的基本原则,确立了政治标准这一首位标准,也对任人唯贤,积极探索国有企业“党管干部”与“干部市场化选聘”结合的程序及要求加以规定,通过“党管干部”实现坚持党对国有企业的领导。

此外,2015 年国务院办公厅印发的《关于加强和改进企业国有资产监督防止国有资产流失的意见》也要求发挥企业党组织的保证监督作用,健全党组织参与重大决策机制,强化党组织对企业领导人员履职行为的监督。该规定明确了企业党组织对国有企业违法违纪违规问题突出、重大国有资产损失的主体责任,确立了企业党组织治理这一内部监督方式的追责制度,倒逼企业党组织参与公司决策。

而对于民营企业,2018 年第十三届全国人民代表大会常务委员会第六次会议修订的《中华人民共和国公司法》也明确规定,公司应当设立中国共产党的组织,为党组织的活动提供必要条件。这一规定为党组织逐步参与非国有企业公司治理提供了明确的法律支持。综合以上情况,国有企业党组织治理这一企业内部的政治干预形式具有深厚的制度基础,对企业的影响无疑是直接的、有力的。

① “三重一大”事项指:重大决策事项、重要人事任免事项、重大项目安排事项及大额度资金运作事项。

3.1.2　党组织参与公司治理的内容与方式

保持国有企业党组织的政治核心地位、发挥其政治核心作用将长期不变，文件法规已对党组织参与公司治理内容与方式进行了规定，其中包括“党管干部”的领导体制，党组织参与公司“三重一大”事项，以及“双向进入、交叉任职”的组织架构，等等，这些规定让党组织在公司治理体系中扮演着重要角色。

“党管干部”的领导体制及对应的组织架构等确立了党组织参与公司治理的基本方式。《通知》明确了党管干部的原则，通过对干部的选拔、考核进行把控，确保国有企业任职干部符合党委会相关规定，其带领企业发展中的相关决策也将既契合企业发展利益，又顺应国家大政方针方向，从而实现党组织对公司治理的间接参与。《中共中央关于国有企业改革和发展若干重大问题的决定》《中共中央、国务院关于深化国有企业改革的指导意见》确立了“双向进入、交叉任职”的组织架构：无论是国有独资还是控股公司，在履行一定的法定程序后，党组织领导班子成员可以进入董事会、监事会及经理层，董事会、监事会、经理层及工会中的党员负责人也可依照程序进入党组织领导班子，实现任职双向进入，主要人员交叉任职(党委书记与董事长由 1 人担任)。在这一领导层架构下，主要人员在履行企业正常经营管理及监督职能时，需兼顾党委会相关规定，从而实现党组织在公司治理中的参与。

党组织参与公司“三重一大”事项及其他重大决策问题是党组织参与公司治理的主要内容。《中共中央、国务院关于深化国有企业改革的指导意见》将党组织参与国有企业重大决策的情形分为干部选拔任用、企业经营方针决策等三类。《意见》明确了党委会参与“三重一大”事项集体决策的机制，规定了党组织参与公司治理的直接内容，确立了党组织参与公司治理的主要内容，形成了制度基础。

3.1.3　党组织参与公司治理影响海外并购的具体途径

“党管干部”确定了干部选拔任命的纲领，确定了通过对干部的选拔、考核进行把控进而对企业发展方向把控的间接干预途径。在“党管干部”确立的纲领下，主要通过两种具体的途径对企业海外并购决策施加影响。一方面，无论是独资还是参股的国有企业，国有资本履行出资人义务的同时亦享有相关的权利，需要选派出资人代表和经营管理者参与企业的经营管理。选派的干部多为企业党委会的成员，通过作为出资人身份选派干部参与企业实际经营管理对企业施加干预，使得其经营顺应国家大政方针方向、符合国资管理的理念，这其中对于企业海外并购等重大事项，选派人员自认享有决议的权利。另一方面，党组织对国有企业本身委员会或总经理提名的人选享有建议权，在法律法规及党委法规的框架下主导着关键管理人员选拔原则、标准、程序和方法的制定，并对干部选拔任用的各个环节把关，通过所任命干部的种种决策既契合企业发展利益，又顺应国家大政方针方向，从而实现党组织对公司治理的间接参与。

在“党管干部”的纲领下可以通过干部决策实现党组织对公司治理的间接参与。此外，所采用的“双向进入、交叉任职”的组织架构确立了党委会参与企业内部决策的途径和方式，决定了党组织治理参与在企业的组织架构上的特点：董事长一般兼任公司党委书记，主要人员在董监高与党委会中交叉任职，实现双向进入。具体来看，这一组织架构主要通过企业内部决策影响海外并购：对于海外并购等“三重一大”事件，一般经由高管层发起议案，提请董事会审议议案，并接受监事会监督，经董事会审议通过后须送交党委会审议批准，而后经由股东会或不设股东会的股东批准实施。基于交叉任职的特点，党委会成员在履行企业正常经营管理及监督职能时须按法律法规、公司章程及内部制度等规定对相关议案进行审议，侧重项目营利性、可行性、与企业战略规划的相符性等方面；党委会通过履行基层党组织监督职责对其进行审议监督，审议内容更侧重是否符合党委会相关规定、是否顺应国家大政方针方向、是否会造成国有资产流失等方面，通过行使党委会对议案审议批准的权力实现对公司重大决策的干预。

3.2 国有资本保值增值的制度背景

3.2.1 国有资本保值增值的制度沿革

“促进国有资产保值增值”的方针在党的十九大报告中再次明确确立。在中国深化市场化改革进程中，国有资产保值增值的内涵经历了一些争论与变迁。在社会主义市场经济建设的初期，国有资产是实物形态的资产是大多数人所秉持的观点，认为国有资产保值增值就是总资产规模的无限扩大，重“量”而不重“质”，这一观点忽视了国有资产保值增值的质量和效益。对于国有资产来说，资产规模和数量的增长并不一定意味着价值保值增值，只有资本的运动和扩张才能实现，只有确立并坚持国有资本保值增值的判断，实现实物形态、货币形态和证券形态三种状态相互转化，实现资源优化配置才能促进国有资产保值增值（文宗瑜，1996）。随着现代国有企业制度的确立，国有资产已变成价值资产，应坚持国有资本的观点（魏杰、侯孝国，1996）。

2000 年，财政部、国家经贸委、劳动和社会保障部共同印发的《国有资本保值增值结果计算与确认办法》(以下简称《办法》)坚持了国有资本保值增值的观点，并明确了国有资本保值增值的考核指标为国有资本保值增值率，在确立国有资本保值增值率这一考核指标的基础上，提供了资本积累率等相关的分析指标，为多角度考核国有资本保值增值提供了参照指标。

2004 年，国务院国有资产监督管理委员会发布的《企业国有资本保值增值结果确认暂行办法》(以下简称《暂行办法》)提出了以企业年度财务决算报告为结果确认的依据，并进一步明确、完善了国有资本保值增值的考核指标。

3.2.2　海外并购对国有资本保值增值的影响

在世界经济一体化的趋势下，对外直接投资对于国家和企业而言都是极具战略意义的重大经济活动，而这其中海外并购占据着重要地位。近年来中国企业海外并购的热度不减，大型国有企业的海外并购扮演了重要角色。海外并购作为一种重要的资本运作方式，有助于企业实现资源重配、规模扩张及市场开拓以及盘活国有资产，将对国有资本保值增值带来重大影响。

海外并购对于国有企业的经营来说是一项机遇与挑战并存的选择，海外并购有助于收购方获得最先进的技术和资源信息、增强市场竞争力和判断力、建立健全的销售网络，从而提升企业经营绩效，进而促进国有资产保值增值；也有可能因为治理结构不完备、市场化程度不够高、法律文化差异及并购整合难度大等造成巨额损失，导致严重的国有资产流失问题。

具体来看，海外并购对国有资本保值增值的影响存在两种不同结果及影响。一方面，海外并购的收购方多为溢价收购目标公司，即实际支付交易对价超过目标公司净资产账面价值。虽然支付了高于账面净资产的交易对价，但在收购具体的账目处理中，超过净资产的这部分对价一般计入了企业财务报表的商誉(goodwill)科目，净资产项并表后带来所有者权益的增加。虽然企业可能通过负债增加杠杆进行收购，但从国有资本保值增值率的角度来看，所有者权益的增加意味着国有资本整体实现保值增值。同时，基于不同的海外并购动机，海外并购对国有资本保值增值的影响不仅仅体现在国有资本的增加，往往还伴随着战略资产、资源和市场的获取，若国有企业能够有效地加以整合利用，所产生的“1+1>2”的协同效应将带来企业整体经营的质的改善，也会伴随着企业营利能力、资产结构等多方面的改善。但另一方面，若溢价收购的溢价率过高，会为企业带来严重的财务负担，若海外并购完成后经营不达预期，由并购形成的巨额商誉甚至面临减值的风险，尤其是对于杠杆收购的海外并购，企业往往还承担着高昂的融资成本，若不能及时有效地进行并购整合，协同效应大打折扣的同时，企业营利能力、资产结构会急速恶化，造成国有资产流失。

3.3 国有资本保值增值的衡量指标

在深化市场化改革进程中，我国逐步确立了国有资本保值增值的内涵。《办法》确立了国有资本保值增值率、资本积累率、净资产收益率、总资产报酬率等一系列考核指标①，其中国有资本保值增值率由国家所有者权益的变动情况来衡量。《暂行办法》提出以企业年度财务决算报告为结果确认的依据，进一步明确、完善了以国有资本保值增值率为核心的国有资本保值增值的考核指标体系②。其中国有资本保值增值率由扣除客观因素影响后的期末国有资本变动来衡量，并在此基础上提出了净资产收益率、利润增长率、盈余现金保障倍数及资产负债率等企业国有资本保值增值衡量参考指标。

本文亦坚持以国有资本保值增值的内涵考量国有资产的保值增值问题，同时在国有资产保值增值的衡量上以经审计的年度企业财务报告为结果确认的依据，以国有资本保值增值率（Mia）、净资产收益率（ROE）、资产负债率（Debt）这三个指标作为衡量的参考变量，以分别考量整体保值增值状况、营利能力状况、资产结构状况，力图充分考虑并结合中国国有资产保值增值的现实情况与制度背景。

国有资本保值增值率（Mia）用于衡量国有资本的综合保值增值状况，采用扣除客观因素影响后的期末国有资本较期初变动的比例得出。期末国有资本以经审计的年度财务报告为结果确认的依据，对应选取企业经审计的年度资产负债表的所有者权益科目数值乘以国有控股股东持股比例最终确定，对应计算公式为：（期末所有者权益×期末国有股东持股比例）÷（期初所有者权益×期初国有股东持股比例）×100％。

---

① 国有资本保值增值率＝（年末国家所有者权益÷年初国家所有者权益）×100％；资本积累率＝（本年所有者权益增长额÷年初所有者权益）×100％；净资产收益率＝（净利润÷平均净资产）×100％；总资产报酬率＝［（利润总额＋利息支出）÷平均资产总额］×100％；不良资产比率＝（年末不良资产总额÷年末资产总额）×100％

② 国有资本保值增值率＝（扣除客观因素影响后的期末国有资本÷期初国有资本）×100％；净资产收益率＝（净利润÷平均净资产）×100％；利润增长率＝（利润增长额÷上期利润总额）×100％；盈余现金保障倍数＝经营现金净流量/净利润；资产负债率＝（负债总额÷资产总额）×100％

营利能力是资本运作的核心能力，本文选取净资产收益率（ROE）考量海外并购中国有资本核心营利能力的变动状况，以经审计的年度财务报告为结果确认的依据，对应选取企业经审计的年度利润表的期末净利润科目数值除以期末及期初所有者权益科目平均数最终确定，对应计算公式为：期末净利润÷[（期初所有者权益＋期末所有者权益）÷2]×100％。

海外并购整合风险是中国国有企业海外并购中所普遍面临的风险，而资本结构反映了企业应对长期风险的能力，尤其是在收购方通过融资进行杠杆收购的情形下，资本结构在较大程度上决定了企业应对海外并购整合风险的能力。本文选取资产负债率（Debt）衡量并购后资产结构的改善状况，以经审计的年度财务报告为结果确认的依据，对应选取企业经审计的年度资产负债表的期末负债总计科目数值除以资产总计科目最终确定，对应计算公式为：（期末负债总计÷期末资产总计）×100％。

第 4 章　国企海外并购中党组织治理参与对国有资产影响的实证分析

4.1　模型构建与变量说明

4.1.1　模型构建

以并购公告日为事件当年，即 0 年，将公告日后一定自然日作为衡量海外并购短期情况的评估期，将并购完成后 1～3 年作为衡量海外并购完成后的中长期评估期。本文将并购完成当年的国有资本保值增值率、营利能力及资本结构视为衡量海外并购短期指标，将并购完成后 1 年衡量指标状况视为中期，并购完成后 2～3 年的衡量指标状况视为长期。模型基于具体衡量指标设置上的差异分为三组：

第一组模型为基础模型，衡量整体国有资产保值增值状况：

$$\begin{aligned} Year^{i}_{Mia} = &\beta_0 + \beta_1 Party + \beta_2 Payment + \beta_3 Value + \beta_4 Accountant + \\ &\beta_5 Financial + \beta_6 Lawyer + \beta_7 Stake + \beta_8 Relevance + \\ &\beta_9 Culture + \beta_{10} Year + \varepsilon_i \end{aligned} \tag{4.1}$$

第二组模型衡量营利能力视角下国有资产保值增值状况：

$$\begin{aligned} Year^{i}_{ROE} = &\beta_0 + \beta_1 Party + \beta_2 Payment + \beta_3 Value + \beta_4 Accountant + \\ &\beta_5 Financial + \beta_6 Lawyer + \beta_7 Stake + \beta_8 Relevance + \\ &\beta_9 Culture + \beta_{10} Year + \varepsilon_i \end{aligned} \tag{4.2}$$

第三组模型衡量资产结构视角下国有资产保值增值状况，将资产结构的改善状况视为企业的抗风险能力：

$$\begin{aligned} Year^{i}_{Debt} = &\beta_0 + \beta_1 Party + \beta_2 Payment + \beta_3 Value + \beta_4 Accountant + \\ &\beta_5 Financial + \beta_6 Lawyer + \beta_7 Stake + \beta_8 Relevance + \\ &\beta_9 Culture + \beta_{10} Year + \varepsilon_i (3) \end{aligned} \tag{4.3}$$

其中，$i = 0, 1, 2, 3$。

4.1.2　变量定义与说明

已有研究表明，采取多种评估指标可以更全面衡量海外并购后的经营状况(Thanos & Papadakis，2012)。为了较全面衡量国有资本保值增值的情况，① 选用国有资本保值增值率(Mia)，衡量国有资本的综合保值增值状况；② 选取净资产收益率(ROE)考量海外并购中国有资本核心营利能力的变动状况；③ 资本结构反映了企业应对长期风险的能力，较大程度上决定了企业能否应对海外并购整合风险，选取资产负债率(Debt)衡量并购后资产结构的改善状况。将上述三个指标分别减去并购前一年值，得到并购完成后的变动值，依次为$Year^{i}_{Mia}$、$Year^{i}_{ROE}$、$Year^{i}_{Debt}$①(i 代表并购完成的第 i 年)。

解释变量为党组织治理参与(Party)，既有文献关于党组织治理参与的衡量方法主要有三种。第一，调查问卷法，通过五维量表测度被调查人员主观所评判的管理层、大股东及党组织在重大决策问题上的影响程度，得到党组织相对于管理层及大股东的治理参与程度，但数据具有主观性且难以获取。第二，二元指标测度法(陈仕华、卢昌崇，2014)，将党组织是否治理参与进一步细分为三个指标：党组织是否参与董事会治理(是为 1，否为 0)、党组织是否参与监事会治理(是为 1，否为 0)、党组织是否参与管理层治理(是为 1，否为 0)。该方法可以避免党组织治理参与样本在总样本占比较少，不服从正态分布而无法采用最小二乘法进行统计分析的问题，但无法衡量党组织治理参与不同程度的状况。第三，通过党委会成员在董事会、监事会及管理层人员中的重合程度衡量(马连福等，2013)，将党组织治理参与划分为四个指标：董事会与党委会重合成员在董事会中所占比例、监事会与党委会重合成员在监事会中所占比例、管理层与党委会重合成员在管理层所占比例、所有董监高成员与党委会重合成员在所有董监高成员中所占比例。本文选取所有董监高成员与党委会重合成员在所有董监高成员中所占比例作为本文解释变量，即为党组织治理参与(Party)，该方法便于衡量党组织治理参与深度变化所带来的相关影响。

控制变量包括交易特征(Trade)、行业关联(Relevancy)、文化关联(Culture)及并购完成年份(Year)四个。① 交易特征选取支付方式(Payment)、交易对价(Value)、专业顾问(Advisor)和获取股权比例(Stake)衡量。其中，支付方式是

---

① 考虑到使回归系数正负直观反映资产结构的改善状况，本文在资产负债率(Debt)指标的处理上将并购完成前一年的资产负债率(Debt)作为了被减数。

影响并购交易的重要交易特征，不同的交易方式也会对并购方自身经营和后续整合带来较大影响；交易对价过高会引起目标国的警惕，对并购完成后的整体经营产生较大影响；专业顾问不仅提供了更完全的关于并购交易的信息，在并购后的整合阶段也会提供专业的建议，对于企业完成并购并实现资产保值增值有重要作用；获取股权比例越高，整合中所需投入的成本就越高，可能遇到的风险就越大。② 行业关联对并购绩效存在显著影响（Andrade 等，2001），可通过海外并购双方所处行业的美国 SIC 码比对来判断。③ 文化关联程度显著影响并购双方的磋商沟通，增加交易成本的同时也会增大并购后的整合成本（Di 等，2015），以并购双方是否同处于亚洲来衡量。④ 考虑到并购完成年份亦可能对并购后的绩效产生规律性的影响，亦作为控制变量。各变量具体定义如表 4 - 1 所示。

表 4 - 1　变量名称、变量含义及计算方法

变量类型	变　量	代　码	变量含义和计算方法
被解释变量	国有资本保值增值情况	$Year^{i}_{Mia}$	衡量并购完成后 i（i 取 0，1，2，3）年国有资本整体保值增值情况。（i 年末国有资本保值增值率 ÷ $i-1$ 年末国有资本保值增值率）× 100%
	营利能力	$Year^{i}_{ROE}$	衡量并购完成后 i（i 取 0，1，2，3）年国有资本营利能力的改善状况。并购完成后第 i 年净资产收益率（ROE）与并购前一年净资产收益率（ROE）的差值
	资产结构	$Year^{i}_{Debt}$	衡量并购完成后 i（i 取 0，1，2，3）年并购方资产结构的改善状况。并购前一年资产负债率（Debt）与并购完成后第 i 年资产负债率（Debt）的差值
解释变量	党组织治理参与	*Party*	并购完成当期党组织治理参与状况。党委会与董事会、监事会、管理层重合总人数/董事会、监事会、管理层总人数
控制变量	支付方式	*Payment*	并购交易对价支付方式若为现金支付，赋值为 1，否则为 0
	交易对价	*Value*	交易所支付对价金额的自然对数
	财务顾问	*Accountant*	虚拟变量，若有财务顾问，赋值为 1，否则为 0
	金融顾问	*Financial*	虚拟变量，若有金融顾问，赋值为 1，否则为 0

续　表

变量类型	变　量	代　码	变量含义和计算方法
控制变量	法律顾问	*Lawyer*	虚拟变量，若有法律顾问，赋值为 1，否则为 0
	获取股权比例	*Stake*	获取股权比例的百分比数
	行业关联	*Relevancy*	海外并购双方的行业关联度，通过美国 SIC 码判断，若前两位数字一致，则为一个行业分类，认为有关联性，赋值为 1，否则为 0
	文化关联	*Culture*	海外并购双方的文化关联度，通过并购双方的国别所在地判断，若同属于亚洲，则认为具有文化关联，赋值为 1，否则为 0
	并购年份	*Year*	并购完成的具体年份

4.2　样本确定与数据来源

4.2.1　海外并购样本确定

选取 2006 年 1 月 1 日至 2016 年 12 月 31 日期间并购已完成的中国企业[①]海外并购事件为样本（共计 1 501 个并购样本），样本数据来自 BVD 数据库的 ZEPHYR 子数据库。该数据库为披露并购交易覆盖率最广的全球性权威并购分析数据库。按照以下顺序进行样本选择：首先，从初始选择样本中选择并购方实体类型为公司的样本，剔除个人等主体类型的并购样本（剩余 1 099 个样本）；其次，考虑到收购样本重要控制变量的完整性，选择明确披露了交易金额、交易方式、交易双方行业代码的并购样本（剩余 598 个样本）；再次，考虑到收购对于公司后续经营影响的显著性，选取获得股权比例大于 5%、交易金额高于 1 亿元人民币的并购样本（剩余 218 个样本）；最后，考虑金融与实体企业并购目的的根本区别，剔除了并购方类型、实控人类型为金融行业公司的并购样本，最终得到 90 个并购样本。

① 并购方国别或地区明确为中国（CN），被并购方为中国（CN）、中国香港（HK）、中国澳门（MO）及中国台湾（TW）外有确定国别或地区的样本。

4.2.2 党组织参与公司治理数据获取

对于党组织参与公司治理的数据信息，由于 ZEPHYR 数据库不涵盖“董事、监事、高管”(以下简称董监高)任职情况数据，故仅以 ZEPHYR 数据库作为并购样本获取来源。董监高兼任企业党委成员的数据确定经过以下三个处理过程：第一步，通过最终得到的 90 个并购样本逐一匹配 Wind 数据库、CSMAR 数据库的上市公司，通过逐个梳理在任、离任董监高信息，匹配至收购完成日在任董监高的名单，并获取简历中是否兼任党委成员的相关信息；第二步，对于非上市公司，逐一核实是否为非上市发债公司，由于非上市发债公司发行债券时在任董监高任职信息为必须披露内容，通过收购完成年度并购方发行债券披露的相关公开文件获取当年度董监高兼任党委成员的信息；第三步，对于以上步骤仍然未获得董监高兼任党委成员信息的少量样本，考虑到企业董监高兼任党委成员人数一般较为固定，通过查询公司官网当前董监高任职情况，通过当前兼任党委成员情况近似替代并购完成当期董监高兼任党委成员的任职情况。

企业海外并购完成后资产运营状况的财务数据，主要通过 Wind 数据库获取并购样本公开披露的经审计的财务报告计算而来，主要年度选取为并购完成前一年、并购完成当年、并购完成后一年、并购完成后两年(若有)、并购完成后三年(若有)。通过剔除并购交易重复统计、关键解释变量及被解释变量缺失的样本后得到的有效数据样本为 74 个，本文通过 Wind 数据库结合企业工商信息公开检索以上 74 个样本的实际控制人信息，按照实际控制人的性质将其分为国有企业与民营企业，最终有效数据样本中 43 个为国有企业，31 个为民营企业。

4.3 实证结果与分析

4.3.1 描述性统计结果

表 4 - 2 为所有变量在并购完成后 1 年[①]的描述性统计结果，并按照并购方性质及党组织治理参与情况对样本进行了分类。

---

① 并购完成年份的划分致使存在多组年份样本，鉴于篇幅限制，本文选取并购完成后 1 年的情形进行描述性统计分析，各年份样本具有一定的延续性，不存在较大实质性的差异。

表 4-2　变量描述性统计结果

Panel A：所有变量的描述性统计结果（$Year^1$）					
变　量	观测数	最小值	最大值	均　值	标准差
$Year^1_{Mia}$	74	−15.90	893.10	106.604	146.106
$Year^1_{ROE}$	74	−271.06	36.18	−5.808	33.610
$Year^1_{Debt}$	74	−44.41	20.89	−5.186	12.549
Party	74	0.00	0.75	0.145	0.244
Payment	74	0	1	0.622	0.488
Value	74	11.58	17.67	14.034	1.582
Accountant	74	0	1	0.189	0.394
Financial	74	0	1	0.527	0.503
Lawyer	74	0	1	0.568	0.499
Stake	74	6.64	100	65.155	37.386
Relevancy	74	0	1	0.527	0.503
Culture	74	0	1	0.081	0.275
Year	74	2006	2016	2 013.257	3.145

Panel B：全部样本中并购方性质构成（$Year^1$）			
类　型	国有企业（党组织治理参与）	国有企业（党组织未治理参与）	民营企业
观测数（家）	23	20	31
占　比	31.08％	27.03％	41.89％
总样本	74		

由表 4－2 的 Panel A 可以看出，党组织治理参与均值为 0.145，最小值为 0.00，最大值为 0.75，标准差为 0.244。Panel B 按照并购方性质及党组织治理参与情况对并购完成后 1 年全部样本进行了划分，从实际控制人的性质来看，41.89％的并购方为民营企业，共计 31 宗并购样本；58.11％的并购方为国有企业，共计 43 宗并购样本。其中国有企业党组织治理参与的有 23 宗并购样本，未治理参与的有 20 宗样本，是由于在该公司董监高中未匹配到与内部的党组织重合情况，当股权穿透至政府机关或各级国资委直接控股的公司时，实际上均设立了党支部。

对国有企业党组织治理参与、未治理参与的两种情形进行差异性检验，如表 4－3 所示。

表 4－3　党组织是否治理参与的差异性检验（$Year^1$）

类　型	国有企业（党组织治理参与）		国有企业（党组织未治理参与）		差异性检验		
	观测数	均值	观测数	均值	均值差	T 值	显著性
$Year^1_{Mia}$	23	28.118	20	10.811	17.307	1.327	0.192
$Year^1_{ROE}$	23	－1.636	20	－4.622	2.986	1.025	0.311
$Year^1_{Debt}$	23	－2.002	20	－11.097	9.095	2.606	0.013
Payment	23	0.522	20	0.750	－0.228	－1.567	0.125
Value	23	14.740	20	14.067	0.673	1.348	0.185
Accountant	23	0.130	20	0.350	－0.220	－1.678	0.103
Financial	23	0.609	20	0.600	0.008	0.057	0.955
Lawyer	23	0.652	20	0.550	0.102	0.671	0.506
Stake	23	71.444	20	55.511	15.933	1.408	0.167
Relevancy	23	0.565	20	0.450	0.115	0.741	0.463
Culture	23	0.087	20	0.050	0.037	0.465	0.645
Year	23	2 011.957	20	2 012.550	－0.593	－0.576	0.568

由表 4-3 可知，在国有企业中，第一，党组织治理参与的国有资本保值增值($Year^1_{Mia}$)均值为 28.118，大于未治理参与的均值为 10.811，表明并购完成一年后国有企业整体实现了保值增值，同时党组织治理参与的情况下整体国有资本保值增值情况明显优于未治理参与的情况，均值差达到 17.307。第二，党组织治理参与的营利能力($Year^1_{ROE}$)均值为 −1.636，大于未治理参与的均值 −4.622，表明并购完成后一年国有企业盈利状况有所恶化，但党组织治理参与情况下营利能力恶化状况相对较小，均值差为 2.986。第三，党组织治理参与的资产结构($Year^1_{Debt}$)均值为 −2.002，大于未治理参与的均值为 −11.097，表明并购完成后一年国有企业整体资产结构中负债状况加重，资产结构变差，但党组织治理参与的国有企业整体情况显著优于未治理参与的情况，均值差为 9.095。

控制变量中，党组织治理参与情形支付交易对价(Value)较高，倾向以非现金支付(Payment)的方式获取更高的股权(Stake)比例，整体并购规模较大。此外，党组织治理参与下更倾向聘请法律顾问(Lawyer)而非财务顾问(Accountant)参与并购决策，并购标的选择上集中在较高行业相关性(Relevancy)领域、较高文化相关度(Culture)地区，呈现一定的“路径依赖”(path dependence)特征，印证了政治干预层级加深影响并购行业选择的相关研究结论，且并购年份(Year)整体上早于未治理参与样本。

测算所有变量的 Pearson 相关系数，结果详见表 4-4。

由表 4-4 可知，党组织治理参与(Party)与国有资本保值增值情况($Year^1_{Mia}$)、资产结构状况($Year^1_{Debt}$)显著正相关，表明党组织治理参与程度加深有助于海外并购一年后的国有资本保值增值与资本结构改善。此外，其余部分变量虽然也呈现出一定的相关性，但与被解释变量间的整体相关系数不高，不存在严重的多重共线性情形。

4.3.2 回归结果与分析

从实证角度衡量党组织治理参与对于海外并购中国有资产保值增值状况的影响，表 4-5 给出了整体国有资产保值增值状况的回归结果，表 4-5 给出了营利能力视角下及资产结构视角下的回归结果。

表 4-4 变量间相关系数($Year^1$)

变 量	$Year^1_{Mia}$	$Year^1_{ROE}$	$Year^1_{Debt}$	*Party*	*Value*	*Payment*	*Accountant*	*Fiancial*	*Lawer*	*Culture*	*Relevancy*	*Stake*	*Year*
$Year^1_{Mia}$	1	−0.18	0.24	0.28*	0.27*	−0.28*	0.04	−0.10	0.15	0.37***	0.10	−0.09	0.20
$Year^1_{ROE}$	−0.18	1	−0.07	0.09	0.03	0.12	−0.10	0.22	0.10	−0.05	0.27*	−0.11	−0.16
$Year^1_{Debt}$	0.24	−0.07	1	0.31**	−0.04	−0.15	0.08	0.06	0.11	0.10	−0.04	0.17	0.24
Party	0.28*	0.09	0.31**	1	0.30*	−0.24	−0.28*	0.02	−0.03	0.03	0.16	0.21	−0.06
Value	0.27*	0.03	−0.04	0.30*	1	−0.37**	−0.11	0.40***	0.22	0.27*	0.21	0.30**	0.05
Payment	−0.28*	0.12	−0.15	−0.24	−0.37**	1	−0.15	−0.33**	−0.43***	−0.17	−0.18	−0.04	−0.51***
Accountant	0.04	−0.10	0.08	−0.28*	−0.11	−0.15	1	0.22	0.33**	−0.15	−0.23	−0.05	0.50***
Fiancial	−0.10	0.22	0.06	0.02	0.40***	−0.33**	0.22	1	0.32**	0.22	0.16	0.08	0.26*
Lawer	0.15	0.10	0.11	−0.03	0.22	−0.43***	0.33**	0.32**	1	0.04	0.27*	0.11	0.43***
Culture	0.37***	−0.05	0.10	0.03	0.27*	−0.17	−0.15	0.22	0.04	1	0.27*	−0.12	−0.16
Relevancy	0.10	0.27*	−0.04	0.16	0.21	−0.18	−0.23	0.16	0.27*	0.27*	1	−0.07	−0.06
Stake	−0.09	−0.11	0.17	0.21	0.30**	−0.04	−0.05	0.08	0.11	−0.12	−0.07	1	−0.13
Year	0.20	−0.16	0.24	−0.06	0.05	−0.51***	0.50***	0.26*	0.43***	−0.16	−0.06	−0.13	1

注：*、**、*** 分别代表 0.10、0.05、0.01 的显著性水平。

表 4－5　国有资产保值增值状况回归结果

$Year^i$	$Year^0$	$Year^1$	$Year^2$	$Year^3$
模型	模型 1	模型 2	模型 3	模型 4
被解释变量	$Year^0_{Mia}$	$Year^1_{Mia}$	$Year^2_{Mia}$	$Year^3_{Mia}$
Party	18.813 (0.41)	44.177* (1.87)	−11.476 (−0.11)	12.974 (0.84)
Payment	9.514 (0.31)	−0.190 (−0.01)	52.460 (0.61)	−4.194 (−0.32)
Value	−7.747 (−0.92)	6.592 (1.49)	−10.110 (−0.53)	−0.132 (−0.05)
Accountant	−14.475 (−0.44)	13.393 (0.77)	−19.340 (−0.21)	−2.04 (−0.15)
Financial	37.765 (1.43)	−36.395** (−2.63)	84.725 (1.30)	0.941 (0.09)
Lawyer	31.928 (1.13)	7.416 (0.50)	67.189 (0.94)	−3.281 (−0.33)
Stake	−0.577* (−1.73)	−0.121 (−0.70)	−1.650* (−2.08)	−0.012 (−0.10)
Relevancy	−10.604 (−0.42)	−2.785 (−0.21)	55.934 (0.90)	0.015 (0.00)
Culture	−44.588 (−0.92)	74.357*** (2.90)	−131.943 (−1.04)	−3.943 (−0.23)
Year	2.937 (0.62)	3.433 (1.38)	−11.849 (−0.82)	1.865 (0.91)
C	−5 764.23 (−0.60)	−6 976.22 (−1.39)	23 996.6 (0.82)	−3 732.45 (−0.90)
R^2	0.26	0.43	0.34	0.15
调整 R^2	0.02	0.26	−0.01	−0.35
F 值	1.09	2.44	0.98	0.29
Prob(*F*)	0.40	0.03	0.49	0.97

注：()中为 *t* 值，*、**、*** 分别代表 0.10、0.05、0.01 的显著性水平，下同。

表 4 - 5 所示为第一组基础模型的回归结果。从短期看，海外并购完成当年（模型 1）党组织治理参与（Party）对于海外并购完成短期的国有资本保值增值状况（$Year^0_{Mia}$）具有正向促进作用。从中期看，海外并购完成后（模型 2）党组织治理参与（Party）对于海外并购完成的国有资本保值增值状况（$Year^1_{Mia}$）具有显著的正向促进作用。而长期来看（模型 3、模型 4），党组织治理参与（Party）对于海外并购完成后的国有资本保值增值状况（$Year^2_{Mia}$、$Year^3_{Mia}$）并未表现出较显著的促进或者抑制作用。可见，从国有资本整体保值增值状况（$Year^i_{Mia}$）看，党组织治理参与（Party）对于其正向促进作用主要体现在短期与中期，在并购完成后的中期的作用尤为显著。

主要控制变量方面，获取股权比例（Stake）对于海外并购后的国有资本保值增值有明显的负面影响，与海外并购实践情形相吻合，并且也在交易对价（Value）与长期国有资本保值增值状况（$Year^2_{Mia}$、$Year^3_{Mia}$）的负向关系中得以体现。海外并购获取股权比例（Stake）越高，需要付出的并购成本往往越高，支付交易对价（Value）往往越高，整合压力更大，对于企业自身与整合后的经营带来的不确定性也更大，进而对于海外并购后的国有资本保值增值状况带来负面影响。

表 4 - 6 进一步给出了营利能力、资产结构视角下的回归结果，从以上两视角探求党组织治理参与所带来的综合影响。

表 4 - 6 营利能力及资产结构视角回归结果

$Year^i$	$Year^0$		$Year^1$		$Year^2$		$Year^3$	
模型	模型 5	模型 6	模型 7	模型 8	模型 9	模型 10	模型 11	模型 12
被解释变量	$Year^0_{ROE}$	$Year^0_{Debt}$	$Year^1_{ROE}$	$Year^1_{Debt}$	$Year^2_{ROE}$	$Year^2_{Debt}$	$Year^3_{ROE}$	$Year^3_{Debt}$
Party	8.207** (2.38)	14.657** (2.19)	4.417 (0.74)	17.310** (2.30)	18.364* (1.85)	12.752 (1.10)	25.885*** (3.40)	17.233 (1.56)
Payment	−1.291 (−0.56)	2.591 (0.57)	3.834 (0.94)	2.523 (0.49)	7.038 (0.89)	−10.356 (−1.12)	4.056 (0.63)	−8.188 (−0.88)
Value	−0.687 (−1.08)	−2.568** (−2.08)	−0.159 (−0.14)	−2.068 (−1.47)	0.115 (0.07)	−1.230 (−0.60)	−2.114 (−1.49)	−2.196 (−1.07)
Accountant	2.005 (0.80)	−2.128 (−0.44)	−1.245 (−0.28)	0.383 (0.07)	−2.438 (−0.29)	6.602 (0.67)	1.197 (0.18)	−3.431 (−0.36)

续 表

$Year^i$	$Year^0$		$Year^1$		$Year^2$		$Year^3$	
模型	模型 5	模型 6	模型 7	模型 8	模型 9	模型 10	模型 11	模型 12
被解释变量	$Year^0_{ROE}$	$Year^0_{Debt}$	$Year^1_{ROE}$	$Year^1_{Debt}$	$Year^2_{ROE}$	$Year^2_{Debt}$	$Year^3_{ROE}$	$Year^3_{Debt}$
Financial	−0.487 (−0.24)	1.295 (0.33)	6.501* (1.86)	0.271 (0.06)	4.088 (0.69)	−5.915 (−0.85)	4.564 (0.93)	4.126 (0.58)
Lawyer	1.315 (0.61)	−0.456 (−0.11)	3.613 (0.96)	0.722 (0.15)	4.799 (0.74)	−12.890 (−1.69)	−0.784 (−0.16)	1.327 (0.19)
Stake	−0.032 (−1.25)	0.100** (2.04)	−0.054 (−1.23)	0.081 (1.46)	−0.145* (−2.01)	0.120 (1.42)	−0.055 (−0.90)	−0.116 (−1.30)
Relevancy	−0.381 (−0.20)	−5.075 (−1.35)	3.854 (1.16)	−1.634 (−0.39)	2.432 (0.43)	5.532 (0.84)	−3.262 (−0.74)	4.578 (0.71)
Culture	−3.782 (−1.03)	10.244 (1.43)	−8.030 (−1.24)	13.555 (1.66)	2.355 (0.20)	10.122 (0.75)	7.270 (0.84)	0.552 (0.04)
Year	−0.053 (−0.15)	0.943 (1.36)	−0.670 (−1.06)	1.392* (1.76)	1.280 (0.97)	0.475 (0.31)	2.363** (2.33)	1.236 (0.84)
C	116.042 (0.16)	−1 876.139 (−1.34)	1 340.85 (1.06)	−2 789.02* (−1.75)	−2 581.57 (−0.97)	−947.217 (−0.30)	−4 726.88** (−2.31)	−2 456.26 (−0.83)
R^2	0.27	0.33	0.26	0.28	0.33	0.30	0.55	0.40
调整 R^2	0.04	0.12	0.03	0.06	−0.02	−0.06	0.29	0.05
F 值	1.17	1.54	1.12	1.26	0.95	0.85	2.08	1.15
Prob(F)	0.35	0.17	0.38	0.29	0.51	0.59	0.09	0.39

由表 4 - 6 可知，第一，在营利能力方面，党组织治理参与(Party)对于海外并购完成后短期(模型 5)的国有资本赢利状况($Year^0_{ROE}$)具有显著的正向促进作用；对于中期(模型 7)的国有资本赢利状况($Year^1_{ROE}$)具有明显的正向影响；而在长期(模型 9、11)的正向促进作用更为显著。可见党组织治理参与(Party)对于海外并购后国有资本营利能力的改善是非常明显的，在并购完成后的短期与长期这一正向作用是非常显著的。同时，获取股权比例(Stake)越高，对于海外并购后的国有资本赢利状况同样具有明显的负面影响；支付方式(Payment)倾向

于现金支付、聘请金融顾问(Financial),对于并购完成后中长期的国有资本赢利状况有一定的正向影响。现金支付往往意味着企业有充沛的现金流,反映出企业短期经营状况良好,专业金融顾问的辅导更易对并购后中长期赢利状况产生正向影响。

第二,在资产结构上,党组织治理参与(Party)对于海外并购完成后短期、中期(模型 6、8)的国有资本资产结构($Year^0_{Debt}$、$Year^1_{Debt}$)的改善具有显著的正向促进作用;而在长期(模型 10、12)亦存在一定的正向促进作用,但促进结果并不显著。党组织治理参与(Party)情况下,通过海外并购改善企业整体资产结构、提升企业的抗风险能力在并购完成后的短期与中期是显著有效的,在长期亦具有一定的可行性。此外,行业关联(Relevancy)程度越高、文化关联(Culture)程度越高,越容易在并购完成后长期助力国有资本资产结构($Year^2_{Debt}$、$Year^3_{Debt}$)的改善,提高企业长期的抗风险能力,亦与实践表现基本一致:更高的行业关联与文化关联并购选择下,企业所面临的整合难度降低,关联行业内并购便于企业提升行业内地位、便于积累转化专业优势;关联文化下并购便于企业应对跨文化经营障碍,降低市场拓展难度;而与营利能力的视角不同的是,倾向现金支付的方式(Payment)不利于国有资本资产结构($Year^2_{Debt}$、$Year^3_{Debt}$)长期的改善。倾向现金支付虽反映出企业短期具有充沛的现金流,但海外并购支付对价与后期整合所需资金巨大,短期巨额现金流出势必对企业中长期现金流造成较大负担,进而促使企业加大债务融资等方式筹措资金的力度,造成长期资产结构的恶化。

总体来看,党组织治理参与所带来的海外并购完成后的国有资本保值增值状况主要体现在营利能力上,而从整体保值增值状况及资产经营状况来看,党组织治理参与的正向促进作用主要表现在中短期,这一结果也在党组织治理参与影响机制上得以反映:党组织治理参与通过行使党委会对议案审议批准的权利实现对公司重大决策的干预,审议批准是具有短期性的行为,体现为“事中决策”,难以决定长期的状况以及实现“事后监管”;而营利能力往往是企业并购中对赌协议的重点约束条款,并且具有决定着上市公司是否面临退市风险的属性,一直是企业并购后运营所重点关注的方面,从而相比整体保值增值状况及资产经营状况得到企业管理层更高的重视,更易呈现较好的表现。

4.3.3 稳健性检验

本文通过替换被解释变量的方法来验证结果的稳健性。替换变量的选取沿用国外学者(Bertrand & Betschinger, 2012; Thanos & Papadakis, 2012; Rao-Nicholson 等,2016)采用的衡量资产经营状况的指标：总资产净利率(ROA)。替换变量基于以下方法进行计算：净利润/平均资产总额。考虑到该指标仅反映特定年度并购样本资产经营状况,难以直观反映资产保值增值的变动情况,本文对该指标进行了如下处理：选取并购前一年总资产净利率(ROA)为基准指标,并购完成后各年总资产净利率(ROA)依次与基准指标做差得到被解释变量指标,变量简写为 $Year^{i}_{ROA}$,同时保持其他解释变量不变。

表 4-7　稳健性检验回归结果汇总

模　型	模型 13	模型 14	模型 15	模型 16
被解释变量	$Year^{0}_{ROA}$	$Year^{1}_{ROA}$	$Year^{2}_{ROA}$	$Year^{3}_{ROA}$
Party	5.033* (2.02)	7.856** (2.31)	15.760*** (3.26)	16.279*** (3.13)
Payment	−0.991 (−0.59)	1.977 (0.85)	4.257 (1.11)	−0.361 (−0.08)
Value	−0.805* (−1.76)	−0.483 (−0.76)	−0.885 (−1.04)	−1.125 (−1.16)
Accountant	0.697 (0.39)	0.533 (0.21)	−4.280 (−1.05)	−0.680 (−0.15)
Financial	0.837 (0.58)	2.680 (1.35)	2.217 (0.77)	−0.194 (−0.06)
Lawyer	−0.702 (−0.45)	0.404 (0.19)	1.028 (0.32)	0.588 (0.18)
Stake	−0.016 (−0.89)	−0.031 (−1.24)	−0.061 (−1.73)	−0.067 (−1.61)
Relevancy	−0.669 (−0.48)	1.003 (0.53)	−0.016 (−0.01)	−3.839 (−1.27)
Culture	0.800 (0.30)	1.397 (0.38)	7.421 (1.31)	8.854 (1.50)
Year	0.165 (0.64)	0.166 (0.46)	1.635** (2.54)	1.865** (2.69)

续 表

模 型	模型 13	模型 14	模型 15	模型 16
被解释变量	$Year_{ROA}^{0}$	$Year_{ROA}^{1}$	$Year_{ROA}^{2}$	$Year_{ROA}^{3}$
C	−321.002 (−0.62)	−332.444 (−0.46)	−3 281.48** (−2.53)	−3 731.76** (−2.67)
R^2	0.26	0.23	0.50	0.56
调整 R^2	0.02	−0.01	0.23	0.31
F 值	1.07	0.98	1.89	2.19
Prob(F)	0.41	0.48	0.11	0.07

表 4 - 7 所示为替换变量的回归结果，党组织治理参与(Party)对于海外并购完成后短期(模型 13)的国有资本经营状况($Year_{ROA}^{0}$)具有显著的正向促进作用，对于海外并购完成中期(模型 14)的国有资本经营状况($Year_{ROA}^{1}$)具有显著的正向促进作用，同时在长期(模型 15、16)这一正向促进作用更加显著，可见党组织治理参与(Party)对于海外并购后国有资本经营状况(ROA)的促进作用是显著的，进一步印证了前文的回归结果的稳健性。此外，获取股权比例(Stake)越高对于海外并购后的国有资本经营状况同样具有明显的负面影响；文化关联(Culture)程度较高对于海外并购后的国有资本长期经营状况有一定的正向影响。总体而言，稳健性检验结果与前文研究结论无实质性差异。

第5章　结论及政策建议

5.1　研究结论

党组织治理参与是国有企业政治干预的一种重要方式，本文通过分析国有企业党组织治理参与对于海外并购的国有资产保值增值状况的影响，对党组织治理参与这一政治干预在企业海外并购决策中的作用机制及国有资本保值增值效果进行探索，得到了一些有价值的结论。

5.1.1　党组织参与海外并购决策实现了国有资本整体保值增值

通过使用国有资本保值增值率对国有资本整体实现保值增值的状况加以衡量，本文实证检验发现：党组织治理参与对于海外并购完成后的中短期国有资本整体保值增值状况具有明显正向促进作用，海外并购完成后中期促进作用较为显著，而在长期促进作用并不明显。可见，从国有资本整体保值增值状况看，党组织治理参与对于其正向促进作用主要体现在短期与中期，在并购完成后的中期的作用尤为显著，党组织通过参与海外并购这一"三重一大"事项决策实现了国有资本整体保值增值。

5.1.2　党组织参与海外并购决策提升了并购后国有资本的营利能力

通过使用净资产收益率对国有资本整体营利能力的状况加以衡量，本文实证检验发现：党组织治理参与对国有资本保值增值状况在并购完成后的短期、中期和长期均具有明显的正向促进作用。党组织通过把控海外并购这一"三重一大"事项的决策，促使海外并购完成后国有资本的营利能力得以改善，这一促进作用在海外并购完成后的短期与长期是较为显著的。

5.1.3　党组织参与海外并购决策促进了并购后资产结构的改善

通过使用资产负债率对国有企业资产结构的状况加以衡量，本文实证检验发现：党组织治理参与下的海外并购，在并购完成后的短期、中期和长期国有企业资产结构状况均出现明显好转，负债率得到有效降低，这一改善状况在海外并购完成后的短期与中期是显著的。在资产结构的视角下，党组织治理参与有助于海外并购完成后的短期、中期的国有资本保值增值，在长期具有明显的正向影响。

5.1.4 党组织参与海外并购决策显著提升了并购后的资产运营状况

通过使用总资产净利率对国有企业资产运营状况加以衡量，本文实证检验发现：从资产经营状况来看，党组织治理参与对于海外并购完成后的短期、中期和长期国有资本资产运营状况均具有显著的正向促进作用，在党组织治理情形下显著提升了国有企业海外并购完成后的资产经营状况。

5.2 政策建议

本文实证检验了国有企业党组织治理参与这一政治干预的有效性，为国有企业党组织深度参与公司治理，进一步发挥“党管企业”的优势提供了理论基础，尤其是对党组织参与海外并购等“三重一大”决策提供了理论线索，对于进一步深化国有企业改革具有重要的理论与政策意义。

5.2.1 积极推动国有企业党组织参与企业治理

本文实证检验发现无论是国有资本整体保值增值状况，还是在营利能力、资产结构等视角下反映的国有资本的保值增值状况，在党组织参与国有企业治理的情形下，都对其有明显的促进作用，海外并购完成后国有企业的资产运营状况有显著提升。这一结果充分说明国有企业党组织深度参与公司治理在实际运作中取得了较好成效，“党管企业”的这一制度优势在企业具体实践中较有成效，应积极推动国有企业党组织参与企业治理，强化这一通过企业内部治理实现“党管企业”的重要途径，推动国有企业基层党组织建设，充分发挥国有企业党组织参与公司决策的制度优势，通过党组织参与公司治理为深化国有企业改革、促进国有资产保值增值提供有力保障。

5.2.2 逐步健全对党组织参与公司治理的相关法律法规

我国多项政策法规都对“党管企业”加以强调，但如何厘清“党管企业”和“自主决策”之间的关系，仍需一系列政策法规加以细化规定。党委会通过“双向进入、交叉任职”参与企业决策的途径和方式虽得以逐步确立，但更为具体的执行层面仍有很多程序、内容尚需完善。例如，在企业具体实践中，部分国有企业由于控股层级的差异在本级并未建立自身的党组织，但在其追溯至实际控制人直接控股的集团公司层面往往建立了党组织，部分集团公司层面党委会成员多在本级公司担任核心职务，在这种情形下，“本级公司是否需要建立自身的党委会?”“若建立自身党委会，其与控股股东、控股股东党委会之间决策关系如何?”等问题尚待制度层面加以规定。为进一步发挥“党管企业”这一制度优势，应逐步健全党组织参与公司治理的相关法律法规，对党组织参与公司事中决策的程序、内容、追责机制等进行进一步细化，加大党组织治理参与在重大事项事后监管的力度。

5.2.3　深化国有资本的理念多途径做大做强国有企业

国有资产在现代国有企业制度下已变成价值资产，要实现这一价值资产的保值增值，需要靠国有资本的运动和扩张。只有确立并坚持国有资本保值增值的判断，进一步深化国有资本保值增值的理念，强化国有企业资本考核的地位，并鼓励企业通过海外并购等多种资本运作方式做大做强国有企业，盘活国有资本，才能实现国有资本的动态运作，促进国有资产保值增值。近年来，我国深化国有企业改革的多项举措均秉持这一理念。例如，近年来国有企业混合所有制改革在国内资本市场保持持续热度，从格力电器的控制权转移到备受关注的南北船舶合并，混合所有制改革逐步落地，部分国有企业甚至让渡了国有资本的控股权，但另一方面，国有企业通过混合所有制改革增强自身的资金实力、实现更市场化的运作带来的是整体资本的扩张、整体竞争力的提升，对于提升国有资本的竞争优势大有裨益。

5.3　研究局限与展望

由于笔者研究能力及客观条件的限制，本文的研究仍存在较多不足，有待后续研究加以完善。

第一，海外并购相较国内并购，数据缺失是其实证研究的主要短板，较多研究只能通过较少样本去检验海外并购的相关情形，本文亦受此制约。加之研究着眼于党组织参与公司治理的视角，企业董监高在党委中的任职并非企业年报等公开披露文件强制披露的内容，数据收集难度较大。同时，本文所选取解释变量为所有董监高成员与党委会重合成员在所有董监高成员中所占比例，而非简单的董监高成员中是否有党委会重合成员（0 为没有，1 为有）这一二元数据，选取的解释变量进一步加大了数据收集难度，需要匹配至并购发生当期的董监高成员，并逐一匹配其党委会成员身份，数据收集量大且收集复杂，限制了本文样本的数量。

第二，政府直接控股的国有企业均建立了内部党组织，但部分国有企业由于控股层级的差异在本级并未建立自身的党组织，本文将此类样本党组织治理参与程度视为无，但该类企业海外并购等“三重一大”事项一般均需要控股股东批准，在控股股东层面可能会受到控股股东层级党组织的约束。如何合理评价该类企业的党组织治理参与状况还有待研究，后续研究可针对这种情形建立较详细的考核方法，进一步深化对于党组织参与公司治理的研究。

参 考 文 献

[1] ALFARO L, CHANDA A, KALEMLI-OZCAN S, et al. FDI and economic growth: The role of local financial markets[J]. Journal of International Economics, 2004, 64(1): 89-112.

[2] ALMEIDA P, PHENE A. Subsidiaries and knowledge creation: The influence of the MNC and host country on innovation[J]. Strategic Management Journal, 2004, 25(8-9): 847-864.

[3] ANDRADE G, MITCHELL M, STAFFORD E. New evidence and perspectives on mergers[J]. The Journal of Economic Perspectives, 2001, 15(2): 103-120.

[4] BERTRAND O, BETSCHINGER M A. Performance of domestic and cross-border acquisitions: Empirical evidence from Russian acquirers[J]. Journal of Comparative Economics, 2012, 40(3): 413-437.

[5] BHAGAT S, MALHOTRA S, ZHU P C. Emerging country cross-border acquisitions: Characteristics, acquirer returns and cross-sectional determinants[J]. Emerging Markets Review, 2011, 12(3): 250-271.

[6] BONAIME A, GULEN H, ION M. Does policy uncertainty affect mergers and acquisitions? [J]. Journal of Financial Economics, 2018, 129(3): 531-558.

[7] CEFIS E, MARSILI O. Crossing the innovation threshold through mergers and acquisitions[J]. Research Policy, 2015, 44(3): 698-710.

[8] CHANG E C, WONG S M L. Political control and performance in China's listed firms [J]. Journal of Comparative Economics, 2004, 32(4): 617-636.

[9] CHEN C, FINDLAY C. A review of cross-border mergers and acquisitions in APEC [J]. Asian-Pacific Economic Literature, 2003, 17(2): 14-38.

[10] CHO H, AHN H S. Stock payment and the effects of institutional and cultural differences: A study of shareholder value creation in cross-border M&As [J]. International Business Review, 2017, 26(3): 461-475.

[11] CORREA R. Cross-border bank acquisitions: Is there a performance effect? [J]. Journal of Financial Services Research, 2009, 36(2): 169-197.

[12] DESYLLAS P, HUGHES A. Sourcing technological knowledge through corporate acquisition: Evidence from an international sample of high technology firms[J]. The Journal of High Technology Management Research, 2008, 18(2): 157-172.

[13] DI GIOVANNI J. What drives capital flows? The case of cross-border M&A activity and financial deepening[J]. Journal of International Economics, 2005, 65(1): 127 - 149.

[14] DI GUARDO M C, MARROCU E. PACI R. The concurrent impact of cultural, political, and spatial distances on international mergers and acquisitions[J]. The World Economy, 2015, 39(6), 824 - 852.

[15] DUNNING J H. Location and the multinational enterprise: A neglected factor? [J]. Journal of International Business Studies, 1998, 29(1): 45 - 66.

[16] FRASER D R, ZHANG H. Mergers and long-term corporate performance: Evidence from cross-border bank acquisitions[J]. Journal of Money, Credit and Banking, 2009, 41(7): 1503 - 1513.

[17] FUKAO K, ITO K, KWON H U, et al. Cross-border acquisitions and target firms' performance[M]//International Financial Issues in the Pacific Rim. Chicago: University of Chicago Press, 2008: 347 - 385.

[18] GU L L, REED W R. Chinese overseas M&A performance and the Go Global policy 1 [J]. Economics of Transition, 2013, 21(1): 157 - 192.

[19] HUANG P, OFFICER M S, POWELL R. Method of payment and risk mitigation in cross-border mergers and acquisitions[J]. Journal of Corporate Finance, 2016, 40: 216 - 234.

[20] LUO Y D, TUNG R L. A general theory of springboard MNEs[J]. Journal of International Business Studies, 2018, 49(2): 129 - 152.

[21] MAUNG M, SHEDDEN M, WANG Y, et al. The investment environment and cross-border merger and acquisition premiums[J]. Journal of International Financial Markets, Institutions and Money, 2019, 59: 19 - 35.

[22] MORCK R, YEUNG B, ZHAO M Y. Perspectives on China's outward foreign direct investment[J]. Journal of International Business Studies, 2008, 39(3): 337 - 350.

[23] PENG M W. The global strategy of emerging multinationals from China[J]. Global Strategy Journal, 2012, 2(2): 97 - 107.

[24] RAO-NICHOLSON R, SALABER J, CAO T H. Long-term performance of mergers and acquisitions in ASEAN countries[J]. Research in International Business and Finance, 2016, 36: 373 - 387.

[25] STIEBALE J. The impact of cross-border mergers and acquisitions on the acquirers' R&D-Firm-level evidence[J]. International Journal of Industrial Organization, 2013, 31 (4): 307 - 321.

[26] THANOS I C, PAPADAKIS V M. Unbundling Acquisition Performance: How do they perform and how can this be measured? [M]//FAULKNER D, TEERIKANGAS S, JOSEPH R. The Handbook of Mergers and Acquisitions. Oxford: Oxford University Press, 2012: 114 - 148.

[27] TSAI K H, WANG J C. External technology sourcing and innovation performance in LMT sectors: An analysis based on the Taiwanese Technological Innovation Survey

[J]. Research Policy, 2009, 38(3): 518 - 526.
[28] WONG M, SONJA O, HU R. Shareholding structure, depoliticization and enterprise performance: evidence from China's listedfirms[J]. Economics of Transition, 2004, 12 (1), 29 - 66.
[29] ZHANG W H, WANG K C, LI L, et al. The impact of firms' mergers and acquisitions on their performance in emerging economies[J]. Technological Forecasting and Social Change, 2018, 135: 208 - 216.
[30] 陈仕华,卢昌崇.国有企业党组织的治理参与能够有效抑制并购中的“国有资产流失”吗[J].管理世界,2014(5): 106 - 120.
[31] 陈信元,黄俊.政府干预、多元化经营与公司业绩[J].管理世界,2007(1): 92 - 97.
[32] 程惠芳,张孔宇.中国上市公司跨国并购的财富效应分析[J].世界经济,2006,29(12): 74 - 80.
[33] 程仲鸣,夏新平,余明桂.政府干预、金字塔结构与地方国有上市公司投资[J].管理世界,2008(9): 37 - 47.
[34] 杜群阳,徐臻.中国企业海外并购的绩效与风险：评价模型与实证研究[J].国际贸易问题,2010(9): 65 - 71.
[35] 方军雄.政府干预、所有权性质与企业并购[J].管理世界,2008(9): 118 - 123,148.
[36] 高厚宾,吴先明.新兴市场企业跨国并购、政治关联与创新绩效：基于并购异质性视角的解释[J].国际贸易问题,2018(2): 137 - 148.
[37] 顾露露,ROBERT REED.中国企业海外并购失败了吗？[J].经济研究,2011,46(7): 116 - 129.
[38] 侯汉坡,刘峰.以提升创新能力为目标的技术并购整合管理研究[J].中国科技论坛,2007(3): 90 - 93.
[39] 李善民,朱滔.多元化并购能给股东创造价值吗？——兼论影响多元化并购长期绩效的因素[J].管理世界,2006(3): 129 - 137.
[40] 梁力军,孟凡臣.企业国际并购知识吸收能力提升机制研究[J].科学学与科学技术管理,2011,32(12): 71 - 78.
[41] 林毅夫,李志赟.中国的国有企业与金融体制改革[J].经济学(季刊),2005,4(4): 913 - 936.
[42] 林毅夫,章奇,刘明兴.金融结构与经济增长：以制造业为例[J].世界经济,2003,26(1): 3 - 21.
[43] 刘青,陶攀,洪俊杰.中国海外并购的动因研究：基于广延边际与集约边际的视角[J].经济研究,2017,52(1): 28 - 43.
[44] 陆磊,李世宏.中央-地方-国有银行-公众博弈：国有独资商业银行改革的基本逻辑[J].经济研究,2004,39(10): 45 - 55.
[45] 马连福,曹春方.制度环境、地方政府干预、公司治理与 IPO 募集资金投向变更[J].管理世界,2011(5): 127 - 139,148,188.
[46] 马连福,王元芳,沈小秀.国有企业党组织治理、冗余雇员与高管薪酬契约[J].管理世界,2013(5): 100 - 115,130.

[47] 马连福,王元芳,沈小秀.中国国有企业党组织治理效应研究：基于“内部人控制”的视角[J].中国工业经济,2012(8)：82－95.
[48] 潘红波,夏新平,余明桂.政府干预、政治关联与地方国有企业并购[J].经济研究,2008,43(4)：41－52.
[49] 潘红波,余明桂.支持之手、掠夺之手与异地并购[J].经济研究,2011(9)：108－120.
[50] 邵新建,巫和懋,肖立晟,等.中国企业跨国并购的战略目标与经营绩效：基于A股市场的评价[J].世界经济,2012(5)：81－105.
[51] 谭劲松,刘炳奇,谭燕.企业合并：政府主导下的多方利益博弈——来自10起换股合并案例的检验[J].管理世界,2005(2)：118－132.
[52] 谭劲松,郑国坚.产权安排、治理机制、政企关系与企业效率：以“科龙”和“美的”为例[J].管理世界,2004(2)：104－116.
[53] 谭劲松,郑国坚,彭松.地方政府公共治理与国有控股上市公司控制权转移：1996—2004年深圳市属上市公司重组案例研究[J].管理世界,2009(10)：135－151.
[54] 汪炜,陆帅.行业冲击、政府控制与企业并购行为[J].财贸经济,2015(8)：132－142.
[55] 王海.中国企业海外并购经济后果研究：基于联想并购IBM PC业务的案例分析[J].管理世界,2007(2)：94－106,119.
[56] 王贤彬,徐现祥.地方官员来源、去向、任期与经济增长：来自中国省长省委书记的证据[J].管理世界,2008(3)：16－26.
[57] 王砚羽,谢伟,乔元波,等.隐形的手：政治基因对企业并购控制倾向的影响——基于中国上市公司数据的实证分析[J].管理世界,2014(8)：102－114,133.
[58] 危平,唐慧泉.跨国并购的财富效应及其影响因素研究：基于双重差分方法的分析[J].国际贸易问题,2016(11)：120－131.
[59] 魏杰,侯孝国.当前宏观经济政策的重点定位——刺激市场有效需求[J].财贸经济,1996(12)：17－20.
[60] 文宗瑜.国有资产保值增值与再资本化[J].经济研究,1996,31(12)：14－19,63.
[61] 徐晓慧,李杰.金融危机、政府干预与企业跨国并购绩效[J].国际贸易问题,2016(6)：167－176.
[62] 薛云奎,白云霞.国家所有权、冗余雇员与公司业绩[J].管理世界,2008(10)：96－105.
[63] 杨波.谨防海外并购过程中的国有资产流失[J].宏观经济研究,2014(10)：3－7,34.
[64] 杨记军,逯东,杨丹.国有企业的政府控制权转让研究[J].经济研究,2010,45(2)：69－82.
[65] 杨瑞龙,周业安.一个关于企业所有权安排的规范性分析框架及其理论含义：兼评张维迎、周其仁及崔之元的一些观点[J].经济研究,1997,32(1)：12－22.
[66] 余明桂,回雅甫,潘红波.政治联系、寻租与地方政府财政补贴有效性[J].经济研究,2010,45(3)：65－77.
[67] 张建红,周朝鸿.中国企业走出去的制度障碍研究：以海外收购为例[J].经济研究,2010,45(6)：80－91,119.
[68] 张军,高远.官员任期、异地交流与经济增长：来自省级经验的证据[J].经济研究,2007,42(11)：91－103.

[69] 张曙光.从计划“合约”走向市场合约：对国有企业改革的进一步思考[J].管理世界,2005(1)：96-101,130.
[70] 张雯,张胜,李百兴.政治关联、企业并购特征与并购绩效[J].南开管理评论,2013,16(2)：64-74.
[71] 钟海燕,冉茂盛,文守逊.政府干预、内部人控制与公司投资[J].管理世界,2010(7)：98-108.
[72] 周雪光.“逆向软预算约束”：一个政府行为的组织分析[J].中国社会科学,2005(2)：132-143,207.
[73] 周业安,冯兴元,赵坚毅.地方政府竞争与市场秩序的重构[J].中国社会科学,2004(1)：56-65.
[74] 朱华.国有制身份对中国企业海外竞购交易成败的影响研究[J].世界经济研究,2017(3)：42-55.